城市管理学

Urban Management

〔韩〕郑焕庸／著

杨开忠　李顺成　宋映铉／译

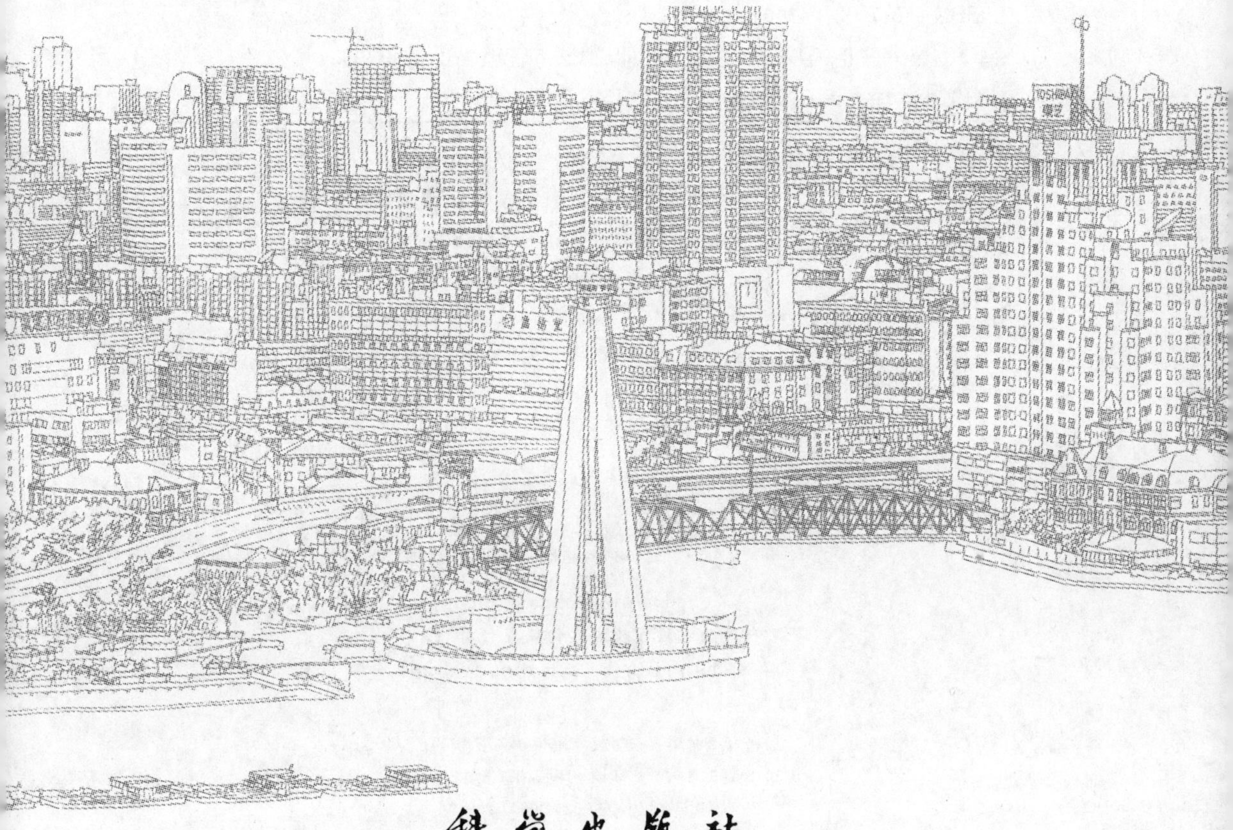

科学出版社
北京

图字：01-2014-5560
本中文版经该书作者郑焕庸（정환용）授权出版

图书在版编目(CIP)数据

城市管理学 /（韩）郑焕庸著，杨开忠等译. —北京：科学出版社，2015
ISBN 978-7-03-043404-3
Ⅰ.①城… Ⅱ.①郑… ②杨… Ⅲ.①城市管理 Ⅳ.①F293.
中国版本图书馆 CIP 数据核字（2015）第 033038 号

责任编辑：石 卉 王酋艳/ 责任校对：胡小洁
责任印制：徐晓晨 / 封面设计：黄华斌
编辑部电话：010－64035853
Email：houjunlin@mail. sciencep. com

科学出版社出版
北京东黄城根北街 16 号
邮政编码：100717
http://www.sciencep.com
北京科印技术咨询服务公司 印刷
科学出版社发行 各地新华书店经销
*
2015 年 5 月第 一 版 开本：720×1000 1/16
2018 年 1 月第三次印刷 印张：27 3/4
字数：524 000
定价：98.00 元
（如有印装质量问题，我社负责调换）

中文版序

城市不仅被看做是各种“变化”和“革新”要素得以萌发的源泉之地，也被视为各种“成长”和“发展”活动得以进行的理想场所，更是展现人类对“民主”和“多元”文化要素的包容性程度、体现人类价值的生存空间。不仅如此，城市还为生活在其中的每一个生命个体提供了其施展潜能和发挥个性的平台。城市所独有的这些优点和特性使得城市化的进程不断加快，吸引了全世界过半数的人口生活其中，并不断有新的人口涌入居住，从而形成今天所谓的“现代城市社会”。随着这股城市化热潮的不断扩展和深入，在全世界范围内涌现出了无数个历史上未曾出现过的、新兴的特大型城市，这些城市不仅在履行城市功能和发挥城市作用方面展现出多样化的特征，其在城市化过程中的重要作用也越来越受到人们的重视。

时至今日，城市所处的时代环境和条件与过去有着翻天覆地的变化。在全球化时代背景下，以高度发达的信息通信和交通技术为基础所构建的各个城市正通过努力形成并维持相互之间既竞争又互补的平衡关系来促进各自的快速发展。与此同时，我们也注意到在新的价值观和社会行为支配下的“后工业化社会”这一时代大背景下所形成的城市与工业化社会时期的城市相比展现出了截然不同的面貌。基于此，在新的历史条件下，我们需要从新的思维模式出发对城市进行全新的理解与认识、对城市问题进行思考与观察。

在纷繁复杂且充满变数的城市环境下，无论是发达国家还是发展中国家的绝大多数城市都暴露出众多棘手且亟待解决的城市问题。例如，在寻求有效促进经济增长和社会发展方面应怎样对城市成长管理的发展方向进行合理的定位？所谓“可持续城市开发”的发展战略在实践的过程中具体应怎样实施？怎样才能通过开发与保护之间的相互协调来增强市民对城市区域的自信心和自豪感、构建和谐发展的城市面貌？在有限的财政水平和条件下，怎样才能为当地居民提供更加多样化的公共服务，以求在最大程度上满足区域内居民日益增长的需求，从而不断提升城市区域内的生活水平和生活质量？以上这些城市问题都具有相当程度的复杂性和多样性，因此仅通过过去传统的途径很难获得行之有效的解决方案。

在新的时代背景下，随着强调在公共部门中引入市场机制进行改革的新公共管理（new public management）理论的出现，城市管理也开始逐渐由过去传统的自上而下式或命令式的政府（government）模式向强调合作、参与、协调指向型的治理（governance）模式转变。特别值得指出的是，在这一过程中，不仅需要引导包括利害关系当事人在内的全体区域居民积极地参与（participation）到城市管理的过程中来，更为重要的是还需要努力促使各部门、各社会阶层及各区域之间形成协同合作的关系（collaboration and partnership）。由此可以看出，“网络”（network）的构建对于城市管理而言有着相当重要的意义。

以上所言及的关于新时代背景下城市管理的重要作用对于作为当今全球经济成长中心的中国而言具有更为重要的意义。在中国，一方面，随着社会经济条件的不断变化，城市化驶入了高速发展的快车道；另一方面，在这一过程中各种城市问题也逐渐显现出来。基于此，中国正处于快速发展过程中的城市应通过更加科学和行之有效的城市管理方法对所面临的各种城市问题加以灵活应对和解决，从而实现城市的可持续发展。本书不仅对城市管理学中经典的理论和新的范式模型进行了深入的阐述和分析，还在此基础上对城市问题的本质进行了溯源，并从不同角度出发提出了相应的应对和解决方案。由此，我希望本书将有助于中国的读者从不同的角度加深对城市管理学的理解和认识。

在《城市管理学》一书的中文译本即将出版之际，我要衷心地感谢为本书翻译工作付出大量心血和不懈努力的北京大学政府管理学院的杨开忠教授、宋映铉博士研究生和任职于山东师范大学公共管理学院的李顺成博士，以及参与本书中文译本后续编辑和出版工作的科学出版社的老师们。最后，我要感谢本书的每一位读者，希望这部著作能够为他们的专业学习和学术研究带来有益的帮助。

郑焕庸

2015年4月

译者序

1978年年底开始的改革开放成为中国城市化高速发展的起点，在三十多年的时间里，中国的城市化实现了稳定快速的发展。自党的十八大以来，新一届中共中央领导集体和中央政府提出并力推新型城镇化建设，特别是在党的十八届三中全会和中央城镇化工作会议召开后，更是进一步对新型城镇化的实质性内容和重要意义进行了具体的阐述和重点强调。由此可以看出，新型城镇化已经上升到国家发展战略的高度，并注定成为中国经济发展的新动力。

与此同时，我们也必须认识到，随着全球化和信息化趋势的不断深入，在快速城市化的过程中，与城市有关的各种价值观念也开始向更加多元化的方向发展，而由此所产生的各种纷繁复杂的城市问题也逐渐显露出来。大规模的城市发展伴随着诸如环境、交通、住房等一系列严重的社会、经济和环境问题。在这一背景下，人们越来越意识到城市管理的重要性，并开始深思如何通过更加科学和行之有效的城市管理方法对所面临的各种城市问题加以解决和应对，从而实现城市的可持续发展。

在对中国的城市化过程进行审视时，我们发现当今中国在整个快速城市化进程中所面临的各种问题与韩国所经历过的城市化过程中所遇到的问题有着高度的相似之处。韩国自20世纪60年代开始，伴随着经济的迅速腾飞经历了快速的城市化进程。20世纪60年代，韩国的城市化率一直徘徊在40%左右，而在以后的近40年时间里城市化率迅速提升，更是在2005年首次突破了90%，一跃跻身高度城市化国家行列。在这一过程中，韩国也同样经历了环境污染、住房供给不足和向低收入阶层提供保障性住房、交通拥挤以及财政自立性低下等一系列涉及多个领域的城市问题。与此同时，随着城市化率的不断提高，城市间的竞争日趋激烈，以城市为营销对象的新型城市管理范式也开始在现实中得到实践和发展。韩国中央和地方政府在面临以上各种城市问题和城市范式不断产生新变化的情况下，通过更加多元化的法制性和制度性方案来加以有效应对和解决。基于此，对韩国在其整个城市化过程中所经历并总结出来的城市化经验进行深入的探讨和研究，对于中国未来更好地推进新型城镇化建设具有重要的借鉴意义。

在这一大的环境背景之下，我们将在韩国城市管理专业领域内具有代表性的《城市管理学》一书引入国内，希望有助于中国城市管理相关理论与实践的发展。该书由韩国知名的城市和区域规划专家郑焕庸教授所著，分别从城市管理的基础、部门管理、成长与开发管理以及经营管理四大宏观视角出发，对城市管理学中经典的理论和新的范式理论进行了深入的阐述和分析，并在此基础上结合韩国国内的相关管理制度进行了探讨和分析。该书作为韩国国内开设城市相关专业各主要高等院校本科及研究生教学的首选教材，对于提升城市管理及城市规划领域相关专业人员的专业水平具有众多益处。

郑焕庸教授所著的《城市管理学》是韩国城市规划和城市管理学领域内应用和普及最为广泛的城市管理学著作，该书为韩国有关城市管理研究提供了一个全面且综合的理论框架。该书的主要特点可归纳为以下几点：首先，通过对大量的基础性理论知识的缜密梳理，向读者系统介绍了城市管理的基本原理、基本方法和基本内容，不仅使读者能够对现代城市管理的制度和体系架构有一个全面的认识，还能够以此为基础引领读者对城市管理的变革过程和发展趋势有所思考；其次，通过将城市管理学和其他相关学科的理论性基础知识进行有机衔接，向读者提供了一个以城市管理学为立足点、涵盖多学科领域的理论框架体系，有助于进一步拓展读者的专业知识，以及培养其跨学科、多角度的思维方式；最后，在注重理论研究的基础上，还注重与韩国在城市化进程中所面临的现实状况相结合，对韩国现行的城市和区域管理制度进行了详细的介绍，为读者进行相关专业实践提供了有益的平台。

我们在翻译的过程中也受益匪浅，从中再次感受到了城市管理学的博大精深和魅力所在。翻译工作从来就不是一件轻松的事情，在这一过程中需要时刻保持谦卑的心怀和严谨的态度。我们在对原书内容进行仔细斟酌的基础上，力求尊重并准确表达原作者的真实意图。但由于中韩在行政管理制度和城市规划制度方面尚存在着一定的差异性，译文中凡涉及国际专业领域内所通用的专用词汇时均以标准用语进行了翻译，而涉及韩国本地相关制度的习惯用语和词汇时则在保证中国读者能够对其充分理解的基础上进行了直译，并对相关重点词汇和用语进行了注解。

在本书即将出版之际，谨借此机会特别感谢原作者郑焕庸教授和科学出版社的石卉编辑和侯俊琳分社长在翻译和出版过程中给予的帮助和支持。也正是中韩两国城市和区域学科领域最具影响力的专家之间的通力合作和支持，才使本书得以在中国大陆顺利出版并与读者见面。此外，还要感谢为翻译出版这部著作做出贡献的每一位教授和朋友。

杨开忠　李顺成　宋映铉

2015 年 4 月

韩文版序

随着全球化和信息化时代的不断深入和后现代主义价值观的出现，当今的城市所处的客观环境与过去相比也发生了重大而深刻的变化。在城市之间竞争日趋激烈的背景下，城市自身也开始逐渐意识到其必须向自我营销等企业式的体制和机制的方向转变。在城市开发和管理方面，人们也越来越强调民主性和市场性在其中所具有的核心价值。不仅如此，当面对纷繁复杂而亟待应对和解决的城市问题之时，人们也逐渐清醒地意识到单靠地方政府的制度性力量是远远不够的，更应该重视与非官方的机构或部门进行协作，方能达到理想的效果。

与城市密切相关的各种客观条件和环境的不断变化也迫使人们必须从全新的视角出发对有关城市管理的理论方法和城市问题的应对方案进行审视和建构。在这一过程中，一方面不仅要针对现实中所存在的各种城市问题提出更具有实际意义和公众说服力的应对方案；另一方面还要在新的理论范式的基础上积极探索并谋求城市管理的新方向。笔者基于响应时代要求的目的编写了本书，并对本书的内容进行了精心的编排和架构，以使其不仅能够满足城市相关专业的高等院校学生对教材的需求，也希望对直接负责相关城市政策制定和决策的公共部门或私营部门的专业人员、决策层，乃至对城市管理和城市规划领域怀有浓厚兴趣的普通读者提供有益的参考。

本书在编写的过程中，将着重点放在了以下几个方面：

首先，在对与城市管理有关的各主要理论进行整理的基础上，吸纳了众多随着时代思潮而涌现出的新式理论，继而构建了更加清晰化的理论模型，以探索并谋求用以解决和应对各种城市问题的新方案和新途径。

其次，对城市问题的产生背景、时态以及解决和应对方案进行了实证性的探讨和分析，以期更为积极有效地对城市当下所面临的各种问题的实质进行精准把握和有效解决。

最后，为加深读者对城市问题的系统性理解和把握，本书在深入揭示相应分析视角的同时还格外注重从更加实用性的层面出发对有关内容进行了阐述和说明。

本书主要由城市管理的基础、部门管理、成长与开发管理及经营管理四大篇构成。

在第一篇城市管理的基础中，为加深对城市管理相关基础概念及内容的理解，主要对管理的基础概念、管理制度、城市治理及政策过程等内容进行了深入的探讨和分析。在第一章中主要对城市管理的概念、城市的基本理解及城市管理环境等概括性内容进行了阐述和总结。第二章主要针对城市制度、城市政府、规划制度及城市政策等内容进行了探讨，以使读者能够从制度性的层面对城市管理有一个较为全面的认识。第三章主要针对作为城市管理新型范式的城市治理相关理论进行了论述，并以构成治理概念特性的合作伙伴关系、政体理论及网络管理等内容为中心进行了详细的阐述。最后在第四章中则对与城市管理政策目标制定、执行和评估等与政策的过程性活动有关的问题进行了探讨和分析。

在第二篇部门管理中，主要对土地、住房、交通及环境等多个部门的管理进行了系统的展开和论述，以求更好地对城市问题的管理方向进行探讨和分析。第五章主要针对土地利用、所有和交易等与土地管理息息相关的内容及以土地税收为中心所衍生的相关问题的应对和管理方向进行了论述和分析。第六章在对城市住房问题进行把握的基础上，分别从住房的供求、低收入阶层住房及住宅区开发等多个方面对相关住房问题的管理方案进行了探讨和揭示。第七章在对交通问题进行把脉分析的基础上，分别从交通供需、公共交通及可持续性交通等几个侧面出发对与交通管理相关的具体内容进行了阐述和分析。最后在第八章中为加深读者对环境问题的理解，在对环境问题进行具体分析的基础上，主要对与应对环境问题相关的规划、管理政策及环境冲突的管理方案等内容进行了深入的论述和分析。

在第三篇成长与开发管理中，则主要对随着城市成长和开发的不断深入而形成并展开的管理方向等内容进行了探寻和定位。在第九章中主要以因成长管理而衍生出的相关问题的解决方略和管理方法等为中心进行了详细阐述。在第十章中则主要对开发方式、再开发及新城开发等开发管理方面的内容进行了探讨和分析。

在第四篇经营管理中，主要针对公共服务管理、营销管理及财政管理所涉及的内容进行了探讨和阐述。第十一章主要从供给方法和供给设施层面对城市公共服务在供给上所产生的问题及其管理方案进行了考察。第十二章重点针对与推进区域营销有关的规划和战略方案进行了探讨和分析。最后第十三章则主要以城市财政的收入和支出以及财政调整制度为中心对财政管理相关内容进行了深入的阐述。

本书参考了国内外大量的先行研究并对这些文献资料的内容进行了汇总和

梳理使其在书中形成较为体系化的理论框架。相关内容的参考文献均在各章结尾部分进行了详细的整理和罗列。但需要指出的是，由于国内外相关文献资料较为有限，在部分章节中针对某一文献资料进行了大量的引用。例如，本书第十二章第二节就是在参考科特勒（P. Kotler）所著的《Marketing Places》（N. Y.：Frees Press，1993）一书中相关内容的基础上构成的。此外，本书中的部分章节还参考了笔者先前所写的《城市规划学》（博英社，2006）一书中的部分内容。

在本书截稿并即将出版之际，笔者深深感到书中仍然有着很多不足之处，也与起初撰写本书的初衷还存在着一定的差距。特别是，因笔者能力有限，在对相关章节内容进行体系化整理和综合性论述方面尚有所欠缺。在本书面世后，还望各位读者诸贤加以指正，以在日后对本书的内容进行补充和完善。本书尽可能地站在更进一步拓宽和加深对城市管理的理解的视角高度之上，以期为读者在实践中对相关知识进行活学活用等方面提供有益的帮助。

在本书即将出版之际，许多同事和友人都毫无保留地给予了宝贵的意见和激励的话语，使本人在写作过程中感受到了莫大的幸福和鼓励。在本书的撰写过程中，学科助教朴载亨（此处人物姓名为音译，下同，译者注）全程负责了相关的联络工作。此外，也要向给予本人莫大激励和帮助的仁川大学刘龙圭教授表示深深的敬意和感谢。最后，我也希望与给予我莫大支持和关心的妻子（金惠京）和女儿一同分享写作和出版的喜悦。

最后，还要向在本书出版工作中给予积极协作和帮助的安钟满会长、黄任旭专务、李宪具先生以及李先珠课长等博英社相关工作人员表示敬意和感谢之情。

2007 年 2 月

目 录

CONTENTS

中文版序
译者序
韩文版序

第一篇 城市管理的基础

第一章 基础概念 …… 3
第一节 城市管理的概念 …… 3
第二节 对城市的基本理解 …… 9
第三节 管理环境的变化 …… 24
参考文献 …… 34

第二章 管理制度 …… 37
第一节 城市制度 …… 37
第二节 城市政府 …… 39
第三节 规划制度 …… 49
第四节 城市政策 …… 58
参考文献 …… 63

第三章 城市治理 …… 65
第一节 概要 …… 65
第二节 公私合作伙伴关系 …… 73
第三节 城市政体理论 …… 77
第四节 网络管理 …… 86
参考文献 …… 93

第四章 政策过程 …… 96
第一节 政策目标 …… 96
第二节 政策决定 …… 101
第三节 政策执行 …… 108
第四节 政策评估 …… 119
参考文献 …… 125

第二篇 部门管理

第五章 土地管理 …… 129
第一节 概要 …… 129
第二节 土地利用 …… 136
第三节 土地所有及交易 …… 144
第四节 土地税收 …… 152
参考文献 …… 157

第六章 住房管理 …… 159
第一节 概要 …… 159
第二节 住房的供求 …… 166
第三节 低收入阶层住房 …… 173
第四节 住宅区 …… 184
参考文献 …… 189

第七章 交通管理 …… 192
第一节 概要 …… 192
第二节 需求管理 …… 196

第三节 公共交通 …… 204
第四节 可持续性交通 …… 214
参考文献 …… 221

第八章 环境管理 …… 224
第一节 概要 …… 224
第二节 环境规划 …… 232
第三节 管理政策 …… 240
第四节 冲突管理 …… 249
参考文献 …… 254

第三篇 成长与开发管理

第九章 成长管理 …… 259
第一节 概要 …… 259
第二节 方法策略 …… 268
第三节 管理方法 …… 275
第四节 韩国的管理政策 …… 284
参考文献 …… 294

第十章 开发管理 …… 297
第一节 概要 …… 297
第二节 开发方式 …… 301
第三节 再开发 …… 309
第四节 新城开发 …… 329
参考文献 …… 335

第四篇 经 营 管 理

第十一章 公共服务管理 …… 341
第一节 概要 …… 341
第二节 供给类型 …… 348
第三节 供给设施 …… 360
参考文献 …… 368

第十二章 营销管理 …… 369
第一节 概要 …… 369
第二节 营销规划 …… 373
第三节 营销战略 …… 389
参考文献 …… 403

第十三章 财政管理 …… 405
第一节 概要 …… 405
第二节 财政收入与支出 …… 408
第三节 财政调整制度 …… 414
第四节 公营企业 …… 422
参考文献 …… 428

第一篇

城市管理的基础

第一章

基础概念

第一节　城市管理的概念

一、概念定义

1. 语源

“管理”（management）一词的词源出处并不十分明确。一种可能是来源于意大利语的“maneggio”一词，有“训练”（training）和“处理”（handling）的意思；而另一种可能则是来源于法语“manège”，有“领导”（lead）的意思（Stivers，2003：216），或是来源于另一个词汇“ménage”，有“家庭”（household）的意思。当然还有另外一种主张认为其来源于拉丁文“manus”，被解释为“以手领导”（to control by hand）之意（Hughes，1998：5）。

作为“管理”一词的近义词，近一段时间以来“治理”（governance）一词得到广泛的认可和使用。治理最初来源于希腊语“kybernan”或中世纪时期的拉丁语“gubernare”，含有“领导”（leading）、“调整”（steering）和“指向”（directing）的意思。此外，“行政管理”（administration）一词则是来源于拉丁语的“minor”和“ministrare”，含有“奉献”（to serve）和“管理”（to govern）的意思（Hughes，1998：5）。

2. 词典上的定义

在词典（Oxford English Dictionary，2000）中是这样来对“管理”一词进行定义的（Stivers，2003：214）：

（人或事物）所进行的一些运作、利用、处理、控制，或（企业运营等）在执行操作方面，适当地加以关注或进一步采用一些技术方法；进行调控……企业执行……人或事物所采取的处理方法或手段……为达到一定的目的而需要采用的一些必要的研发方案、需要发挥的分辨力或创造力；（其他一些含有贬义的解释）欺诈或使用骗术……可致人沉溺、上瘾或有所顾虑；在产业运作过程中，与被雇佣者持相反立场的雇佣者（雇主）利益集团在控制产业行业方面所能够发挥的政治力量。

在这里，可以将管理理解为企业履行（运作、控制）自身业务、人或事物处理或协商的手段。而行政管理则被视为具有进行正式的公开活动、履行公共义务、代替其他人或服务来进行管理工作之意（Stivers，2003：214）。

在词典中，“administration”和“management”所包含的意思比较相近。但具体来说，前者更强调奉献的意义；而后者则更加强调控制或取得效果的意义（Hughes，1998：4～5）。

3. 概念定义

（1）行政管理和公共管理

行政管理（public administration）主要强调针对广大民众所进行的奉献活动和将政策转化为行动并进行管理的一系列过程。管理（management）虽然也包含行政管理的这一含义，但其更注重强调对最终结果所要承担的责任。此外，与管理相关的组织都以效率最大化作为自己的行动目标。相较于注重程序过程（procedures）和主次顺序（propriety）的行政管理有所不同，公共管理所关注的焦点在于目标结果的实现和由此所需要承担的相应责任（Hughes，1998：5～6）。

一些学者主张行政管理和公共管理虽然具有相互重叠的部分，但它们也都分别根植于不同的模式体系当中。罗森布鲁姆（D. Rosenbloom）指出，“行政是运用管理、政治和法律等相关理论的过程，以实现立法、行政和司法等部门所发出的指令的贯彻执行，从而来为部分或全体社会成员提供管制和服务”。在这里，罗森布鲁姆将所有公共部门的活动都包含在“行政管理”这一概念之下，使之成为一个相对较为广义的概念。奥特等（J. Ott，et al.）将公共管理当做公共行政管理的一个分支。更有甚者，休斯（Hughes，1998：7）等仅将公共管理视为公共行政管理下的一个较低层次的技术性领域。但是，与此持相反意见的波兹曼（B. Bozeman）和施特劳斯曼（J. Straussman）则认为相对于行政管理而言，公共管理具有更广泛的应用空间。他们在此观点基础上，从以下两方面做出了解释：第一，公共管理与包含外部环境、组织任务和目标的战略等息息相关，其与仅限定于内部行政（internal administration）这一狭隘的研究范围相比，具有更广泛的内含意义；第二，公共管理不一定只发生在政府体制内部。行政管理在历史上与官僚和官僚机构联系密切，而与此不同的是，公共管理则有着更大的灵活性（Hughes，1998：7～8）。

（2）公共管理的特征

公共部门管理的特征包括强烈的脉络依存性（context-dependency）、高度的复杂性（high complexity），以及典型的治理模式等。

由于公共管理与外部的社会、政治环境息息相关，其与民间社会的企业部门领域相比有着较大的区别。即使在政府内部的组织和管理过程中，如果不对与之相关的各种政治和社会性质的机关部门、市民、利益集团等之间的关系进行细致观察分析的话，也就不可能正确地去理解这一问题。此外，政府在对公共政策的制定过程进行管理时也会受到政府以外的其他政治性或社会性事件所带来的直接影响，这也是我们所说的外部管理（external management）的一种表现形式（Kickert，1993：191）。

另一个特征是管理的复杂性。公共管理主要是对由许多不同的参与者共同构成的复杂网络进行管治，如政府组织、其他一般性的政治和社会团体、私人与企业组织等。在这样一个多层次网络关系中，一方面，各行为者有着各自不同的利益、目标和立场；另一方面，没有一个单一独大的行为者能独当一面、支配全局，更无权力遂行已意、强迫他人。

在这里，权力是分散的，所有的行为者或多或少都具有一定的自主性。决策是一个通过协商逐步推进的过程。因此，按照这一观点，最好运用较广义的治理理念来取代管理这一概念，因为它往往很容易被狭义地定义为企业管理（business management）（Kickert，1993：191～192）。

二、概念的变迁

1. 新公共管理和治理

（1）新公共管理

1）意义

20 世纪 80 年代开始，在公共部门领域出现了一种与传统行政模式相抗衡的新的管理方法（new managerial approach）。这一新的管理方法也被称为管理主义（managerialism）、新公共管理（new public management）、以市场为基础的公共管理（market based public management）、后官僚主义典范（post-bureaucratic paradigm）或企业型政府（entrepreneurial government）（Hughes，1998：52；Lynn，1998：109）。

2）特征

虽然不同的名称和意义背后有着不尽相同的背景因素存在，但它们之间确也存在着一部分相同的特征（Bevir，et al.，2003：1～2；Hughes，1998：52～53；Lynn，1998：109；Mathiasen，1999：92；Osborne and Mclaughlin，2002：9）。

第一，相较于传统行政管理中强调效率性、目标责任性，新公共管理将关注的焦点放在企业管理（entrepreneurial management）上。

第二，提出明确的标准和指标，从而更好地对业绩成果进行测评。

第三，用分权化（权力下放转移）的管理结构来代替原来的集中化的管理结构，以使有关资源分配和服务供给的决策能够最大限度地贴近于行政服务的终点（delivery point），从而进一步提高行政服务供给的竞争力。

第四，通过灵活运用市场手段和合约机制，逐步减少政府机构和职能，以进一步促进去监管化（deregulation）、民营化（privatization）和提高竞争力。

第五，采取更为弹性的组织运营方式，进一步强化并提高组织进步发展的战略性能力，以便更加自主、灵活地应对不断变化的外部环境。

这样的变化大致上意味着公共管理正由传统的行政化（administrative）、阶层化（hierarchical）和专业化（professional）向民间化（private）、商业化（commercial）和市场化（market）的方向转变（Lynn，1998：10）。

（2）治理

1）意义

从20世纪的最后10年开始，治理（governance）的概念逐渐成为行政学领域所关注的中心议题。与狭义上的政府（government）这一概念不同的是，治理更加强调在执行过程中采纳与之相关的各个机构及参与者几乎全部的不同意见。由此可以看出，这一概念具有很强的包容力（Pierre and Peters，2000：1）。

治理具有两方面的意义：一方面只涉及国家在面对外部环境挑战时所积累的应对经验；另一方面在概念或理论层面上，指的是一种社会体系的协调方式，以及国家在这一过程中所扮演的角色和发挥的作用（Pierre，2000：3）。就后者的意义而言，又可将其进一步划分为两种模式的治理：一种是旧式的治理（old governance）模式。这一模式的治理通常侧重于国家如何借由政治上居中协调的身份来制定政策目标与政策优先重点来引导社会和经济部门领域的发展，其中尤其注重国家应对新挑战的能力和所呈现出的自主性。另一种治理模式则强调正式或非正式的公私部门间的互动形式，特别注重构建不同类型的伙伴关系和政策网络（Pierre，2000：3）。

2）背景

到目前为止，政府主要还是作为公共服务的提供者占据着绝对垄断的地位。但是，我们也可以看到，在公共服务的传递过程中，所谓供应（providing）和生产（producing）的职能已从概念的层面上得以区分开来。根据新公共管理论，随着政府改革的不断深入，民间私营部门和非私营部门已经越来越多地参与到公共服务传递的过程中来。从其结果上也可以看出，公共服务传递的效率性和效果性也在相当大的程度上受到来自政府部门、私营部门及非盈利部门三方协力合作构筑的网络及对其管理所带来的积极影响。

在这一背景下，为了提供与现有的政府（government）主导的公共服务传递和问题解决方式相比更为有效的方案，治理（governance）作为一种新的理论出现了。此外，随着全球化发展的不断深入，传统的主权国家所能发挥的力量逐渐缩小，原有的作用和力量则更多地转移到了市民社会或市场以及国际组织上来；另外，随着信息化时代的到来，国家、社会、企业等国家运营主体间的关系也已经发生了深刻的变化。由此可以看出，对国家、市场、市民社会以及国际体系间的关系进行重新整合是十分有必要的。这一点也是治理理论产生的背景之一。

3）特征

所谓政府是定位于包含国家立法、行政执行机构以及所统治下的公民在内的具有官方色彩的制度性架构，并在此架构之下进行一系列具有权威性的决策管理。而治理则强调致力于通过一定的行动、态度和管理来打破和消融各个组织体系，以及公共和私营部门间的界限。治理的精髓在于政府和非政府力量间的相互作用关系，即将原来相互隔离而造成的无法达成一致的行为、目标、价值和规则，通过治理这一理念以期达成共同享有的框架结构、可持续的相互作用以及各利益集团间互惠互利的局面。在这里，具体指的就是国家与市民组织、支配者与被支配者、政府和国民间的关系（Rakodi，2003：524）。

（3）新公共管理和治理

1）产生背景

在实际使用治理这一概念时，其往往具有多重意义。有时也将其等同于新公共管理。一方面是由于新公共管理和治理均作为政府改革战略，几乎是在同一时间产生的；另一方面则是由于两者对政府作用的认识和对政府改革战略所提出的见解均有着较高的趋同性。

2）特征比较

新公共管理和治理均强调政府部门相较于承担公共服务传递的划桨者（rowing）的工作而言，应多承担政策决策的导航者（steering）的工作。要想扮演好这一导航者的角色，不仅要更加重视对手段和技巧方法的研究和挖掘，还应该在考虑投入的同时更加重视对产出的控制。此外，两者均对将公共部门和民间部门进行泾渭分明的划分持怀疑的态度，且均信奉竞争和调整的原则信条。

从理论层次上来说，新公共管理和治理两者间存在着一定的差别。首先，新公共管理主要着眼于“结果”，而治理则将“过程”视为其关注的焦点。其次，前者主要研究一些组织内关系的问题，而后者则主要涉及研究组织间关系的问题。最后，新公共管理的实现是根据与市场的竞争以及消费者的个人选择来调整完成的，而治理则是通过信赖、协作、相互依存等来保证其正常运作。也就是说，新公共管理论强调的重点在于部门间的相互竞争，而治理则着重强调部门间的合作。

3）共同点和不同点

新公共管理和治理之间既有共同点也有不同点。两者的共同点是在弱化公权力和法律意义上的国家权力的同时，均强调公共部门和民间私营部门相互合作机制的重要性。两者的不同点在于对国家进行概念化这一点上。具体来看，在新公共管理论中仅将国家看做是公共服务的提供者；而在治理中则更加强调国家在促进合作和平衡各集团利益方面所发挥的积极作用（Pierre and peters，2000：65）。

2. 城市治理

（1）意义

随着城市政府自身职能趋向更加复杂化，城市治理（urban governance）这一概念越来越受到人们的重视，在实际生活中也得到广泛的应用。这也就意味着城市管理学已经不能仅将关注的焦点放在地方政府身上，还应对政府框架的变化和城市政府管理过程中非官方机构重要性的日益增强这一事实加以认同（Newman and Thornley，1996：76）。

在政府部门中，治理一词使用频率的增加也意味着城市管理不再仅是公共部门所单独承担的责任，而是更加强调政府与非政府行为者之间的关系和参与过程（Rakodi，2003：523～524）。也就是说，城市应通过地方、区域、国家乃至跨国机构间的相互结合，以及民间部门的直接介入来进行管理（Newman and Thornley，1996：76）。

（2）条件的变化

城市治理（urban governance）模式的变化主要体现在以下几个方面（Kearns and Paddison，2000：845～846）。

第一，当今城市间的竞争更加激烈，很多城市之间正在展开一场被称为“地方空间战”（place wars）的没有硝烟的战争。在这场战争中，城市通过吸引外来投资或其他方式来积极进行自我营销。在充满竞争的世界里，城市政府也正在朝着更加企业化（entrepreneurial）的方向转型。但与此同时这也在一定程度上背离了福利主义的原则。

第二，城市为了吸引和维持更多的外来资本投资，在紧跟世界潮流文化步伐的同时，也在不断地挖掘着具有自身地域特色的城市文化资源。

第三，在全球化的时代背景下，由于各城市政府均意识到中央政府（national government）对维护自身利益方面能够给予的帮助越来越有限，它们也努力试图减少对国家经济的依赖。

第四，城市通过与跨国企业（或跨国组织）共同构建跨国合作网络的方式来逐步走向国际舞台（international arena）。

(3) 特征

联合国人居署（UNCHS）在《有关健全的城市治理规范的草案性宣言》（Draft Declaration on the Norms of Good Urban Governance）中指出，所谓良好的城市治理（good urban governance）应具有持续性（sustainability）、分权化（decentralization）、公平（equity）、效率（efficiency）、透明性和责任感（transparency and accountability）、市民参与和市民精神（civic engagement and citizenship）以及安全（security）等特征，并且它们之间应相互依存、相互补充（Paskaleva-Shapira，2002：18）。

作为一种良好的城市治理（good urban governance）模式，还应积极地促进和制定一系列具有包容性（inclusion）、兼容性（accommodation）及宽容性（tolerance）的政策。这不仅能够进一步提高城市管理的效率，也是社会向更高层次融合发展的必然要求。良好的城市治理不仅可以维护政府和公共部门所制定的政策，也是对民间部门和市民社会组织参与和相互作用的要求。良好的城市治理也应该具有地方性的特征。当城市在面临自身发展的一些问题时，通过治理的形式将更多的权力下放给城市政府，这不仅单纯是行政事务处理顺序的改变，更是对市民诉求的一种积极回应。此外，通过权力下放还可以进一步稳固自身的合法性、责任感和地方自治制度（Murphy，2000：244）。

第二节　对城市的基本理解

一、意义

1. 概念

(1) 方法理论

城市治理是以城市为对象所进行的一系列具有公共性质的活动。因此，应该先对什么是城市，以及城市的本质是什么等问题有一个基本的理解和认识。只有这样才能更有效地应对和解决随之而来的一系列其他城市问题。

我们可以将城市分为“实体上的城市”和“形式上的城市”两方面来进行

分析。前者是将城市进行具体化来对其本质所内含的一些要素进行剖析；后者则是以客观存在的一些判断标准为依据将其进行概念化。

1）实体上的城市

所谓实体上的城市我们可以将其理解为一种与农村这一概念相对的居住形态。人们往往从物理、经济、社会和文化等城市属性方面对其所内含的本质特征进行描述和说明。

a）物理属性

城市被看做是一种具有一定结构体系的物理性加工品（physical artefact）。它往往根据中心与边界、活动空间（activity space）与移动空间（movement space）、绿地空间和建筑密度空间等物理空间的相互关系来组合生成一定的结构体系。在这一过程中，规划者们对城市的构造进行设计，并将土地利用和交通运行方式、体系等关系进行分类、整理和模式化（Healey，2002：1779～1780）。与此同时，地理学者们则通过对诸如密度或相邻与否进行测量的方式来对城市这一物理性的结构体进行定义。

韩国《地方自治法》中在有关“市、邑①的设置标准”的条文中规定，将市或邑定义为具备一定城市规模的地区……（地方自治法第7条）②。可以看出，在这项条款中着重强调了城市所应具备的物理属性。但这里仍然存在一个问题，那就是针对城市规模并没有给出一个明确的定义。

b）经济属性

从经济的角度来看，人们认为所谓城市就是各种经济行为的主体相互聚集起来所形成具有一定专业化且相互关联、相互依存的动态性市场体系。通过这一市场体系，人们在城市这一区域内逐步形成和进行各种与服务和生活有关的活动。不仅如此，城市本身还具有收集和处理信息的能力，随着从事服务业和转包业商人的不断集聚，又可以创造出新的经济活动。因此，可以说城市是经济成长的温床（seedbed）。此外，城市是创造巨大财富的源泉，并为国家经济的不断发展提供着源源不断的驱动力。

c）社会和文化属性

从社会属性（social character）的角度来看，城市与农村主要在以下三点上存在着一定的差异性。首先，在城市和农村里存在着各自不同的形态特征和价值观念；其次，在城市和农村里有着不同的认识世界的方法；最后，城市和

---

① 译者注：邑，相当于中国的‘镇’。

② 译者注：在韩国，地方自治团体主要分为广域自治团体和基础自治团体。广域自治团体主要包括特别市、广域市以及道等；基础自治团体主要包括市（除特别市和广域市外的一般性城市）、郡及自治区等。邑则是地方自治团体中市和郡的下级行政单位。

农村在对对方所产生的影响力和作用力上也不尽相同（Frey and Zimmer，2001：26～27）。芒福德（L. Mumford）将城市视为“市民间进行平等对话、相互提高的场所”。他认为决定城市发展的关键因素并不在于人口数量和建筑物的多少，而在于如鲜花般绽放在城市每一个角落的艺术、文化、宗教、民主政治形态。城市人的生活方式大都向利益看齐，相较于农村来说，虽然生活多了几分忙碌，却少了几分人情味；虽然多了不少选择，却少了不少道德心（more action but less heart，more choice but less conscience）。

2）形式上的城市

所谓形式上的城市主要是从法律、制度和执行，或是从统计等城市的实际需求出发对其进行的定义。韩国《地方自治法》规定将辖区内人口超过5万名的市或辖区人口超过2万名的邑指定为城市地区（《地方自治法》第7条）。在统计中，往往将人口数和人口密度作为其观察的重点对象。但是在不同的国家，关于人口标准的大小却有着相当大的差异，如在丹麦，辖区人口超过250名即可被指定为城市地区，而这一数字在中国的最低标准却被限定在10万名以上。从中可以看出，在有关城市人口数量的界定和应用标准上并没有统一的规定。

政治学者们虽然往往把研究的重点放在行政主体上，但从另一角度来看，这些行政主体都存在各自的行政区划和边界，因此很难从空间上对生活在当地的居民和企业等所存在的社会及经济关系进行明确的地界划分（Healey，2002；1780）。

（2）概念定义

随着城市治理这一全新理念的兴起，我们有必要对城市的性质和内含进行重新梳理和理解。城市这一概念已不能再仅将其局限在物理性的形态和层次上，而是应将其与文化、社会及经济的流动性和集聚性紧密地结合起来。城市不再是单纯的物理性人工制造的产物，而是一个充满着人口、技术和权力关系的有血有肉的空间实体。在社会学中，与城市相关的各种概念无不将对改善市民生活等项目议题进行的规划和设计，以及拥有历史遗迹区域和建筑物的保存、保护政策视为其关注焦点来看待。与此同时，也更加强调市民活动所发挥的积极作用，越来越重视环境保护、交通和物流体系、区域场所营销等城市概念（Healey，2002：1783）。

城市可以拥有怎样的未来？城市应该拥有怎样的未来？为了解开这些疑问，人们对政策领域的关心程度也在与日俱增，如不断探索以紧凑城市（compact city）概念为代表的城市扩张走向、在区域开发中起到节点（nodal points）作用的城市发展战略，以及在城市竞争的大格局中积极制定与城市振兴相关的政策等。

学术界非常重视和强调从关系动力学（relational dynamics）的角度出发，对存在于物理性空间格局内的时空（时间和空间）特征进行提取和抽象化描述。这种时空特征突出表现为分布于空间范围内的所有人和企业，依照空间距离而构建起来的关系网络（relational nets）。这一关系网络的聚合性大小是学者们关注和研究的重点。这也为学者们研究城市的动态性和社会—空间—时间间的相互关系提供了新的思考角度。此外，一些学者还从社会学的角度出发，通过对一系列能够表现人类利益、欲望及权力的形象和象征物进行研究的方式来强调城市在人类社会发展中的重要性。这些新的城市研究方法，也使人们对城市的认识上升到了一个新的高度。此时，人们开始思考诸如有关理解和剖析城市，以及制定城市发展战略等更高层次的问题（Healey，2002：1778）。

2. 功能

芒福德（L. Mumford）曾经将城市形容为一张地理网络（geographical plexus）、一个经济组织（economic organization）、一项制度的过程（institutional process）、一个社会行为的舞台（theatre of social action），以及集体统一性审美的象征（aesthetic symbol of collective unity）（Latham，2003：1699）。从中我们可以看出城市的功能具有综合性的特征。城市是区域经济、社会、文化和政治的中心。此外，城市还为人类活动和社会提供着源源不断的动力。历史学者、人类文化学者和社会学者都从各自不同的专业角度揭示了城市存在的理由。随着人类历史的不断变迁和进步，人们对城市的认识也发生着巨大的变化。在不同的历史时期，人们认识到城市是领土疆域统治范围内的行政区域；城市是抵御外部侵略和攻击的防御体；城市是文化的源泉等。

从整个人类社会的角度来看，正如芒福德所说的那样，城市既像一个巨大的容器（container）又类似于一块巨大的磁体（magnet）。城市的容器功能是指城市所具有的机能、经历的发展过程，以及所需达成的目的等随着时间的推移不断得到发展、传播而最终共同内化成为城市物理空间内永存不变的集合体（assembly）。关于城市的磁体功能是指城市所具有的能够将人群和各种制度集中起来并产生关系的强大的聚合力。

每一个城市具有各自不同的文化特性。城市内巨大宽敞的广场和高大雄伟的具有纪念意义的建筑物很好地证明了这一点。从这些建筑物中充分展现出城市的自尊心和统治者所拥有的崇高权力。而近代以来，城市越来越注重历史文化空间的塑造和商业区域的建设。此外，一定规模和特色的城市布局也可以在一定程度上代表市民形象或成为展示城市形象的一扇窗口。但是，城市的象征仅能代表城市特性的某一个方面。对于长期在城市生活的市民而言，更为重要的是城市作为“我的住所”（my place）、“我的故乡”（home）存在的意义。从这一层面上来看，他们已将城市视为“家”的象征，是为市民提供社会安定感和归属感的场所。因此，正是由于这种市民人人视“城市如家”的积极意识，才使得人们逐渐认识到需要通过创造邻里场所、构筑社会关系网以及扩大城市规模的方式来强化这种认同感（Healey，2002：1781）。

在城市的各种功能中，经济性功能处于支配的地位。在城市中，人与经济活动自然地集聚在同一空间上。由于经济活动仅在被称为城市的这一有限的空间范围内不断上演，也就自然会降低各种经济体各自所需要消耗的成本费用，由此形成了所谓的集聚经济（agglomeration economies）。集聚经济可分为内部规模经济、产业间相互连贯经济、地方经济和城市经济等多种类型。其中，与城市成长发展有关的主要是后两种类型（Blair，1991：104～113）。随着生产总量的不断增加，特定产业的生产费用就会随之不断下降，此时往往就会很容易催生地方经济的产生。作为生产企业，为了追求这样一种经济利益上的优惠，就会选择将企业布局在与本产业相关的其他企业的周边地区，从而形成产业园区（cluster），以达到降低生产费用的目的。中间投入再生产过程中所发生的规模经济、劳动市场经济和传播经济是导致地方化经济（localization economies）形成的三个主要因素（Sullivan，1990：22～26）。城市化经济（urbanization economies）是随着城市地区生产总量的不断增加，个别企业的生产费用随之不断降低时所形成的一种现象（Sullivan，1990：26）。城市化经济和地方经济的不同点主要表现在以下两个方面（Sullivan，1990：26）：第一，城市化经济是由于整个城市经济达到一定的规模时所引起的经济现象，而不是由于某一特定产业规模的扩大所引起的。第二，在城市化经济中，不仅特定产业的某些企业受益匪浅，整个城市内的所有企业都受到这种城市化经济所带来的利好因素的影响。此外，导致城市化经济和地方化经济形成的诱因是一致的（Sullivan，1990：26～27）。当两类不同产业的企业所需要的投入品相同时，它们可以分享中间投入品的供给。同样，在企业服务（银行、保险、房地产、餐饮住宿、物业管理、印刷、交通）和公共服务（高速公路、公共交通、学校、消防设施）的供给方面也可以通过这一方法来实现规模经济。

二、城市的发展和城市化

1. 城市的发展

（1）工业革命以前的城市

1）古代时期的城市

人类社会初期的城市最早诞生于约公元前5500年的西亚美索不达米亚（Mesopotamia）流域。在之后的几个世纪里，在古埃及尼罗河流域附近逐渐形

成了另一城市生活圈域和文明。此后不久，又在现今的巴基斯坦地区的印度河流域出现了新的城市文明。这些在人类社会初期形成的城市大部分四周都由城墙合围而成，且在市中心地区都分布有寺庙、宫殿及存放谷物的粮仓等重要设施。它们共同形成了城市的城池区域（citadel precinct）。此外，这一时期的城市还拥有诸如金字塔（pyramid）和塔庙（ziggurat）这样具有象征意义的建筑物（정환용，2006：80～85）。

在现今希腊和罗马地区依然可以寻找到当年西方最具代表性的古代城市的影子。在古希腊的雅典，城市空间主要由三部分组成：一是具有宗教功能的雅典卫城（Acropolis）；二是位于市中心地区承担政治、经济中心的阿果拉市场（agora）；三是其他一般意义上的居住和生活空间。古代罗马帝国通过不断地对外扩张，最终建立起一个东起伊朗（Iran）西到苏格兰（Scotland）地区的强盛帝国。与此同时，罗马帝国还在各地大力兴建殖民城市。罗马从公元前 753 年开始以其周边丘陵地区七个自然形成的村镇为中心大力向外扩张，形成了当时兴盛一时的巨大城市。到公元 3 世纪时，生活在罗马城的人口已经超过了 100 万人。

在中国，《周礼·考工记》一书对从周王朝到南北朝时期古代城市的形成产生了深远而又巨大的影响。从这一时期开始，城市的城郭建设都严格按照直角四边的几何图形建造而成。不仅如此，在城内也严格按照“前朝后市，左祖右社”的布局原则进行建设。所谓“前朝后市，左祖右社”是指宫殿应建于都城的最中央位置之上，而其左侧应布局建造用于供奉祖先的太庙，其右边应布局建造用以祭祀土地和五谷之神的社稷坛。在皇城的后面则应布局建设用于开展商业和经济活动的市场。

当时还处于青铜器时代的朝鲜半岛，已经建立起来了一些部落国家或城邑国家。这些国家的领土范围并不大，它们仅能在一些低矮的丘陵地区建设城邑，并统治着散布于城外四周狭小平原上从事农业生产的农民，以保障基本的生活需要。直到三国时代[①]，朝鲜半岛才由城邑国家进入了联盟王国发展的新时期，形成了真正意义上的都城。三国时代具有代表性的都城有高句丽的平壤[②]、百济的熊津[③]和泗沘城[④]以及新罗的庆州[⑤]等。

---

① 译者注：三国时代：韩国历史上的三国时代是指自公元 427 年到公元 660 年在朝鲜半岛上出现的高句丽（公元前 37 年～668 年）、新罗（公元前 57 年～935 年）、百济（公元前 18 年～660 年）三国鼎立的历史时期。

② 译者注：平壤，即今朝鲜首都平壤市。

③ 译者注：熊津，即今韩国公州市。

④ 译者注：泗沘城，即今韩国扶余郡（郡相当于中国的“县”）。

⑤ 译者注：庆州，即今韩国庆州市。

2）中世纪时期的城市

处于中世纪时期的各欧洲城市均具有一些普遍性的特征。例如，出于防御工事的考虑都采用迷罗阵式的街道网络布局格式；在重视宗教价值存在的同时却忽略了对卫生观念的强调；无序的城市扩张也是当时众多城市普遍存在的问题之一。当时的城堡式城市均是依据事先制定好的规划进行布局建设的，大都是在以直角四边形为轮廓的城市边缘内以网络型作为城市的基本框架模式。不仅如此，为了吸引更多的人口进入到城市内来居住和生活，城市在建设之初还将提供住宅和土地等优惠政策作为城市规划的原则来实施（정환용，2006：85～88）。

正当欧洲处于中世纪之时，东方的中国已经进入到了隋唐宋元时代。在这一时期，最具代表性的中国城市当属唐朝的首都长安（今西安）和元朝的首都大都（今北京）。当时的长安城由宫城、皇城和京城三个层级部分组合而成。在唐朝最为鼎盛的时期，生活在长安城内的人口多达 100 余万，成为当时世界上最大的城市。

与此同时，朝鲜半岛正处于高丽王朝①的统治时期。自高丽王朝太祖二年（公元 919 年）迁都至开城②之时起，针对首都的大规模建设一直持续了近九十余年的时间。据推测，在高丽王朝最鼎盛的时期，有 10 万余间住房，共计 50 多万人生活在开城城内。

3）近代时期的城市

对于城市发展的历史而言，有关城市的文艺复兴时代应该限于从 15 世纪中叶到 18 世纪末这一时间段内。在这一历史时期当中，萌芽于文化这一沃土中的文艺复兴最终大多以艺术和建筑的方式展现于世人的面前。到 17 世纪时，开始出现大规模城市建设的势头和热潮。从这一角度来看，又可将这一时期的城市建设大致划分为前后两个时期：前期称之为文艺复兴时代；后期称之为巴洛克时代（정환용，2006：88～90）。

在这一时期由于科学技术的高度发展，特别是火药的广泛使用，也从侧面促使城市的外部形态发生了巨大的变化。例如，城市内部的街道长度均比原来有所延长，并出现了直线化的规划趋势。文艺复兴时期城市设计的构成元素大体可以概括为以下三个方向：一是直线型的主干道设计；二是网格型的街道设计；三是封闭型的广场设计。当时人们在设计城市时主要考虑的是对称的概念、透视原理、建筑物间的协调性，以及诸如在直线型主干道的尽头建设布局

① 译者注：高丽王朝：建于公元 918 年，是朝鲜半岛历史上的古代王朝之一。公元 1392 年被李氏朝鲜王朝所取代。高丽王朝也是朝鲜半岛历史上第一个统一国家。

② 译者注：开城，即今朝鲜开城市。

纪念碑式的建筑物等一系列布局问题。

(2) 工业革命以后的城市发展

1) 工业革命和城市规划

发端于18世纪中期的工业革命自英国开始逐渐席卷了整个欧洲地区。与此同时，这场工业革命也使得欧洲各地的城市发生了翻天覆地的变化，原来存在于城市和农村间的本质性特征也随之发生了深刻而又重大的变化（정환용，2006：90～93）。特别是人口的持续增长、生产力的不断提高，以及城市内人口的不断聚集和交通信息技术的高速发展等客观条件的变化进一步促进了城市化的提高和城市物理性形态的变化。首先，工厂规模的扩大带来了职住分离的城市生活状态和劳资关系的进一步改善；其次，公共信息的发达不仅扩大了经济等交易的范围，也进一步扩展了城市的区域和规模；最后，随着与民众健康和安全有关的一系列基础设施的建设和完善，城市的生活环境也得到了进一步的改善和提高。

但是，随着工业革命发展的不断深入，这种客观条件的变化也导致了一系列未曾出现过的城市问题逐渐浮出水面。具体来看，随着工业化生产的大规模进行，交易范围的不断扩大以及资本主义本身的高度发展等客观条件的变化，城市内的工厂也在不断地扩大自己的经营规模，而这不可避免地引起对劳动力需求的增加，最终导致曾在城市周边进行农业生产作业的农村劳动力大规模地涌入城市。但是，作为城市而言，显然还没有做好容纳更多人口的准备，并不完善的城市基础设施根本不足以应付蜂拥而至的进城大军。因此，为了解决这一问题，不得不先在紧邻工厂的周边地区集中建设在设计和质量上还都不能完全达标的超高密住宅区。位于这些住宅区内的住宅留给人们的印象大多都是落后的保健和卫生状态、无序的建筑物，以及无规划感的城市布局等。

为了应对和解决这一时期工业城市内所产生的各种城市问题，人们提出了各种应对和解决问题的方法。主要可以归纳为以下两种：一种主张新的城市发展要与现存的工业城市完全区分开来，进行完全不同的规划建设，打造全新的区域社会形态；另一种主张则与前一种正好相反，认为较之将各种城市问题相互纠结起来视为一体，采取一锅端的解决方式，不如针对问题，各个击破更为实际和可行。持有第一种主张的人被称为空想主义者（utopians）；而第二种主张则得到了当时很多城市的执政者、学者以及一批奠定了近代城市规划法理基础的实用主义者的支持，他们在不打破原有城市模式的基础上制定了一批新的法律法规（如与健康有关的法规）或采取各种具体措施来向市民提供一系列新的社会性服务。虽然空想主义者所提出的各项主张很难在现实中加以具体地落实和实施，但也引起了人们对城市环境恶化问题的空前关注，最终促使英国于1848年颁布了人类历史上第一部《公众健康法》(Public Health Act)。

2）现代城市的发展

在整个20世纪里，人们对当时主要经济或社会问题的认识程度决定着不同时期城市规划运动的走向。在20世纪的最初始时期，以霍华德（E. Howard）和格迪斯（P. Geddes）为代表的现代规划运动的先驱者们为了解决当时城市内普遍存在的贫民窟问题而积极寻求解决之道。最终他们提出了重新开发低密度中心城市和在农郊地区建设田园城市的主张（정환용，2006：94～102）。从这里可以看出，这一时期所进行的规划运动亦是源于当时轰轰烈烈进行的住宅改革和土地改革运动。然而，这种分散式的规划政策要想付诸实现，不仅需要充足的电力保障；还必须具备足以支撑廉价且具有一定高科技含量的公共交通工具（如有轨电车）得以运营、发展的能力。到1925年前后，欧洲大陆上正在展开另一场建筑领域的现代化运动。在这场运动中，以勒·柯布西耶（Le Corbusier）为代表的学者们提出通过对城市规划和公共交通体系进行统一整合的方式来推进高密度开发的新思路。

在第二次世界大战刚刚结束的20世纪50年代，随着战后重建工作的全面展开，规划运动也达到了新的高潮。在20世纪初期所进行的一系列规划运动，由于经济危机和战争的爆发而被迫中断，而这一时期所进行的规划运动从一个方面可以看做是对早期规划运动的延续或总结，但从另一个方面来看，它也开启了欧美建设高福利国家这一新的社会议程（social agenda）的大门。到了20世纪70年代，所进行的规划运动中出现了一些前所未有的新的主张。全面的重建、大规模的开发以及汽车出行这些名词更多地被贴上了负面性的标签；与此同时，对环境保护的重视已经成为最基本的要求，而对减少专业技术人员和建立自下而上式规划体系的呼声也越来越高。

1975年至20世纪末，环境议题（environmental agenda）一直在整个规划运动中受到相当广泛的关注。与此同时，随着社会的高速发展，全球化、新知识经济时代以及网络化社会（networked society）等已经成为人们关注的新焦点议题。

2. 城市化

(1) 概念

所谓城市化是指一个地区或区域向城市形态逐渐变化的过程。当然，不同的学术领域和不同的学者在使用“城市化”这一概念时也赋予了其不同的意义。在人口学学者的眼中，城市化意味着城市人口数量或密度的变化；社会学学者则将城市居民所处的社会阶层、所具有的意识构造，以及生活方式的变化作为自己观察的重点；经济学者则往往将城市的产业结构上所发生的变化作为自己研究的焦点（정환용，2006：148～149）。

一般来说，对于城市化这一概念可以从行为、结构及人口三个方面来进行观察和理解（Lampard，1967：519～520）。行为概念（behavioral concepts）在忽略社会环境或其他区域性因素所产生影响的前提下，仅关注城市所独有的一系列形态和思维意识；而结构概念（structural concepts）则主要将焦点放在所给定区域内的产业或就业类型的变化上，具体来看就是更加关注从农业社会向非农业社会的转变过程；人口概念（demographic concepts）则将城市化视为人口的聚合集中，更加关注人口和空间这两个变量所起到的作用。城市化的过程伴随着一系列物理性、空间性、社会性、政治性及经济性的变化，而正是由于这种全方位的转换（total transformation）才能够共同构成这样一个真正意义上的城市化过程（urban process）。

（2）影响因素

为什么会发生城市化这一现象？究其原因可以发现，正是生产技术的不断提高和与其相伴随的一些不变因素（constant factors）的作用才使得城市集聚（urban concentration）变为可能（Davis，1965：8）。在农业活动中，土地不仅是人们从事生产活动的场所，也被当做最重要的生产工具来看待；而在制造业、商业以及服务业中，土地仅作为选址布局的对象而存在。不仅如此，与服务业或制造业相比较而言，对农产品的需求弹性则低得多。随着生产率的不断提高，制造业或服务业不仅可以容纳更多的人力资源，还可以为这些人力资源提供更高额的工资报酬。由于在这种非农业活动中土地仅被作为选址的对象来看待，所以在这些土地上建立起来的非农业活动之间不仅可以相邻而生，而且还带来了劳动的大分工，进而将空间摩擦降低到了最低程度。与此同时，随着农业技术和农业投入成本（capital costs）的不断提高，对劳动力的需求逐渐减少，从而进一步加重了农业劳动者的经济负担。也正是由于这个原因，农业部门相较其他能够提供高工资报酬的非农业部门而言一直处于不利的经济地位（Davis，1965：8）。从这一观点来看，我们也就不难解释在此后出现的农村人口向城市迁移的现象了。

城市化的产生是由多种因素间的相互作用而引起的。一般来说，人们往往从农村与城市之间存在的相互作用关系方面来分析这一问题。一方面，农村地区本身所存在的一些制约因素，促使农村人口不断地向城市地区转移；另一方面，城市本身所具有的一些优势因素也吸引着农村人口不断地涌入城市地区。农村所存在的制约因素我们称之为推力因素（pushing factors）。在这里，推力因素包含着很多方面，如农村生活水平较低且生活单调、土地狭小且人口密集、农业耕种资源有限、长期性的粮食短缺、就业机会较少、农业劳动的季节性、农村的结构性问题长期得不到有效改善以及社会不稳定等都是导致农村人口流失的重要原因。相应地，城市本身所具有的优势因素我们称之为拉力因素

(pulling factors)。拉力因素也包括多方面，如城市本身所具有的魅力、较高的生活水平、丰富多彩的消遣娱乐生活、完善的医疗设施、丰富的教育资源和较高的教育水平、广阔的就业机会和前景等。

城市化发展速度的高低主要取决于以下五个方面：经济成长和开发、技术的变化、人口总数的快速增长、从农村向城市所进行的大规模的人口迁移，以及在一部分国家内发生的由城市向农村进行的人口迁移（Balchin，et al.，2000：1）。

（3）*发展趋势*

一直到18世纪初期，生活在城市的人口仅占全世界人口总数的2.2%。也正因为如此，一直到19世纪50年代时，全世界还没有一个可以被称为城市化社会的国家。即便到了20世纪初期，也仅有英国可以被称为真正意义上的城市化社会（정환용，2006：149～150）。

直到20世纪50年代，在发展中国家，生活在城市的人口比率也不过刚刚接近20%，而与此同时，在发达国家这一比率已经上升到了55%。据推测，到2025年，发达国家的城市人口比率将达到84%，发展中国家的城市人口比率也将达到57%（Frey and Zimmer，2001：18）。在20世纪50年代，全世界有60%的人口居住在发达国家，有40%的人口居住在发展中国家。而随着发展中国家人口的不断增长，到了1975年，这一数字出现了逆转，发展中国家人口比率首次超过了50%。据推测，到2025年，生活在发展中国家的人口将占到世界总人口的80%左右。韩国的城市化也得到了迅猛的发展。20世纪70年代末，韩国的城市化率保持在50%左右，而到了90年代，这一数字已经突破80%，截至2010年，韩国的城市化水平已达到90%以上。

回顾城市化的发展历程可以看出，城市化呈现出“S”形曲线式的发展趋势。具体来看，从“S”形曲线的始端到第一个拐点可以看做是城市化发展的初期阶段（initial stage）。这一时期的城市化率均低于25%，整个社会还处于以农业为主的传统型社会阶段。下一个阶段是到第二个拐点为止，可以看做是城市化发展的加速阶段（acceleration stage），这一阶段的城市化正处于急速发展的时期，城市化率由不到25%一跃上升至75%，整个社会呈现出以制造业为中心的经济性新特征。最后是城市化发展的末期阶段（terminal stage）。这一阶段的城市化发展较为缓慢，甚至出现倒退下降的现象。这时的城市化率已超过75%，且服务型产业的重要性也逐渐突显出来。

在一些发达国家，特别是像在美国这样的国家较之于其他国家大都市区域的人口增长来说，其人口的增长往往不是发生在大城市的内部而是出现于城市周边的区域内。由此，人们将这种现象看做是城市化发展过程的另一个拐点，称之为逆城市化（counterurbanization）。为了对这一现象和趋势进行观察和研究，大多数学者往往利用断层法（clean-break approach）、延拓法（continuation approach）及循环法（cyclic approach）等来加以说明和分析。

(4) 发展阶段

如果对城市化的发展过程进行综合、全面的总结，我们会发现城市化的发展过程无不是经过一定的发展阶段一步步向前推进的。众多学者们为了进一步揭示和归纳城市化的发展阶段进行了相当多的探索和研究。最近一段时期以来，对欧洲城市发展的研究逐渐活跃起来，且都具有相当意义的学术价值(정환용，2006：152～154)。

1）城市化的阶段（stage of urbanization）

当农村人口逐渐增加且可加以利用的农业用地严重不足时，就会出现剩余劳动力的产生和收入水平下降的问题。此时，如果工业部门出现雇佣需求且不断增加的话，就会在展开工业活动的城市地区出现人口聚集的现象，与此同时，自然也会发生农村地区人口相对减少的现象。这种早期的城市化现象自工业革命以后就已经在欧洲出现了。这种由农村向城市进行的大规模人口迁移催生了城市人口聚集现象的产生，特别是在一些支持进行现代化开发建设的特定城市内尤为明显。交通基础设施完善与否和交通手段的通达性决定着城市空间形态的发展方向。对于当时的欧洲来说，工人的住宅区大多都密集地分布于工厂的周围，且生活环境异常恶劣。如何对于这些地区进行整顿成为当时最为迫切的城市问题。

2）郊区化阶段（stage of suburbanization）

随着工业化发展的不断深入，分布于城市内部的工厂逐渐增多，经济结构不断得到完善和发展。此时的城市化正处于持续发展的阶段。与此同时，随着市民收入的不断增加，人们也越来越关注自身居住环境的改善。不仅如此，交通基础设施的改善，以及公共交通和私家车等交通手段的变革使得这种空间上居住布局的扩展变为可能。由此，人们所向往的舒适且宽敞的住宅区域也成为城市不可缺少的一部分。在这一阶段，交通手段的不断改善也同样使得工厂由市内向城市外围地带的迁移变为可能。这一时期，很多市民开始了在郊区生活而在市中心工作的新生活。而这种生活模式的变化也带来了大规模的通勤交通和城市蔓延（urban sprawl）等新问题。

3）逆城市化阶段（stage of deurbanization）

随着后工业化社会的不断发展，不仅第三产业从业者所占的比重持续上升，人们的收入水平也得到了很大的提高。与此同时，随着私家车的不断增加，在居住区位的选择上职住相邻或公共交通的通达性与否已不再具有决定性的意义。相反，随着城市环境的不断恶化和农村地区生活服务水平的不断改善，由城市内部迁往城市外部生活的人越来越多。这也引起了城市中心地区衰退化现象的发生。

4）再城市化阶段（stage of reurbanization）

在西欧国家的一些大城市，正通过采取市中心改造工程、改善交通条件、恢复住居水平、打造以步行者为中心的街区、改善社会底层结构等措施来谋求重新激活城市机能与活力的新方案。虽然我们还很难确定通过这种方式是否能够说服更多的人留住在城市内部或吸引更多的人重新回到城市定居下来，但可以从中看出，就像之前所发生的逆城市化现象一样，再城市化也将成为未来城市化发展的一个选项。

三、城市的结构和布局

1. 空间结构和组织理论

城市空间结构（urban spatial structure）是按照组织原则将城市形态和城市相互作用紧密结合的产物。因此，当人们在涉及城市空间结构这一概念时也常常从城市的形态和城市的功能两方面出发来探讨诸如什么是城市内部结构的逻辑法则，各种活动间的功能是怎样相互衔接的，以及通过什么、由谁来决定城市的区位布局并将其相互串联起来的等问题（정환용，2006：169～171）。

空间组织理论应从与以下四个问题相关的理论方法入手来进行观察和研究。首先，是有关用以回答“什么”（what）这一问题的描述性理论（descriptive theories）。应用这一理论的目的在于当我们需要对正在进行的空间活动方式进行确认和描述时，它能够为我们提供一系列有用的概念化的结构体系和作业手段。地理学者们所进行的研究大部分都属于这一范畴，不仅如此，对人类定居方式进行描述性研究的文献也大多采用了这一理论。其次，所面临的问题是“为什么（why）会存在当今这样一种空间模式”，通常我们通过实证性理论（positive theories）来回答这一问题。应用这一理论的目的在于它可以很好地通过以已经确立的相互作用因子和作用力为基础所进行的演绎法和以经验为依据进行普遍性总结的归纳法来对空间模式加以说明和阐述。再次，第三个需要我们回答的是“应该怎样”（what ought to be）这一问题。如果要在空间组织的角度来回答这一问题的话，那么关于定居模式的理论学说都可以归纳为规范性理论（normative theories）的范畴之内。在这里所提出的规范及合理水平也为控制理论（control theories）提供了具体的方针和依据。控制理论也是我们所说的第四种理论方法。最后，为了实现事前所预先设定好的目标，在应用控制理论方法时就必须回答“怎样才能介入空间组织并引导其发生变化”这一问题。

2. 城市布局

(1) *方法理论*

当我们从空间现象的角度出发来对城市进行说明和阐述时，可以从规划理论、功能理论和规范理论三大范畴进行思考（Lynch，1981：37～50；정환용，2006：177～179）。

首先，规划理论（planning theory）将研究的重点放在对“与城市发展相关的一系列决定是怎样形成的”这一问题进行破解。因此，规划理论也被称为决定理论。城市是通过家庭、企业、城市政府各部门机关、私营业者、投资者以及监管或其他辅助机构等多种行为者来共同参与建设并维持其正常运转的。这些行为者之间存在着相互不同的利害关系。也正因为如此，在决策的过程中不仅各个行为者所扮演的角色和发挥的作用各不相同，而且有时决策的过程也会因此出现重复叠加或不全面的问题。大致上，对于这些行为者来说，自身利益最大化是其参与其中的唯一目标。也正因为如此，最终往往很难在构建城市形态方面达成全面或一致的共识。但是，可以通过对各行为参与者的个别意见或决定进行收集、整合的方式来最终构建较为完整的城市结构。

其次，功能理论（functional theory）更多地将重点放在城市的实体之上，着重对“城市为什么会形成自己特定的形态以及怎样发挥其功能”这一问题进行阐述和说明。到目前为止，与城市定居的空间模式有关的理论研究大部分都从城市功能的角度出发，着重对“城市是如何运作的”（How does city work）这一问题进行探讨和研究。这些关于城市发展和城市功能的主要理论根据对城市最核心印象认识的不同又可划分为多种不同的研究方法。人们对城市最核心的印象认识主要有以下几种：城市是在历史的发展过程中不断沉积的而形成的产物；城市是人类聚落的生态系统；城市是生产和分配物质产品的地点；城市根据各组成因子间相互吸引和排斥所产生的力学关系来完成空间移动和功能分配；城市不仅是各种具有相互影响关系的个人、企业以及机关部门间通过反复进行的决策而累积形成的产物，其本身也是由此相互联结构成的决策体系；城市是一个上演着各种利益集团间相互斗争的舞台，亦随着与周边地区相互支配关系的变化而不断产生新的矛盾。

最后，规范理论（normative theory）的研究则主要涉及人类价值和定居形态之间普遍性的联系。例如，当我们从规范理论的角度出发来对城市进行观察时，其主要关注的焦点在于对城市进行比较，找出更为优秀的城市。规范理论具体可以分为宇宙理论（cosmic theory）、机械模型（machine model）、有机理论（organic theory）三种理论类型。这三种理论均是规范理论的一个分支，在许多方面它们相互联系并相互补充。

(2) *布局方式*

林奇（K. Lynch）曾将城市形态的模式归纳为以下几种类型（Lynch, 1981：373～389；정환용，2006：180～182）。

第一，放射环状，或星形（star：loop system with radial）。放射环状城市有一个人口密集的多功能的核心区，由此核心向外发散四到八条运输骨干道，包括综合传输系统和主要公路。骨干道上间隔分布着次中心。繁华地带围绕次中心形成，或沿着骨干道向外辐射。从整体来看，通过主要交通干道所连接起来的城市地区都实现了土地的高密度利用，而从已开发地区最外围的中心支点到呈扇形空间向外扩散的周边地区则主要是作为绿地空间来使用。

第二，线性城市（linear city）。线性城市主要通过对交通线路进行直线延长或是构建相互平行的土地利用形式来进行城市布局的。在城市的前半部分进行如生产、居住、商业、服务等高强度的土地开发利用，而在城市的后半部分则保持低强度的开发状态。不仅如此，在偏离交通线路不远处便分散布局相应的农村及绿地空间，使人们很轻易地可以接触到这些空间。城市新的发展和成长均可以通过延长现有的交通路网来实现。在这一城市布局形态中，没有所谓的支配中心的存在，每个地区都布局有各种服务、工作及绿地空间等土地利用模式。

第三，矩形网格城市（rectangular grid city）。矩形网格城市通过相互垂直的直线道路将整个城市分成大小均匀的块状街区（block）。这种形式的城市布局使城市可以向任意方向进行扩张，并且其扩张和发展无论在内部或外部的任何一个角落进行都是可能的。在理想的状态下，这种城市布局形态应该是没有任何界限和所谓的中心的。不仅如此，每一个块状街区都占有同等大小、同等模样的土地地块，城市道路交叉所形成的所有支点都具有同等优势的可达性。但是，由于要考虑到分层式的网络（道路的分层）以及地形等因素的限制和影响，在现实中所构建的网格城市实际上是一种已变相的网格形态。

除了上述三种布局方式以外，还有一种是在距离中心城市一定距离之处像围绕着行星的卫星一般簇拥分布着多个小城镇，这就是卫星城市（satellite city）。在1942年阿姆斯特丹举行的国际城市规划会议上，这一概念作为一种新的城市规划手法被首次提出。与之前的城市形态相比，虽然依旧保留住了城市中心的存在，但是城市并不再沿着放射形干线向外辐射扩张，而是在离开中心的地点建设新的居民社区。一般卫星城与其母城被广袤的农业用地分隔开，且有绿化带环绕在城外。

第三节 管理环境的变化

在人类社会刚刚跨入21世纪的今天，城市环境正处于一个打破旧秩序建立新秩序的阶段。人们必须像变色龙（chameleon）一样，不断去适应和接纳城市在时间、场所、文化及环境等各个方面所正在进行的一系列客观变化。这一变化趋势也随着经济、环境、文化及技术的更新而不断地发展着。在这里我们将以全球化、信息化和后现代主义等为关键词（key words）来着重探讨这些新的理念对城市规划所产生的一系列直接或间接的影响（정환용，2006：25～32）。

一、全球化

1. 意义

全球化（globalization）这一概念被认为最能够体现当今时代的特征而被广泛使用，但是人们对其有着诸多不同的定义。经济学者认为全球化是通往一体化全球市场（world market）的必经阶段；政治学者则认为全球化这一概念摆脱了传统的主权国家概念的束缚，并在世界秩序的范围内出现了新的非政府力量（nongovernmental power）；经营管理学者则认为全球化是与无国界的世界（borderless world）这一概念相辅相成的。

我们现在很难对全球化所产生的原因及其后果加以详细的区分。但大体说来，促使全球化产生的原因主要有以下几点：东西方冷战的终结；美国在经济、军事、文化等层面支配地位的上升；电子及计算机处理技术的快速发展；对金融体系束缚的放松及在交易、投资等方面自由度的提高；跨国企业的成长以及移民潮的出现等（Richards and Smith，2002：124～126）。

2. 影响

（1）积极影响

全球化所包含的范围非常宽泛，涉及空间的整合、资本的流动、人口的迁移、技术的发展，以及获得全球各个国家所共同接受和认同的价值观和未来规划等。全球化是通过个人、政府以及各非政府组织（NGO）间不断地相互联合（connection）、合作（coordination）而实现的。全球可及性（global accessibility）的增强不仅彻底改变了世界原有的面貌，也极大促进了人类社会的发展进步。但是我们必须认识到虽然全球化为未来人类发展奠定了新的理论基础，但在这一过程中，世界各国所受其影响的程度是不同的（Farazmand，

1999：514～515）。

（2）消极影响

全球化同样也带来了一些消极的影响。例如，国家主权进一步被弱化、民主主义受到越来越多的制约、一些小范围的区域性社会形态逐渐沦落、信息领域的精英群体进一步扩大、欠发达国家对世界强权的依赖度越来越高等（Farazmand，1999：515～517）。

3. 对城市的影响

从城市治理的角度来看，全球化对城市的影响主要表现在以下几个方面（Kearns and Paddison：2000）。

1）城市间的竞争日趋激烈

全球化进一步激化了城市间已经日趋激烈的竞争态势。此时的城市很难再在市场上进行单纯意义上的自我推销，而应该考虑更多因素的影响。这种地区战争（place wars）也促使城市治理的重点由原先的福利国家模式（welfare-stare model）朝着经济开发模式（economic development model）的方向转变。在这样一个充满竞争的全球化时代里，城市政府所扮演的角色和所发挥的作用也正朝着更加企业化的方向蜕变。这种角色的转化一定程度上也导致了其与地方福利主义间矛盾的产生。

2）城市文化向更为明确的方向发展

为了吸引和维持企业等对其的投资力度，城市政府在各方面展开了激烈的竞争。为了进一步融入全球性的世界文化（global culture）当中，每个城市都在开发各自的地域文化（local culture）方面不懈努力着。由此，城市文化领域本身商品化的倾向越来越明显，以此达到进一步刺激旅游观光和对内投资增长的目的。

3）城市经济逐步从国家经济中分化出来

随着社会经济的不断发展，城市政府越来越认识到上级政府，特别是中央政府在对其协助合作和未来发展方面所能给予的帮助是相当有限的。因此，很多城市也试图努力从某些方面减弱或降低对国家经济的依赖程度。

4）城市直接面向国际舞台

城市通过跨境合作以及建立跨国的网络化交流的方式直接面向国际舞台，以寻求更为广阔的发展空间。有的城市甚至建立驻外机构并派遣政府人员常驻。

5）全球城市的出现及城市网络化

随着全球化发展的不断深入，要想在世界经济中占有一席之地就必须争取并保有一些其他城市所不具备的、更高等级的城市功能。当今的世界经济便造就了这样一批城市的出现，它们被称为全球城市（global cities）或世界城市（world cities）。这样为数不多的几个城市聚集了全世界高端的企业总部，掌控着世界经济的命脉，成为发达的金融和商业服务中心。

二、科学技术的发展和信息化

1. 意义

当今的世界已经到了信息存储和运输流通均呈几何级数式高速发展的新时代。不同的学者赋予了这个新时代不同的名称和意义，主要有后工业化社会（D. Bell）、信息时代或信息经济（M. Porat）、地球村（M. McLuhan）、不连续的时代（P. Drucker）、第三次浪潮（E. Toffler）等。这一时代所具有的最显著的特征是实现了信息生产和消费的商品化，开启了前所未有的人类社会发展的新阶段。西蒙（H. Simon）认为，信息化社会（information society）的出现是人类彻底摆脱的地缘历史束缚的转折点，并称之为继文字语言（written language）和印刷术（printed book）发明之后的第三次信息革命（third information revolution）。

信息部门（information sector）在企业决策、公共决策以及规划领域内部都发挥着重要的作用。信息和通信技术的发展一方面提高了决策的效率性和可信性，增强了决策的可塑空间和潜在的适应能力，另一方面也提高了与组织间的沟通能力。

促使资本主义由工业化时代（industrial era）大踏步进入到信息化时代（informational era）的因素主要有以下四点：一是因特网（internet）这一新的沟通交流手段的出现；二是不同的电子设备间相互依存度的不断增强；三是信息语言文字化的实现；四是这些新的信息手段相互组合，再次应用于基础产业当中（Hall，1998：945～956）。

依靠数码电子计算机和媒体技术相互结合而实现的远程通信（telecommunication）不仅广泛地应用于社会所用部门和领域当中，而且还催生了与其配套服务的计算机通信处理技术（telematics）这一新领域的诞生（Graham and Marvin，1997：2～3）。

2. 对政府和国家的影响

1）信息的公开化

随着政府信息逐渐地公开化，人们可以相对自由地接触和获取相关的信息资料。这从一方面来说不仅使政府原有的官僚主义文化有所改善，也促使政府不断加强自身廉政建设和公信力水平。如果市民对一项存在争议的问题提出异议或反对，自然会使得政府原来单方面进行的一系列宣传失去说服力。

2）市民发言权的增强

网络和通信技术使政府能够更清楚地了解到市民对于政府政策的一些具体的想法和态度。网络和通信技术的发达降低了政治游说活动所需的费用。政治说客们只要轻点鼠标就可以向所有国会议员发送消息和邮件。此外，对于一些对政治说客活动不满的投票者来说，更是可以通过直接发送电子邮件的方式更快地向政治人物传递自己的意见和想法。而且，比起原始的信件方式来说电子邮件更具有说服力。

3）直接民主主义

传统意义上的民主主义一般每隔几年进行一次投票。这种方式虽然可以在一定程度上反映市民的个人意愿，但最终所产生的影响却是微乎其微的。网络作为一种更为有效的释放民间情绪的手段，越来越受到人们的重视和青睐。这种网络投票的方式在引领直接民主主义方面发挥着不可替代的作用。在针对某一特定问题进行民意表决时，在对某一城市或某一特定区域内所存在的区域特性进行综合考虑和全盘掌握后，划定虚拟的选举区域来进行投票表决。但是在进行电子投票以前首先需要保证有关公民投票内容的相关工作要做到明确和公正。例如，在遇到一些设问型的问题时，因问题内容所得到的反馈内容也会有很大的不同。另外，我们还应该把握好以下几个问题：享有投票权的人往往会回避回答一些较为复杂且难以回答的问题，面对这些人应该采取怎么样的态度？相对来说弱势群体的参与度一向很低，对此应该制定怎样的政策措施？享有投票权的人是否真的偏好于电子投票这种方式？

3. 对城市的影响

1）电子城市

现代城市不仅具有各种建筑物和交通网在物理空间上的集聚，或是经济、社会、文化生活的中心地等一般意义上的城市属性，更是承担着诸如远程通信和信息处理（telematics）等电子中心（electronic hubs）的作用（Graham and Marvin，1997：3）。现代城市是一张由各种光纤维、有线电线、无线网络、微电波以及卫星通信网络共同交织而成的巨大且无形的蜘蛛网（gigantic invisible cobwebs）（Graham and Marvin，1997：3）。

随着城市作为信息通信中心地这一作用的不断增强，人们逐渐意识到以信息产业为主导的新的城市化时代的来临，并赋予了其不同的名称，如信息城市（intelligent city）、电子乌托邦（teletopia）、电子城市（e-topia）等。一方面，在城市内构建和完善信息通信等基础设施对城市的长远发展有着非常重要的意义；另一方面，随着城市经济的快速发展，在内部大力兴建的各种与信息通信相关的基础设施建设物对城市景观带来了一定的负面影响。智能建筑（intelligent buildings）、信息传输（teleports）、光纤网络（fibre optic networks），以及其他一些基础性的结构体是信息城市（information city）的重要组成部分（Hepworht，1991：29）。

2）城市结构

信息通信技术的发展是造成“距离消亡”（death of distance）现象的最主要原因。如果说这种距离的消失意味着因距离而产生的费用也随之消失的话，人们对城市的认识将发生颠覆性的改变。这种对城市固有观念认识的变化主要体现在以下两个方面：一是原来散落在世界各地，都不曾彼此直接接触过的一些全球性城市（global cities）相继出现；二是在城市远郊地区（exurban），随着人口和就业的不断增加，城市区域面积也不断地向周边地区扩展（Cohen，et al.，2002：33）。

与此同时，电子信息传输技术的发展对城市发展带来的影响恰好与信息通信技术相反（홀：1999：241～242）。它进一步促进了市中心地区功能的分散化。今天由工厂、办公室、研究开发部门在空间分布上所共同构成的网络更易于与更为精准的通信网络相互连接。对这一体系的进一步优化及其实用性的增强将会不断地持续下去。就业的分散化和居家办公模式的出现不仅减少了中心城市和周边地区间的交通需求，也进一步缓解了通勤高峰时期对城市交通基础设施带来的负担。但是，有些研究也指出由于信息技术的发展在一定程度上减弱了市中心的重要性，反而会进一步导致集聚现象的出现。因此，可以说电子信息传输技术的发展同时引起了经济活动的集聚和分散现象的出现（Wheeler，et al.，2000：8）。

3）交通

居家办公（home based telecommuting）的普及引起了通勤交通的新变化，随着通过网络空间（cyberspace）所进行的相互接触机会的逐渐增大，也会形成与原来不同的空间结构和交通通信形态。通信手段的发展会带来交通手段不断更新的新效果。但是，相反地，格雷厄姆和马斌（S. Graham and S. Mrabin）等却认为这不仅不会带来减少交通流量的变化，反而会引起交通流量的进一步增大，并给出了以下三方面的理由：首先，对于距离工作场所较远的人们来说，虽然其在工作单位所消耗的时间相对有所减少，但是这也促使他们可以住在离工作单位更远的地方，这实际上是增加了总的交通出行距离。其次，人们在上下班的过程中所节省下来的时间很有可能都用于购物、休闲等其他出行目的之上。电子信息传输技术的发展只能引起交通出行目的的改变，而对交通流量和频度的影响却是微乎其微的。最后，电子信息技术不仅不会减少交通拥堵现象，反而会促使人们迁往原本并不适合居住的区域定居下来，这将会进一步诱发交通拥堵现象的出现（Wheeler，et al.，2000：9）。

4）城市社会

信息通信技术的发展将会引起本已存在的社会、经济的不平等现象的进一步加剧。在现代经济中，存在着认同数码技术并灵活运用这一技术的人群和对这一技术没有认同感且完全不会进行操作使用的人群。后一组人群对网络空间（cyberspace）有一种天然的拒绝感。虽然很多人认为有必要接触一些有用的信息，但由于贫困或其他一些原因致使这些人无法轻易地接触到网络。虽然随着电脑的普及化，电脑的价格也日趋大众化，但加上一些硬件配套设施，算下来的总消费金额并不是个小数，因此对于大多数贫困家庭来说接触网络并不是件容易的事情（Wheeler，et al.，2000：9）。最终，在这一信息网络上存在的排他性空间范围内信息贫困层（information underclass）的聚集最终导致电子贫民窟（electronic ghetto）的形成。

5）产业活动

经济发达的标志之一是市场逐渐从对商品进行生产和处理的层次提高到对信息进行生产和处理的层次上来。因此，也就带来了经济模式由以制造业为中心向以服务业为中心的转变。与过去以制造业为中心的第二产业主要强调交通费用的重要性有所不同的是，以服务业为中心的第三产业将对信息获取的可及性作为其布局选址的主要因素来考虑。信息技术的发展不仅扩大了城市产业和服务活动选址的选择范围，也带来了就业分布逐渐由中心向周边地区扩散的迁移效应。以信息和知识为核心的产业技术不仅增进了城市各产业活动间的进一步融合，而且也使电子办公（tele-working）成为可能。远程通信网络的进一步扩展使市场空间由国内逐渐向国外扩张开来，从而进一步提高了城市的区域竞争力和国际竞争力。远程办公、远程会议以及电子邮件技术的发达进一步缩短了家庭与职场、城市与农村间的差距（Moss，1987：534）。

三、后现代主义

1. 意义

后现代主义（postmodernism）源于人们共同地对现代化（modernity）所产生的一种不满情绪。后现代主义一词虽然最初主要源于针对文学和艺术作品所进行的批判，但随着其所涉及的领域逐渐扩大，与人类社会的生存相关的绝大部分领域都直接或间接地受到后现代主义的影响。也正因为如此，后现代主义也成为20世纪后半期所独有的时代精神和世界观（정환용，2006：29～32）。

后现代主义具有解构式的思维观念，反对基础主义，强调非二元性、多样性和异质性等特征（Milroy，1991：183）。这里所谓的解构式（deconstructive）是指一方面对传统观念持怀疑态度并保持一定的距离；另一方面积极寻求能代替这一传统结构观念的新的价值体系。反基础主义（anti-foundationalist）是指反对建立在某种真理基础之上的所谓的普遍性。非二元性（nondualistic）是指反对将真理与异议、事实与价值等加以区分的二元性理论，并拒绝由此将主观性和客观性进行切割的行为。

2. 对城市的影响

自20世纪80年代以来，虽然学者们针对各种新出现的城市形态有着各自不同的见解和认识，但大多数学者都认为这些以新形态出现的城市都具有结构上无序发展的特征，是新形势下城市化过程的必然产物（홍：1999：126）。

不同城市的后现代主义形态在改变原有现代城市的范围程度和本质特征上有着不同的表现。城市之间经历前后两个不同的城市化阶段过程中既保持着紧密的相互关联性，又形成了自己所特有的城市形态（홍：1999：127）。在后现代主义的城市化过程中，许多城市也都保留了一些近代化的城市构造（表1-1）。

表1-1 现代主义城市和后现代主义城市的特征比较

区分	现代主义	后现代主义
城市布局	相同功能用途的区域划分制	无秩序的多结节式的城市结构布局
建筑和景观	注重功能的建筑样式：建筑样式的大量生产	折中主义的拼贴式样：奇特、奇异
城市政府	管理主义：必须服务由公共部门来供给	企业主义：必需服务由市场来供给
经济	以企业为基础：大量生产、规模经济、基础性生产	以服务产业为基础：柔性生产、消费导向型生产
城市规划	从整体的角度规划城市：仅具有社会性目的的空间	以美学为目的所设计的空间划分
文化和社会	阶层分化：组织集团内部的同质性程度较大	分化的生活方式：消费模式引起组织集团的分化

资料来源：홍，1999：128～132

3. 对各领域的影响

（1）政治

现代主义的国家一般具有主权（sovereignty）、领土权（territoriality）、单一的法治（single rule of law）、民族性（nationality）、中央集权（centralization）、单一的国家防务（unilateral defense）、统一的官僚体制（unified bureaucracy）、政策的自主性（policy autonomy）、自主的税收权（autonomous taxation）以及福利（welfare）等特征。但是，与此不同，在一个后现代主义国家里应具备非排他性的主权和领土权、多重的法治、多边的国家防务（multilateral defense）、共享市民（shared citizenship）、文化多元主义（multiculturalism）、权力下放（devolution）、非官僚且非单一的双向政策、税收共享（shared taxation）以及跨国界的福利（transnational welfare）等特征。

（2）行政

20 世纪 70 年代和 80 年代发生的福特主义危机引发了城市组织和管理结构方法上的变化。福特主义的政治和行政体制将城市治理这一新的元素融入了公共部门所具有的制度性组织结构当中，这不仅引起了管理主义（managerialism）向企业主义（entrepreneurialism）、一般性福利（welfare）向劳动福利（workfare）的转变，也促使公共部门领域向新公共管理所指引的方向转变（Asleithner and Hamedinger，2003：53～54）。

自 20 世纪 80 年代以来，人们对公共部门自身的规模、范围以及手段方法多持批评的态度（Hughes，1998：9）。首先，人们认为政府资本规模（scale）过于庞大，以至于消耗了过多的稀有资源。因此，为了应对这一局面，政府各部门普遍采取了一些减少财政支出的办法。其次，对政府管辖范围（scope）过大问题的批评声音也越来越多。政府对各种行为活动的干预范围过于宽泛。为此，政府从原来参与的一些活动中逐渐退出来并交由民间部门管理。最后，政府的管理方式（methods）有向更加官僚化的方向发展的趋势，因此招致了更多的批评。

（3）经济

后现代主义的发展在经历了经济领域不同时期的变化之后，才逐渐显露出苗头。其中，制造业的衰退和服务业的兴起尤其值得引起我们的注意。第一，从经济生产的角度来看，已经由原来福特主义所主张的单一品种的大量生产，向多品种的少量生产以及订制生产形式的后福特主义过渡。第二，从消费的角度来看，也正呈现出由大量消费向贵重品的少量消费，由就近式节约型消费向超前、超额消费的方向发展的趋势。

斯滕博格（E. Sternberg）将后福特主义或后现代经济和社会的特征归纳为以下八个方面（Lever，2001：274）。

第一，在创造财富的过程中非常重视知识和信息的价值。

第二，在涉及民间或社会生活的所有领域内都存在向消费者主义倾斜扩张的趋向。

第三，在生产、财政、分配、人口迁移及交易等各个领域都具有全球间相互依赖性逐渐趋高的特征。

第四，各个国家对在产业、政府部门、劳动力等各个方面进行国家间的联盟合作都有着广泛的共识。各国家政府也通过这一新的重商主义来不断开发自身的战略性比较优势，从而进一步夯实国家繁荣发展的基础。

第五，跨过企业和金融机构的发展壮大需要依靠专门的全球化人才去加以运作并形成生产和消费的新模式。

第六，以新生产原理、专门化的生产单位、分散式的管理、多样性的技术和劳动力资源为特征的柔性专业化[①]逐渐成为新生产体系的一部分。

第七，新的社会运动与以往以伦理社团组织、女性或环境保护社团组织等为主的社会运动不同，其更为强调人性化资本所发挥的作用。

第八，排斥以技术幕僚和消费者主义为特征的福特主义，并积极寻求用共同体、社会和宗教所固有的价值和传统来取代。

（4）经营管理

管理主义具有以下三个方面的特征：一是其相对于吸引民间投资来说更加强调对国家剩余财富的分配；二是其相对于具有弹性且缺少形式化和组织化的管理方法来说更加强调在提供服务的层面上官僚式组织形态所起到的支配作用；三是其相对于将创造财富和以竞争方式来获取成功的企业价值来说其更加强调社会福利理念的支配作用（Griffiths，1998：42）。但是，到了20世纪70年代，随着经济的衰退，政府治理也失去了经济支撑的基础，进而中央政府不得不面临着进一步削减各城市政府地方性社会财政支出的压力。与此同时，西欧大部分老牌城市的制造业开始急剧萎缩，以及随之而来的劳动力的锐减最终导致生产、消费以及再生产所需区域性社会关系层面所构建的紧密联系彻底崩溃瓦解了。结果也致使那些原来存在于社会上的一些“理所当然”的事情和现象（终身雇佣、技术性职业的相对稳定性、家庭内部的角色区分、通过正式和非正式的社会网络所构建起来的具有稳定性的体制等）也随之彻底消失殆尽了。在这一过程中，管理主义式的政府治理模式得到加强，而地方政治文化则被大大削弱。随着经济和文化基础的不断流失，管理主义也不得不交出历史的接力棒。

在管理主义危机中，作为一种全新的城市治理模式——企业主义（entrepreneurialism）登上了历史的舞台。企业主义作为一种新的政治文化强调城市持久繁荣的重要性，积极采取创造就业岗位和吸引投资等一系列政策措施，以改善和提高城市政府能力。因此，企业发展应以创造新的就业岗位、扩充地方税收、吸引新投资等作为自己的目标不断促进企业的增长（Hubbard and Hall，1998：5）。

---

① 译者注：柔性专业化：英文为flexible specialization，原指意大利东北部地区的中小企业保持的手工业生产时期的生产范式。主要特征是企业间高度协作与知识共享、合作发展与生产、紧密的网络化企业关系、同一领域内高度灵活的产品小批量生产等。柔性专业化主要包括两个方面的内容：一方面，在新产业区内，单个企业的生产总是集中于有限的产品和过程；另一方面，新产业区内的中小企业在互相竞争的同时互相联系，互相补充，作为一个集体，其生产是相当灵活和多样化的。这种集体的灵活性保证了对高度多样化的消费需求和投入供应的及时反馈，对新技术和市场信息的快速吸收，以及对劳动力资源的有效使用、培训和分配。可以这样说，正是市场供求的高度不确定性，促使了中小企业间生产的分离，以及对外部规模经济和范围经济的依赖，以此适应瞬息万变的市场需求。

企业城市（entrepreneurial city）暗含以下五个方面的特征（Painter，1998：260～261）。

第一，城市本身成为企业活动的环境载体。从民间企业的立场出发，有时可以将城市看做是单纯的区位布局对象，或者是一个能够包容各种投资和承担危险活动的“容器”。因此，如果说当今的城市比原先的城市更具有企业性的话，那么我们可以认为城市的性质正在向民间企业的方向转变（具有更强的垄断性和危机承受能力）。

第二，城市市民的企业主义意识不断增强。在企业化城市里，随着越来越多的人选择进行自主创业，中小企业的数量在迅速增长。因此，在许多领域内工作的市民更多地成为企业性质部门的一员。

第三，公共部门向民间部门的转变。在企业城市里，越来越多的城市经济活动是依靠民间部门来完成的。

第四，在城市生活的方方面面都向企业的正面价值看齐。城市生活中与企业文化相关的内容越来越多。

第五，城市政治和管理也由单纯的提供公共服务和福利向提高经济竞争力和场所营销能力的方向转变。这一转变不仅达到了吸引内部投资的目的，也进一步促进了民间企业的发展。

（5）环境

环境问题对整个社会造成的严重威胁正在逐渐扩大。人口的剧增、能源的枯竭以及以开发为名进行的环境破坏正成为全世界都必须面临的严峻挑战，与此同时也给城市带来了巨大的负面影响。为了应对这一深刻的环境问题，人们越来越警醒地意识到可持续发展的重要性，并制定了与土地利用和环境相关的一系列公共政策，以寻求在构建可持续发展的基本框架方面有所突破。

城市可持续发展（sustainable urban development）是城市从长远利益出发，以提高和维持其社会和生态健康为目的而进行的一系列开发活动。以此概念为基础所延伸出来的城市发展的方向包含着以下几个方面的内容（Wheeler，1998：439～443）。

1）高密度且高效率的土地利用

由于土地资源是相当有限的，所以在进行城市基础性建设的地区要努力提高土地利用的效率性，创造一个安全舒适的生活环境。

2）减少机动车数量、提高可达性

现代交通体系往往容易引起污染、拥堵、生态破坏、社会分化、城区向郊外扩散等城市问题。因此，我们有必要重新对这一问题进行深刻的反思，要以以近就近、降低需求等为原则积极改善现有的交通体系，努力建设可持续发展的城市交通体系。

3）高效率的资源利用、减少污染和废弃物排放

可持续发展更加关注人类社会赖以生存的各种能源和资源的消耗，更加强调对资源使用进行长远规划的必要性。

4）自然体系的恢复

城市内部许多区域虽然都是人工建造形成的，但依旧有相当大一部分区域可以恢复到原来的生态水平。对城市地区自然体系进行恢复建设，不仅有助于提高居住的舒适性和生态健康性，也有利于提高城市的综合可持续发展水平。

5）良好的居住和生活环境

对于居住在城市的居民来说，拥有高品位生活质量的居住空间是非常重要的。

6）健康的社会生态

利用一切可能的机会和手段不断提高健康和可持续的社会生态性。

7）可持续发展的经济

只有长期坚持以人为本的原则，努力发展区域经济，积极促进恢复型经济增长才能保证人类社会和自然体系朝向更为健康的方向发展。

8）积极参与区域共同体并发挥相应的作用

地方和区域民主主义精神是城市可持续发展的重要因素之一。为此，要打造更加开放的地方政治，不断提高市民参与城市规划建设的可能性。

9）保护地方文化

城市所固有的传统文化不仅为区域发展提供着源源不断的动力，也为地域文化、历史和民间智慧得以延续发展做出了不可磨灭的贡献，因此保护城市所特有的地方文化是我们应尽的责任和义务。

参考文献

정환용，(2006)，《도시계획학원론》(서울：박영사）.

홀（Hall，T；유환종 외，역)，(1999)，《현대도시의변화와 정책》(서울：푸른길).

Astleithner，F. and Hamedinger，A.，(2003)，“Urban sustainability as a new form of governance：obstacles and potentials in the case of Vienna，” *Innovation*，16；1（2003）：51～75.

Balchin，P.，Isaac，D. and Chen，J.，(2000)，*Urban Economics：A Global Perspective*，N. Y.：Palgrave.

Bevir，M.，Rhodes，R. and Weller，P.，(2003)，“Traditions of governance：Interpreting the changing role of the public sector，” *public Administration*，81；1（2003）：1～17.

Blair，J.，(1991)，*Urban & Regional Economics*（Boston，MA：Irwin）.

Cohen，G.，Salomon，I. and Nijkamp，P.，(2002)，“Information-communications technologies

(ICT) and transport: does knowledge underpin policy?," *Telecommunication Policy*, 26 (2002): 31~52.

Davis, K., (1965), "The urbanization of the human population," LeGates, R. and Stout, F., (eds.), (2000), *The City Reader* (London: Routledge), 3~13.

Farazmand, A., (1999), "Globalization and public administration," *public Administration Review*, 59; 6 (nov/dec, 1999): 509~522.

Frey, W. H. and Zimmer, Z., (2001), "Defining the city," Paddison, R. (ed.), *Handbook of Urban Studies* (London: Sage), 14~35.

Graham, S., (1994), "Networking cities: telematics in urban policy-a critical review," *International Journal of Urban and Regional Research*, 18; 3 (1994): 416~431.

Graham, S. and Marvin, S., (1997), *Telecommunications and the City* (London: Routledge).

Griffiths, R., (1998), "Making sameness: place marketing and the new urban entrepreneurialism," Oatley, N., ed., *Cities, Economic Competition and Urban Policy* (London: Paul Chapman), 41~57.

Hall, P., (1998), *Cities in Civilization* (N. Y.: Pantheon Books).

Hannigan, J., (1995), "The postmodern city: A new urbanization?," *Current Sociology* (Trend Report), 43; 1 (Summer 1995): 150~205.

Harpham, T. and Boateng, K., (1997), "Urban governance in relation to the operation of urban services in developing countries," *Habitat International*, 21; 1 (1997): 65~77.

Healey, P., (2002), "On creating the city as a collective resources," *Urban Studies*, 39; 10 (2002): 1777~1792.

Hepworth, M., (1991), "Planning for the information city: the challenge and response," Fox-Przeworski, J. et al., (eds.), *Urban Regeneration in a Changing Economy* (Oxford: Clarendon Press), 24~52.

Hubbard, P. and Hall, T., (1998), "The entrepreneurial city and the 'new urban politics'," Hall, T. and Hubbard, P., (eds.), *The Entrepreneurial City* (Chichester: John Wiley & Sons), 1~23.

Hughes, O., (1998) *Public Management & Administration* (N. Y,: Macmillan Press).

Kearns, A. and Paddison, R, (2000), "New challenges for urban governance," *Urban Studies*, 37: 5/6 (2000): 845~850.

Kickert, W., (1993), "Complexity, governance and dynamics: Conceptual explorations of public network management," kooiman, J., (ed), *Modern Governance* (London: Sage). 191~204.

Kjaer, A., (2004), "*Governance* (Cambridge: Policy).

Latham, A., (2003), "Urbanity, lifestyle and making sense of new urban cultural economy: Notes from Auckland, New Zealand," *Urban Studies*, 40: 9 (2003): 1699~1704.

Lynn, L., (1998), "A Critical analysis of the new public management," *International Public Management*, 1; 2 (1998): 107~123.

Mathiasen, D., (1999), "The public management and its critics," *International Public Man-*

agement Journal, 2: 1 (1999): 90～111.

Moss, M., (1987), "Telecommunications, world cities, and urban policy," *Urban Studies*. 24; 6 (1987): 534～546.

Murphy, P., (2000), "Urban governance for more sustainable cities," *European Environment*, 10 (2000): 239～246.

Osborne, S. and McLaughlin, K, (2002), "The new public management in context," McLaughlin, K., et al, (eds.), *New Public Management* (London: Routledge), 7～14.

Painter, J., (1998), "Entrepreneurs are made, not born: Learning and urban regimes in the production of entrepreneurial cities," Hall, T. and Hubbard, P. (eds.), *The Entrepreneurial City* (Chichester: John Wiley & Sons), 259～273.

Paskaleva-Shapira, K., (2002), Innovative partnerships for effective governance of sustainable urban tourism, Sut-Governance, Forschungszentrum, Karlasurhe, Germany.

Pierre, J., (2000), "Introduction understanding governance," Pierre, J. (ed), *Debating Governance* (Oxford: Oxford Univ. Press), 1～10.

Pierre. J. and Peters, B., (2000), *Governance, Politics, and State* (London: Macmillan).

Rakodi, C., (2003), "Politics and performance: the implications of emerging governance arrangements for urban management approaches and information systems," *Habitat International*, 27 (2003): 523～547.

Richards, D. and Smith, M., (2002), *Governance and Public policy in the United Kingdom* (Oxford: Oxford Univ. Press).

Stivers, C., (2003), "Administration versus management," *Administration & Society*, 35; 2 (2003): 210～230.

Sullivan, Arthur M., (1990), *Urban Economics* (Boston: Irwin).

Wheeler, J., Aoyama, Y. and Warf, B., (2000), "Introduction: City space, industrial space, and cyberspace," *Cities in the Telecommunications Age* (N. Y.: Routledge), 1～17.

第二章

管理制度

第一节　城市制度

所谓城市制度有广义与狭义之分。广义的城市制度指的是一个国家内部与城市相关的一切制度框架和体系的总称。具体来看，其包含了自治团体①的种类、行政阶层的结构、中央与地方的关系、地方议会与行政执行机构等。狭义的城市制度仅是指地方自治团体的内部组织结构。

所谓城市自治团体指的是在城市区域内进行一系列公共政策决策并行使有关执行权力的公共组织。城市自治团体可以分为一般自治团体和特别自治团体。

一、一般自治团体

1. 组成方式

一般自治团体可依据行政阶层组织架构分为基层团体和上级团体（广域团体或中间团体）。此外，一般自治团体的组成方式又大致可以分为水平式和垂直式两类（박수영，2002：274～275）。

水平式的构成方式主要有均一型和可变型两种。所谓均一型是一种对基层自治团体的基本构成条件和法律地位进行统一划分和确定的组织类型。在这一

① 所谓自治团体主要是指除中央政府以外的各级政府组织，主要包括各级政府中的行政机关和立法机关。其含义基本等同于我们所说的“政府”，因此地方政府也被称为“地方自治团体”。在日本、韩国及我国的台湾地区均采用了此称谓。

类型中，自治团体的规模大小并不作为划分标准而存在，且不对划分的结果产生影响。可变型则是一种可根据人口规模大小对基层自治团体的管理权限和地位进行划分的组织类型。采用这一管理类型的国家主要有英国、美国、德国和韩国等。

垂直式的构成方式主要可以分为基层自治团体强化型和上级团体强化型两种类型。前者是一种偏好于将更多的行政责任和权限赋予基层团体的组织方式；而后者则是一种更强调将更多的责任和权限赋予上级团体的组织方式。中央集权式的大陆法系国家大多采取后一种组织类型。

2. 韩国一般自治团体的构成

韩国的一般城市自治团体体系主要由特别市、广域市及一般建制市构成。韩国自1949年制定并颁布《地方自治法》以来，其市制制度一直沿用至今，从法律上规定了城市建制的基本条件和要素（韩国《地方自治法》第7条）。与此同时，在制定这部法律时还充分考虑到了首尔市作为国家首都，发挥首都功能的重要性，专门将特别市制度写入法律条文当中，从行政地位、组织和运营管理上对其进行了特殊的法律认证（韩国《地方自治法》第161条）。在此之后，韩国又于1962年通过并颁布了《首尔特别市行政临时管理法》。根据这部法律的规定，不仅正式将首尔市市长一职的行政级别由原来法律所规定的道知事级提升为部长级，还将首尔市正式纳入国务院总理的直属管辖范围之内。

关于广域市的设定标准虽然在法律上并没有进行特别的规定，但一般来说人口数在100万以上的大城市均可以申请脱离原来所属道级政府的管辖范围，成为中央政府直辖管理下的城市单位。这就是当时所谓的直辖市制度。1995年，将“直辖市”这一称谓正式更名为“广域市”并沿用至今。到目前为止，被中央政府指定为广域市的城市有釜山（1963年）、大邱（1981年）、仁川（1987年）、光州（1987年）、大田（1988年）和蔚山（1997年）六大城市。

一般的市制由（一般）市、城乡统合形态的市和邑构成（韩国《地方自治法》第7条）。（一般）市其大部分地区必须已具备相应的城市形态且人口规模要达到五万人以上，只有满足这两个基本条件，方能批准设立。城乡统合形态的市是指：①由已具备相应的城市形态且人口规模达到五万人以上的市郡统合地区构成；②已具备相应的城市形态且人口规模达到五万人以上的郡；③郡内拥有两个人口规模分别达到五万人以上且已具备相应的城市形态的郡（在这一形态中，郡的总人口要达到十五万人以上）；④由上级政府指定或通过相应的国家政策所单独划定的城市区域及设有道级政府部门常驻办事机关、派出机构的地区，其常住人口数要高于三万人以上，且其所隶属的上级城乡统合中心城市的总人口规模需达到十五万人以上。此外，对于未能达到设市标准的地区来说，其所形成的城镇化区域的人口规模达到两万人以上的即可被认定为“邑”。

二、特别自治团体

1. 概念

特别自治团体是与普通自治团体相区分而单独划分出来的一类区域单位，是对一般地方自治团体的补充和完善，同时也是为有效因应特殊的行政需求而设立的一种城市行政组织体。特殊自治团体可在一般地方自治团体的管辖区域内进行单独设置，并行使具有一定特殊目的性的行政职能。在美国的行政区域机构划分中有“学区”和“非学区”之分，其中大部分为学区。与此同时，日本的特别自治团体则由特别区、地方自治团体组合、财产区及地方开发事业团四类构成（박수영，2002：310～321）。

2. 韩国的特别自治团体

在韩国，主要有“地方自治团体组合”和“地方公营企业组合”两类特别的自治团体。所谓地方自治团体组合是指，为了对自治团体管理权限内一部分或全部的特定业务进行合并处理作业，而由相关的地方自治团体出面并通过互相间协议合作的方式所成立的法人组织（《韩国地方自治法》第149条）。这一组织所掌握的权限范围具有一定的特定性，且其组成人员大都来自于组合体的内部而非由当地居民组成。从自治团体之间相互合作的方式这一点来看，其与行政协议会有着相似之处，但不同点在于其所具有的独立法人人格是其他自治团体合作组织所不具备的。为了进一步引导和规范地方公营企业更好地对相关业务进行合并处理作业，韩国政府颁布并实施了《地方公营企业法》，并在这部法律中对成立和运营地方公营企业组合做出了详细的规定。

第二节 城市政府

一、意义

1. 概念

地方政府（local government）作为享有一定宪法地位的实体，为了实现解决地方公共问题和促进地区居民福利的目标，其必然要以主权国家内部一定的区域为基础来组建并形成一定规模的自治管辖体（이달곤，2004：11）。据此，也可以将城市政府定义为以解决城市问题和促进市民公共福利为目标而形成的自治管辖体。从另一个角度来看，也可以将城市政府（urban government）看做是在城市的管辖区域范围内，依据政府介入的原则而实行监督、财政、规划

和执行权的公共部门机构（Davey，1996：47）。城市政府通过全方位地履行政府介入和干预的职责，以期达到对城市全面规划、综合开发和提高城市居民生活水平的目的。

2. 职能

(1) 政府的职能

穆斯格雷夫（R. Musgrave）曾指出，作为中央政府而言，维护安定的经济局面、提供和分配收入所得，以及进行适当的商品生产是其应履行的三大基本职能。对中央政府的三大基本职能进行深入的研究和分析，对于我们进一步理解城市政府的职能而言有着重要的意义（Blair，1991：487～488）。

大体而言，政府所要履行的职责及其所要发挥的作用是相当纷繁复杂的，因此要想对其范围进行界定是一件相当困难的事情。可以毫不夸张地说，以政府为中心的各个公共部门所发挥的作用对整个社会和经济的发展产生着全面而又深刻的影响。政府所施行的一系列诸如管制、赋税、审批、基层结构改革、标准设定以及规范就业条件等都对民间私营市场进一步的决策产生着重要的影响。此外，政府一方面在收入分配上发挥着积极的作用；另一方面，为了进一步完善政府服务和提高居民的生活水平，政府的各个公共部门也在教育、医疗、环境、公共交通、法务、秩序、城市规划和福利水平等不同的领域发挥着重要的作用（Hughes，1998：82）。

世界银行（World Bank）在其于 1997 年所发表的《发展报告书》（*Report on Development*）中将每一个政府的核心使命概括为确定法律基础、保持一个未被破坏的政策环境、投资于基本的社会服务和社会基础设施、保护弱势群体，以及保护环境五项最基本的政府课题（Hughes，1998：101）。此外，安德森（J. Anderson）从实用性的角度出发，从以下七个方面对政府的基本职能进行了概括（Hughes，1998：101～104）。

1）提供经济基础

政府为现代资本主义体系的正常运转提供所必需的制度、规则和手段方法，包括对财产权的确认和保护；合同的执行；为货币、度量衡、公司章程、破产、专利、版权等提供标准；维护法律、秩序和关税体制等。

2）提供各种公共商品和服务

有些有益于社会整体的公共商品对个人而言很难根据其使用的数量来进行收费。一旦将它提供给某个人，就等于是向整个社会提供。这些商品包括国防、道路和桥梁、航行救援、防洪、清理下水道、交通管理系统，以及其他基础设施。许多项目因其广泛的应用性、不可分割性及非排他性而被界定为公共商品。

3）协调与解决团体间的冲突

政府得以存在的一个基本前提是，人们需要通过它来缓和和解决社会中的冲突，以及维护正义、秩序和稳定，包括可以采取在经济上保护弱者、抑制强者的行动。政府可以试图通过制定儿童劳动法、最低工资法和劳工补偿计划等以平等取代剥削。

4）维护竞争

竞争在民间私营部门中并不总能持续进行，因此经常需要政府干预以确保竞争的真正实现。离开政府的控制，自由企业制度的优越性将无从体现。不受限制的竞争可能反而会导致对竞争的破坏，而竞争者也完全可能会通过不正当合并或串谋的方式来终止甚至是抵制竞争的发生。如果缺乏适度的管制，一些公司则会发展成为“卡特尔集团”，从而对其他企业进入该产业进行限制，并自行制定商品价格。因此，企业抱怨政府干预过多实际上是一个悖论，政府的行为对维持和增进私营部门的竞争是必不可少的。

5）保护自然资源

我们不能仅依赖于竞争性力量来防止资源浪费、保护自然环境不被恶化并确保后代的利益不致受损。市场活动对环境造成的破坏是教科书中外部性和市场失灵的例证。只有政府才能缓解这种对环境的破坏。

6）为个人提供获得商品和服务的最低条件

市场运作有时会产生某些残酷的或社会难以接受的结果——贫困、失业以及营养不良等——这是相对于对人们的影响而言的。而有一部分人则会由于疾病、年迈、文盲或其他原因而被排除在市场经济之外。除了最极端的“经济理性主义者”以外，大部分经济学者都一致认为政府应在减少社会贫困方面发挥积极的作用。

7）保持经济稳定

商业性经济周期总是上下波动的，暴涨之后是暴跌。而政府则可以通过制定财政预算、货币政策，以及对工资和物价进行调控等政府行为来予以缓和。

（2）职能的变迁

直到20世纪80年代，较为主流的假说观点认为政府在拟定和执行政策，以及实现发展目标上具有管理上的绝对权力和能力。如果以城市为背景来重新审视这一假说，对在发展过程中政府主导议题的探讨则将焦点主要放在了中央政府和地方政府，以及政府的公共部门间的作用关系上。具体来说，各公共部门在对城市进行开发规划和管理的同时，最重要的任务就是要集中力量来协调和合理分配中央政府和地方政府间，以及政府的行政部门和反对自治的其他公共部门间的作用和责任。基于这样一种观点，朗迪内莉（D. Rondinelli）对城市政府所应履行的四大任务进行了概括和总结（Davey，1996：47；Rakodi，

2003：524～525）。

第一，为城市的有效运作提供必要的基础设施保障；

第二，为开发人力资源、改进生产力及提高城市居民的生活标准提供公共服务；

第三，规范那些影响城市居民公共福利、健康及安全的私人行为；

第四，提供服务和便利用以支持生产性活动，并使私营企业能够在城市领域内有效运作。

到了20世纪80年代中期，因传统行政手段本身所存在的弊端而导致的地方政府的低绩效性、服务供给的失败，以及传统城市规划的低效率性等问题逐渐暴露出来，相较而言，对管理手段的呼声则越来越高（Rakodi，2003：525）。与此同时，随着外部环境的不断变化，城市行政管理也显现出新的变化。这些变化往往通过新颖的管理形态；全新的市民和政府、民间部门和非政府部门间的关系；新式的城市政策决策过程等方式来体现（Lynn，1998：108）。而此后，越来越多的文献研究都着重强调这种变化只有借助虚拟组织（virtual organization）和网络组织（networked organization）的力量才能真正实现从官僚式管理向市民式管理的权力转移；才能够真正重新唤起人们的民主责任心和保障社会成长效率性的充分发挥（Lynn，1998：109）。

大体上说来，要求城市政府向企业化运作方式转变的呼声越来越高。相较于过去低效率性、命令任务式的运作方式而言，应积极引导其向既能缩小自身规模又能增强竞争力，既能吸引消费者又具有企业性的新型政府运作模式的方向发展（Box，1999：19）。公共管理学者们指出，所谓企业化的政府运作方式，就意味着政府自身必须深刻认识到生活在该地区的民众不再是过去意义上所谓的“被支配的市民”（citizens），而是政府所要去“服务的顾客”（customers）（Box，1999：22）。企业型政府（entrepreneurial government）应具有以下十大特征：服务供给者间所具有的竞争（competition）关系；随着管治方式由官僚向区域社会的逐步转移而形成的公民权能（empower citizens）；强调结果（outcomes）的导向性；以任务（missions）代替规则或规章；强调公民作为对公共服务享有选择权的顾客（customers）身份；要有防患于未然（prevent）的能力；强调开源（earning money）而并非一味地讲求节流；分权化（decentralized）管理；以市场机制（market mechanisms）代替官僚机制；与区域社会某一问题有关的所有政府部门要用鼓励指导（catalysing all sectors）的新方式代替直接供给的旧有模式等（Bailey，2001：340）。

随着以上这些新的客观条件的变化，人们对新的城市管理形态也有着很大的期待。这种新的城市管理形态的变化主要表现在以下五个方面：城市政府由供给者（provider）向授权者（enabler）角色的方向转变；由为民行政（working for people）向与民共政（working with people）的方向转变；由生产者主导（producer driven）向消费者主导（consumer driven）的方向转变；由等级化（hierarchical）向分权化（fragmented）的方向转变；由职能分散（functional separation）向整合协调（integrated collaboration）的方向转变（Healey，1999：184～185）。

3. 正当性

（1）论据

将中央政府的职能进行分解并下放给地方政府予以履行的经济学依据是什么呢？在这里，我们将俱乐部理论和蒂鲍特假说作为其得以成立的理论性依据并予以探讨。

1）俱乐部理论

当一些人同时消费同样数量的物品时，参与其中进行消费的人越多，那么每个人所获取的效用就会随之减少。此时，我们将具有这样特性的商品称为俱乐部物品（club goods）。

我们以游泳池为例来进一步理解这一理论。一方面，在建设一个游泳池时，虽然其建设规模越大我们从中所能获取的利益也会随之增大，但是同时所要支出的建设费用也会随之升高。从另一方面来看，虽然在建成后随着游泳俱乐部会员数量的增加使得每一个人所负担的建设成本有所降低，但是随着日后成员的过度增加而带来的拥挤程度也会不断上升，最终依旧导致每个成员从该俱乐部所获取的利益逐渐减少。因此，综合考虑以上这些因素的话，游泳俱乐部的管理者需要对游泳池的建设规模和会员人数做出合理的规划和判断(임봉욱，2004：623～624)。

对于绝大部分的公共物品来说，当其会员数增加到一定程度时就会出现拥挤现象，此时不可能任由对该公共物品进行消费的集团规模无限扩张下去。这也就是必须要对中央政府的职能进行分解的核心依据之一（임봉욱，2004：627）。

2）蒂鲍特假说

蒂鲍特（C. Tiebout）对能够同时达到最优人口数和最优地方公共物品供给水平的区域社会的实现可能性进行分析研究后认为，个人为了实现自身效用极大化的目的，总是会去寻求一个为自身提供地方公共物品和税收间最优组合的区域社会，这也就是所谓的“以足投票”（voting with the feet）的理论假说。因此，他认为最优区域社会的实现是可能的。按照蒂鲍特这一假说来看，要想使得个人的效用达到极大化的程度，就必须要保证地方公共物品的高效供给，如果做不到这一点，作为个人来说就不会或不再在该区域社会内定居下来

(이준구，2004：687；임봉욱，2004：629～630)。

最后，蒂鲍特在对该假说所做出的结论中认为，只有在分权化的体制中，各地方政府才能够较为独立地履行税收职能和做出有关公共物品供给的决策，从而最终实现资源的高效分配（이준구，2004：689）。

蒂鲍特假说认为，只有通过区域社会间的相互竞争才能实现地方公共物品的高效供给。此外，如果要视这一假说成立还必须满足以下几个前提条件：首先，只有多个相互间具有不同特性的区域社会同时存在，才能够保证竞争的充分性；其次，必须保证个人能够在各区域社会间的自由迁移不受限制；最后，应努力控制规模成本的无限制增长。但是蒂鲍特假说也存在着一定的缺陷，其失败的原因非常类似于市场失败的原因（임봉욱，2004：631）。

（2）基本价值

杜普雷（S. Dupre）认为，通过分权化赋予地方政府更多权力的正当性的价值意义具体体现在以下三个方面：自由（liberty）、参与（participation）和效率性（efficiency）。

1）自由

地方政府可以通过自己的力量来进一步提高个人的自由权益。虽然，有时地方公共部门的利益并不完全与个别市民的利益相一致。但从整体上来看，地方政府越来越意识到市民的个人利益乃至家庭利益的重要性，并为之而发挥着重要的作用。

积极倡导赋予自由更高价值地位的自由市场学派的学者们往往将“地方政府”和“自由市场”视为具有同等政治学意义的两个概念。他们认为，虽然地方政府并不能像自由市场本身那样高效运作，但如果在提供公共供给服务方面也完全不依靠民间私营企业的话，那么地方政府则会被贴上无能或不作为的标签，而中央政府则有可能会随时随地对个人自由造成严重的威胁。各地方政府的公共部门机关之间也会在提供服务方面产生一定的竞争关系，从而进一步提高服务的质量和效率性。

2）参与

人们往往从传统性的角度来审视地方政府的发展特征。一是地方政府作为代议机构所具有的高度的自治性；二是地方政府作为提供国家服务的公共机构的效率性。从民主的观点来看，由于所有生活在该地区的人们都能够以个人身份真正参与到地方政府的行政过程中来，地方政府比中央政府更具有优越性。

地方政府的参与价值要比自由价值具有更深远的实际意义。地方政府的参与价值主要体现以下三个方面：首先，地方政府始终扮演着“政治教育者”的角色，作为一种手段和方式其担负着对市民进行教育和开化的任务；其次，地方政府还扮演着民主主义“培训基地”的角色；最后，地方政府在稳固国家和建设和谐社会方面发挥着基础性的作用。

3）效率性

要想真正扮演好具有高效率服务水平的供给者这一角色，地方政府不仅要在面临生产者和消费者间产生不均衡状况时积极发挥调解和仲裁的作用；还要综合考虑、未雨绸缪，当面临诸如几乎没有市场供给的公共服务需求激增这样的突发状况时，就需要政府积极、果断地制定出切合实际的应对方案和政策措施。

4. 手段

大部分的政府介入和干预都通过以下四种可以加以利用的经济手段来实现和完成（Hughes，1998：84）。

（1）政府供给

以预算的形式来进行直接供给是政府活动的主要组成部分。预算部门将这些需要政府直接进行供给的事业作为一般性的政府活动，并纳入享受财政资金支持的政府部门领域内。其中，主要包括交通、教育、保健医疗及社会保障等非市场化的商品或服务（Hughes，1998：85）。

政府在经济层面上不仅可以通过财政预算对公共活动的行为水平、社会收入及财富分配做出合理的判断和调整，更是可以对经济活动的总体水平和趋势进行掌握和控制。因此，我们可以说政府通过诸如以上这些技术性的政策手段来实现合理配置生产要素，均衡分配财富和社会经济稳定化的目的（Hughes，1998：85～86）。

（2）补贴

虽然民间部门也向社会提供一些特定的商品和服务，但其背后往往有来自政府部门的一定程度的支持和援助。财源资金虽来自于公共部门，但具体的行政性业务操作则由民间私营部门来完成。在整个的运营过程中，政府只对经审核批准的财政资金是否按程序和规章制度使用和交易等内容进行监督和管理。（Hughes，1998：87～88）。

（3）生产

这里的生产（production）是指在市场中政府以销售为目的所进行的生产商品和服务的活动。

与供给不同，一方面，生产通过不同于政府预算的其他途径来实现；另一方面，消费者则必须承担与民间部门所提供的商品或服务等价的费用支出（Hughes，1998：88）。

（4）管制

管制（regulation）是国家为了对民间私营经济中存在的一些特定行为活动

进行审批所使用的一种具有强制性的权力手段。

二、政府机构的构成

城市政府的构成方式主要有以下四种：一是两大机关之间进行相互融合的机关统合型；二是议事机构和行政机构之间进行相互严格独立区分的机关对立型；三是两大机关间通过相互折中而形成的折中型；四是市民大会型（박수영，2002：296～303）。

1. 机构统合型

所谓机构统合型是将议事职能和行政职能统一交由地方议会进行具体执行和操作的一种形态模式。在这一组织构架中，由在议会中占多数席位的政党来担负与行政执行业务相关的主要职责，议会下属的各专门委员会则在行政过程中扮演一般政府执行部门的角色。

在这一类型的政府机构的构成方式中，最具代表性的是英国的议会制和美国的委员会制。所谓的议会制（parliamentary system）一般在地方议会的各专门委员会中分别设立事务局来主管相关的行政业务。而所谓的委员会制（commission system）则往往通过居民公选的形式来选举产生一定数量的委员代表并组建该地区的居民委员会，在每一个委员会中一般由最为核心的3～5人来实际负责具体的立法和行政职能。

2. 机构对立型

机构对立型亦被称为首长制或“市长主义”。从名称的字面意思中我们可以看出，这一类型主要是通过市长（行政执行机构）和议会（议事决议机构）间的相互制约和均衡来履行地方行政任务的。在现实中，这一类型的机关构成方式又可细分为市长-议会制、市长-管理人制和市长-行政管理官制三种。

所谓市长-议会制是指，立法职能和行政职能分别通过议会和兼具“向市民负责”使命的市长来具体完成。在现实中，韩国、法国、原联邦德国、日本和美国等众多国家均采用了这一市政体系。如果我们将这一制度再进一步进行具体划分的话，其又可分为“强市长-议会制”和“弱市长-议会制”两种类型。在前一种类型中，市长对所有的城市行政业务负责，其不仅掌管着编制和执行预算案的大权，还可以依法对议会的决议行使否决权。与此同时，相对于市长来说议会则处于从属地位。而在后一种类型中，议会除了本身的立法职能以外，还掌管着有关人事和财政预算的大权。不仅如此，其还有权对城市一般性的行政领域进行干预。而与此相比，市长则只能行使手中有限的人事权。

所谓议会-管理人制是指，议会依法掌管有关政策决议的权限并行使最终的行政控制权。议会依法任命一名管理人来全面负责和管理城市的一切行政业务，这一职位要求必须具有高度的远见卓识和较强专业知识的人选方能胜任。

相应地，市长-行政管理官制实际上是强市长-议会制的一种变形。其主要内容是由具有绝对权力优势的市长委任具有一定远见卓识和专业知识的行政管理官员来代替市长去因应和处理一般性的行政业务需求，而市长则主要专注于基本的政策方向决策和政治性活动。

3. 折中型

所谓折中型，是一种将议事决策职能和行政执行职能进行相互分离，且又保证不使其因此而产生相互对立的政府机关组成形式。折中型主要分为参事制和议会-理事会制两种。

参事制由市民所选出的市、镇及乡级议员所组成的代表议会机构来对地方的主要事务进行决策处理。与此同时，由在当地具有一定声誉和地位的专业人士作为所谓的“参事会成员”组建成参事会在市长（议长）的领导下行使行政执行职权。在德国的部分市、镇级的政府内部组织中多采取这一机构组成方式。

议会-理事会制政府机构组织形式多存在于加拿大的部分地方政府组织中。在选举当年，由地方选举区内的所有选民投票选举产生市长和其他四名理事（controller）并组建成立理事会，由市长兼任理事会的会长。理事会有权制定地方性的法规、政策并全权处理一切行政事务，而与此同时，议会仅负责对其所提交的政策议案或行政报告进行审查和核准。

4. 市民大会型

市民大会型的主要特征是，将立法职能赋予市民大会，并通过其选举产生的委员会来依法履行行政职能。这种城市政府机关的构成方式在美国的东北部地区和欧洲的瑞士等国颇为流行。

三、政府的模式

戈德史密斯（M. Goldsmith）认为，地方政府依据各自所追求的首要目标的不同，大体可划分为三种发展模式，即顾客/支持者模式、经济开发模式和福利国家模式。在此基础上，根据近年来政府发展方面所呈现出的新趋势，我们将另一种新兴的发展模式——市长授权模式也一并加入其中来进行探讨（Goldsmith，1992：395～396）。

1. 顾客/支持者模式

最近以来，在众多的政治学文献中，经常将原有的领导者和被领导者的关系重新定义为“商家”和“顾客”式的新型关系。实际上，这种以顾客或所谓的支持者体系为基础而形成的地方政府模式确实是存在的。这一地方政府模式最早形成于19世纪末到20世纪初的美国。当时的地方政治领导者们往往通过向其支持者提供积极的政治信号或承诺（如提供就业岗位及其他优惠政策）的方式来换取更多的政治资本和支持度。以顾客或支持者为基础的地方政治模式是一种在法国、意大利及西班牙的部分地区广泛采用的政府模式。近年来，在希腊和土耳其等国家也逐渐推行开来。对于生活在这一模式框架内的地方政治家来说，其首要任务是在为选区内的居民提供特定的商品和服务的同时，还要代表上级政府扮演好区域社会利益守护者的角色。

2. 经济开发模式

在美国公开发表的有关城市行政管理学的文献中，大部分都对经济开发模式表示认同和支持，美国、加拿大和澳大利亚是实践这一模式的代表。在这些国家中所推行的经济开发模式与城市增长机器（growth machine）理论有着相通之处。对于地方政府来说，不断提高和保持区域社会经济的健康发展是其必须长期坚持的核心任务。现在，“振兴主义”（boosterism）已成为一种普遍性的社会思潮深入人心。

3. 福利国家模式

在福利国家模式中，特别强调地方政府作为教育、住宅、交通等国家福利服务的生产者和供给者在运营活动和自我成长的过程中要努力打造均衡分配的国家规范和积极塑造高效服务的价值观念。

自1945年以来，德国、荷兰、英国以及挪威、瑞典、丹麦等国家就对由政府出面提供集体消费品这一问题产生了浓厚的兴趣，为构建福利国家奠定了基础。这些国家均具有以下两方面的特征：一是在国家政治层面，相对降低了地方政治家所占的比重；二是虽然这些国家的地方政府体制也大都主要立足并依靠地方来实现，但在中央政府内部则有着一批相当具有组织性和专业性的管理层队伍。

4. 市长授权模式

除了上述三种模式以外，近年来在英美一些国家出现了一种新的政府发展模式——市长授权模式。这一模式是以撒切尔和里根时代作为其理论背景而衍生出来的。其核心思想重在强调相较于民间私营部门通过独立或合作的方式来提供服务而言，地方政府部门有能力提供更为低成本的服务供给。

这一模型受到了来自左翼势力和右翼势力的广泛支持和推崇。从左翼势力的立场来看，这一模式下的地方政府能够最大限度地实现最优化的消费者选择；与此同时，在右翼势力看来，在地方层面上推行这一模式能够更加明确地将政府权力和一般性的社会活动行为进行区分，因此他们认为这将极大有助于提升民众的公民身份（citizenship）意识。

第三节 规划制度

一、法制

1. 意义

(1) 职能

对于城市规划和开发而言，“法”这个字包含着多种含义。一般来说，所谓城市法（urban law）综合概括了与城市区域的经济和社会问题等相关的一系列法律规章和制度，其已逐渐发展成为一个相对独立的研究领域（정환용，2006：536～537）。

城市法一方面对城市政府的运营体系做出了明确的规定，并确立了有关城市规划体系和土地开发的原则；另一方面对城市规划领域的专家和管理者的权力划定了权力界限。通过法律机制不仅可以对与城市规划或开发相关的个人和部门的行为做出规范，还可以保障一切合法行为的正常进行，以为更加高效的城市规划和开发活动的进行提供法律上的支持。

(2) 手段方法

到目前为止，对规划法的研究都将重点放在了有关规范土地利用的法律构架建设方面。但是，随着对规划研究方向的转变对其研究的方法也在发生着变化。这种变化主要发生在20世纪60年代，人们抛弃了之前仅将土地利用视为城市规划的偏见，开始试图探索更加具有多样性和综合性的新路径（정환용，2006：537～538）。

城市作为一个具有综合性的体系工程，其自身是由经济、政治、土地利用、住房、医疗、教育、文化、交通、基础设施、物流、废弃物处理、再生、设计及法制等众多子系统组成的。因此，法制体系本身也就作为城市重要的组成部分而存在。

通过法制的途径来剖析和解决城市问题不仅为城市发展提供了必要的法律保障，也进一步拉进和加深了城市规划和法制化间的距离关系。此外，通过法制化的途径也有助于人们勇于跳出原有的政府权力和私有财产权等各种条条框框的思维束缚，更加注重从城市的实际出发，朝着努力解决城市问题的方向推进。出发点和着眼点的不同，直接影响着法律效力的发挥。例如，与住房相关的法律既能改善住房的保有现状，也能使状况进一步恶化；就业法既有可能会诱发失业，又有可能会减少失业；社会保障法既有可能会制造贫困，也有可能会减少贫困。与此相同的，与城市规划有关的法律制定的得当与否也决定着通过这部法律会进一步引发或者缓解城市问题的产生。因此，在制定与城市规划有关法律的过程中，较之于理论式的法制原理来说，更应该注重在制定过程中努力结合实际中城市自身所存在的问题，从实际需求出发构建切合实际的法制体系。

2. 规划法的概念

实际上，对法律的职能和作用的认识是基于以下三大相互对立的哲学理念发展而来的：一是强调对个人私有财产及相关制度进行保护的传统的普通法（traditional common law approach）；二是以积极推进公共利益提升为目的的传统公共行政和规划法（orthodox public administration and planning approach）；三是以促进公共参与为导向的激进主义或民粹主义（radical or populist approach）（McAuslan，1980：2～6；정환용，2006：538～539）。

(1) 私有财产理念

从私有财产保护的角度来看，与规划相关的历史最早可以追溯到19世纪的中期。那一时期，生活在城市底层的劳动者们为了改善自身恶劣的生活环境付出了坚持不懈的努力，最终他们在私有财产（土地和住房）的使用方面争取到了一定的权力。但是，作为制定相关法律和政策的政府当局来说，根本不屑也不愿意将这些生活在社会底层的城市劳动者们当做所谓的财产所有者来看待。因此，当他们的财产权面临侵犯时，这些财产所有者们不再单纯地寻求依靠法院或律师的力量去进行维权行动，而是更加关注财产权保护这一更具有深层次意义的根源性问题。

城市内私有财产的所有者们对私有财产权保护意识的日益增强主要对以下两方面产生了实质性的影响：一是从19世纪末开始，具有管控性的法律运作和土地的保有、所有之间形成并维持着越来越紧密的关系，最终促使个人财产保护纳入宪法条文之内；二是从实际操作的层面来看，在整个法律框架结构体系内均开始强调和注重对个人财产的保护。

相对于政府行为而言，“应为城市土地所有者提供保护”这一原则得以引申并最终形成了一般传统法最重要的基本立场之一——私有财产理念（private property ideology）。由此，在对私有财产所有者的权力进行保护和适当界定的范围之内，政府权力的维持运作也显得尤为重要。规划法等法律依据也就成为人们关注的焦点。

(2) 公益的理念

第二个理念是政府的行政管理者依据法律所运作执行的公益理念（public interest ideology）。在这里，人们更为强调法律的必要性，他们主张当私人土地所有者的私人利益和公众利益相冲突时，法律应作为政府行为规划的后盾力量为其提供法理依据。在这一公益理念中法律赋予了执法者更为宽泛的权力，如果执法者的行为得当的话，也不会提供额外的赔偿。与此同时，合理的赔偿也只能在行政体制内来完成。

在这一体制内，虽然也有有关土地所有者权力保护的规定，但是从经验来看，有关这方面规范制定的目的往往旨在最大限度地减少司法的干预和抑制法院作用的发挥。但是我们也必须看到，当私有财产所有者的利益与公共利益发生冲突时，法院进行综合权衡往往也会做出偏向公益、认可政府行为的判决，从而达到进一步限定土地所有者应受保护权限的目的。

(3) 大众参与的理念

近年来，“大众参与”这一理念频繁地出现在有关的政治学文献研究当中。虽然在学术界对大众参与的理念还没有形成统一的认识和定义，但越来越多的政治学家已经认识到了法律对于大众参与的重要性，并指出在整个规划的过程中法律是提升和促进大众参与度的有力保障。这种重视法律地位的观念不仅源自于对财产权的尊重，更是基于对民主主义这一抽象原理的深刻认识。

对那些因土地开发或环境变化而深受影响的人，或是那些无论在何种情形下都对最终的结果和利益保持着旺盛好奇心的人们来说，始终都坚持认为自始至终地参与到规划决策的全过程当中来是非常必要的。基于这种背景所形成的“大众参与理念”（public participation ideology）一方面也如同“公益理念”一样并不认可私有财产所有者在法律上所具有的优先地位；另一方面则更加积极地主张在民主决策的过程当中应将相关利益当事人的利益关系进行整合并形成统一的认识。此外，这一理念与公益理念的不同之处在于，其否认将政府公务员出于自身利益所做出的见解和认识作为是非判断的唯一标准，其主张政府公务员应通过与民众的充分讨论和协商来确定最终的政治判断和具体行动。

3. 城市规划相关法律制度的发展

从法律制度的制定时间和内容来看，在韩国与城市规划相关的法律制度的发展历程大致可以分为朝鲜城区规划命令时期（1934～1961 年）、城市规划法时期（1962～2001 年）和现代国土规划法制时期三大历史时期（정환용，2006：540～546）。

(1) 朝鲜城区规划命令时期

1934 年，还处于日本殖民统治占领下的朝鲜颁布了一项名为《朝鲜市街地规划令》[①] 的法律条文并付诸实施，这也是韩国近代城市规划法制的发端，直到 1962 年韩国政府颁布新的《城市规划法》之后，这一法令才得以终止使用。

① 译者注：《朝鲜市街地规划令》是日本在韩国实行殖民统治时期（1934 年 6 月）所制定的韩国历史上第一部具有近代法制意义的城市规划法。

在当时，《朝鲜市街地规划令》同时充当了“城市规划法”和“建筑法”的角色，其主要内容均以中央政府的规划内容为中心，在积极推行各项规划开发事业的同时却无视民间个人的一切权益，具有相当程度的强制性色彩。

(2) 城市规划法时期

摆脱日本殖民统治后成立的韩国中央政府于1962年制定了新的《城市规划法》，在这部法律中不仅对日本殖民统治时期的相关法律制度进行了清算，而且还从法律制度的层面重新确立了城市规划体制。从某种意义上来看，这部法律的颁布成为韩国城市规划的历史转折点。城市规划法的内容并不是一成不变的，随着社会经济等客观条件的不断变化，平均每10年都会进行一次较大规模的法律修订作业。

从20世纪70年代开始，随着韩国工业化进程的不断深入，城市化也得到迅猛发展，但各种城市问题也随之而来，为了有效应对这些城市问题，“分区制”作为一种新的规划管理手段被引入到城市规划法当中。与此同时，城市规划的起草和立案等权力也由建设部长官①下放到了市长和郡守②的手中，有关地方城市规划委员会的设立方针也得以修正并正式列入城市规划法的条文当中。

到了20世纪80年代，民主化和行业的专业化成为这一时代的主流认识。因此，这一时期对城市规划法的修订一方面积极强调对市民参与机会的保障，以期达到城市规划任务实施和私有权保护间的平衡状态；另一方面也试图进一步提高城市规划在民众间的公信力。通过这次修订，不仅大众的民主化诉求在城市规划领域得到一定程度的反映，也弥补和修正了政府主导下城市规划领域所存在的问题。

进入20世纪90年代，广域化和自治化成为时代发展的主要潮流。在这一时期，基于从微观角度出发对开发密度进行控制的考虑，广域规划和详细规划被纳入到了城市规划法中。

2000年1月28日，新修订颁布的《城市规划法》真正作为一部纯粹的规划性法律登上了历史舞台。同一天，一部名为《城市开发法》的法律也正式颁布实施，在这部新的法律中将原来已有的《土地区划整理事业法》和《城市规划法》中有关城市开发事业的相关内容进行了整合，为将来进行综合性的城市开发奠定了法律基础。

---

① 译者注：长官是对韩国中央政府组成部门的最高负责人职务的一种称呼，相当于我国各国务院组成部门中的部长一职。

② 译者注：郡守是对韩国“郡”一级地方政府的最高行政长官职务的一种称呼，相当于我国“县”级地方政府中的县长一职。

(3) 现代国土规划法时期

在之前的规划法体系中一直存在着二元化的法律结构。所谓二元化的法律结构是指，将国土人为地划分为城市区域和非城市区域两类，并分别适用《城市规划法》和《国土利用管理法》两部不同的法律。此后，基于防止无序开发状况的发生和构建更为具有规划性和生态环保的国土利用体系的原则政策，韩国中央政府打破了原有的二元化法律结构体系，将两部法律进行了整合，于2002年2月4日颁布了《国土规划和利用相关法》，并于2003年1月1日起正式生效实施。

二、规划体系

1. 意义

规划体系（planning system）贯穿于整个规划过程的始终，其也是一项对从规划编制到开发控制进行全程式规划标准选择和管理的机制。规划体系本身包含了目标设定、政策编制、交流和参与、原则性的矛盾和解、开发控制和执行，以及政策评价等一系列完整的步骤过程（정환용，2006：33）。

所谓城市规划体系，即包含与城市规划相关的法律、事实、过程、机关及专业人员等一系列机制的总和。城市规划体系主要有三大主要功能：一是规划编制功能（plan-making function），通过这一功能不仅可以很好地体现城市空间组织的战略和原理，还可以完整地向人们展现土地利用和建筑形态；二是开发功能（developmental function），通过这一功能来购置土地并对基础设施建设进行完善整合，从而更好地推进后续相关的开发活动；三是调节功能（regulatory function），这一功能主要对诸如建筑的位置和形态的更改，以及对现存建筑物的变动进行调整和控制。

2. 空间规划体系

空间规划依据规划对象的空间范围和规划内容的不同可具体分为国土规划区域规划、城市规划、地区规划和园区规划等几类（정환용，2006：34～35）。这些规划类型相互之间存在着紧密的层级关系。相对来说，以更为宽广的空间为对象的规划称为上层规划，反之则被称为下层规划。从规划内容上来看，越是上层规划其就越具有抽象性、普遍性和综合性的特征；与此相反，越是下层规划就越具有具体性、特殊性和局部性的特征。此外，相对于上层规划更多地将侧重点放在社会和经济层面之上有所不同的是，下层规划往往更加强调从物理性层面进行规划作业。

在韩国，主要的空间规划有依据《国土基本法》施行的“国土规划”；依据《国土规划及利用相关法》施行的“城市规划”和依据《建筑法》施行的“建筑规划”三类。国土规划主要涉及国土空间的利用、开发及保护等内容，具体分为国土综合规划、道（级行政单位）综合规划、市郡（级行政单位）综合规划，以及区域规划和部门规划五类（《国土基本法》第6条）。市郡（级行政单位）综合规划分别以特别市、广域市及一般市或郡对各自所管辖地区区域内的空间构造和长期发展方向进行设定和规划，这一类的规划依照《国土规划及利用相关法》的有关规定进行，统称为城市规划。

3. 城市规划体系

(1) 构成体系

在韩国，城市规划作为市郡对各自所管辖区域进行空间构造和发展方向设定的规划性手段，又可具体划分为城市基本规划①和城市管理规划（《国土规划及利用相关法》第2条第2号）。城市基本规划作为最上层规划，主要任务是确定城市规划的基本方向；而城市管理规划则以此为基础主要负责制定具体的规划内容。此外，在必要时，也可以以广域规划地区为对象单独制定广域城市规划并以此作为城市的基本规划来促进和实施。

在已经制定有广域城市规划的地区进行有关城市基本规划时，城市基本规划的内容应与当年的广域城市规划的内容相一致。当两者内容发生冲突时，应以广域城市规划优先为原则（《国土规划及利用相关法》第19条第2项），这充分表明了广域城市规划是城市基本规划的上层规划。此外，相关法律还规定城市基本规划是制定和编制城市管理规划的指导方针（《国土规划及利用相关法》第2条第3号）。

(2) 广域城市规划

随着城市化发展的不断深入城市区域的面积也迅速铺张开来，城市已超越了原有行政区划的界线并迅速向周边外延地带扩散开来，最终形成广域城市化(정환용，2006：42～48)。随着这一现象的不断发展，虽然各个城市政府还能在行政范围内对城市经济进行控制，但随着交通手段和信息通信网络的不断扩展，从实质功能上来看，城市本身已经与周边地区形成了紧密的联系，因此城市服务的供给也超出了原来的城市界线。

这种广域城市化现象也在国土空间开发战略上引起了一系列新的变化，因此对于将来怎样去开发和管理因变化而产生的各种新问题就成为城市行政管理的重要课题之一。换言之，我们有必要跳出原来从单个城市入手解决城市问题的旧式的思维方式，转而从城市与其周边相邻地区所形成的更为广泛围的城市圈合作开发的角度着眼去面对和解决问题。广域城市规划的重要任

---

① 译者注：相当于中国的“城市总体规划”。

务在于为广域规划圈设定长期的发展方向（《国土规划及利用相关法》第 2 条第 1 号）。

（3）城市基本规划

在制定城市基本规划的过程中，不仅要对上层规划的主要内容进行吸纳、兼容并对政策做出说明解释；而且还要积极征求、采纳市民诉求，从而构建出更为合理的城市远景蓝图。为了实现这一目标，城市基本规划一方面从宏观的角度出发为城市的未来指明了方向、设定了行动路线；另一方面也为下层规划提供了基本的政策框架和行动指南（정환용，2006：48～55）。

在《国土规划及利用相关法》中指出城市基本规划作为一项对城市进行基本空间构造和对长期发展方向进行设定的综合性规划，其应该成为编制城市管理规划的指导性规划（《国土规划及利用相关法》第 2 条第 3 号）。

（4）城市管理规划

城市管理规划通常是以十年为基准规划期限所设计的中期规划（정환용，2006：56～66）。一方面，城市管理规划是对城市规划进行具体阐述和展现的实体规划。其不仅囊括了有关区域-地区-区块的规划、城市基础设施规划、城市开发事业规划及地区单位规划等一系列具体的规划，并形成了具有一定组织构架的综合性体系，而且还可以分阶段地进行具体的操作和实施。另一方面，城市管理规划也是具有一定法律约束力的法定规划。所形成的最终规划决定可以对市民的个别建设行为进行管制或约束。

城市管理规划也被视为具有兼容性质的适应性规划（adaptive planning）和具有分配性质的配置性规划（allocative planning）。所谓适应性规划是指，其能够很好地兼容广域城市规划和城市基本规划等上层规划中的指导原则并将其深化和发展；所谓配置性规划是指，其能够很好地对规划资源进行具体的调配，从而实现实质上的规划执行。

（5）地区单元规划

地区单元规划是以规划所在城市内的城区或拟纳入城区范围内的区域为对象所进行的规划（정환용，2006：66～76）。地区单元规划的目的在于对自然及物理性环境进行整备。地区单元规划相较于以整个城市区域为对象的城市基本规划和城市管理规划不同，其主要以城市内的一部分地区为对象进行详细的规划作业。地区单元规划的主要任务就是对上层规划的内容进行实际的执行和操作。正是因为地区单元规划的存在，才得以将建筑物、基础设施等在现实中存在的物理实体与城市规划有效地结合在一起。除了新城市开发建设以外，绝大部分的城市开发建设均是以城市内的部分地区为对象进行的。因此，我们可以将地区单元开发视为是城市开发的核心事业之一。

地区单元规划主要从微观角度入手对局部单元进行详细规划。施行地区单元规划的目的主要有以下两个：一是将城市规划的内容进行具体化并加以落实；二是将有关土地利用、城市基础设施及建筑物等规划进行整合编制并对城市建设进行合理的引导和管理。

地区单位规划具体分为“第一种地区单元规划”和“第二种地区单元规划”两类。第一种地区单元规划施行的目的在于促进土地的合理化利用，并努力提高城市或农村、山区及渔业区的自身功能，以确保达到提升景观、改善环境的目的；第二种地区单元规划主要通过放宽有关针对特殊用途地区的建筑物及设施的用途、种类和规模等的限制，或降低建筑覆盖率和容积率的方式以达到对规划管理地区或开发振兴地区进行相关开发和管理的目的（《国土规划及利用相关法》第49条）。

三、规划组织

1. 规划部门的职能和组织

(1) 职能

现代意义上的规划部门一般作为城市政府职能机构的组成部分而存在(Levy，1997：87)。但如果我们将组织单位的范畴划分为“直（line）线活动”和“幕僚（staff）活动”两部分来分析时，城市规划就可以被看做是直线活动和幕僚活动两者的混合体，其自然履行着直线-幕僚式的职能（mixed line-staff function)。

地方规划部门虽然担负着纷繁复杂的业务职能，但主要可总结为以下七大职能（Pickford，1968：526)。

第一，确立区域社会的发展目标；

第二，对城市成长和发展进行研究；

第三，编制发展规划；

第四，提升大众对于规划的认知水平和接受能力；

第五，向其他政府职能部门或民间组织提供技术性服务；

第六，协调可能对城市成长产生影响的各种开发活动间的关系；

第七，对土地利用机制进行管理。

(2) 组织

由于规划部门的内部组织结构具有多样化的特征，很难找出一种在任何情况下均能适用的单一模型。规划部门组织结构的构成主要受到规模，以及来自城市组织构造内部的其自身所处的地位，甚至于居民对于各自所在社区的诉求等因素的影响。规划部门的组织结构我们可以根据规划部门在职能、过程、时间和区域等的方面所体现的不同特点对其进行如下划分（Spencer，

1979：75；Howard，1968：549)：首先，按职能所进行的部门组织划分主要是根据与规划部门有关的主要城市功能所进行，如可划分为土地利用、交通、文化娱乐等具体的规划部门组织；其次，在规划部门运作的过程中，还可根据其运作的过程方式或技术进行部门组织结构的划分；再次，按时间特性来看，根据规划部门所承担的业务和时间周期的不同，可按照长期、中期和短期的分类对内部部门的组织结构进行划分；最后，还可根据规划部门所承担的地理空间单元的不同进行组织划分，如中心商务区规划、相邻区域规划及临港规划等。

对规划部门内部的组织结构进行专业化的划分不仅有助于明确个人职责、提高能动性、促进技术开发与进步，而且还有助于拉进政府部门与民众间的距离，为进一步做好可持续性规划打下坚实的基础（Spencer，1979：74～75)。但是这种组织结构划分本身也存在着一定的缺陷，如过度的细致划分可能会使组织缺乏灵活性，并由此导致不同的科室部门间难以进行协调作业等。

2. 韩国的规划部门

(1) 中央政府

在韩国，从中央政府的层面来看，与城市规划有关的部门主要有建设交通部和行政自治部[①]（정환용，2006：533～534)。

在建设交通部下属的一室、六本部（head office）和一个事业团中，与城市管理相关的业务主要由"国土均衡发展"、"生活交通"及"住居环境"三个本部来负责进行直接或间接的行政业务操作。在行政自治部下属的六个本部中"地域均衡发展支援本部"与地方城市开发和管理也有着密切的联系。

(2) 地方政府

从地方政府的层面来看，根据各地方自治团体级别的不同城市规划部门的设置也有所不同（정환용，2006：534)。在首尔特别市设有城市规划局，而在广域市则根据各自城市的实际情况被赋予不同的名称，如城市交通局、城市建设局或城市住宅局。而在道一级地方政府中，则在建设交通局内下设专门的"课"来负责城市规划及城市开发业务。此外，一般市或郡也均设有"城市课"。

---

① 译者注：行政自治部作为韩国中央政府的主要行政组成部门之一，其主要负责国务会议的庶务、法令和条约的公布、政府机构定员、公务员综合管理、政府改革、行政效能、电子政府和信息服务、政府设施管理、地方自治制度、地方自治团体行政支援、不发达地区支援、协调地方自治团体事务、国民投票和选举事务、安全管理政策、紧急情况和灾害管理，以及其他授权管理事务。2013年3月更名为安全行政部，截至2013年12月，韩国中央政府共由2室、17部、18厅、2院及6个委员会组成。

第四节 城 市 政 策

一、意义

1. 概念

城市政策可以看做是政府针对城市区域所做出的行为活动（정환용，2006：546～547）。城市政策可以被定义为城市政府为了在城市化过程中，在城市成长的规模、速度、布局、形态方面发挥一定的影响，并缓解由此所带来的一系列城市问题而进行的一种努力和尝试。与城市政策的规划和执行等方面有关的财政性支出往往占据着整个公共财政支出的较大比重。也正因为如此，城市政府有必要向市民解释城市政策所带来的积极效益并努力获取公众的支持和理解，从而获取施行城市政策的正当性和合理性。

有关城市政策正当性的理由，我们可以在经济、社会、行政、政治乃至文化方面找到答案。例如，从经济方面来看，所谓城市政策的正当性实际上就是一个有关公平和效率性的问题。由产业结构和空间构造的不断更新变化而带来的成本升高现象大部分都集中发生于大城市地区内，也正因为如此，城市地区也就成为社会问题集中出现的多发地。

2. 必要性

只有中央政府在国家层面制定相应的城市政策才能为城市提供稳定、长期和全面的保护，究其原因主要有以下五个方面（Savitch and Kantor，2003：1024～1026）。

第一，只有中央政府有权制定最低工资、社会保障等具有全国性意义的敏感性政策。这不仅有助于缓解社会阶层间的不均衡状态，还可以起到防止引起城市劳动市场之间恶性竞争的作用。国家补助金可以为所有城市提供最基本的公共资源保障。

第二，国家政策也是地区和区域社会得以成功发展的必要条件。地区性战略无论具有何种优势，其政策效果常常会随着时间的推移而逐渐衰减，这在越来越多的政府间进行区域经济政策合作时尤其突出。

第三，国家城市政策能激发出城市增加社会投入的意愿。随着过去三十年中地方政府之间在经济上竞争的日趋激烈，许多国家的中央政府都对城市提供了政策上的支持，从而使得它们在努力振兴经济的同时也保证了社会公共服务的高水平运行。

第四，中央政府通过向城市提供均等化的财力和政治资源，使后者能够将更多的精力集中于制定更为优化的发展战略之上。因此，一些经济相对落后的城市也有机会制定和推行诸如智慧城市、集中开发、邻里保护及市区振兴等区域性政策。

第五，来自于中央政府的投资是城市发展不可或缺的重要资源。中央政府所掌控的大量资源可以跨越地方、省级和区域的界线。

许多国家所推行的城市政策往往最终都以失败告终。这其中虽然也有规划失误、执行不当或目标不切实际等因素存在，但究其根源还在于城市政策与国家经济政策被人为割裂开来（Richaradson，1987：227）。因此，只有将城市空间要素和国家的经济社会政策相互整合，才能制定出更为成功和有效的国家城市政策（Richaradson，1987：240）。

3. 基本课题

城市公共政策主要面临以下五大基本课题（Lineberry and Sharkansky，1974：184～189）。

1）为什么会选择这一政策

公共政策的形成都要经过对各种方案进行筛选的过程。每一项备选方案的背后无不包含着政治、资源及成本因素。所有的备选方案都取决于各自机会成本的大小。因此，在对城市公共政策做出选择之前，人们需要思考“为什么会偏向于选择这一政策而不是其他的政策”这一关键性的问题。

2）谁会受益谁又会受损

公共资源的特点在于，当某一个人在进行消费的同时并不给其他人造成任何的影响。但是作为一种纯粹的公共资源而存在的城市政策却并不具备这一特点。因此，在对各政策方案进行选择时，一定要先对受益方和受损方进行界定。

3）财政资金的来源有何不同

每一项公共政策的制定和实施无不与公共财政的支出有着密切的联系。公共财政预算的总规模与合理的税收额度的制定是城市政治体系的核心课题之一。政府公务人员应格外关注预算编程的过程。

4）公共政策会带来什么影响

公共政策的制定并不一概以目标的成败作为唯一的衡量标准。由地方政府所提供的公共服务虽然大多带有针对问题解决问题的目的，但有时也会引起相应的连锁效应。

5）怎样对政策进行评价

政策主要针对以下两方面的问题进行评价：一是一项政策所追求的目标是否能够在一定程度上反映社会的共同目标？二是在政策中所指定的各项目标是

否均已成为现实?

二、政策的类型

洛伊（T. Lowi）将政府的政策区分为分配、管制和再分配政策三类。美国学者彼得森（P. Peterson）在此基础上则将政府政策重新总结划分为发展型政策、分配型政策和再分配型政策三类。其中，后者是在吸收保留了前者所提出的分配和再分配政策的基础上新增加了发展型政策。

1. 管制政策

所谓控制政策（regulatory policy）是指，政府通过更为直截了当和开放的方式对市民和民间企业进行管控。应用较为广泛的控制政策方式，如与犯罪、卖淫等犯罪行为，以及卫生防疫、餐饮业及交通管制相关的政府法令等。在城市规划方面，通过控制政策可保障已施行的建筑标准及区域划分制度的有效执行（Herson and Bolland，1998：208～209）。

2. 分配政策

所谓分配政策（distributive policies）是指，政府在向民众进行公共服务和资源配置方面所制定的原则和方针。在城市中，我们所能看到的，如废弃物处理、道路维修、消防及公共治安维护等都是最基本的分配政策形式。分配政策具体可以分为直接以市民为对象所进行的均等化分配和通过群体或地区组织来间接进行的分配活动（Herson and Bolland，1998：209）。

相对于控制政策而言，分配政策本身更容易在政治层面引起较为严重的摩擦和冲突。探其原因主要在于，无论政策制定的初衷为何，最终分配政策本身根本无法做到绝对的人人均等和保障完全的公正公平。也正因为如此，分配政策也就无法在利益各方均能达成共识的基础上进行操作。事实上，在制定和推行分配政策的过程中，所要面临的问题更为棘手，如相较于一般的城市区域或社区来说，针对特殊的城市区域或社区的实际需求是否需要进行特别的考虑或评估等（Herson and Bolland，1998：209）。

3. 再分配政策

所谓再分配政策（redistributive policy）是指，政府将公共资源从某一社会性或经济性群体向其他群体进行再次调节和分配所制定的原则和方针。一般而言，政府的再分配政策往往通过由富有的高收入阶层向最为贫困的低收入阶层进行公共资源或财政的转移分配来实现的。

征收所得税是再分配政策的基本手段之一。“实现社会的公平正义”“切好分好社会利益的‘蛋糕’”对于构建和谐社会来说至关重要。从这一层面来看，政府一定要守住“最低保障”的底线，并尽最大努力满足人民日益增长的需求（Herson and Bolland，1998：210）。

4. 发展政策

发展政策（development policy）制定的初衷和目的在于维护和保障城市经济的发展和社会的繁荣。发展政策最为接近我们的实际生活，如某一城市为了吸引新兴产业的入驻打造城市的中央商务区，往往会预先规划并开展体育中心、会议中心等基础设施的建设工作（Herson and Bolland，1998：211）。对于一个城市来说，吸引新兴产业入驻、改造老城区及落后地区、提升城市档次与水平等都是发展政策实施的重点。

由于开发政策的实施能够给整个城市带来一定的利益，在推行开发政策的同时往往会引起财政投融资活动（如发行债券等）的出现。但是在这一过程中，往往又会引发一连串“谁会受益谁又会受损”等利益分配问题（Herson and Bolland，1998：211）。

三、城市发展战略

1. 意义

在过去二十多年中，许多发展中国家为了改善各自国家国民的生活方式和生活水平，推行了各种不同的城市空间发展政策。虽然各国城市政策的最终发展目标各不相同，但对于未来城市的发展都有着很多共同的期待。例如，大多数国家的城市发展政策都致力于努力减少因大城市人口的过度集中所带来的负面效应；努力达到社会经济的区域间均衡发展；努力提高人民的生活水平，让人民切实感受到因国家经济增长而带来的利益和实惠；努力保护国土资源，以及维护区域间的融合等（정환용，2006：548～550）。在这里必须指出的是，在大多数国家所制定的城市政策目标里，相对于空间目标（如弱化城市间从属关系、培育发展中型城市、减少城乡间人口移动等）而言，一般性的社会目标（如提高经济效益、促进经济发展、提高社会公平正义、维护政治安定和国家安全、降低环境损害，以及促进国家融合等）所占的比重往往要更大一些。

2. 区分

国家城市发展战略根据中心/边界模式可划分为集中战略和分散战略两种类型（Richardson，1985：22）。

集中战略往往强调中心区域的重要地位。其又可分为自发式（类型Ⅰ）和大都市发展规划式（类型Ⅱ和Ⅲ）两种。其中，大都市发展规划式具体包含依靠大都市交通体系相互连接的多中心形态（Ⅱ）和与首位城市保持一定距离的城市中心形态（Ⅲ）（表2-1）。

表 2-1 国家城市发展战略

区分	发展战略	特征
集中战略	Ⅰ. 自由放任（laissez-faire）	无作为
	Ⅱ. 多核发展（polycentric development）	在大都市圈内建设副中心或卫星城
	Ⅲ. 蛙跳式蔓延（leapfrog decentralization）	在大都市圈外建设新的城市中心
分散战略	Ⅳ. 反磁力城市（countermagnets）	建设与首位城市相抗衡的城市
	Ⅴ. 增长中心（growth centres）	重点开发相应的中心区域
	Ⅵ. 发展轴线（development axes）	确定发展走廊（corridors）
	Ⅶ. 区域性大都市（regional metropolis）	Ⅳ类战略和Ⅹ类战略的混合
	Ⅷ. 省会城市（provincial capitals）	重点发展区域性核心城市
	Ⅸ. 次级城市（secondary cities）	重点发展省级核心城市
	Ⅹ. 小型服务中心（small service centres）	建设以农村为中心的城市
	Ⅺ. 混合（hybrids）	混合型发展战略

资料来源：Richardson，1985：23

分散战略根据城市的空间分散程度和规模的不同又可具体划分为以下几类。一是反磁力城市（countermagnets）战略，这一战略主要采用极化发展的形式，从而形成与首位城市的极化效应相抗衡之势。二是增长中心（growth centers）战略，这一战略思想曾得到较为灵活广泛的应用，但随着时间的推移，人们越来越认识到很难通过寄希望于开发所谓的增长中心来达到辐射周边地区发展的目的。因此，在实际中对这一战略的青睐程度也在日趋减弱。三是发展轴线（development axes）战略，这一战略的主要目的在于努力克服和改善个别中心区域自身所存在的薄弱环节和生存能力。四是区域性大都市（regional metropolis）战略，这一战略思想主要基于对国家人口政策的考虑，选择一至两个重点区域使其在国家人口政策方面能够充分发挥主导性的作用。一般来说，主要是在赋予所选定区域内的大城市优先开发权并积极促进其成长和发展，最终对周边地区产生辐射作用，带动区域共同发展。五是省会城市（provincial capitals）战略，这一战略的主要目的在于强化次级国家规划和促进行政的分权化水平，因此可以说相较于经济而言这一战略更加偏重于对政治和行政的考量。但是，这一战略存在忽视城市和区域发展潜能，对所有省会级城市进行“一刀切”式开发的缺陷，往往导致发展的低效率。六是次级城市（secondary cities）战略，这一战略主要依据各个城市区域的潜能水平从空间范围上选定一些省会或非省会城市作为重点发展区域。七是小型服务中心（small service centers）和农村开发（rural development）战略，这一战略主要通过优化和提升小城市的自身条件，从而最大限度地减少这类城市地区人口流失的现象。

3. 考虑因素

我们在制定有关城市化战略时一定要考虑以下几个方面：如果一味追求资

源在全国范围内的完全的、绝对化的平均分配，只能进一步加剧资源的错置和运行的低效率；同时，当面对相对落后地区时，一定要着眼于该地区自身所具有的成长潜能来制定切合实际的政策措施。总而言之，在制定有关国土空间战略时，切忌采取对空间规模“一刀切”的方式来进行研究和判断。此外，在大多数情况下进行的新城市开发不仅很难有效地解决大城市在发展过程中所面临的问题，而且还容易导致资源浪费问题的出现。但是，需要强调的是，在大城市周边交通出行所及的空间范围内进行的卫星城或市郊住宅区规划和建设则要另当别论。

从发展中国家的空间政策层面来看，其主要的发展教训和经验可以总结为以下五个方面（Richardson，1997：209～218）。

第一，空间政策的制定和实施不仅有效地弱化了首位城市和核心城市的极化效应和能力，而且也提高了政府在介入发展阶段和过程中的效率。

第二，有关城市和农村间的发展政策应是相互补充的关系，而不应是相互对立的关系。

第三，针对首位城市的成长趋缓政策是合理和有效的。

第四，提升和促进中小城市的发展是近期空间政策的主要课题。

第五，人口控制是最具效果的城市化政策之一。

参考文献

박수영，(2002)，《도시행정론》(서울：박영사).

이달곤，(2004)，《지방정부론》(서울：박영사).

이준구，(2004)，《재정학》(서울：다산).

임봉욱，(2004)，《공공경제학》(서울：지샘).

정환용，(2006)，《도시계획학원론》(서울：박영사).

Bailey，S.，(2001)，“Cities and services：a post-welfarist analysis，” Paddison，R.，(ed.)，*Handbook of Urban Studies* (London：Sage)，336～350.

Blair，J.，(1991)，*Urban & Regional Economics* (Boston，MA：Irwin).

Bollens，J. and Schmandt，H.，(1965)，The Metropolis (N. Y，：Harper & Row).

Davey，K.，(1996)，“The structure and functions of urban government” Davey，K. (ed.)，*Urban Management* (Aldershot：Avebury)，47～102.

Goldsmith，M.，(2001)，“Urban governance，” Paddison，R.，ed.，*Handbook of Urban Studies* (London：Sage)，325～335.

Healey，P.，(2002)，“On creating the city as a collective resources，” *Urban Studies*，39；10 (2002)：1777～1792.

Herbson，L，and Bolland，J.，(1998)，*The Urban Web* (Chicago：Nelson-hall).

Howard, J. , (1968), "The local Planning agency: Internal Administration," Goodman, W. and Freund, E. , (eds.), *Principle and Practice of Urban Planning* (Washington, D. C,: ICMA), 546~563.

Hughes, O. , (1998), *Public Management & Administration* (N. Y,: Macmillan Press) .

Levy, J. , (1997), Contemporary Urban Planning (N. J. : Practice-Hall)

Lineberry, R. and Sharkamsky, I. , (1974), *Urban Politics and Policy* (N. Y. : Harper & Row) .

Lynn, L. , (1998), "A critical analysis of the new public management," International Public Management, 1; 2 (1998): 107~123.

McAuslan, P. , (1980), *The Ideologies of Planning Law* (Oxford: Pergamon Press) .

Pickford, J. , (1968), "The local planning agency: organizations and structure," Goodman, W. and Freund, E. , (eds.), *Principles and Practice of Urban Planning* (Washington, D. C . : ICMA), 523~545.

Rakodi, C. , (2003), "Politics and performance: the implications of emerging governance arrangements for urban management approaches and information systems," *Habitat International*, 27 (2003): 523~547.

Richardson, H. , (1985), Population Distribution and Urbanization: A Review of Policy Options (Nairobi. : UNCHS) .

——, (1987), "Wither national urban policy in developing countries," *Urban Studies*, 24; 3 (June 1987): 227~244.

Savitch, H. and Kantor, P. , (2003), "Urban strategies for a global era," *American Behavioral Scientist*, 46; 8 (April 2003): 1002~1033.

Spencer, J. , (1979), "Planning agency management," So, F. , et al. , (eds.), *The Practice of Local Government Planning* (Washington D. C . : ICMA), 61~89.

第三章

城市治理

第一节 概　　要

一、意义

1. 概念

有关治理（governance）的概念可以从结构和过程两个层面来加以探讨，以将其明晰化（Pierre and Peters，2000：14）。

（1）结构的层面

有关治理概念的四大结构性手段均充分发挥着各自的职能作用，以推动社会和经济朝着其所希望的方向发展（Pierre and Peters，2000：14～21）。

1）阶层制

纵观至今为止有关治理的各类文献，大多都对阶层制持批评的态度。阶层制仅能适用于以高度标准化运作程序为基础的政府公共服务、福特主义经济体制、管制性市场，以及强势国家机关领导之下的指挥命令系统。相对于公共管制而言，现今更加强调小规模、弹性化、多元化及非正式的交易方式，更加注重市场和国家间的权力共享。

2）市场

作为治理的结构之一——市场可以被视为最为有效和最能够进行公平分配的工具和机制。因此，市场也始终坚持市民有被赋予并行使作为消费者的权力这一信条。此外，在市场中，人们为了解决共同所面临的问题很容易形成相互合作的平台。

3）网络

所谓网络，系由广泛且多元化的行为者们所构成，这其中包括政府机关、利益团体及非盈利组织等。政策网络（policy networks）不仅有助于协调公共部门和民间私营部门间的利益关系、优化资源分配，更是提高公共政策执行力的重要途径。

4）共同体

共同体主张应在最大程度上减小政府的介入强度，由该共同体来解决和处理其自身存在的问题。共同体模式注重树立协商合作的良好形象，强调由共同体成员来积极解决共同面临的问题。共同体模式的支持者认为，政府介入解决这些问题会显得政府行政机构干涉过多，且易造成官僚化的负面效应。此外，他们还认为政府本身就是为了解决和管理政治性矛盾而存在的组织体系，如果过多介入到这些问题中来则更容易制造甚至助长新矛盾的产生。因此，这一共同体模式也被视为无政府式的治理组织结构。共同体模式一方面追求在没有庞大的公共官僚制干预的前提下，试图通过自身的努力来解决共同所面临的一系列问题；另一方面还积极地在这一过程中培养共同体成员的公民意识。共同体模式也在政府和市场之间形成了第三种特有的立场模式。

(2) 过程的层面

相对于前面的公共制度性的结构来说，治理的手段和方法更多的是从过程的层面出发来加以推进且注重结果效应。从过程层面的角度来看，治理主要分为“领控”和“协调”两大职能。

“领控”（steering）作为治理的核心理论之一，其所关注的焦点主要在于以下两个方面：第一，典型的治理观点认为，虽然目前国家政府建立在法定权力基础之上的威权性大为削弱，但国家仍然具有领控社会的能力；第二，所关注的问题是，当出于对何种目的的需求时，需由国家来领控社会的发展。虽然大多数有关治理的文献研究中很少涉及目标决策主体的内容，但这一问题理应成为各方行为者关注的焦点之一（Pierre and Peters，2000：23）。

治理往往经常涉及有关经济或产业部门之间协调（coordination）的问题。此外，治理也试图寻求官方与民间，以及经济主体间的协调发展（Pierre and Peters，2000：23）。

2. 适用领域

治理主要适用于以下五大领域（Hirst，2000：14～19；Rhodes，2000：55～63）。

1）经济开发

以善治理（good governance）作为经济现代化最重要的构成要素之一受到

国际开发组织和西方政府的广泛好评和推崇。开发经济学者们意识到经济的开发不再仅局限于建立自由市场、促进投资，以及采取适当的宏观经济政策等经济层面的问题，而更是一个制度性的问题。适当的法律、社会制度与价值体系更有助于夯实和巩固经济基础。因此，以善治理在构筑高效的政治结构体系、推动民间私营经济活动发展方面具有重要的意义。

2）国际机构和体制

在21世纪的今天，单纯依靠一个国家的力量已经很难对某些具有特殊性的重要问题进行控制或解决。例如，温室效应和臭氧层破坏等全球性的环境问题、国际贸易及国际金融市场制度的建立等。我们可以看到，在国际机构间、国家协商及商业合作等场合中，像无政府的治理、全球化体制、民间社会组织等“准政府机构”的成长，以及国家权威的衰退等与治理有关的理念已经越来越多的引起人们的关注和讨论。

3）企业治理

企业治理理念最早主要兴起于英美等发达国家的企业中，其共同的特征是：一方面强调股份持有的分散化和积极参与股票市场的活动行为；另一方面则更加注重维持专业化的管理理念和模式。因此，在企业治理（corporate governance）中，为了进一步落实管理行为的责任化水平和提高企业管理的透明度，在维持企业基本结构体系不变的前提下，管理者可向股东（或股东大会）提出请求，并以股东代表的身份来进行政策制定和决策实施。

4）新公共管理

治理的概念与20世纪80年代的新公共管理策略的兴起密切相关。这一有关治理的议题在公共行政和公共部门上主要表现为两种不同的政策性立场：一种立场与公有制企业或公共服务的民营化有关，其要确保服务品质不打折扣并符合原有的市场契约精神；二是将企业的经验与管理形态引入公共部门，使政策方针与服务指标皆能符合自我管理的精神。新公共管理具有企业管理（corporate management）和市场化（marketization）两方面的含义。所谓企业管理主要指将成果导向、结果管理、货币价值及接近消费者市场等在民间私营部门中惯用已久的方式和手段引入到公共部门中来；而所谓市场化则是将合同制、准市场及消费者选择等有关激励机制的方法和手段引入到公共服务的过程中来。

5）合作活动

随着20世纪70年代集权式与阶层制社群主义的消失，新的实务概念开始广泛地兴盛起来。新的实务概念是一种以网络工作、伙伴关系、协商平台（deliberative forum）为主要内容的治理形态。这种协商式的社会治理形态，往往从微观的角度出发对城市、区域及产业部门等进行观察和研究。其中包含劳动组织、贸易协会、企业、非政府组织、地方政府组织、社会性企业及地方社会团体等多元的行为参与者。

3. 理论背景

外部环境和条件的不断变化最终催生了治理概念的诞生。这种外部环境和条件可归纳为以下几个方面（Pierre and Peters，2000：54～67；Stoker，1998：39～40）。

（1）国家财政危机

治理兴起的缘由主要应归根于政府自身能力的不断衰退，尤其是20世纪80年代和90年代时国家财政资源的持续紧缩更是加速催生了这一理念的兴起。在经济危机时期治理理念之所以能够迅速成为广受青睐的政治性战略理念，究其原因主要有以下三点：首先，一方面公共服务的供给与民间社会的各行为主体，以及各集团间的利益均有着息息相关的联系；另一方面，从政府的立场来看，在经济危机时期虽然政府自身的财政状况受到严重的制约，但其依旧努力试图维持先前既有的服务水准。其次，政府之所以在财政危机时期也高度重视公众参与，原因就在于要将民间私营部门行为者以及他们在管理上的一系列先进的思维方式引入到公共部门当中来。最后，国家在经济危机时之所以会饱受来自各方的批评多少都与其所提供的公共服务的生产和供给的合法性有关。因此，努力推动民间私营部门的经营方式与多种公共服务间的结合成为当时各国政府推崇的政策性战略之一。

（2）市场化的意识形态

催生治理概念产生的另一个重要原因是，有关权力结构的议题逐渐成为人们关注的焦点之一。这种对权力结构的重视最终会引发新的政治思考和理念模式的变化。新治理的方式在于将人们有关“政府应该怎样作为”这一议题的意见和认识如实地反映出来。融合了自由与保守思维的新右翼（New Right）势力通常以干预自由和提高自身责任性为其核心理念。这种向以市场为中心的价值理念方向的转变不仅是对右翼政治势力成功崛起的呼应，也是对通过大规模的官僚制来提供公共服务这一传统形态的反思和重新探索。

（3）全球化

传统上由政府来领控社会和驾驭经济的局面已然受到全球化所带来的直接或间接的影响。直接的影响主要表现在原本由国家机关所掌握的一部分权力正逐渐向国际机构转移；间接的影响主要表现在制度、税务及社会政策层面所进行的跨国协商与合作。

（4）政府失灵

对政府进行绩效评价是催生治理概念出现的另一个重要原因。大部分自由主义论者批评政府过于强势并由此带来了高昂的财政支出负担，因此都对政府绩效的表现或多或少地持批评或失望的态度。在现实中政府所面临的财政危机状况和由于“大政府”（big government）模式所引发的诸如政府规模过于庞大、运行成本过高，以及无法提供合理规模的公共服务等一系列问题也确实验证了自由主义论者对其的负面评价。

治理的出现正是对政府批判的一种回应。作为减少政府社会职能属性的有效手段之一，治理重在强调在公共职能领域内的公私合作和资源的共享与配置。在人们共同意识到群体性的矛盾不会自我消失、单凭政府某个特定部门的能力也不能解决一切问题的今天，人们必须谋求更为合理的政策方案。

(5) 新公共管理论的出现

对治理关注程度日益增加的另一个重要原因是新公共管理论的出现。在这里，与治理有关的新公共管理论的内容主要体现在从公共服务生产和供给层面出发的管理革命（managerial revolution）。新公共管理论中有关公共服务生产和供给的理论原则与大部分西方国家传统的官僚理念完全相左。

新公共管理论的出现从以下两方面驱使人们开始关注新的治理：一是新公共管理论预先设定国家正式放弃其所属的组织体系并提出了让专业经理人负责管理（letting the managers manage）的观点；二是新公共管理论提倡减少输入项的控制，而更加强调评估与绩效。

(6) 社会变迁及其复杂性增加

在欧美等发达国家的现代政治学中所蕴含的最显著的特征之一就是“三次浪潮”的兴起。在“第一次浪潮”的政治时代，人们所关注的焦点问题是“如何为民主政治的巩固发展勾勒出一套制度架构”。其议题囊括了议会改革、扩大投票范围等。在“第二次浪潮”兴起之时，其所关注的是与分配和再分配有关的政治议题，主要涉及的政策领域包括赋税、医疗卫生及其他社会政策等。而在目前的“第三次浪潮”中，随着社会步入后物质（postmaterial）时代，除了经济问题以外，后物质性问题也开始逐渐在其中发挥着支配性的作用。

在“第三次浪潮”中所涉及的内容反映了当代社会变迁的问题，包含强化参与机制、环境保护和性别等议题。社会的日趋复杂化使政府部门更加仰赖外部的知识资源，而新的治理理念可被视为国家持续获取专业技能和知识的有效途径。

(7) 新的治理成员的出现

区域和国际治理的重要性日益凸显也在一定程度上提升了人们对治理概念的关注程度。以欧盟（EU）为代表的区域性机构和以国际贸易组织（WTO）、国际货币基金组织（IMF）为代表的国际机构等影响力的迅速扩张是第二次世界大战结束以来国际间最重要的制度性变化之一。这种区域或国际机构的出现使得社会学者们从最初的概念层面开始更为深入地探讨其与国家政府或准政府组织间进行衔接合作等问题。由此，随着理论分析的不断深入，最终“治理”这一新的理论性词汇诞生了。

(8) 传统政治责任性的继承

政府一方面既要同时扮演好政治的“导航者”和“划桨者”的新角色；另一方面又要发挥桥梁手段的作用来维系和继承政治责任性。因此，治理作为化解两方面间紧张和对立局面的新途径出现了。从民主理论的立场来看，为了将权力和责任牢牢控制在所有具有选举权人的手里，就应该给予所有行为者平等的政治地位。虽然治理概念容易将一些无力承担政治责任的行为者引入到政治过程当中来且容易导致责任和权力关系的恶化，但治理中有关消费者选择或利益相关者主义（stakeholderism）等的理论也为普通民众承担其所应担负的政治责任找寻到了一条有别于传统政治方式的新途径。

二、治理的类型

1. 以概念发展为基准的分类

在 OECD（经济合作与发展组织）国家中，综合考虑公共治理的发展阶段和最近一段时期以来有关概念发展的趋势，主要可将治理概念划分为程序、企业、市场及网络四大模式（Considine and Lewis，2003：133～134）。

(1) 程序治理模式

具有官僚主义色彩的程序治理模式（procedural governance）其核心特征可以概括为制度规范与程序、对监督的高度依赖性、期望任务和决策顺利形成文件等。而这种程序治理模式只能被视为为了应付严格的监督审查而依法进行的日常性行政管理服务。自 20 世纪 70 年代中期开始，人们对这种官僚制式的程序治理模式的关注日趋减少。

(2) 企业治理模式

自 20 世纪 80 年代开始，一种以仿照企业运营形式来对公共部门进行有效管理的新型治理模式出现了，这一新的治理形式被称为企业治理（corporate governance）模式。这一模式一方面主张将目标锁定在组织的架构建设上，依据综合性的业绩测评体系来引导组织的发展；另一方面则主张必须对管理者所设定的目标做出一定的回应。管理改善计划、目标导向型规划体系，以及程序预算改革都是企业治理模式的具体表现形式。

(3) 市场治理模式

20 世纪 90 年代，最受人们青睐的治理模式当属市场治理（market governance）模式。这种治理模式主要是将准市场（quasi market）引入到传统的公共组织形态中，因此也被称为契约主义或企业政府。市场治理模型重在追求更大的弹性空间、较少的规划布置，以及逐渐减少行政性管制。

（4）网络治理模式

作为对企业治理模式和市场治理模式的补充，网络治理模式也随之登上了历史舞台。网络治理模式作为针对行为者体制内所产生的“和谐困境”问题进行修改矫正的一种手段，其不断地努力促使政府与外部机构间形成强有力的战略合作关系。在这种强有力的合作关系中，通过竞争和契约协定等手段所形成的信赖关系有力地强化和提升了协同行动的能力和水平。因此，我们可以将网络治理（network governance）看做是一种积极发挥自身作为共同生产者的角色作用，以期维系顾客①、供给者和生产者三者间协调合作关系的新模式。

2. 以制度为基准的分类

皮埃尔（J. Pierre）从制度的角度出发，在综合考虑了核心参与者的构成、治理的目标、达成目标的手段及模型的最终成果等变量的基础上将治理划分为管理、社团、成长导向以及福利四大模式类型并进行了说明（Pierre，1999：377～389）。

（1）管理治理模式

管理治理模式（managerial governance）旨在强调以民间私营部门经营为衡量标准的产出绩效。管理治理模式强调专业而非经营主导的公共事务，其认为应当“让管理者进行管理”。因此，其中主要的核心参与者均是负责生产并传递公共服务的组织管理人（managers），另外，顾客（consumer）的满意度也是重要的考量因素之一。该治理模式以强化公共服务生产和提高供给效率为目的，为消费者提供最优的公共服务品质。为了实现这一目标，在管理治理模式下政府所采取的核心策略是在公共服务生产和供给的过程中引入民间私营部门。此外，政府采纳管理治理模式的另一个目的在于力求恢复政府公共部门的自信心。相对于提供公共服务来说，政府更希望借此来展现自己通过多种手段来迎合消费者市场的管理能力。

管理治理模式的实施手段较为多样化，如政府为了向社会提供某种特定的公共物品，会采用公共服务外包、重新界定和公开招募公共部门管理者，以及在公共部门之间乃至公私部门之间引入竞争机制等手段。在其中，虽然还很难寻觅到有关新公共管理体系性评价的影子，但确实在公共服务层面正在掀起一场管理革命。因此，我们可以认定管理治理将有助于政府进一步提高其在提供公共服务方面的效率和水平。

---

① 译者注：即民众。

(2) 社团治理模式

社团治理模式(corporatist governance)将地方政府描述为在城市政治过程中,包含社会团体和组织利益的政治民主系统。对政策的探讨和制定可以看做是不同的利益相关者之间进行协商的过程,而政府在这一过程中则被视为协商和调节公私活动行为的桥梁和纽带。在这里,评判的核心标准在于什么样的地方政府和城市政治模式能够更好地体现地方民主主义。

社团治理模式的主要目的在于确保提高城市的公共服务质量和政策水平的同时,还要努力实现并合理分配政策组织成员间的利益。此外,该模式也一直将在计划和行动上努力协调地方政府和组织利益间的关系视为其最为关注的焦点之一。

一般认为,所有的主要行为者和利益相关者均有机会参与其中的城市政治模式方能在城市政治决策的过程中构建出更具包容性和更高水平的市民社会。因此,即便在政策探讨和指定的过程中相较于其他治理模式而言其产生的过程更为漫长,其在执行过程中也更富有张力和灵活性。这一效果的取得无不得益于社会各个核心成员对政策过程的全程参与。

(3) 成长导向式治理模式

成长导向式治理模式(progrowth governance)意在谋求构建和谐的公私行为结构体系,从而达到促进地方经济发展的目的。公私部门间合作的基础主要取决于市政当局和城市内的企业精英阶层在地方经济发展上所共有的利益。在四个治理模式中,该模式的参与者数量是最少的。广泛的民众参与不仅容易导致迫使地方政府面临财政支出抉择的两难局面(如进行邻里再开发或采取其他分配性措施),而且也容易让成长导向式的发展战略被迫卷入泛政治化的漩涡,因此,民众的广泛参与便被排除出了成长导向式治理模式的选择范围。

成长导向式治理模式的主要参与者囊括了占据城市中心商务区位置的企业精英和资深的政府高层官员,他们在地方经济发展方面具有共同的利益。虽然社会行为者大部分都与成长或多或少地有着直接或间接的利益关系。但在成长导向式治理模式中,仅存在精英阶层的行为参与者,因此也被称为精英治理模式。从防范将带有分配性质的目标引入治理的角度来看,这种带有限制性的参与模式是非常必要的。成长导向式治理模式应以促进地方经济的长期可持续发展为目标,且应该将这一目标置于支配性的地位。

地方政府通过推行一系列政策措施来促进地方经济的发展,如进行城市规划、动用中央和地方政府资源、推动基础设施建设、树立城市形象及吸引投资等。此外,更为重要的一点是,这一模式是以制度化的公私合作伙伴关系为基础进行的,并由公共部门和私营部门行为者在政策执行过程中共享实质的裁量权。地方政治决策与地方经济的成长息息相关,因此要因地制宜、有所区别。

总而言之，与经济结构变化对地方经济所产生的影响相较而言，政治决策和经济成长之间的关系还相当脆弱。

(4) 福利治理模式

福利治理模式（welfare governance）期望国家在最大的可行范围内充当供给者、权力行使者，或者兼具两者所有的职能角色。城市政治领导力是指国家向城市提供带有补偿性质的计划方案，而城市发展则在很大程度上依赖于国家的领导。

福利治理模式的主要参与者为地方和中央政府的官员，因此往往透过地方和中央的关系来支持和协助被挑选出来的某些城市的发展。福利治理模式的短期目标是透过中央财政的倾斜扶持来支撑地方经济的发展，但其长期目标则较为不明确。此外，福利治理模式激进式的发展路径往往强调对民间资本进行再分配，以及交易的最小化。

福利治理模式主要谋求与政府的较高阶层构筑网络关系。这些网络关系既可以是政治性的，也可以是行政性的，或者兼具两者。这一模式本身存在不可持续性的弊端，因此对于那些面临衰退困境而又需要长期性财政援助的城市来说并不是一个可以加以考虑的选项。

第二节　公私合作伙伴关系

一、意义

1. 概念

公私合作伙伴关系（public-private partnership）是城市治理的重要表现形式，而与此同时，对公私合作伙伴关系进行更进一步的挖掘和发展也成为城市的基本政策和政府的日常性课题之一（Rubin and Stankiewicz，2001：136）。自20世纪80年代公私合作伙伴关系首次作为一种全新的合作形式出现在城市改造和重建领域中以来，其越来越受到人们的重视和青睐。现在这一新的城市治理形式正越来越广泛地应用于基础设施建设、环境保护，以及创造就业岗位和改善教育事业等多个政策性领域（Kouwenhoven，1993：119）。

驱动公私合作伙伴关系产生的动力因素主要有以下两点（Kouwenhoven，1993：121～122）：一是财政和经济性动因。当需要来自政府的资金投入时，政府的财政能力却显得捉襟见肘，特别是对于一些面临财政赤字窘境的政府而言，来自民间私营部门的资金投入就显得尤为重要。二是政府的管理和战略性动因。作为政府来说，为了能够更加高效地履行公共职能就必须在管理和战略决策上付出更多的努力。

公私合作伙伴关系所具有的特征主要有以下五点（Peters，1998：12～13；Rubin and Stankiewicz，2001：135）。

第一，伙伴关系包含两个或两个以上的参与者，其中至少有一方必须是公共部门。

第二，每一个行为者都是主要的参与者，能够为了自身利益进行交易活动，拥有自主性的迂回余地，且愿意积极融入到稳定的伙伴关系当中。

第三，稳定持久的关系，持续不断的互动。

第四，行为各方都存在着一定的相互关系。每一个行为参与者将某些事物带到伙伴关系中来，并进行物质或非物质之间的转移、交换。

第五，伙伴关系中的各方共同承担由共享行动所带来的一切结果。

2. 理论背景

在公私合作伙伴关系中，私营企业要涉及与公共设施有关的财政、所有权及运营等方面的内容。因此，与原先仅由私营企业来代理提供有偿的公共服务的单纯民营化模式存在相当大的区别。在公私合作伙伴关系中，私营企业对公共设施和服务的资金投入和所有权持有方面均有一定的投机性，因此相较而言具有较高的事业风险性（Crosslin，1991：16）。从政府的立场来看，在公私合作伙伴关系中可以在减轻税收分配负担的同时还能够确保公共服务和设施的正常运转，这对于政府来说不失为一种明智的选择；而从私营企业的立场来看，这无疑是一次绝佳的拓展新市场的经营机会。因此，公司合作伙伴关系本身就是一种双赢（win-win）策略的体现（Crosslin，1991：16）。

支撑公私合作伙伴关系发展的逻辑要素和理论背景主要有以下七个方面（Bailey，1995：32～37）。

1）协同效应（synergy）

促进公私合作最重要的缘由之一就是协同效应的产生。协同效应是指两个或者更多的合作者为了共同的目标而一起行动时所获得的增值效益。其意义在于将利益追求和非商业利益完美地结合在了一起。从私营部门的观点来看，其通过提供一定额度的低息财政援助的方式向公共部门转让一部分商业利益，以此来换取相应的开发权利，而与此同时公共部门也能够在这一合作过程中实现更大的社会效益。

2）转换（transformation）

在合作的过程中，转换的观点指的是一个合作者改变另一合作者的世界观、形态及主次观念的努力。公私合作以最终目标为中心进行协商和交易来最终实现相互间的影响和转换。因此，私营部门可以努力影响公共经济，使其向更加市场化的方向发展；相反地，公共部门也可以促使私营经济的合作者更加注重社会效应。

3）预算规模的扩大（budget enlargement）

面临资源制约困境的公共部门和追求风险最小化的私营部门通过资金融合的方式来最大限度地减少双方的财政预算负担。这种针对扩大预算规模的协商合作对于构建未来开发方案来说至关重要。

4）开发机遇的扩大（unlocking land and development opportunities）

在位于城市中心地带的土地上，多种土地所有权形式同时存在，因此很难确保能够为城市的改造提供充足的土地资源。而在这种情况下，公私合作的方式则可以确保我们更轻易地获取城市改造所需的开发用地容量，从而进一步扩大城市的开发机遇。

5）区域营销的推广（place-marketing and promotion）

对于经济发展而言，公私合作促使原有的管理者经济开发模式向企业家经济开发模式转变。也正因为如此，在公私合作伙伴关系中所存在的各类合作模式均将吸引国家投资作为各自目标焦点，同时将竞争机制引入到公共部门的投资分配体制中来，从而促进各自的发展。除此之外，通过公私合作还可以强化和提升自身的区域特色和市场营销水平。

6）基础设施建设和开发方面的合作（co-ordination of infrastructure and development）

公共部门和私营部门可以通过合作的方式来共同提出有关基础设施建设等规划并促进其建设开发。此外，还可以通过这种合作渠道来向决策层提出紧急提案，以求及时化解所面临的危机局面。

7）建立互信和实现风险最小化（confidence-building and risk minimization）

当公共部门的开发潜能受到制约或与开发相关的产业部门遭遇经济不景气时，能否在建立互信和实现风险最小化方面进行合作就成为双方所面临的最大课题。不仅如此，这种公私部门间的合作中所建立的互信对于城市或区域的长期规划来说也是至关重要的。

二、方法

1. 前提条件

为了公私合作伙伴关系的成功实现，其必须包含以下五大要素条件（Lister，2000：228）。

第一，发挥互相信任、互相补充的作用；加强彼此间的责任感，共同进行政策决策和双方间的信息共享。

第二，明确的目标、成本和利益的均衡分配；为对绩效成果进行评测而所应具备的要素和手段；责任区分的明晰化，以及对纠纷进行调解处理。

第三，要具有平等交换（give-and-take）的共同体意识和互惠性理念。

第四，相互支持和适当的拥护。

第五，保证高度的财政透明化程度和与其他合作成员的共存意识。

2. 类型

在公私合作的过程中，由于资源、权力及信息等要素在这一网络构架内不断流动，对合作的性质和合作者间的关系进行充分的研究和深入了解就显得十分必要了。此外，更为重要的一点是，我们有必要对公私合作的有效性进行综合的探讨和思考。

公私合作伙伴关系主要可分为以下四种模式（Paskaleva-Shapira，2002：37）。

1）专案合作（ad hoc collaboration）

这一模式在组织结构上最大的特点是各部门之间对外没有共同的议程，它们之间的合作更多地只能被看做是迫于外部压力而进行妥协的一种结果。

2）程序治理模式（process partnership）

在这一模式中，虽然各方能够在发展战略方面达成一定的共识，但还是很难形成组织结构上的一体化。

3）联合式的服务供给（combined service delivery）

在这一模型中形成相互合作关系的各个集团之间虽然有着截然不同的战略规划，但在服务供给方面则相互联合且委任由各方共同组建的合作机构来负责具体的运营管理。

4）正式合作（formal partnership）

这种合作关系囊括了组织、战略及服务供给标准等各个方面，可以说是真正意义上的全面性合作。

三、局限

公私合作伙伴关系的发展不仅使地方区域社会得到了一定的授权赋能（empowerment），也在一定程度上打破了原有的代议议事形态，成为引领新一轮形态发展的风向标。从这个意义上来说，公私合作伙伴关系超越了原有狭隘意义上的分化对立式政党政治，在构筑新型的战略合作式政策管理体系方面具有不可替代的优势。但公私合作伙伴关系的发展过程也伴随着不少批判的声音，其自身所存在的局限性主要可总结为以下五点（Bassett，1996：541～

542）。

第一，虽然在这种公私合作伙伴关系中，成员规模、数量，以及组织结构会依据各城市自身情况的不同有所区别，但其本身的性质决定了其成员身份的特殊性。因此，市场的发展趋势和方向成为他们衡量和决定地方利益大小的关键指标。

第二，公私合作伙伴关系趋向于关注财产导向型（property led）开发和地区场所营销等具有特定目的和行为轨迹的开发事业项目。这种开发模式虽然注重强调培养地方的竞争性且会为地方带来经济成长等实质效应，但是从以往的经验来看，与这种发展模式所带来的成长利益相比，其所消耗的成本更高。

第三，有的学者对这种合作关系中所存在的与新兴的企业精英阶层的联合和对权力的倚重深感忧虑。传统意义上的“城市精英”群体相对于权力来说更加看重因地方资本的崩溃而使得自身利益和地位所蒙受损失的程度大小；而与新型的合作组织集团有着紧密联系的企业家们则有着与传统城市精英完全不同的政治背景和经济基础。从这个意义上来说，这种合作关系的形成催生了新型的企业经营阶层。

第四，有些学者还对这种新兴的企业式治理模式是否具有条理性持怀疑的态度。因为在公私合作伙伴关系中所进行的合作不但往往都选择刻意避开一些棘手的决策，而且在一些重大问题上进行协商和讨论的力度还相当不够。诚如市场营销或经济开发战略中在涉及有关合作议题时所指出的那样，这种公私伙伴式的合作关系往往使得各利益集团在主要议题上不会产生较大的理念性差异，也不会在它们之间制造出更大的利益矛盾。但从另一个角度来看，这种合作关系也往往容易导致其在投资优先权选择、基础设施供给以及实际的选址开发方面产生一些较为重大的问题。

第五，在公私合作伙伴关系中，往往会面临目标和资源不对称的尴尬局面。合作的领导阶层虽然对于达成目标抱有很高的期望，但在实际操作层面上地方企业所能加以利用的资源非常有限。

最后需要指出的是，无限度地复制和推行公私合作模式最终有可能会引起阻碍地方政策实施和割裂地方政治体系的负面后果。

第三节　城市政体理论

一、意义

1. 概念

自 20 世纪 80 年代中后期开始，在城市政治学领域内针对政体理论（regime theory）开始出现较为全面的研究（Stoker，1995b：54）。最初在描述美国城市政府由强势的民选公务员和高层管理专家所组成的圈子集团（circle）时曾使用政体（regime）一词，这也是其首次出现在有关城市政治分析的相关研究领域中。时至今日，这一概念的内涵已经有了长足的发展（Harding，2000：54）。

斯通（C. Stone）认为，从政府管理决策和执行的角度来看，可以将政体（regime）定义为公共和民间部门基于自身利益的需要而寻求相互合作的一种非正式的配置或安排（informal arrangements）（Ward，1996：428）。从组织结构的角度来看，可以将政体定义为一个由一系列规则、规范及相关程序过程所组成的集合体，以此来履行引导各集团间的政策决策、挖掘各参与者潜能的作用，以期最终达到相互影响、相互制约的目的（Cline，2000）。

政体这一概念是自斯通的《政体政治学》（Regime Politics，1989）一书出版以后才真正引起学界关注和讨论的（Painter，1998：262）。斯通指出，在第二次世界大战后亚特兰大市存在着治理式的架构关系——除了城市政府这一正式的组织结构以外，具有一定社会核心性质的个人和组织行为人也都发挥着各自相应的作用。他在该书中还特别指出，虽然在亚特兰大市存在这样一种民间组织行为人和政治家间相对较为成熟的非正式的合作关系，但是却因没能给予足够的重视和相应的社会地位导致其无法充分地发挥应有的作用（Painter，1998：262）。直到20世纪90年代，政体理论才被视为窥探城市政治学的重要渠道和方法而受到更为广泛的关注和讨论，对其的分析和研究也不断地得到更为深入的拓展（Imbroscio，1998：233）。

2. 重要性

城市政体理论（urban regime theory）认为，地方政府的效能很大程度上取决于与非政府组织行为人的合作，以及与非政府资源的契合力度。随着政府所面临的业务日益繁重和复杂化的趋势越来越强，其对于与非政府组织行为人进行合作的需求也越来越高。随着社会进程的日益加快和急剧变化，为了更好地应对各种新生的突发事件和矛盾冲突，应该鼓励政府和非政府组织行为人之间进行充分的合作，根据自己的优势和特点进行合理的资源配置和分工协作，从而形成稳定的政体模式（Stoker，1998：43）。

城市政体理论关注的焦点在于，从城市政治学的角度出发对公共、民间私营及非营利的公共组织体这三者之间的相互关系进行研究和分析。这一理论重在强调政府部门在城市政治中扮演具有较强优势实力的主导性角色的同时，要肯定民间私营部门的地位和作用，并积极寻求促成与其他部门形成明确的合作伙伴关系或更深层次的联盟关系（Rubin and Stankeiwica，2001：134）。虽然各国的实际情况有所不同，但在当今绝大部分国家内部都存在着一定形式的公共和民间私营部门间的合作，其所具有的必要性也是显而易见的。此外，随着城市间对吸引投资的竞争力度以及企业在地方性事务决策方面所发挥作用的逐渐增强，城市政体的架构也日臻完善和成熟。目前，地方政府本身的复杂性程度正在日益提高。地方政府一方面在面临国家内部的相对散乱和不断变化的形势时要担起自身应负有的责任；另一方面，在财政性制约因素不断增大的条件下，还要积极协调和利用有关利益集团和非利益集团的职能优势不断推动公共服务民营化的改革力度（Stoker，1995b：54）。

二、理论内涵

1. 发展背景

对城市政治的争论在经历了 20 世纪 50 年代精英理论与多元主义理论的对立后，又从 70 年代开始掀起了关于支配理论的广泛讨论。城市政治理论正是在这种大背景下应运而生的。作为一个涉及城市政治层面有关行为者、利害关系、权力资源及影响力的作用关系等多方面因素的理论体系，其往往又通过增长机器理论（growth machine theory）和政体理论（regime theory）等具体的理论形式表现出来。这些理论所探讨的核心问题在于“由谁来掌握区域社会的支配权”（Judge，et al.，1995：4）。精英理论主张城市政府的运作应该交由少数精英群体来支配。多元主义理论则拒绝认同精英主义理论这种将政治权力进行高度的阶层化和垄断化的主张，并认为应将这种政治权力更多地分散在多个团体或个人的集合体中（Judge，et al.，1995：5）。

到了 20 世纪 80 年代中期，政体理论的出现才将人们关注的焦点从多元主义和精英理论的争论中转移出来。具体来说，政体理论成功地将讨论的焦点由原来的社会支配向社会大生产转移，相较于之前其他理论中所关心的支配权问题来说，其更加关心怎样才能实现共同目标等问题（Judge，et al.，1995：6）。有关政体理论的分析超越了多元主义-精英主义固有的二元论式的思维结构，相对于之前在争论“在谁的支配下”来对其进行“行为或治理能力”的分析来说，其正将中心焦点逐步转移到“社会大生产的观点”上来（MacLeod and Goodwin，1999：507；Elander，2002：192）。

城市政体理论采纳了很多新多元主义（neopluralist）理论的立场和观点。例如，新多元理论主义主张在奉行自由民主主义的政府体制下，为了进一步满足更多数群体的欲望和需求，就必须依靠市场来解决问题和推动发展。从本质上来说，生产资料大都掌握在民间私营部门手中，由此可以说，政府管理者在这方面没有决策的权威。因此，如果可以由企业来履行提供就业岗位、商品及服务等必要职能的话，那么政府所应该做的就不再是一味地下达命令，而是要积极地进行政策性的引导。此外，支持城市政体理论的学者们还主张，如果要将这一理论性观点在地方区域层面加以应用的话，那么必须将维护政治权力和政府的治理能力这两点明确地区分开来。即使是说政治联合在某种程度上成功地垄断了地方的政治权力，但这并不意味着其必然会将治理也一同引入其中。由选举产生的领导人为了更好地履行法定的政治任务和实现更高的目标，必然需要更具强力优势的利益集团特别是企业共同体的支持和协助。治理联盟（governing coalitions）的形成则将这一相互支持、依存的关系规范化了。通过这一治理联盟，双方不仅享有接近使用和提供有形的物质性资源（如财政、人事、土地和建筑物等）的权利和义务，还同时对无形的资源（如政治、规范和信息等）也享有共同的权利和义务。特定的单一组织或集团不仅无法对资产进行垄断，也无法与资本所有者进行单独的联系或直接下达单方面的行政命令。由此我们可以看出，治理政体模式是以各成员间先行进行的非正式协商和相互间的谅解为基础构建而成的（Harding，2000：55）。

2. 增长联盟与增长机器

(1) 增长联盟

城市增长联盟（urban growth coalition）这一概念主要是根据众多美国学者的观点来定义的。所谓城市增长联盟，是指为了达到遏制城市衰退或进一步促进城市经济发展的目的，由依存于当地发展的地方企业家精英、地方公务员及各劳工组织所形成的一种以土地为基础的合纵联盟。虽然每一个行为者的目标各不相同甚至有所对立，但从全局的角度来看，区域整体的成长和进步无疑将使每一个成员都成为共同利益的受惠者（Terhorst and Ven，1995：343）。在增长联盟这一命题之下，那些将会从增长中获益的开发商、提供基础设施建设的企业、舆论媒体，以及具有相同立场或利益关系的政治家们将会和依靠定期收取租金生活的“食租者们”（rentiers）一道联合起来以便制定出能使各方都能够从中受益的开发政策或方案。对于食租者们来说，他们所关心的重点在于怎样才能最大限度地提升其在城市内所拥有的土地或财产的价值。因此，他们往往主张进行成本高昂或更为集约、紧凑式的开发模式（Stoker，2000：95）。这种城市政体或城市增长联盟模式，大多由各种不同的利益集团组合而成。在这些主要的参与者（players）中，除了城市政府自身及地方性机构以外，还有房地产利益的当事人、食租者、提供城市相关设施建设的利益组织、大专院校、企业集团、经济贸易协会乃至相关地方舆论媒体等。

第二次世界大战以后，在美国几个发展较早的区域性中心城市内伴随着以中高收入人群不断外迁为特征的大规模郊区化现象的发生，大都经历了市中心地区城市资产的贬值和经济衰退的惨痛历程。在当时的情况下，正是由于城市政府缺乏对周边郊区进行统一且有效的政治影响力管理才导致这一危机的出现。因此，正是基于对当时现状的认识，地方政府和地方企业开始相互接触并真正携起手来共同面对和解决由于大规模郊区化现象所带来的各种城市问题。这种由地方政府和地方企业所组成的城市增长联盟的目标不仅限于实现财产的保值和增值，能否进一步增加地方性的民间投资以及争取联邦或州政府的财政支持也成为他们所关心的重点领域（Terhorst and Ven，1995：345）。对于城市各行为参与者来说，增长联盟作为其进行共同行动的核心方案之一不仅可以化解治理过程中所面临的各种挑战，也为共同行动的实现提供了强有力的后盾和保障（Stoker，2000：95）。

（2）增长机器

所谓机器（machine），是指通过某一单一的领导者、首长或较为完整的派系（clique）集团来进行控制管理的阶层化组织。地方政治人物对城市、郊区或农村地区的运营和管理大都仰仗这种支持自身政治活动的派系阵营为后盾来形成机器式的政治模式（Judd and Swanstrom，2002：52）。

增长机器（growth machine）不仅拥有积极追求城市成长的强大势力，还附带拥有具有一定协调能力的团体势力。具体来看，追求城市增长的势力主要包括土地所有者、房地产中介业者、金融业者及开发建设业者等；协调势力主要来自于地方性的大专院校、文化机构、劳工组织及相关的专家群体等。政治家们由于往往顾及到其自身的政治生涯和名誉与地区开发有着紧密的联系，也对增长机器有着更加敏感的反应和诉求。

城市本身正在成为吸引外来人群和弱势群体阶层迁入的各种诱因的发生地。从这一角度来看，近年来，作为在这个城市内缺乏归属感的外来移民和在伦理或人种等方面永远都处于弱势的社会群体而言，不得不开始思考这样一个问题——自身是否真正能从这种类似于百年前传统统治方式的政治性机器的构建过程中获得利益。实际上，在城市机器机制内部也开始进行着某种交易。在增长机器中，外来人群等处于社会贫困层的人们和处于社会上层的经济精英们作为这一交易的当事人双方，在利益取舍和利益反哺方面进行着讨价还价式的交易。由于劳动者需要依靠富有的企业家们所提供的工资报酬来维持生计，企业家们便通过对劳动者群体进行控制的方式来间接地对地方政府产生影响、甚至达成某种程度上的操控。而相反地，企业精英们又可以通过促使劳动者组织向政府做出让步妥协的方式来向政府寻求利益交换（如许诺向企业提供更多的自由经济领域和更加灵活的政策空间）。这种相互间的妥协交易是在将市场和公共领域进行明确区分的大前提下进行的，这也促使参与者意识到要自我限定好所能影响的领域和范围。这种妥协对于缓解资本主义和大众民主主义之间的紧张对立发挥着重要的作用。相对于推进偏向于低收入阶层的政策而言，在这一机器机制内的政治活动家们更多地将精力放在了推进有关提高城市服务和基础设施建设预算等政策上（Judd and Swanstrom，2002：71）。

时至今日，市民对这种城市机器所能带来的利益并没有很高的期待感。如同一个多世纪前的工业城市那样，在现代城市里一方面存在着大量的贫困人口；另一方面也潜藏着一个拥护和支持这一机器组织发展的选举基础。但是不同的是，今天的政治活动家们想要维持和构建这一机器组织发展所必需的支持力量和物质补偿是非常不易的。除此之外，由于与城市服务相关的各项事业均已实现程序化管理，以及有关公共机关或单位的录用体系也已基本确立，这使得原本通过个人或政治关系来争取支持力量的方式日渐式微（Judd and Swanstrom，2002：71）。

3. 政体的种类

斯托克（G. Stoker）和莫斯伯格（K. Mossberge）认为，可以根据所采取的手段方法、政体内各种利益关系，以及地方与国家在两种不同的政治环境下所形成的关系的不同将政体划分为有机政体、工具政体及符号政体三类。在不同的环境背景下，通过适当运用不同的政体类型模式以期达到实现政体自身指标、满足参与者动机以及完成开发任务等最终目标（Bassett，1996：548；Stoker，1998：44～55）。

第一，有机政体（organic regimes）作为一种具有牢固底层基础架构的整体模式又可具体细分为看守式（care-taker）、垄断式（exclusive）和传统式政体（traditional regime）等。有机政体的践行者们重在努力追求维持稳定的状态和局面。由于参与其中的各主要行为者均长期在共同地区生活，他们不仅形成了共同的利益关系，也共同分享和承担由政治上所带来的一切利益和风险。因此，可以说每一个参与其中的成员无论是对未来进行愿景展望或是对过去的经验回顾乃至看待事物、认识问题的角度都具有一致性。需要注意的是，在这一政体以外的局外人（outsiders）是会受到排斥的。

第二，工具政体（instrumental regime）主要是以特定的开发项目为中心，围绕其周边利益形成以财政资产为基础的合作关系。构成这一政体模式的参与者们都寄希望能够通过这种合作关系而获得具体的成果，因此具有现实和实际意义的短期目标也就成为各参与者合作时的行动纲领。参与者们共同目标的高低取决于所选择的物质奖励政策的最大可用范围和受用程度。在这一政体模式中依据在政治层面所形成的伙伴关系的需要，各参与者必须割舍掉一些与共同利益相冲突的原有特征或做出一定的让步。此外，我们必须认识到这种协商、交易和构建制度架构的过程有助于进一步明确参与者们的共同利益和目标。

第三，符号政体（symbolic regime）作为一种在急剧变化的经济形势中应运而生的新模式，其目标的焦点在于积极积蓄和组建支持地方发展的后盾力量，从而更好地开展为宣传地方形象或争取政府资金而进行的游说活动。符号政体内部还包含有进步政体（progressive regime）和城市振兴政体（urban revitalization regime）两种下层结构类型。符号政体最初源于对理念或形象建设的关心。参与者的共同目标也是通过塑造某种具有象征性的符号来实现的。

三、政体的开发

一个较为稳定的政体构架必须包含以下四大构成要素（Stoker，1995a：389～395）。

1. 对参与者的充分动员

当我们在对某一类型的政体模式进行分析之前，先对各参与者的利益结构进行详细的调查和研究是十分必要的。特别是在对企业的作用进行探讨时，这种先期进行的调查研究就显得尤为重要了。例如，小型企业的经理或大型企业的管理人是否发挥着主导性的作用？在财物资产、零售、制造业、基础设施、财政及服务业等领域分别是由哪些部门的企业来进行支配管理的？一般而言，与资产游说（property lobby）相关的私人部门主要由所有方、订约方以及服务提供方等构成。在这里，与其说是利益不同，不如说是不同领域内专业化分工的结果。也正因为如此，参与其中的行为者们对政体进行类型区分和细化的呼声也越来越高。

有关各行为者参与政体的动因主要有以下三个方面：一是对具体结果的追求和认同。这一因素及其影响在公司或企业的角度来看是较为明显的。对于政治家和技术官僚来说也是如此，他们往往通过构建某种合作关系（partnership）来获取更多的公共支持，从而顺利地完成某项政治任务或使自己的从政经历看起来更加光鲜夺目。地方性的社会团体在加入这一政体之前往往首先考虑的问题是“参与其中到底能给我们带来什么样的利益和实惠”。二是积极追求所在地方的支持力量和资源。作为地方性的企业，其所在的地理区域就是其最重要的活动领域。因此，为了实现自身不断发展壮大的企业目标，就必须积极寻求区域内能够支持自身发展的各种力量和资源。同样的，地方政治家、一般性的政府公务人员及区域社会组织也都必须依赖于所在地方的各种力量和资源的相互支持方能继续生存下去。三是源于对理念和符号政治的认识。政治和有关政策的制定与当事各方在价值观、主观意图及象征性补偿等方面的沟通程度有着密切的关系。具体来看，民间私营部门的管理者同时具有区域性的地方意识和对企业的责任感。与此同时，政治家和技术官僚们也时刻关心着诸如由失业和经济衰退对本地区所产生的影响等问题。

2. 对目标进行联合开发

在当今纷繁复杂的世界里，怎样才能完成决策选择并顺利实现相互间的通力合作呢？针对参与者之间不同的参与动机，可对政体内部各种不同的目标进行联合开发，从而在最大限度上满足各参与者不同的参与动因。斯通（C. Stone）将这种对内部目标进行联合开发的方式划分为以下三类：具有选择性的物质激励（selective material incentives）、从共享的角度出发的组织基础（organic base），以及象征性的战略操纵（strategic manipulation）。

选择性的物质激励政策主要包括提供管理所需的个案补偿措施和带有惩戒意味的处罚体系，其试图通过这种政策模式来推动组织集团间所共同具有的公共目标的实现。这些激励政策对于政体的确立和维持是非常必要的。在当今世界还充满隔绝对立和不确定因素的情况下，选择性的物质激励政策成为确立目标联合开发的有力保障。

在有些情况下，参与各方为了对合作的前景进行评估预测，就会谋求寻找共同合作的组织基础（organic base）以期实现最终的共同目标。学者基廷（M. Keating）曾注意到在法国许多城市内都存在着较为强烈的市民共同体意识。其实不仅是在法国，在有关英国地方性研究的文献资料中有关这种强烈的地方主义色彩和共同体意识的先期研究也已屡见不鲜。这种对地方和区域社会的认识不仅是历史发展的必然产物，也有助于更好地凝聚社会经济发展的正能量。相反地，当地区经济长期处于半工业化停滞状态或整个经济局面面临崩溃时就会有损于这种身份认同意识的培养。因此，大多数学者认为为了避免这一组织基础出现崩溃的局面，在引入和使用这一方式时有必要采取谨慎的态度和具有策略性的方案。

象征性战略的应用（strategic use of symbols）是巩固各参与者对目标认同感的第三种途径。政治语言和象征性的补偿均是政治学的核心议题。一方面有关各方在设计和制定政策时就有意识地考虑到要对外传达出对某一问题严峻性的关切；另一方面从政治层面上来看，作为一种象征性的补偿方式，他们必须向民众交代某一政策方案或政治行为的正当性理由。从政治家的立场来看，他们并不是通过最终结果的成败与否来获取支持的，而是通过对政治信念的表达来谋求更大的支持力量。在政体内部通过成功的战略操纵所形成的同步成长趋势和竞争上的象征力极大巩固了合作关系的发展和目标共同体意识的进一步增强。

3. 对利益进行协调

相关利益间的协调合作和内敛式的整合效果是促使政体进行模式分类的

另一个重要原因。在政策决策的过程中，往往更容易积聚和表现出各种不同的矛盾和冲突。在这其中我们就会看到各种不同的合作伙伴间在利益问题上所达成的妥协和平衡对于进一步评价和把握未来整合的效果性来说是相当重要的。

桑德斯（P. Saunders）从三个层面对这一问题进行了阐述：一是政治共享关系（political communion）。在重新整合后所形成的新的合作体中，参与者们往往更愿意向那些政治组织原本并没有提出需求的利益靠拢，从而形成一定的政治共享关系。在这一关系中，一方面他们在前景展望、经验积累及方式应用方面具有统一的认识，并共同享有由此所带来的成果；另一方面他们在互相理解和互相认识方面也充满了自信。实际上，可以将政治共享概念看做是政体本身所具有的看守（caretaker）和维持管理（maintenance）两大特征的集合。因此，在这种整体框架内，各利益相关方都满足于现有的体系地位并努力维持现有利益秩序间的平衡。二是政治合作关系（political partnership）。在这一关系中，一方面，虽然伙伴合作者之间的利益协调性较强，但之间发生利益矛盾和意见冲突的概率也大大增加。但是从另一方面来看，越是处于这种状况下的有关各方就越会努力寻求非正式的沟通和协商渠道以便达成共识。此外，各方在面临一些特殊问题时也会抱着更加积极的姿态，在保障双方利益的前提下去谋求更加具有弹性的战略性开发手段，从而最终提出各方都能够接受的政策提案。三是竞争协商关系（competing agreement）。在这一关系中，伙伴合作者之间利益的协调性相对较弱，但也必须看到共事合作以达成共同目标的欲求还是存在的。此外，在这种关系框架中，各方对公共事务虽然还有所关心，但彼此之间却缺乏足够的理解和共享意识。在由这种关系所构建起来的政体体系中，不仅各方之间的利益矛盾较为突出，更为重要的是还存在着大量进一步激化和催生矛盾的竞争因子。一部分合作者就其本身来说并没有太强烈的参与欲望、甚至并不愿参与其中；而还有一部分合作者虽然意识到这是一种不平等的合作关系，但还是从自身利益考虑抱着与其当局外人不如参与其中掌握一定影响力的想法和态度加入到这一政体体系中来。

4. 与相应的政治环境进行关系整合

在对形成政体关系所需的政治环境进行讨论时，要从地方内部的关系和地方外部的上层关系两方面入手来进行分析。在地方内部的关系方面，要在“包含”（inclusion）还是“排除”（exclusion）之间做出最终的战略选择。由于政体政治将重点放在了构筑精英间的协议体系和广范围的地方政治共同体的管理上，其在战略选择上所进行的“排除”力度之大是显而易见的。在重视具体的成果和引导政策的政体架构中，往往更多地采取“排除”式的战略选择。此外还应该看到，在制定有关政体关系的政策的过程中，应该更加重视广泛的大众参与的诉求并挖掘出更具深层内涵的战略性意义。

第四节　网 络 管 理

一、意义

1. 概念

(1) 政策网络

所谓政策网络，是指在公共政策制定过程中具有相互依存性的行为者之间所形成的一种关系模式（patterns of relations）（Kickert，et al.，1999：6）。由于处于这一网络（networks）内的行为者们无法达成各自的特定目标，便自然形成了相互依存的关系。这种相互之间的依存性主要表现为各行为者间的资源配置、共同目标，以及对资源依赖的认识程度等（Kickert，et al.，1999：6）。

学者们在论述政策网络相关概念时，经常将电影产业（film industry）作为网络治理的经典案例加以引用（Jones，et al.，1997：916）。在电影制作的过程中，摄影师、制片人、导演、放映人员，以及在不同岗位上各司其职的工作人员根据每次电影制作内容和团队组合（combinations）的不同在不断地进行着加入、解散、重新加入等轮换作业。这样的网络式管理也被称为交互作用管理（managing of interactions）（Klijin and Teisman，1999：105）。

(2) 网络管理

对于公共管理来说，有必要将其传统的组织内部管理方法和网络管理方法加以明确的区分。从传统组织体系的角度来看，往往将管理者视为某一部分或整个组织体系的系统管控人（system controller）。因此，传统的组织活动主要包括设定组织目标（规划）、设计组织结构（组织）及执行任务（引导）等。此外，管理往往被视为是以清晰的权威体系结构为前提自上而下进行的一种组织活动行为。

与传统的组织内部管理方法不同，在网络管理方法中并不存在所谓的单一权威核心、阶层式命令体系以及单一的组织目标等。在网络管理中，每一个行为者都希望对其他行为者进行单方面的控制或管理。正是由于存在这种平均分摊的平衡作用，每一个行为者都不具备完全优势上的控制能力。网络管理往往被视为是一项在组织间进行的活动。因此，网络管理论的学者认为那种仅从单一组织体系内部自上而下的视角出发所定义出的管理概念是毫无生产性可言的。在网络管理体系中，由于管理者缺乏可以获取控制力资源所必须具有的权威组织结构，其必须与其他行为者在思想意识和策略选择等方面进行充分的协商并达成共识，从而最终形成综合的战略决策。在网络管理中，重点在于要形成一定规模的网络模式并不断对其进行调整和变化，从而实现提高各行为者间互动效果及促进和谐共生的目的（Kickert，et al.，1999：10～11）。

2. 发展背景

网络这一概念最早可以追溯到20世纪50年代后期，当时一些人类学家和社会学家认为，人类个体的行动产生并受限于一定的关系集合，而非单独的个人因素。然而，直到近些年网络的概念才逐渐出现在商业和学术界，从而得到更加广泛的应用（Benassi，1995：269）。

直到20世纪，公共服务的供给和公共政策目标的实行均在政府内部阶层化的官僚管理制度下进行，因此也自然形成并沿用着一套以支配为主的组织模式。在当时的情况下，公共管理者们虽然具备一定的专业知识，但就其自身来说不仅没有自由裁量的权力而且也只能处理一些日常性的公务。但是，在21世纪的今天，随着社会复杂性的日益加强，政府公务人员对开发新的治理模式的诉求之声也越来越高。在新的世纪里，人类所面临的挑战比任何时候都更加复杂和多样化，原有的政府运行模式已经完全不能满足和适应当今时代的需求（Goldsmith and Eggers，2004：7）。

超越单一的组织体形成多组织间的网络化管理的新模式正日趋成熟并受到广泛的应用。究其原因主要有以下五个方面（Agranoff and McGuire，2001：24）。

第一，当组织体在面临一项涉及敏感且复杂问题的政策时，就会去寻求构建网络化管理的结构体系，以推动政策的顺利实施。一般认为，当组织体在面临一些“顺手问题”（tame problems）时，往往容易加以界定并可以通过一定的技术手段来分解和解决；但当面临一些“棘手问题”（wicked problems）时，则常常会因缺乏恰当的政策措施而导致问题最终无法完全解决。因此，当组织体在面临这些“棘手问题”时，相较于传统官僚式的政策制定和执行方式而言，往往更偏向于通过观察现实社会多样化的利益分配格局的动向来寻求广泛的协商和合作。

第二，在一个社会中，当民众对于增加政府活动和减少政府干预的两种声音同时存在时，在某些特定的问题领域就会出现对构建协作结构（collaborative structures）的诉求。当民众要求政府对于某一公共问题采取必要行动的呼声越来越高时，政府就会召集有关各方通过协作的方式来加以解决，因此，满足社会大众的需求就成为了这一协作关系形成的重要动力之一。

第三，在制定和实现政策目标的过程中，往往会通过政治性命令的方式引入原本不存在的网络管理结构。管理者通过网络管理结构试图进一步明确各方的政治诉求，并努力找到政策上的平衡点。

第四，只有信息实现了大量生产和累积，方能使各组织间及有关机构间的协作机制逐步走上制度化的轨道。

第五，多重的命令式阶层组织的存在给网络管理带来了相当大的压力。例如，在经济开发、社会福利等带有强势政治色彩的领域内，不同规划项目间也会在政策意图、资金来源、主次顺序、标准，以及相关政策目标利益关系者的组成等方面大不相同。

在依据网络化管理模式构建的政府体系中，公共部门往往主要表现出第三者政府、合作式政府、数码革命及消费者需求四大发展趋势（Goldsmith and Eggers，2004：9～23）。

1）第三者政府

通过引入民间私营企业和非营利组织的方式来代替原有的政府雇员，以向社会提供公共服务和完成政策目标的倾向越来越明显。在这里，政府机构间的合同履行、商业化运作、公私伙伴关系的建立、服务外包、民营化等第三方服务都被视为是网络治理的核心要素。

2）合作式政府

当自身视野有限且过于保守的政府官僚与民间私营企业共同协作来向社会提供公共服务时，一般的普通民众往往只能通过有限的途径来接受服务。基于这一现状，政府开始寻求通过整合机构、建立网络政府的方式来破解这一难题。这种合作式网络政府的形成不仅打破了原有的阶层政府封闭、有限的“烟筒管式”（stovepipes）体制，还实现了各政府部门间的资源共享，为政府下一步的联合行动指明了方向。

3）数码革命

科斯（R. Coase）认为，组织规模取决于其获取信息所需要付出的成本高低。因此，大型企业的组织结构之所以庞大且复杂，主要在于要由自身去承担和处理融资、销售及分配等财政和服务方面与信息交易相关的费用成本所导致的。但企业自身存在的价值之一就在于要将这种交易成本降低到最小化的程度。企业从自身的立场出发，如果委任其他企业进行信息交易的成本过高的话，企业则会考虑将这部分业务收回并交由企业内部的部门去完成。因此，企业为了实现信息交易的自我处理，将会组建一个集情报收集、检索和存储于一体的大规模的阶层式组织体系。基于此，科斯的这一主张在一定程度上为阶层式政府的存在和 20 世纪上半叶所出现的民间私营部门的成长做出了注解。

然而，随着因特网（internet）的迅速发展，企业等组织之间可以利用电子邮件（E-mail）、数码通信设备等以更迅速和低成本的方式传递、分享生产过程、需求预测及其他相关的商业信息，亦即数码革命让各组织机构之间的合作变得更加容易，并由此促成组织间的伙伴、联盟与外包关系的形成。正因为如此，诸如公务出差、会晤见面、文书传递以及沟通协商等合作关系形式的成本也随之大幅度降低。近年来，随着技术的不断进步，伙伴成员间更是可以通过实时通信的方式来实现交流与沟通。

4）消费者需求

民众对能够通过更加广泛的渠道来购买商品充满了期待。不仅如此，即便在当今私营企业的规模不断壮大的情况下，消费者更加期待在选择消费方面掌握更大的控制权。因此，要想满足民众这一日益增长的选择性需求，就必须对政府的结构进行重新的组合。从消费者供给的角度来看，随着多样化和客户化变得越发重要，越来越多的市场供给模式将更加偏好于选择构建网络模式。

3. 特征

罗兹（R. Rhodes）分别以市场、阶层和网络功能为中心将管理结构（governing structure）划分为三种类型并进行了对比和阐述（Kjær，2004：41～42）。首先，市场（market）作为一种交易手段通过竞争来对价格进行操纵；其次，阶层（hierarchies）同样作为一种交易的手段依靠使用手中的权力将行政命令和控制能力串联成一条紧密而又坚实的链条（chain）；最后，网络（networks）则以各方之间的互惠和信赖为基础来运转。相信依靠市场可以解决一切问题的人们往往主张政府的职能和干预范围应该降至最小化。持有这一观点的人往往会首先构建一个经济模型，在这个模型中独立的个人才是效用极大化的追求者，而公共官僚制则是低效率的代名词，其中行政官僚们则被视为相对于集体财产而言更加追求自身财产利益且到处进行寻租行为的寻租人。与此相反，另外一部分人则认为对于一些需要进行管理控制的问题而言，政府的善意介入是十分必要的。他们一方面认为在利益分配方面由市场失灵所导致的问题是不可避免的，并因此对市场持批评态度；而另一方面他们则认识到在价值分配方面公共品供给的重要性。此外，他们还观察到随着现代社会的快速发展，传统的阶层化模式也已经与时俱进并发生了很大的改观，而与此同时市场失灵的弊端却始终没有消失。由此，他们认为政府应该紧紧依靠网络化模式来更好地向社会和民众提供服务（Kjær，2004：43）。

表 3-1 治理的结构

	市场	阶层	网络
关系基础	合同和财产权	雇佣关系	资源交易
依存程度	独立	依存	相互依存
交易手段	价格	权威	信赖
矛盾化解及调节手段	游说和法律诉讼	规范和命令	外交
文化	竞争	从属	互惠

资料来源：Kjær，2004：42

二、网络管理战略

政策网络是治理的手段之一。在政策网络中，一方面政策过程本身所具有的互动性表现较为突出；另一方面，在这一过程中也非常强调制度环境的重要性。这对于网络管理来说具有两方面的意义：一是为了实现对网络的成功管理，必须对各行为者间的相互依存性、行为者间所存在的关系，以及引导它们形成这一互动关系的规则等制度性因素进行综合权衡，从而提出或支持有关博弈或相互作用过程的议案。二是要想成功实现网络管理战略，就必须找准能够深入其中的两大介入点。首先，要想对相互作用过程产生直接的影响就必须树立明确的目标战略；其次，要从网络结构和文化等制度脉络的层次上对网络管理进行有效引导，从而间接地改善网络内部进行协同合作的条件和环境。由此，我们可以看出网络管理主要包含两种形态：一是在网络结构内部对相互作用进行管理的所谓“博弈管理”（game management）；二是形成网络所需的制度性手段或“网络结构化”（network structuring）（Kickert，et al.，1999：46～47；Klijin and Teisman，1999：105）。

1. 博弈管理

所谓博弈管理（game management），是指对网络内多个参与行为者间的相互作用过程进行有效引导并促进其提升发展的管理方法。博弈管理的目标主要为与博弈有关的行为者的意识、参与博弈过程中的行为者的数量和类型，以及参与博弈的局中人（players）的运作手段等（Klijin and Teisman，1999：105～106）。

寄希望于对相互作用进行有效管控的网络管理主要从旨在针对特殊事件进行处理的网络再构成（网络激活）；旨在支持相互作用的特殊组织手段的确立（序列化）；旨在对解决方法、问题、当事人进行整合（交易）；旨在促进共同行动的有利条件的提高（促进）以及矛盾管理（协商和仲裁）等方面对某些特定的焦点问题进行涉猎（Kickert，et al.，1999：47～51）。

（1）网络激活

网络激活（network activation）是指，通过开启、激发相互作用或博弈过程来实现解决某些特殊问题或达成任务目标的目的。在这一概念脉络中，相关当事人的意识认同和选择性激活（selective activation）成为关键所在。在网络结构中，最为关键的问题都与网络结点有着密切的关系，如参与行为者中谁与谁应该有所关联、谁与谁又不应该产生联系等。这一网络管理活动能否在相当程度上发挥其应有的效力主要取决于在决策过程中投入相应的时间和金钱之后能否点燃人们参与其中的热情和兴趣。此外，参与行为者之间能够提供信息量的大小也成为问题的关键所在（Kickert，et al.，1999：47）。

（2）相互作用的序列

当我们在解决公共问题时，首先要将其置于假定各行为者都已决定参与博弈过程的前提下进行讨论。必须要说明的是，这一参与决定具有一定的风险性，如果没有风险性也就无从实现所谓的博弈和网络结构。在这里，我们假设如果这种潜在的风险程度能够被压缩到最小化，那么相对于协作战略来说行为者们更倾向于进行选择。为了实现风险最小化这一目标，各行为者通过口头协议、联合协议、合同、共担风险或制定其他新规则的方式来对它们之间原有的相互作用进行梳理和整合，并最终将其正式化（Kickert，et al.，1999：48）。

序列内所包含的要素主要为各行为者提供一套矛盾管制系统，旨在引导各方在处于相互矛盾的状况下所应该采取的行为规范，以及解决相互之间不同意见的方法和途径（Kickert，et al.，1999：48）。

（3）交易

作为一种仲裁机制——网络管理也扮演着仲裁者（broker）的角色。一方面，在政策过程中松散的组织结构往往最终导致目标与结果的脱节；另一方面，“问题”和“解决方法”往往分别发生在不同的体系当中，甚至于各参与者间也是在相对独立的环境中进行自我发展的。因此，要想将这些因素都整合到同一网络中来必须首先构筑必要的共同议题和决策（Kickert，et al.，1999：48）。

交易者的作用在于，要在网络内找寻出潜在的各行为者中的多样化的思想理念、洞察能力、问题解决的方法等并加以灵活运用。如果做不到这一点，也就无从动员各方力量来推动问题的最终解决。这种多样化的构成形式有助于相关行为者较为轻易地从中找到解决问题的正确方法或途径（Kickert，et al.，1999：49）。

（4）促进相互作用

博弈管理在相互作用的过程中可以为战略性协议的构建创造良好的条件。在有关的案例中，网络管理者往往作为推动者（facilitator）来进行运作和行动。作为推动者的角色来说，其所关注的重点都放在过程之上。例如，会议的场所和时间可通过协议的方式进行定夺、对对话的效果进行监督评估、对提问环节进行设计以求进一步增进相互间的了解等。为了进一步构建和充实与协议有关的一切有利条件，推动者往往通过组织研讨会、提交调查报告、进行集体讨论、促进相关方的作用置换，以及构建集体形象等技术手段来推动（Kickert，et al.，1999：49）。

（5）调解和仲裁

当矛盾发生或原有的互动机制陷入困境无法继续运转之时，往往会通过发挥调解（mediation）和仲裁（arbitration）手段来化解危机。调解（mediation）的显著特征在于其往往通过依靠各参与组织的力量来最终实现特定的结果目标。调解本身并不介入到矛盾纠纷当中，而是尽量减少与矛盾当事人之间的直接联系且仅通过当事人其中一方来进行工作。在这一过程中，作为调解方来说，必须维持着自我的独立身份（Kickert，et al.，1999：50）。

仲裁是在各纠纷当事人为化解之间的矛盾而要求第三方介入的背景下产生的。仲裁行为往往在当事双方进入到起诉阶段时才开始发挥其作用。随着原有诉讼过程的进行，形势对于当事人双方都变得越来越不利。首先，对整个过程的主导权和决定权已从自己的手中失去；其次，双方还必须为枯燥冗长的审判过程埋单甚至付出超出预期的沉重代价；最后，从审判人员的立场来看，为了尽快地找到切实有效的解决方案，有时会采取回避法律专业性的方式，而做出更加感性而非更为理性的判决（Kickert，et al.，1999：50～51）。

2. 网络结构化

网络结构化（network constitution）的目的在于对网络进行不断地改造和优化（Klijin and Teisman，1999：105）。网络结构化虽然意在对人们的感知和意识的根源进行重新整合（reframing），但其最终目的还是要对网络中每一个行为者或制度系统产生一定的影响（Klijin and Teisman，1999：106）。

一方面，如果说在已有的网络内部无法做到对问题进行有效解决，那么就有必要考虑对网络进行一定的校正或改造作业。但是，从另一方面来说，当我们把原有的网络及其相关组织重新组合成包含多重目的的新型组织架构之后，一些预想不到的潜在危险也会随之而来。组织结构几乎不会对超出特定任务以上的部分做出任何回应。大体上来说，在与特定任务相关的互动过程中人们往往希望组织形态能够朝着共同所期待的方向来构建。此外，还必须认识到组织的重组需要付出较高昂的金钱和时间代价（Kickert，et al.，1999：51）。

对网络结构化来说，尽管存在着众多的限制条件，但为了进一步提高协作的水平和力度，人们还是乐于从以下三个方面来对网络的结构化进行探讨（Kickert，et al.，1999：51～53）。

第一，通过网络结构化手段开始对现有网络内的资源分化产生影响，随着这一影响的扩张，最终各行为者的地位发生改变，从而对具体的政策产生一定的影响。在政策方面，行为者作为网络管理者有权提名或任命相关人员来担任组织的领导者或负责人。

第二，随着网络内部具有相互依存性的结构体的不断累积，战略性变量也开始逐步形成。在这里，需要对网络内部单位的数量及其相互关系等问题进行综合考虑。如果网络内的行为者数量过多的话，容易造成调解成本过高等问题；相反地，行为者数量过于稀少也不可能形成最优化的网络结构。因此，基于对未来发展的不确定性等因素的考量，强调多重关系的共生是十分必要的。

第三，从网络管理的层面来看，这种变化不仅使网络内部生成了一些新的关系、资源和规则，也对网络内原有的价值、规范乃至行为意识产生了深刻的影响。这一内化的过程（internalization proceses）不仅使组织集团的目标价值和利益得以实现，也可以使组织集团朝着管理者所希望的方向进行引导和管理。

第四，更为激进的方法是直接介入到各行为者自身内在的理论架构（frames of reference）当中去，并对其进行重新构造（reframing）。这种模式形态的转变也在一定程度上引起了意识、形态乃至关系结构方面的新变化。

第五，我们很难通过网络结构的变化去对网络自身产生影响并引导其向某一特定的方向转化。但是作为一种替代方案——可以通过所谓网络管理的方式来对网络内部存在的矛盾和混乱局面进行有效管理（management by chaos）。举例来说，理查德森（J. Richardson）曾指出，可以将现有的网络细分为新式联盟（new coalitions）和选择式的议题网络两类。通过这种方式，可以给现有的封闭式网络结构施加一定的压力，当网络内部感受到这种压力时就会展现出其外向、开放的新的一面。

参考文献

Agranoff, R. and McGuier, M.,(2001),"Big questions in public network management research," *Journal of Public Administration Research and Theory*, 11 (2001): 295～326.

Bailey, Nick,(1995), *Partnership agencies in British urban policy* (London: UCL Press).

Basset, K.,(1996),"Partnerships, business elites and urban politics: New forms of governance in an English city?," *Urban Studies*, 33; 3 (1996): 539～555.

Benassi, M.,(1995),"Governance factors in a network process approach," *Scandinavian Journal of Management*, 11; 3 (1995): 269～281.

Castells, M.,(2000), *The Rise of the Network Society* (Oxford: Blackwell).

Cline, K.,(2000),"Defining the implementation problem: Organizational management versus cooperation," *Journal of Public Administration Research & Theory*, 10; 3 (2000): 551～570.

Considine, M. and Lewis, J.,(2003),"Bureaucracy, network, or enterprise: Comparing models of governance in Australia, britain, the Netherlands, and New Zealand," *Public Administration Review*, 63; 2 (March/April 2003): 131～140.

Crosslin, R,(1991),"Decision-support methodology for planning and evaluating public-private Partnership," *Journal of urban planning and Development*, 117; 1 (March, 1991): 15～31.

Elander, I. , (2002), "Partnerships and urban governance," *UNESCO* 2002, 191～204.

Goldsmith, S. and Eggers, W. , (2004), *Governing by Network* (Washington, D. C. : Brookings) .

Harding, A. , (2000), Regime formation in Manchester and Edinburgh," Stoker, G. , (ed), *The New Politics of British Local Governance* (London: Macmillan), 54～71.

Hirst, P. , (2000), "Democracy and governance," Pierre, J. (ed), *Debating Governance* (Oxford: Oxford Univ. Press), 13～35.

Imbroscio, D. , (1998), "Reformulating urban regime the division of labour between state and market reconsidered," *Journal of Urban Affairs*, 20; 3 (1998): 233～248.

Jewson, N. and MacGregor, S. , (1997), "Transforming cities," Jewson, N. and MacGregor, S. , (eds.), *Transforming Cities* (London: Routledge), 1～15.

Jones, C. , Hesterly, W. and Borgatti, S. , (1997), "A general theory of network governance: Exchange conditions and social mechanisms," *Academy of Management Review*, 22; 4 (1997): 911～945.

Judd, D. and Swanstrom, T. , (2002), *City Politics: Private Power and Public Policy* (N. Y. : Longman) .

Judge, D. , (1995), "Pluralism," Judge, D. , stoker, G. , and Wolman, H. , (eds.), *Theories of Urban Politics* (London: Sage), 13～34.

Kickert, W. , Klijin, E. -H. , and Koppenjan, (1999), "Introduction: a management perspective on policy networks" and "Conclusion: strategies for network management," Kickert, W. , Kiljin, E. -H. , and Koppenjan, (eds.), *Managing Comples Netwoks* (London: Sage), 1～13 and 166～191.

Kilburn, H. , (2004), "Explaining U. S. urban regimes: a quantitative comparative analysis," *Urban Affairs Review*, 39; 5 (2004): 633～651.

Kjaer, A. , (2004), *Governance* (Cambridge: Polity) .

Klijin, E. -H and Teisman, G. , (1999), "Strategies and games in networks," Kickert, W. , Kiljin, E, -H. , and Koppenjan, (eds.), *Managing Complex Networks* (London: Sage), 98～118.

Kouwenhoven, V. , (1993), "The rise of the public private partnership: A model for the management of public-private cooperation," Kooiman, J. , ed. , *Modern Governance* (London: Sage), 119～130.

Linder, S. , (2000), "Coming to terms with the public-private partnerships," Vallancourt, R. , (ed.), *public-private policy partnership* (Cambridge, Mass. : The MIT Press), 19～35.

Lister, S. , (2000), "Power in partnership? An analysis of an NGO's relationships with the partners," *journal of international Development*, 12 (2000): 227～527.

MacLeod, G. and Goodwin, M. , (1999), "Space, scale and state strategy rethinking urban and regional governance," *Progress in Human Geography*, 23; 4 (1999): 503～527.

Painter, J., (1998), "Entrepreneurs are made, not born: Learning and urban regimes in the production of entrepreneurial cities," Hall, T. and Hubbard, P. (eds.), *The Entrepreneurial City* (Chichester: John Wiley & Sons), 259～273.

Paskaleva-Shapira, K., (2002), Innovative partnerships for effective governance of sustainable urban tourism, Sut-Governance, Forschungszentrum, Karlasurhe, Germany.

Peter, B., (1998), "'With a little help from our friends': Public-private partnerships as institutions and instruments," Pierre, J., (ed.), *Partnerships in Urban Governance* (London: Macmillan), 11～33.

Pierre, J., (1999), "Models of Urban Governance," *Urban Affairs Review*, 34; 3 (Jan. 1999): 372～398.

——, J. and Peters, B., (2000), *Governance, Politics, and the State* (London: Macmillan).

Rhodes, R., (2000), "Governance and public administration," Pierr, J. (ed.), *Debating Governance* (Oxford: Oxford Univ. Press), 54～90.

Rubin. J. and Stankeiwicz, G., (2001), "The Los Angeles Community Development Bank," *Journal of Urban Affairs*, 23; 2 (2001): 133～153.

Stoker, G., (1995a), "The comparative study of urban regimes," Pierre, Jon, ed., *Urban and Regional Policy, The international library of comparative pubilc policy* 2, (Hunts, England: Edward Elgar), 384～399.

——, G., (1995b), "Regime theory and urban politics," Judge, D., al., (eds.), *Theories of Urban Politics* (London: Sage), 54～71.

——, G., (1998), "Public-private partnerships and urban governance," Pierre, J., (ed.), *Partnerships in Urban Governance* (London: Macmillan) 34～51.

——, G., (2000), "Urban political science and the challenge of urban governance," Pierre, J., *Debating Governance* (Oxford: Oxford Univ. Press), 91～109.

Terhorst, P. and Ven, J., (1995), "The national urban growth coalition in the Netherlands," *Political Geography*, 14; 4 (1995): 343～361.

第四章

政策过程

第一节 政策目标

一、政策问题

1. 意义

(1) 重要性

问题认定作为政策过程的第一阶段具有重要的作用和意义。当我们在对某一“问题”进行定义时，通常要经过这样一个过程：首先要对问题本身有一定的认知，在此基础上通过探寻和分析原因、构成要素及结果来给出初步的诊断方案（Alexander，1992：75；정환용，2001：299～300）。

问题定义的重要性主要体现在以下三个方面：首先，问题定义是目标设定的前提条件。因此，为了制定更为精准的政策目标就必须先对政策问题有一个正确的了解和把握。其次，问题解决方案内涵于问题定义当中，但是在实际操作过程中，超越对问题本身的把握而首先谋求解决问题的情况也比较常见。这也成为无法有效因应问题的原因之一。最后，通过对问题进行定义可以对在对立或竞争关系中的目标和手段的优先顺序进行判断。从这一点上来看，问题定义可以被视为针对由一系列问题所引发的各利益集团间相互矛盾、对立局面进行妥协或协商的根据之一。

(2) 概念定义

所谓政策问题，是指在政策改善层面上所无法实现的心理欲求、价值及改进的机会等（Drey，1990：32～40；정환용，2001：300～302)。虽然问题本身包含了多种含义，但一般可以将其概括为状况、偏差和机会三方面的内容。

状况问题是指，在行动之前缺乏必要的思考和因应准备反应的一种状态。

偏离问题包含两种不同的立场和角度。一是将现有状态与之前所预测或期待的状态之间出现的差异视为问题所在。二是不认为偏离本身存在问题，而只有那些真正无法解决的偏离性差异才能被视为问题所在。偏离问题往往被视为一种达成目标的障碍性因素，因此政策主体追求的目标和对政策环境的认知程度之间所产生的紧张关系可以通过扫清偏离因素这一障碍来加以解决。

机会问题主要表现为个人内心深处对事物的分析和见解，人们往往将针对问题所进行改善看做是一种潜在的机会。机会问题也被看做是对产生问题的手段方式进行选择的问题。

(3) 特性

政策问题具有相互依存性、主观性、人为性和动态性等特征（Dunn，1994：140～141；정환용，2001：302～303）。

第一，相互依存性（interdependence）：政策问题并非单独存在的孤立实体。事实上，某一领域的政策问题经常影响另一领域的政策问题，从而引发并产生纵横交错的复杂关系，增加了解决问题的难度。在解决政策问题时，必须站在全局性的高度，从整体性的观点出发，将问题视为整体问题不可分割的一个组成部分。

第二，主观性（subjectivity）：外在环境所引起的问题被主观地界定、分类、说明及评估。相同的资料可能以全然不同的方式被诠释，需借由问题情境中抽离出所要认知的要素，这些认知要素里面有些是客观的，有些是从经验中转化而来的。

第三，人为性（artificiality）：政策问题即是一种客观社会状态的合法界定，也可以被视作是人类主观行为活动的结果。问题本身不能脱离那些试图界定该问题的利害关系人。任何一个社会在其最初形成的阶段并不存在所谓的政策问题，而随后所衍生出的一系列政策问题都是基于社会需求而形成、发展和演变的。

第四，动态性（dynamics）：一如人们在面对同一问题会持有多种不同的观点和立场一样，问题与解答也都处于持续不断的演变的过程当中。因此，问题与解决方案之间经常互相流动，并不存在问题被完全解决的状态。

2. 分析阶段

在对问题进行认定和分析的过程中，一般会经历对主要领域进行定义、对问题与诉求进行罗列、对与解决问题和满足诉求相关条件的确认，以及对这些条件本身产生原因的剖析等（정환용，2001：307～308）。

在对问题和诉求进行分析的阶段中，往往将其区分为短期问题和长期问题两类来进行解决。其中，对短期问题进行解决时又可细分为以下三个阶段来逐步进行：第一阶段作为问题分析阶段主要的工作重心将从现场或现况调查中所发现的问题进行初步的罗列和整理；在第二阶段则将解决问题作为核心目标并对新目标和其他目标间的相互关系进行梳理和分层作业；第三阶段则是将目标转化为战略的阶段。

在对问题和诉求进行详细而又缜密的调查之后，应树立明确的追求目标，以达成解决问题和满足诉求的目的。在确定目标后，我们还需要做一些收尾性的工作——对有可能对阻碍目标实现或对政策产生限制性影响的因素进行调查和确认。

对问题进行把握的过程，主要指要对问题的原因、结果，以及两者之间所存在的因果关系进行了解和分析。在这一过程中包含以下四项作业步骤：对问题进行概括性把握、对问题的严重性进行把握、对问题发生的原因进行把握，以及对问题的未来走向进行预测。具体来看，对问题进行概括性把握主要是指对产生问题的因子结构进行初步的了解；对问题的严重性进行把握主要是指要以问题的规模、范围和强度为中心对问题的重要性和所产生的危险性进行了解；对问题发生的原因进行把握主要是指对产生问题的原因、各原因间的关系，以及原因与结果间的因果结构进行了解；在面临以彻底解决问题为目的的目标时，对问题在将来有可能发生的改变或形成的状况进行精准的把握和预测是极其关键的。

二、政策目标

1. 意义

(1) 概念

所谓目标（goal），是指个人、部门或整个组织期望在未来某一时期所能达成的最终状态，即意指作为政策执行的结果而达成的最终状态所必须满足的条件及其相互间的关系。因此，我们可以说政策目标就是指个人、部门或整个组织依据政策期望在未来所达成的状态结果（정환용，2001：314～318）。

目标设定的重要性主要体现在以下五个方面：①揭示政策制定的方向并在执行过程中成为对执行结果和效果进行评价的标准；②通过目标设定过程不仅可以对政策问题进行明确定位，还可以有效引导相关各方形成创造性地解决问题的思维方法和习惯；③具有明确目标的政策更能够引导和激发出区域内居民积极参与各项事业的热情和奉献精神；④通过明确的目标设定过程可以更好地了解和把握区域社会内部不同社会阶层的诉求和价值取向；⑤通过目标设定过程可以向参与各方明示政策所存在的问题和未来的方向。因此，从长远来看，这一过程具有一定的培养和教育意义（Smith and Hester，1982：2～3）。

（2）基本条件

在政策的制定、执行和评估过程中，为了让政策目标的时效性达到最大并充分发挥其指导性和标准性功能的目的，其必须具备以下五点基本条件(김신복，1999：108～110；정환용，2001：315)。

1）无偏差性

所设定的目标（stated goal）和实际目标（real goal）之间不能存在偏差甚至相互背离的现象。有些时候，在对外宣传上制定出一套看似完美且具有合理性的目标，而与此同时，却在实际的规划和操作过程中单独制定出另一套目标，抑或是将达成其他某一目的作为隐形目标。

2）适当性

目标对需要解决的问题和决定未来走向方面发挥着指导和牵引的巨大作用，因此其必须具备高度的稳妥性。由此，我们可以说目标本身必须遵循适当性和充分性的原则。这里所谓的恰当性（appropriateness）是指，在已知的多个要素中，是否已将最为理想的要素选作目标对象；而适当性（adequacy）是指，要在适当的范围内来设定目标水平。

3）内部连贯性

目标之间应具有一定的内部连贯性（internal consistency）。从纵向垂直的层面来看，在上层目标和下层目标之间应该形成目标—手段间的连锁关系；与此同时，从横向水平的层面上来看，应尽量避免各目标间形成相互矛盾，乃至相互对立的关系。

4）实际应用性

目标应该具有具体性和实际应用性（practical）的特征。在对政策进行实际操作的过程当中，最为重要的任务课题之一就是将原本抽象、模糊的目标转化为具体、可进行实际操作的形态。在政策过程中，如果目标不明确或过于抽象化便很难再在政策执行和评估过程，以及方案选择方面继续充当衡量标准的角色，甚至于使整个过程陷于被动和混乱的局面。

5）妥当性

在制定目标时一定要充分考虑到人力、物力等客观因素的制约，最终所达成的目标一定要具备切实的可行性（feasible）。毫无切实可行性的目标不仅最终只能以失败告终，而且会造成巨大的资源浪费。

（3）结构

1）纵向垂直关系

目标可通过对责任和利益进行区分，以及在有限的时间内视个人期待的程度而同时发挥手段（means）和目标（ends）的双重作用（Young，1966：79；

Chadwick，1978：126；정환용，2011：315～317）。政策目标所具有的双重特征也被称为目标-手段链（end-means chain）关系。从目标内部的结构层面上来看，各个目标往往充当并履行其上层目标的手段性职能；而与此同时，其相较于下层目标而言，也担负着上层目标所应具备的功能特性。具体来看，可以将下层目标视为达成上层目标的一种手段。

一般而言，在目标体系的阶层式结构中越是位于层级较高的上层目标就越具有抽象化、普遍化和价值蕴含化的特征；相反地，越是位于层级较低的下层目标也就越具有具体化、特殊化和实际应用化的特征。此外，在目标体系阶层结构内，越是处于下层的目标越被赋予更加具体和明确的时间范围。

2）横向水平关系和主次优先顺序的设定

从横向水平关系层面来看，目标间依然存在着不少竞争关系（유훈，1992：220～221；정환용，2001：317～318）。对于目标设定而言，最为重要的是在这种目标间存在相互矛盾乃至相互对立的状态下，有必要对各目标间的主次顺序和相互关系进行优化调整，并以推动主要目标的实现为重点，从而达到优化目标结构的目的。从这个意义上来看，要想在相互对立的目标间进行主次顺序的排定和调整，必须将本质性的标准、需求、必要性及收益等作为判定标准进行充分的考虑。

首先，所谓本质性的标准是指仅以那些已成熟的潜在性机会或是被视为有可能被解决的问题作为对象进行主次顺序优化调整的一种方法。在这里，作为目标而言，那些机会尚未成熟或是被视为不可能达成的目标则不被包含在主次排序的考虑范围之内。其次，需求是指以较为高层次的项目或规划为对象进行主次顺序调整。再次，必要性则是指问题的普遍化程度、问题的影响、利益集团的规模，以及对政治的关心程度等。最后，所谓收益是指通过成本-收益分析来对相关各方的社会收益和经济收益进行测算的一种方法。此外，在已被选出的具有可行性的目标中还要充分考虑到效率性和公平性的原则，从而设计出最为优化的目标主次顺序关系。

2. 设定过程

目标设定行为由多种体系性功能共同组成。具体可分为目标认同、明确化及有序化三个阶段（Smith and Hester，1982：25；정환용，2001：319）。

目标认同（goal identification）是指针对个人和区域社会的价值及潜能进行缜密研究、讨论的阶段。在这一阶段，虽然在对个人或区域社会在长期生活中所共同沉淀积累而形成的本源性诉求进行准确把握方面存在着相当大的难度，但其却是对目标进行成功设定的第一步。因此，作为政策的制定者要从区域内居民、企业，以及社会组织等为对象，从思想和认同感上来着手进行政策规划方能厘清问题的头绪，制定出更加切合实际的目标。

目标明确化（goal clarification）与前一阶段需要用感性来强化对目标的认同感的方式有所不同，在这一阶段中需要从完全理性和技术的层面出发去完成。在这里目标被细分为三类：①通过透明化的设定过程向当事各方进行传递和明确的目标；②虽然对于个人、组织集团，以及与之有着密切接触的观察者们而言，都对目标有着相当程度的明确性，但从总体上来看，依旧存在一个尚未显现的隐性目标；③个人或组织集团本身潜在意识内的目标。最终，个人或组织集团会从这三大目标中择优选取其中的一类目标作为其未来进行相关活动的指南。由此，从这一角度来看，我们可以将所谓的目标明确化看做是试图对目标进行具体的表面化处理作业的一种努力。

目标有序化（goal prioritization）是指以一定的标准为依据对目标进行调整和有序排定的过程。对目标按照优先原则或主次原则进行的有序化作业与之前所进行的一般性的目标明确化作业有所不同，其作为一种针对潜在性目标进行明确化的有效手段，可以有效化解和缓和在目标设定任务中所遇到的一些症结或难点。

第二节　政策决定

一、意义

决策（decision-making）是指从多个相互间具有竞争性的方案中对最优方案进行选择的一项分析判断过程。方案（alternatives）是指为了达成既定目标而提出的具有一定可能性的行动路线（courses of action）（정환용，2001：370～371）。公共部门的各种决策可以被视为行政官僚、施压集团等利害关系当事人之间相互作用的产物。在这一复杂的社会现象中，对问题的认识相异、秉持完全不同价值取向的利益关系当事人共同构成了错综复杂的网络化关系。这一决策过程的特征一方面表现为评估标准和指标项目繁多，往往难以用简单的量化方法来进行评判；另一方面则表现为经常持续数月甚至数年的长期过程（Papamichail and Robertson，2003：203）。

政策方案具有以下几类属性特征（Mayer，1985：150～152）：一是方案的行动路线可以被定义为多个行为群体间所达成的一种消极的行为选择关系。这主要是因为从多种方案中仅选择一项方案时也就意味着无法采纳其他行动群体的意见方案，即各方案之间存在着相互排他性的关系；二是当所有备选方案都为类似的单一行动路线时，则会根据各方案的相异程度和形态模式择优选择；

三是如果各行动群体所提供的行动路线方案均被看做将会带来积极的政策效果，各方案间则不具有相互排他性的关系。具体来说，当在备选方案中选定一个最优方案后，并不限制吸收和采纳其他方案中的长处和优点。但有时也会因受到可利用资源稀缺性等客观条件的制约对采纳方案的数量做出限定。

在政策方案的制定过程中，很少有从方案制定的初始阶段开始就能做到完美无缺并将最初草案选定为最终方案的例子，往往是在方案最初制定时先形成一个具有综括性的框架，然后再在这一框架之内对方案的内容进行逐步的修改和完善，使其更加丰富和具体化。也正因为如此，方案制定的过程也被称为目标-手段链（end-means chain）过程。

政策方案制定的过程，简言之，就是从多个备选方案中找出并选定一个最有可能实现既定目标并达到预期效果的最终方案的过程。一般来说，提交方案的数量会受到可用资源（时间、努力程度、人力等）、潜在的制约条件（物理性、政治性、社会性等），以及规划者的创意和想象能力等因素的限制。这一阶段也是整个政策过程中最具创造性的阶段。方案制定过程本身所具有的创造性特征也促使方案制定者以政策目标为导向，通过创新性的灵感和智慧构想多种方案的可能性，从而实现方案的创新性发展。

二、政策制定

1. 制定的过程

针对政策开发一般会采用两种分析方法（정환용，2001：371～373）。一种是线性分析的方法。这种方法主要是将政策方案的制定（generation）—细化（elaboration）—评估（evaluation）的过程串联起来形成一个统一的最终方案。另一种是循环分析的方法。这种方法中所存在的每一个系统都遵循政策方案的制定—细化—评估的循环路径依次进行，通常这一循环路径会形成与下一阶段循环路径有关的决策及重组的基础。

政策制定的过程主要可分为以下四个阶段（Mayer，1985：152～156）。

1）构建政策问题的概念框架

政策制定的过程往往从针对政策问题进行概念性框架的构建入手，这也是政策制定过程得以顺利进行的保障。在这一框架结构内，规划者一方面可以从中找出阻碍政策制定和发展的不利因素，从而对政策制定的客观条件有更加准确的了解和把握；另一方面还能通过对这一框架结构不断修正和完善对其发展动向有一个更加明确的认识。

2）拟定以解决问题为导向的方案行动

方案的拟定与针对政策模型中包含阻碍因素和维持因素的现行行为或新生

行为有着紧密的相关性。在这一阶段中，为了能够在最大限度上发挥创造力的作用，较其他阶段而言其限制性条件较少。一般来说，除了时间限制以外在方案数量等方面不预设任何限制性门槛。可以说这一阶段处于整个规划过程的核心位置。

3）从适合性的角度出发对方案进行筛选

规划者们在想象力发挥和时间限定条件允许的范围内拟定出相应的方案之后，就进入到对各方案进行筛选鉴别的阶段。由于在此后的方案评估阶段中，针对每一个方案都需要消耗大量的人力和时间，一般来说，会在此之前将方案的数量压缩在资源分配的最大受用程度之内。因此，最终进入评估阶段的方案往往会保持在 3～6 个。在方案筛选的过程当中，一般依据资源的可获得性（availability of resources）、技术的可获得性（availability of technology）、决策组织价值观念的可接受性（value acceptability），以及与目标的适合性（adequacy）等标准进行。

4）对合适的方案进行阐述和说明

将方案的数量压缩至较为可行的范围内以后，就需要对方案进行阐述和说明。这里所说的阐述说明并不是指对方案进行具体的规划设计，而是要将其所包含的主要内容与执行阶段进行衔接。此外，在进行阐述说明时，还要对相应方案的成本和效益进行合理性估算，从而形成详细、充实的方案计划。

2. 制定方法

在政策制定过程中，惯用的方法主要有四种：文献讨论、比较研究、对现有相关知识和经验的调查，以及结构化的组织过程等（Mayer，1985：156～160；정환용，2001：375～376）。

文献讨论可以针对有关政策问题细化作业方面的知识和经验进行探讨和评估，因此是一种最为简单和常用的方法；比较研究则可以针对相较而言新出现的且还未形成体系性认知的政策问题进行方案拟定；当遇到缺乏相关文献或具体事例时，则可以采用调查研究的方法找出方案的行动路径；最后，结构化的组织过程这一方法需与前面三种方法相结合来加以利用。这一方法特别适用于不存在相关文献资料或模型结构的状况条件下使用。这一方法本身具有动态性和相互作用的效果，因此可以极大地促进人们迸发出更具革新性和创意性的思维。其实在政策制定过程中还有许多其他的方法，如以传统的经验和智慧为基础发展而来的较为直观的头脑风暴（brain-storming）、通过组织集团协商进行的德尔菲法（delphi），以及针对问题寻求中间答案的反逻辑（semi-logical）分析法等；此外，还有以高度体系化为基础向纵深方向推进以谋求问题解决方案的决策理论（decision theory）等。在实际的应用过程中，由于各个方法均具有各自不同的目的和要求，需要将几种方法结合起来使用以达到最优效果。

三、政策选择

1. 决策理论

决策理论（decision making theory）或决策模型（decision making model）所探讨的核心问题在于怎样才能实现方案选择（정환용，2001：380～388）。决策模型关注的领域非常广泛，既包含了从个人层面的决策分析到组织集团层面的决策分析，又包含了从完全肯定人的理性能力的理性模型到完全否定人的理性能力的极端非理性模型（垃圾桶模型）。在这里，我们将其分为理性模型和现实模型，并对其中主要的几类决策模型进行探讨和分析（정환용，2001：190～199，380～388）。

（1）理性模型

1）概要模型

理性模型（rational model）是一种在政策决策过程中力求达到合理性最大化的模型。理性模型作为一种传统上的主流政策模型又被称为全面理性模型（comprehensive rational model）、概要模型（synoptic model）或根源路径法（root）。在这一模型中，规划者可以以充分获取的信息为基础进行全面分析，然后从中选出最优方案。因此，对规划者来说理性模型是最为理想的政策方案选择手段之一。

2）断续渐进模型

断续渐进模型（disjointed-incremental model）是美国学者查尔斯·林布隆（C. Lindblom）在认识并揭示出固有的理性模型的局限性后作为替代模型而提出的。在这一模型中，一方面认为人类本身能力的局限性和科学技术的制约性是客观世界存在的事实；另一方面则提出相较于之前对所有方案都进行考虑分析而言，抽取某一部分方案进行分析评估更为行之有效。此外，不要对所谓的最优方案抱有太大的期待，而是更加倾向于对所选定的决策计划进行持续不断的调整和优化。

3）混合扫描模型

埃泽奥尼（A. Etzioni）的混合扫描模型（mixed scanning）综合了理性模型和断续渐进模型的优点并在一定程度上弥补了两者的缺陷。决策者在应用这一模型的时候，可将其区分为根源性决策和枝节性决策。采用根源性决策的决策者通常为了达到最终目标而在更大范围内寻找方案名单。与理性模型不同的是，其往往会省略掉一些细节性的问题；而采用枝节性决策的决策者却强调在所设定的决策大环境（context）内渐进地推动决策过程。

4）满意度模型

美国学者马奇（J. March）和西蒙（H. Simon）提出了具有有限理性（bounded rationality）特征的满意度模型（satisficing model）。决策者在自身所处的大环境内不可能对发生的所有问题都有一定深度的理性认知。因此，决策者一方面有必要将问题简化后重新认识和理解；另一方面则需要从多个目标或问题中仅选取那些真正能够从中强烈感受到与自身有着密切联系的目标对象作为自己寻求突破和努力的方向。

5）最优模型

最优模型（optimal model）由美国学者德洛尔（Y. Dror）最早提出，他在这一模型中主张将概要模型和以连续限定比较方法为基础形成的断续渐进模型进行优化整合。德洛尔的最优模型虽然与混合扫描模型有类似之处，但在这一模型中并不仅是对两种模型进行简单的混合，而是在同时考虑理性和超理性的基础上以最优原则（optimality）为中心积极寻求规范化的最优模型。从这一点上来看，它比理性模型更具有优势。

（2）现实模型

1）合作模型

由学者赛尔特（R. Cybert）和马奇（J. March）所提出的合作模型（coalition model）也被称为公司模型（firm model）。这一模型在满意度模型的基础上进行了延伸和发展，将原来在组织集团内的决策融入其中，从而扩大了满意度模型的适用范围，如在决策过程中树立双数数量的相互对立目标、对稀缺性资源的竞争在相互产生矛盾和对立的情况下由最具强势地位的一方占据决策的支配地位等。决策者们在对这一形势有着充分认识的情况下，也只能通过参与政治活动的方式对决策过程进行一定程度的管理和运作。在政治性过程中，通过与个人利益进行一定程度的结合从而做出更加有利于组织集团共同利益的政策方案。而这一合作模型往往通过幕后协商的方式进行运作。合作模型具有冲突矛盾解决的非彻底性、对不确定事实的回避性、以问题为导向的探索性、组织学习及标准化作业程序（SOP：Standard Operation Procedure）等特征。

2）公共选择模型

布坎南（J. Buchanan）的公共选择理论指出，可以用经济学的方法来对围绕政策决策所展开的一系列政治活动进行解释和说明。据此，这一理论也从需求与供给的角度对城市政策进行了深入的分析。在这里，所谓的需求表现为集团化组织和具有一定行动力的个人所发出的各种声音（voice）或主张。这种需求现象与各当事人在经济层面上所表现出的私欲有着直接的关联性。虽然作为具有理性的个人会主动追求自身的利益，但在没有任何刺激或诱导性因素存在的前提下，个人并不会去主动追寻组织集团的利益。因此，政策决策的核心问题在于“怎样才能做出一个既能满足个人选好又不对其他人产生妨害且符合集体利益的选择”。从公共选择理论的角度来看，所谓的政策过程就是在尊重个人选好的基础上推动社会集体性决策所经历的一系列程序。此外，城市政府要想最终能够做出最为符合集体利益的选择就必须首先对决策过程进行管控和规范。

3）垃圾桶模型

垃圾桶模型（garbage can model）与理性模型等具有相当程度体系构架的方案选择有所不同，其各种解决方案就像垃圾桶里的垃圾一样杂乱无章地纠缠交结在一起。因此，怎样在这样一个方案众多且杂乱无章的状况下做出决策是这一模型所力求重点突破的关键问题所在。在这一模型中，往往将关注的焦点集中于在出现组织化失序状态（organized anarchies）等情况下将会产生怎样的决策模式这一问题上。一方面，不论是公共组织还是民间私营组织均在组织目标的选择上缺乏一贯性；而另一方面在决策体系尚处于混乱的状态或出现复杂且急剧多变的社会现象的情况下，往往只能依靠摸着石头过河式的反复检验或从过去的经验中所偶然吸取的教训为依据来制定新的政策。

2. 选择过程和标准

（1）选择过程

政策的选择过程主要由报告书拟定、外部讨论、内部讨论、方案修订，以及向公众反馈或公开信息五个阶段构成（Mayer，1985：176～180；정환용，2001：388）。

在政策选择过程的第一个阶段——报告书拟定（report preparation）阶段中，对于决策者来说最为关键的问题在于怎样才能拟定并提交一份对方案内容的概述和整理最为精准的报告书。在这里值得注意的是，各方案中虽然都必须包含一些文案性或口头性的语言，但除此之外还应包含一些如图标和地图等能够在最大程度上将复杂问题和关系简单化的抽象性内容。

从决策者的立场来看，为了能够在最大程度上吸取决策体系内公众的意见和评价从而进一步对方案做出优化调整，外部讨论（external review）阶段是至关重要的。有关外部讨论的方式很多，但最为常见的有公听会制度和市民咨询委员会等。

决策者通过外部讨论和对有关规划方案的探讨来形成一定的决策，但在形成最终决策之前有必要通过内部讨论（internal review）的方式对方案的具体内容进行综合性的探讨并达成共识。在内部讨论阶段，常见的方法有夏瑞特法（charrette）、德尔菲法（delphi），以及名义群体法（nominal group method）等。

在方案修订阶段中，主要是对之前各阶段中所未能形成的目标加以转换、对目标进行优先顺序排定，并以未能进行评判的诉求以及未能充分考虑到的其他方案等为中心进行重点研究和修正。规划者往往在这一过程中对之前被忽略的内容进行修正或评估，从而帮助其做出正确的政策决策。

在最后一个阶段中，要对之前在外部讨论（external review）阶段中所提出的内容是否已纳入到政策方案当中等问题对参与者们进行信息反馈或公开相关的信息。

（2）选择标准

1）一般性的考虑因素

在政策选择上，应充分考虑到以下几个互相紧密关联的问题（정환용，2001：388～389）：哪一方在需求、价值及机遇等方面还存在问题且未能解决？某一方案能够满足各方需求但是否就一定是切实可行的？怎样对应达成的某一目标进行测定和评判？达成目标所需的成本费用是多少？某些制约性因素（财政、法律、行政及政治方面）的存在是否对目标达成产生了影响？是否会有额外效应、扩散效应或其他一些无法预测的问题产生？成本和收益的价值随着时间的推移会产生怎样的变化？对于事前预测将会发生的变化是否有把握会实现？

在政策方案选择上必须达到一定的评估标准。评估时应考虑到：某一方案是否可以提供最大限度的优惠；某一方案是否可以提供相对投资而言最大化的纯收益；某一方案是否将政治性的抵抗因素降到了最低；某一方案是否最具有竞争上的优势；等等（Patton and Sawicki，1986：261）。单纯从技术和经济的层面来看，决策者通常会选择那些具有高技术水平和经济效益的方案。但是，那些最具技术优势的方案有时在政治层面却很难行得通；有些看似成本最低的方案反而会引发侧面效应，增加方案的总成本。此外，某一方案可能会满足某一组织集团的评估标准，却很难同时满足其他组织集团的所有评估标准。

在对政策进行阐述说明和选择的过程中会面临相当多的问题。对于政策分析者而言，不仅要面临来自技术、经济等层面的问题，还要面临来自政治上的反对声音和并非出于设计初衷的意外结果。除此之外，在对成本和收益进行测定分析时，要充分考虑到政治性运作因素的干预和社会公平性问题。但是，在现实社会中并不存在能够顾全各方利益、解决所有问题的灵丹妙药，因此对于政策方案选择进行评估的工作就显得格外艰难（Patton and Sawicki，1986：261～262）。

2）详细的选择标准

民间私营部门通常以利润最大化（profit maximization）作为其最主要的选

择标准，而这一标准在公共选择上却并不适用。这主要是因为民间私营部门均是基于利益、效益、机会等概念来进行选择的，而公共部门在进行公共选择时却很难遵从这些理念。无论做出怎样的选择，要想获得具有可行性的结果都要基于一定的认知水平。但有时也会在不确定的情况下进行选择。因此，在对方案进行比较选择时要对可能出现的结果保有充分的认知水平，与此同时还要在最大限度上减少不确定性的发生概率。这也就是我们所说的决策（Roberts，1980：48）。

美国学者邓恩（W. Dunn）提出，政策选择的评估标准应包含效益性、效率性、适当性、公平性、责任性和回应性六项指标。此外，学者凯德维尔克（G. Chadwick）提出，政策选择不可避免地会面对妥当性（feasibility）、效益性（effectiveness）、绩效水平（level of performance）、资源（resources）、保护（conservation）、影响（incidence）及不确定性（uncertainty）七大问题(정환용，2001：390～391)。

第三节　政策执行

一、意义

1. 概念

在经历了政策选择过程后就不可避免地面临政策执行的问题。执行可以被定义为根据层级的不同将具有普遍性和抽象性意义的政策通过渐进演绎的方式转化为具体的行动的过程。执行发挥着连接政策与行动的桥梁的作用（정환용，2001：403～404）。

某一政策在执行的过程中如果未能达到预期的效果的话，民众往往寄希望于通过举行会议并进行讨论的方式参与其中。这主要是因为到之前阶段为止，人们对政策的关注点都集中于政策制定和对其的评估之上，而本应处于政策制定和评估两者之间的政策执行却成了“丢失的一环”（missing link)。随着人们对这一问题的认识不断深化，从20世纪70年代开始人们对于政策执行的研究也不断深入。

2. 影响因素

所谓政策执行，是指政府的行政部门从存在于其内外部的组织结构框架内各种程序的实际出发，动用一切必要的资源手段，为达到实现政策目标这一目的而采取的行动。在这里，可以将对政策执行产生影响的主要因素分为内部因素和外部因素两大类进行考察和分析（안혜균，2004：425）。

影响政策执行的内部因素主要有政策目标、资源、组织结构、执行责任人及执行程序等（안헤균，2004：425～434）。首先，只有对政策目标进行明确的定义后才能使将来即将展开的执行工作变得更为可行，从而提升成功的可能性。其次，没有可利用的资源政策便也就无从执行，因此资源的质与量，以及资源管理都对政策执行产生着一定的影响。再次，政策执行机构的结构特性也对政策执行的成功与否产生着一定的影响。一般而言，相对民主的执行组织结构比一般的组织结构具有更高的效果性。此外，掌管政策执行的主要执行者的态度（是积极还是消极；是以法制为中心还是以问题解决为中心）也对政策能否成功执行有着直接的影响。最后，政策执行能否成功实现还取决于是否按照制度化的程序合理地进行操作。

政策执行往往是在政府行政部门与外部环境之间的相互作用下实现的，因此在外部环境中客观存在的社会经济性等因素也会对政策的执行产生较大的影响。

二、执行过程和方法

1. 执行过程

直到 20 世纪 70 年代中期，有关执行和执行评估的方法主要有线性（linear）和由上而下（top-down）两种（Alexander and Faludi，1989，130）。这类方法主要是将某一时点视为政策的终结，并根据这一政策是否已达到预期目标结果来对执行进行评估判断。但是自 70 年代中期以后，人们基于政策内容在执行过程中还需要进行不断更改和补充的考虑，也对原有的线性方法进行了修改并提出了以循环式（circular）、反思式（reflexive）及协商式（negotiative）等为代表的渐进式执行过程（Alexander and Faludi，1989：130）。

每个学者对于政策执行阶段的划分有所不同。雷恩（M. Rein）将其划分为资源分配和监督阶段；琼斯（C. Jones）将其分为解析、组织和适用阶段；雷布里（R. Ripley）和富兰克林（G. Franklin）则将其分为资源安全、解析和规划、组织、收益和服务供给，以及监督和回流等阶段（유훈，1992：282～284）。

2. 执行方法

执行方法的范围较为广泛，既包括传统意义上的法制、行政及规范化的执行手段，又包括效果更加显著的一些非正式的方法。在政策执行方面并不存在单一的手段或方法。执行的精髓在于将能够实现目标的一系列行动和开发战略进行统一的编配（orchestration）（Wilson，et al.，1979：155）。

对于执行方法来说，可从直接行动、规范方法及间接方法三个层面出发对

其进行观察和分析（Wilson，et al.，1979：156～207；정환용，2001：412～414）。

1）直接执行行动（direct implementation actions）

政策执行的方法可分为自身直接努力和积极引导两种方法，促使其向既定规划的方向发展。后者作为一种间接式的方法包括了积极的规范限制或消极的引导政策。

以公共部门主导的空间开发为例，政府既要为各种开发计划支付相关的费用还要亲自担当起执行政策的责任。政府的经费支出包含了直接和间接等多样化的形式，其中最突出的表现为公共用地的获取、公共建设，以及开发支持等（Wilson，et al.，1979：156～167）。

2）规范化的方法（regulatory approaches）

这种方法通过对有关规划行为多进行的管控限制的做法给予官方认可和一定地位的方式，为现实中所采取的行动提供了有力的后盾保障（김신복，1992：192）。在这里，政策被高度地具体化并通过提出详细的目标和手段使之成为贯穿于整个执行阶段的行动指南。

一般来说，管控或限制的功能在于为了完成某一目标而努力保证业绩达到与之前所拟定的政策和标准相一致的水平，而当绩效结果离政策及标准还有一定差距时，还可以用以协助查明原因并采取适当的整改或补救措施。传统意义上的政策拟定相较于期待创新而言，其关注点更多地放在了“怎样才能预防那些难以预测的情况发生”等问题之上。因此，对于开发计划的管控也多将注意力放在了对负面现象或影响进行规范化管理上（Crowther，1983，147）。

在对空间进行开发时，管控的作用一方面在于禁止个人在某些区域内进行特定的开发活动；另一方面在于对某些区域内特定的开发活动进行积极的引导以促成区域开发目标的实现。从广义的层面来看，用以保障控制目标顺利实现的制度有土地利用分区制（land use zoning）和规划标准（planning standard）等（Hobbs and Dolings，1981，128～129）。

3）间接性的鼓励政策和抑制政策

第三种执行方法属于旨在对民间开发产生影响的公共政策。有时这种间接性的鼓励或抑制政策（indirect incentives and disincentives）要比那些仅靠控制和直接介入的措施方法更为有效。具体来看，主要有公共投资、公共财政、税收及开发奖励政策等（Wilson，et al.，1979：199～207）。与之前依靠直接性控制手段进行规范化管理的方式不同，公共政策主要通过由此而建立起来的鼓励引导体系来对民间开发进行间接性的引导。如果民间的开发行为与政策本身的意向和内容相一致，作为奖励则会采取相应的补偿措施；反之则会通过采取增设不利条件等方式引导其向与政策意图相一致的方向发展。

三、执行管理

1. 管理方法

政策执行的管理方法正日益成为行政管理中有关公共政策方面具有主导性的运营模式。公共部门越来越多地将原来仅在民间私营部门中广泛使用的手段和方法引入到公共管理的过程中来，并努力形成企业式的管理模式。这种管理方法主要可分为业务管理、企业管理和人事管理三种（Parsons，1995：473）。

（1）业务管理

20 世纪 50 年代，美国为对北极星（Polaris）导弹计划进行有效管理提出并采用了关键路径法（Critical Path Method，CPM）和计划评审技术（Program Evaluation and Review Technique，PERT）。这两种方法主要是在网络框架内对大型的项目作业进行管理，因此被称为网络分析（network analysis）。CPM 和 PERT 主要针对构成执行阶段的行动（activities）网络和事件(events)网络进行控制，从而实现对整个项目执行过程进行管控的目的。具体来看，CPM 的目的在于适时地对促成项目成功执行的关键性行为步骤进行确认。在这里，所谓的网络意指对项目出发点和重要行为活动的移动时间进行估测所形成的图形结构。PERT 的目的在于对关键性行为活动（critical activities）所需耗费的时间进行精确的估计，并对期间可能出现的不确定性因素进行评估。一般来说，形成 PERT 体系的三大要素主要有：某一行为活动的最佳移动时间、对行为活动所需耗费时间的乐观性（时间最短）预测，以及悲观性（时间最长）预测等。PERT 分析多在项目的主要领域内出现较多的不确定性因素的情况时使用（Parsons，1995：474）。

（2）企业管理

执行阶段的企业管理（corporate management）是由政府的管理者将原本发端于民间私营部门的管理方法引入至公共部门的一种新型的管理结构。企业管理模型强调通过目标、体系、组织、指令及管控等多要素循环的战略框架过程对管理过程中出现的问题进行分析和解决（Parsons，1995：475～476）。

政策与定义目标，以及达成目标的战略性开发过程有着紧密的联系。这一模型的核心环节通过被称为“SWOT”的战略分析方法对组织内部所存在的优势和弱势，以及组织外部的机遇和挑战进行分析和把握。基于 SWOT 分析观点，经过充分的探讨从中筛选出具有价值的目标。在这里值得我们思考的是，组织框架结构和这一框架结构内人力资源战略间的关系。对组织框架结构的选择是政策能否成功执行的关键所在。战略可以促进结构的形成，反之结构亦能推动战略的形成。企业管理的方法（corporate approach）是企业针对组织目标达成起到促进推动作用的组织结构、文化及形式等进行等级划分的一种方式。为推进行动规划有效执行而进行的监督，往往通过针对问题管理进行的一系列循环过程来达到确保目标成功实现的目的（Parsons，1995：476）。

企业管理作为一种有效的管理方式，自20世纪80年代以后，在许多发达国家节约成本、注重货币价值，以及培育更具企业导向型文化的大环境背景下孕育而生，并在公共部门领域内发挥着一定的影响力（Parsons，1995：476）。

(3) 人事管理

公共部门不仅借鉴了民间私营企业的管理主义理念，还将企业文化中以人为目标对象所实行的管理方式也引入到公共管理的过程中来。企业管理的精髓在于确定和树立企业目标。在公共部门的管理中，确定和树立目标的问题也同样至关重要。公共部门的管理和决策者们在确定和树立目标的过程中一直在思考这样一个问题：怎样才能在政策执行的过程中将被执行者——广大民众的意志反映到政策目标中来？以绩效评估和目标达成为目的的管理往往通过绩效评估和目标管理两种方法来达成。所谓绩效评估（performance appraisal）主要是指对组织目标和个人潜能开发方面的业绩（performance）进行评价的一种方法。目标管理（MBO：Management by objectives）通过管理者与被管理者之间的相互妥协以期确定和树立更加明确的目标（Parsons，1995：478）。

2. 预防政策脱轨

(1) 意义

政策在被制定并公开化以后，将会有反对的意见出现并有相互对立加剧的趋势，这种现象必将对政策产生一定的影响。此时，平等交换（give-and-take）和协商的现象便会应运而生。在之后的一段时间内，政策在经历数次的修改之后最终将得到各方的认同并进入执行阶段。但是，即便是修订后的政策依旧会在执行的过程中受到来自于未能享受到利益实惠的新生利害关系当事人的阻挠，而此时不得不再次进入到新一轮的利益协商和修改的阶段过程中。但是，由于政策已经处于执行阶段当中，重新进入到新一轮的协商和修改过程中势必造成政策效果的延迟和成本费用的增加。因此，在这种情况下，反而会激起另一波反对重新协商和修改政策的新势力，并进一步推迟规划和政策效果的发生时间。最后，经过反复多轮协商和修改之后的政策方案已经与当初政策制定的初衷相去甚远，根本无法满足利害关系当事任何一方的利益需求。而这种政策协商和修改过程的反复，以及随后在政策执行过程中所发生的效果滞后问题很

容易引发政策脱轨现象的发生。这里所说的政策脱轨（policy derailment）包括放弃具有一定价值的作业任务和推行没有任何价值的作业任务两类（Benveniste，1990：230；정환용，2001：414～417）。

(2) 政策脱轨的类型

政策脱轨可以归纳为以下七种类型（Benveniste，1990：230～232）。

1）因不断对政策进行修改而引发的脱轨

如果单纯旨在为了满足所有相关各方的利益而对政策进行不断地修改和协商的话，政策制定的初衷和理念都会发生改变。这不仅使政策的最终版本脱离了政策制定当初的基本意图，更为重要的是，缺乏充分的技术保障使其仍然始终无法满足所有利害关系当事人的利益诉求而最终只能以失败告终。

2）因无限拖延而引发的脱轨

反对集团会使用一切可能的手段来达到拖延和推迟政策执行的目的。由此，当政策最终出台时却根本无力解决原本急需解决的问题，也就无法达到最佳的执行效果。在这种情况下，政策的执行反而成了“昂贵”、“拖延”和“低效率”的代名词。

3）因大多数的政策被无效废止而引发的脱轨

政策也会有“胎死腹中”的状况出现。反对派在没有满足自身利益的情况下会想尽办法对政策的出台进行阻挠，直至政策难产而被迫取消。这种情况下的政策脱轨现象严重且最让相关利害关系当事人束手无策。

4）白象式（white elephant）的脱轨

这一类型的政策脱轨事故常常发生于追求不切实际且无法达成的目标或错误的解决方案的过程中。就像一个手无寸铁的人一味追求与体型庞大的白色巨象作战并志在打败它一样，其结果必定是无法完成预定的目标并以失败告终。

5）累积式（piling on）的脱轨

在政策执行的过程中，往往会不断地累积、增加相当一部分计划以外的额外行政作业任务。由此，也会招致更多的利害关系当事人出于满足自身利益需求的目的对规划进行肆意或不必要的使用。如果政策所承载的任务过于繁重，不仅根本无法对各种行政作业任务进行有效管理，更使政策本身偏离了原来所规划的既有路线。

6）因过度消耗费用和时间而引发的脱轨

在现实中，政策执行的过程要比预想的更为艰难和复杂。目标的实现所耗费的成本往往要大大超出之前的预算规划。当随着对预算和额外资源的需求不断增加而致使最终的收益却大大低于预期时，就会引发政策脱轨现象。

7）因官僚化而引发的脱轨

这种脱轨现象主要具体体现为以下三点：一是随着政策活动的持续展开，规划过程的地位和影响力却在持续下降或减弱；二是官僚式的潜规则超越甚至是凌驾于与政策活动有关的规范之上；三是相较于结果而言，越来越过于刻意地强调和突显形式过程和行政文书的重要性。

(3) 预防措施

为了防止政策脱轨现象的发生，往往会采取规划、协商和鼓励政策等措施（Benveniste，1990：234～259）。

1）从优规划

有效的规划除了需要一定的胆识以外，更需要清晰而又深透的洞察和思考能力。为了保障政策规划在现实中的顺利实施和执行，人们需要在规划阶段具有较高的前瞻性。虽然网络化（networking）管理在其中发挥着重要的作用，但仅有这些是远远不够的。很多情况下的政策脱轨现象都是伴随着矛盾的产生而发生的。在政策制定的初始阶段，虽然对政策可能产生的效果有所预测，但由于种种原因而致使其未能实现或根本不可能实现的情况常有发生。

2）协商

协商（negotiation）是指相互对立且具有一定利害关系的人或组织之间针对协议所进行的讨论（Hoch，1994：188）。协商具有两个层面的含义：一方面，是指为了获取所希望得到的资源和支持力量而进行的协商；另一方面，是指为了回避不具备可能性的作业任务而进行的协商。在这里，协商作为一项对政策脱轨进行事先预防的有效手段，为了达到所需要的协商效果，要在采取简化项目规划、构建信任网络，以及遵守诚信等方面做出积极的努力。

3）赋予规划者一定的权威性 、鼓励政策及风险承担力

规划者往往认为，在协商的过程中基本不会提出有意义的鼓励引导政策。实际上，规划者们作为公务人员并不对在实际操作过程中所产生的问题承担相应的责任。此外，在体制内部也几乎没有赋予规划者们能够吸纳对政策持有异见者的意见，以及动用所需资源的权力。因此，可以看出，作为规划者而言，一方面他们无法提出相应的鼓励引导政策；另一方面也无法在出现反对声音时，有能力找寻出一条既能尽快达成妥协而又具有实效性的政策路线。在规划者中所存在的这种拖延处理的现象最终将有可能导致规划出现无限期延长，甚至发生与目标背道而驰、引发脱轨的严重后果。因此，从长期来看，这一问题的存在将造成极大的浪费和危害。正面的鼓励引导政策要比负面的政策更具有效果性。如果将规划看做是一项管理任务，就必须保证赋予规划者一定的权威性、努力形成能够提出更加有力和有益的鼓励引导措施的良好氛围。此外，还应赋予规划者一定的权力使他们可以在一定程度内调配和使用资源。通过以上

这些措施可以进一步提高规划者的工作效率。

3. 冲突管理

（1）意义

随着公民社会的基础不断扩大，以及地方自治制度的深化实施，在城市开发进行的过程中，与此有关的各开发主体、相关民众及市民团体组织之间的对立乃至冲突和矛盾也不断发生，由此可能直接导致政策在执行的过程中无法达到预期效果等问题的发生。

所谓冲突管理，就是要力求去除或解决存在于利益相关各方之间的非功能性的冲突和矛盾，与此同时还要保持或在一定程度上刺激纯功能性的冲突和矛盾的发生。

（2）冲突解决模型

冲突解决模型主要有以下三种（Cross and Rosenthal：1999：564～566）。

1）分配谈判（distributive bargaining）

分配谈判模型是一种最早起源于劳动协商领域的谈判模式，其主要是对固有资源分配时产生的形态群组所进行的描述。在这一模型中，将胜、负，以及零和获取等看做是一般性的冲突和矛盾，其往往惯于使用竞争式（competitive）、定位导向式（position-based）及协议导向式（agreement oriented）等手段和方法。分配谈判的目的在于将一方所能获取的利益最大化，由此各当事方都竭尽全力在固定大小的利益蛋糕上争取尽可能多的份额。但是也必须看到，一方的获取必然会使另一方遭受同等份额的损失。因此，这一模型就不可避免地与信息控制、非透明化的交流与沟通、立场固定，以及公然进行的威胁等因素产生密切的关联性。（Cross and Rosenthal：1999：564）。

2）综合谈判（integrative bargaining）

自20世纪70年代中后期开始，人们对有关冲突解决方面的关注视线逐渐从分配式手段向综合式手段转移。这一模型最初也起源于劳动协商领域的谈判当中，现在已经成为各组织集团间在消解矛盾方面最常用的方法模型之一。在综合谈判模型中，双赢（win/win）和相互获取被看做是一般性的矛盾，其往往惯于使用合作式（cooperative）、利益导向式（interest-based）及协议导向式（agreement-oriented）等手段和方法。作为一种扩张式蛋糕模型（expanded pie model），其往往基于各方方案扩充的需要，通过共同合作的方式来寻求在问题解决的过程中对利益增大的可能性，以及获取更多资源利用的可能性等问题进行探讨。各协商者在争取更多分配利益的同时也为做大总量而努力。综合谈判的过程与相互让步协议的达成，以及对双方共赢方案的达成有着密切的联系。从这一角度来看，可以将协商各方之间存在的联系看做是一种共同推动相互间公平利益的伙伴关系。在这一模型中包含了一些共享的手段和方法，如对问题的明确定义、信息的公开与共享、对有可能形成的问题解决方案进行讨论等。通过这一模型，最终会为协商各方带来相互之间利益的最大化效益（Cross and Rosenthal：1999：564～565）。

3）相互作用问题的解决（interactive problem solving）

相互作用问题的解决通常依据学者和实践工作者所组成并推行的第三方协商或非正式仲裁的形式来实现。这种非传统的、非官方的、通过第三方进行的方式重在强调分析对话（analytical dialogue）、对共同问题的解决，以及冲突反馈等。其能够针对具有不同价值观的当事人之间因冲突或矛盾所产生的问题和相关热点话题（个人的动机、需求、价值和危险等）进行相当程度的深入分析。这种相互作用的问题解决模型主要通过对当事各方的政治诉求和所承担的危险进行分析诊断，从对于那些对双方有利但又难以解决的问题入手力求努力解决当事各方所受到的制约和面临的挑战。这一模型的主要目的之一在于，通过解决相互之间所存在的问题帮助各方进一步认清冲突的根源和本质所在。相较于其他模型中将关注的焦点过多地放在协议达成与否之上有所不同，在这一模型中，人们将关注的焦点更多地放在了通过互相交流及沟通渠道的改善、对彼此立场了解的加深，以及各方对自身目标和主次顺序的调整和优化等途径能否最终形成具有创造性的问题解决方案这一议题之上（Cross and Rosenthal，1999：565～566）。

（3）第三方流程

第三方流程（third-party processes）是以冲突解决为目的，相较于原来传统的、依靠法院执行等强制力来解决问题的方法而言，其力求降低各方之间产生对立和冲突方向发展的可能性。相较于过去其他模型中以是非对错为标准来进行判断和裁决的方式有所不同，在第三方流程中更多地强调通过合作（collaborative）、建立共识（consensus - building）的方式来化解冲突和矛盾。在这一过程中，当事各方在接受第三方介入的情况下，通过对相互之间的冲突和矛盾进行定义、拟定对策方案、制定评判标准等一系列步骤流程，从而达成各方都可以接受的协议方案（Purdy，2000：321）。

依照第三方流程所形成的冲突解决方法主要有以下几种（Purdy，2000：322～324）。

1）仲裁（arbitration）

仲裁是应用最为广泛的一种第三方介入式的冲突解决方法。这种方法与其他第三方介入的方法有所不同，其流程形式与司法审判的过程较为类似，因此仲裁者在其中扮演着类似于审判官一样的角色。具体来看，仲裁者对相关证据进行审查并在听取相关当事各方的立场陈述之后做出相应的裁决。在这一过程中，仲裁对象的设定范围仅限定于两方的当事人，并为双方陈述立场和最后的判决划定了严格的时间限制。但从某些案例中可以看出，由于相较于其他一些可以进行公开讨论并通过相互协议的方式解决问题的第三方介入方法而言仲裁的方法明显缺乏灵活性，有时也并不受到人们的欢迎（Purdy，2000：322）。但也必须看到，仲裁依旧在产生冲突和矛盾的当事各方之间进行协议方面发挥着一定的效力。

2）调停（mediation）

所谓调停，是指处于中立位置上的第三方在征得产生纠纷的各当事方同意的情况下，协助并推动各方通过自主协商的方式主动化解纠纷的一种冲突解决方法。中立的第三方——调停者要在确保当事各方利益的前提下，努力协助各方制定均可以接受且切实可行的问题解决方案。通过以上步骤形成问题解决过程的框架体系（Purdy，2000：322～323）。调停的过程一定要遵守自律性和中立性的原则。所谓自律性，是指调停者虽然介入到问题解决的过程当中，但要自始至终坚持不在最终决策的达成和提出相应解决策略上享有或具有任何权限。所谓中立性，是指作为调停者的立场不能出现偏差，不能偏向于当事的任何一方。从中立的立场来看，在通常情况下调停者只在协助并推动产生矛盾的各当事方之间进行相互交流与沟通这一环节上发挥作用。因此，调停者与各当事方相互之间是否具有一定程度的信任基础是调停成败的关键因素所在。

3）推进（facilitation）

推进是指，通过中立者的支持以实现针对目标的协议，或通过促成相互具有分化意见的个人及组织集团间形成合作关系从而达成问题解决目的的过程。推动者在各当事方进行会晤或协商的过程中，对各当事方的行为路线进行设计并根据一定的议程安排协助和推动各方实现更加有效的交流沟通。相较于其他的第三方冲突解决方法而言，推进法所关注的焦点始终放在如何构建和保持各当事方之间的良好工作关系之上（Purdy，2000：323）。

4）规范化的协商（regulatory negotiation）

规范化协商或协商规则的制定，作为一种开发手段试图扩大在规则拟定的初始阶段就受其影响的各当事方的参与范围。由此可以看出，这一方法的目的在于努力研究和开发出对所有受到影响的当事方均能够适用的协商规则（Purdy，2000：323）。

5）流程咨询（process consultation）

流程咨询是指第三者针对流程活动在认知、理解及行动上给予一定的协助。流程咨询的目标在于努力增进和改善当事方之间的交流与沟通，这种方法多适用于出于感性所导致的矛盾纠纷或冲突激化的状况。流程咨询者们仅将关注的焦点放在何时何地进行会晤，以及对话的框架结构等流程性的问题上。流程咨询者在整个过程中扮演着“裁判员”、“守门员”和“计时员”等多种角色（Purdy，2000：324）。

4. 监控

（1）意义

监控（monitoring）作为一项内部规划活动通常与“项目规划的投资是否按照计划进行管理和使用”，以及“是否按照计划完成预算支出”等需要进行审查的事项之间产生一定的联系（Bamberger and Hewitt，1986：8）。其通过对信息进行周期性的记录来对规划和政策体系中所制定的各项活动的履行和目标的完成情况进行如实的反映（Rose，1979：23）。监控与评估作为两种必不可少的管理手段主要在改善和提高现行项目规划的效率性，以及对未来项目规划进行选择和设计方面发挥着重要的作用（Bamberger and Hewitt，1986：1）。监控是一种为了对项目的进度、执行中所面临的问题，以及执行的效率性进行反复研判和审查而设计出的一种用于在内部推行的项目规划行为。

（2）种类

监控可以分为绩效监控和过程监控两大类（Bamberger and Hewitt，1986：8）。绩效监控（performance monitoring）主要是对在项目规划中所投入的要素是否按照之前批准的预算和时间计划进行了使用，以及计划的财政支出是否合乎时宜及是否通过成本—收益的方法进行了规划预算等问题进行查对核实（Bamberger and Hewitt，1986：8）。绩效监控（process monitoring）基于完善项目监督过程的目的，通过对项目业绩指标进行持续不断的反复性监控，最终达到找出问题并予以矫正的既定政策管理目标（Bamberger and Hewitt，1986：8）。监控在以下两方面上具有重要的意义：一是作为一项规划怎样对将来可能出现的政策受益者进行认知和评判，并在实际过程中对所能达到的标准程度等问题进行有效分析；二是可有效提高政策部门和政策受益者之间进行沟通和联系的效率性。

监控还可以依据对环境的不确定性程度和政策管控程度的不同分为执行、影响和战略三种类型（Rose，1979：23）。执行监控（implementation monitoring）是其中历史最为长久的一种监控类型，具有高度的稳定性、环境把握力及控制能力，通常采取一元化途径进行。影响监控（impact monitoring）与开发规划和一元化的途径密切相关。执行监控和影响监控之间相互作用，有时也会发生重叠现象。以战略监控（strategic monitoring）为核心所展开的研究，往往将对所存在的不确定性进行理解、归纳分类，以及方法总结作为其研究目标。

第四节　政策评估

一、意义

1. 概念

政策经过执行阶段之后，要想对其按照既定规划施行与否有所了解和把握，对政策执行的路径轨迹进行追踪就显得尤为重要。在规划得以执行的过程中或是执行结束以后，通过政策评估手段对其按照既定目标实施与否，以及规划执行结束与否等方面进行分析是十分必要的（Mayer，1985：190；정환용，2001：419～420）。

所谓评估（evaluation），是指对相互不同的行动路线所具有的利弊进行评定（Lichfield，et al.，1975：4）。在与“评估”相关的英文词汇中，在规划领域使用最多的有“evaluation”和“valuation”。前者是指包括对规划方案进行比较评价等在内的全部规划过程的广义性概念；而后者则仅将行为活动的焦点放在某一部分规划过程之上（Lichfield，et al.，1975：4）。评估（evaluation）作为一种价值化（valuing）的行动，代表着一种行为标准，与目的（objectives）有着直接的关联性（Chadwick，1978：260）。

根据评估的综合性原则，应对因规划决策而受到影响的所有个人和组织集团的利益变化趋势进行测评。在这一评估过程中，将向区域社会内所有的成员提供有关政策影响的信息。此外，评估也被视为一个不断进行学习的过程。这主要是由于在这一过程中为了找出某一规划方案利弊的相关证据而需要不断地进行研究和分析，与此同时也从中不断地获取新的洞察能力从而激励人们提出更加优秀的方案。在评估过程中，不可避免地会体现出规划者和政治家的“价值”所在。以政治家为中心所推进的评估大都出于对选举的关心，且都是短视的而非战略性的；而以规划者为中心所推进的评估也大都出于其自身的价值和判断的需要（Bracken，1981：70）。

2. 目的和功能

（1）目的

根据立场和角度的不同，评估的意义也有所不同。从政策执行者的立场来看，评估的意义在于确保各方对自身政策执行行为的支持力度；而从政策决策者的立场来看，评估的意义在于在由其所出台的政策在现实生活中得到具体执行后，对公众或社会组织集团可能将会做出的反应及时进行掌握和了解。从政

策分析者等学者的角度来看，评估的意义在于通过科学的方法构建有关政策过程的全面性知识框架（안혜균，2004：464～465）。

美国学者薛琳斯基（E. Chelmisky）将不同立场和角度所进行的评估归纳为知识、管理、责任感三类（노화준，2004：455～457；안혜균，2004：465～467；정정길，1998：706～711）。

1）知识的角度

一方面，通过对政策或项目进行评估，不断地发展和延伸出有关社会现象的新知识，进而从长远的角度着想，将这些新的知识投入到政策开发和解决社会实际问题中来；另一方面，透过评估不仅能够提高政府解决问题的能力，还可以为有相关学科领域的进步与发展做出一定的贡献。

2）管理的角度

为政策决策或执行过程提供必要的信息以推动其向更为优化的方向发展。根据政策的执行过程或执行后所产生的结果对所获取的信息进行反馈，从而在树立更加行之有效的执行战略、规划推进、内容修改，以及决策等方面提供有益的帮助。

3）责任感的角度

政策评估的目的在于使政策决策者或项目的管理者们从效果性和运营质量两方面着眼，使他们对所管辖范围内的政策或项目的价值真正担负起应有的责任。这也是充分和有效利用政府资源的有效途径之一。

（2）功能

在政策过程中评估担负着以下三个主要功能（Dunn，1994：405～406）。首先，政策评估可以提供有关政策绩效方面具有一定可信度和价值的信息咨询。在这里，根据所采取的政策活动的不同，政策绩效所表现出的需求强度、价值程度和机会大小也会有所不同。透过此也可以体现出最终目标的达成程度。其次，政策评估有助于对潜藏于目标选择基础层面的价值进行明确的定位或评判。价值的定位可以透过目标选择、定义，以及提出问题的方式而获得。在对目标的适当性产生质疑时，政策分析者可以对其进行全方位的探讨并对价值做出评判。最后，政策评估有助于其他政策分析方法的广泛应用。评估的重要作用主要体现在对未来将会产生影响的政策进行选择和设计等方面。评估研究往往将关注的焦点放在政策受意向影响的程度大小、依据政策所产生的利益分配关系，以及对各方案进行成本—收益分析等方面（Bamberfer and Hewitt，1986：1）。

在评估工作进行的过程中，可能会因为各种因素的存在而受到一定的抵抗或干扰。在这里，我们对主要的抵抗因素进行了总结（Posavac and Carey，1985：43～48）。

1）对项目管理者的业绩效果过度期待

管理者虽然具有对项目将会产生某种程度的正面效果的自信感，但当与期待结果不一致时，却会产生强烈的不满情绪，在这种情况下很难创造出一个有利于评估的良好环境。

2）对项目中断可能性的忧虑

即便评估的最终结果对该政策持否定态度，也很少会因此而出现规划搁浅或面临政策废止的局面。但是，根据对这一评估结果所采取的应对措施的不同，也并不能完全排除项目被中断的可能。

3）对滥用评估信息可能性的忧虑

相当多的人认为，评估中的信息或内容将对自己的处境造成更为不利的影响或使自己陷入被动局面。

4）评估无用论

一些人主张评估对作为评估对象的规划或政策来说根本不会产生任何影响。

5）对评估会导致项目资金被蚕食的批判

一些人批评将有关项目的专项投资投入到评估过程当中的做法将会造成相关项目经费被过度占用，从而造成实际经费缩减的后果。

二、类型和方法

1. 类型

在政策过程中存在着多种评估类型（Voogd，1983：16；노화준，2004：458～459；유훈，388～395）。

首先，根据政策评估前后时期的不同可分为事前（ex ante）评估和事后（ex post）评估。前者关注的焦点主要放在准备过程（forward looking）之上；后者重点关注在政策执行过程中所发生的相关事件（backward looking）。有关方案选择的评估属于事前评估。

其次，根据评估时期的不同可分为形成性评估和总结性评估。形成性评估（formative evaluation）主要关注政策在执行过程中的完成情况；总结性评估（summative evaluation）主要关注规划结束以后项目施行的效果情况。在这里，形成性评估在执行过程中有关执行管理和战略修正与补充等方面和过程评估有很多相互重叠的地方。

再次，根据评估目的的不同可以分为过程评估和影响评估两类。其中，影响评估具有事后评估和总结性评估的特征。

最后，根据手段或方法的不同可分为虚拟评估、正式评估和决策理论评估三类（Dunn，1994：406～414）。虚拟评估（pseudo-evaluation）是一种在对规划结果充分信任的基础上力求估测出较为适当的信息咨询的方法。但是必须注意的是，这一结果并不能作为对个人、组织集团或社会全体价值进行质疑或挑战的依据而加以使用。正式评估（formal evaluation）是在对规划决策充分信任的基础上通过一定的加工和估测从而导出较为适当的信息咨询的一类方法。但这类评估只能应用于以政策决策者或项目管理者正式公布的政策目标为基础进行评估之时。决策理论评估（decision-theoretic evaluation）是一种各利害关系当事人在对已明确进行过价值评估的政策结果充分信任的基础上力求估测出较为适当的信息咨询的方法。

2. 方法

政策评估的方法可分为实验法、目标导向法、决策导向法、使用者导向法及感应法等（노화준，1996：458～467）。

1）实验法（experimental approach）

实验法试图在评估领域内引入并应用实验科学的原理进行政策评估。在这一方法中，通过对那些与政策执行一同产生作用的外在因素和政策影响加以有效区分，使政策或具体项目可以在将来得到更广泛的推广和应用。在这一方法中，可以依据按随机方式能否将实验对象分为实验集团和控制集团为标准再次细分为真正的实验和准实验两类。

2）目标导向法（goal-oriented approach）

在这一方法中对政策目标达成度进行有效评估是其关注的焦点所在。因此，通过这一方法，可以对政策行为活动的最终成果，以及所达成的各项结果之间的关系——即目标与行为活动之间的逻辑性关系进行明确的识别。

3）决策导向法（decision-focused approach）

决策导向法重在强调为规划或项目管理及运营提供必要的信息情报。因此，评估活动应该努力呼应和满足政策决策者或执行者的决策需求。

4）使用者导向法（user-oriented approach）

使用者导向法是一种意在提高评估结果实用性的方法。在这里，为了进一步提高评估结果的适用性需要对会产生相关影响的核心要素——决策者的参与程度、信息的时效性以及组织的脉络性都能够敏感问题进行进一步的探讨和分析。

5）感应法（responsive approach）

感应法认为，只有在从各有关利害关系当事人多种不同的角度出发去理解问题时才能实现真正有意义的评估。在这一方法中，受到影响的当事人首先按照各自固有的方法去对问题进行认知和定义，之后评估者再以此为基础对政策的影响进行把握和了解。

3. 评估项目和方法

（1）评估项目

在评估的设计过程中，需要首先澄清和明确以下四个问题（Mayer，1985：

191～193）。

1）政策是否已经得到执行

面对这一问题时，我们可以更进一步地追问“政策的执行已经达到了怎样的程度”。在政策的实际执行过程中，政策制定的初衷或内容有可能会出现偏离或歪曲。评估仅是针对实际所发生的效应进行测定和评价，而这有可能与实际执行的内容和规划方面的初衷出现不相符的局面。因此，在评估的初始阶段，要对已规划和已执行的内容之间是否具有一致性进行监测评价。在这一过程中，惯用的手段主要有项目监测、投入评估、过程评估、规划-成果比较等。

2）目标是否已经实现

第二个问题具体可以分为“目标的完成程度如何”和“是否已经达到预期想要得到的结果”两个问题。在这一过程中，惯用的手段主要有结果评估和前后比较法等。

3）计划是否具有效果性

这一问题所关注的焦点在于，政策执行后所发生的情势变化是否是计划所带来的直接效果。在这一过程中实验-准实验的方法得了广泛的使用。

4）计划是否具有效率性

从发生效应和成本比率的角度来看，当效应超出成本时就被视为具有效率性的计划。因此，成本—收益或成本—效应分析成为这一过程中惯用的方法。

（2）评估标准

根据中村和史默伍德（R. Nakamura and F. Smallwood）对评估标准的划分，可分为目标达成（goal attainment）、效率性（efficiency）、民众满意度（constituency satisfaction）、顾客反馈性（clientele responsiveness）及系统持续性（system maintenance）等（유훈，1992：396～399）。舒什曼（E. Suchman）则将其分为努力（effort）、绩效（performance）、充分性（adequacy）、效率性（efficiency）及流程（process）五类（노화준，1991：60）。此外，邓恩（W. Dunn）将评估标准划分为效果性（effectiveness）、效率性（efficiency）、充分性（adequacy）、公平性（equity）、反应性（responsiveness）及适当性（appropriateness）等（Dunn，1994，405）。

三、评估方法

评估方法可按照多个不同的标准来加以区分。其中，最常用的是在政策执行后进行评估的事后评估法（ex-post evaluation）。在这一方法中，可具体细分为前后比较、有无比较、实际与规划成果间的比较，以及实验模型、准实验模型以及比较导向法等（정환용，2001：433～435）。

1. 前后比较法

前后比较法（before-and-after comparisons）作为一种最为常用的评估方法就是指将规划或者项目在执行前的状况和在政策实施以后的状况进行比较和分析。在这一方法中，虽然要对政策执行前的资料进行收集，并需要对与规划目标相关的评估标准进行确认，但从根本上来说，其通常将规划前后所发生的所有变化都视作规划的影响所致，因此即便是一些客观存在的或是自然性的变化也被视为规划影响而被一并纳入到评估过程当中。这也是前后比较法的缺点所在。

2. 有无比较法

有无比较法是指将政策施行区域（或集团）和未施行区域来加以对比分析的一种方法。有无比较法虽然避免了前后比较法中将客观因素和自然因素的变化视为受规划影响所致的缺点，但其在选择比较的区域对象时也较易发生问题。

3. 实际与规划成果间比较法

这一方法主要是将项目在实际过程中推行后的情况与推行之前的既定目标进行比较分析。在这一方法中，通过搜集和整理一定期间内与以事前评估为标准所设定的目标和实际发生效果有关的材料，对目标成果和实际效果进行对比后，对这一差异性是在规划本身所发生的还是由于外部因素的影响所导致的问题进行说明和探讨。

4. 实验法

虽然从概念和基本逻辑上来看，社会实验（social experiment）中所谓的实验法与实验室内进行的实验大体相同。但在这里，其并非指的是在真正的实验室环境中所进行的某种科学实验，而是在社会的现实状况下进行的一项“实验”，以此达到对政策实施的影响进行评估的目的（정정길，1998：757）。试验模型［experimental（controlled）models］打破了前后比较法自身所具有的局限性，通过对影响评估对象集团（实验群集合）和比较对象集团（控制群集合）进行比较，对影响的程度做出把握和判断。因此，在这一模型中，往往在对两个集团间完全相同的因素进行控制的前提下，对两者间产生的所有差异都视为是政策实施所导致的结果。这种纯影响可以被看做是实验群集合的总变化与控制群集合的总变化之间所产生的差异性。这一方法的局限性在于，其除政策以外将所有因素进行控制的方式在现实生活中是很难实现的。

根据对控制变量控制程度的不同，实验设计的类型包含了从“视完全控制为可能的真实验设计”（pure experimental design）到“视完全控制为不可能的准实验”（quasi-experimental design）的区间内的多种变化类型。与针对政策实施前进行方案选择所采用的成本—收益分析和成本—效应分析类似的非成本导向评估（cost-oriented evaluation approaches）也在影响评估阶段得到了广泛的使用。

参考文献

김신복,（1999),《발전계획론》(서울：박영사）.

노화준,（1996，2004),《정책학원론》(서울：박영사）.

안혜균,（2004),《정책학원론》,（서울：다산）.

유훈,（1992，2002),《정책학원론》,（서울：법문사）.

이달곤,（2000),《협상론》,（서울：법문사）.

정정길,（1998),《정책학원론》,（서울：대명출판사）.

정정길 , 외3인,（2004),《정책학원론》,（서울：대명출판사）.

정철현,（2001),《행정의사결정론》,（서울：다산）.

정환용,（2001),《계획이론》,（서울：박영사）.

Alexander，E.，(1992)，*Approaches to Planning*（Philadelphia：Gordon and Breach Science Publishers）.

Alexander，E. and Faludi，A.，(1989)，“Planning and plan implementation：notes on evaluation criteria,” *Environment and Planning B*，16：127～140.

Bambergerm，M. and Hewitt，E.，(1986)，*Monitoring and Evaluating Urban Development programs*，World bank Technical Paper No. 53（Washington，D. C.：The World Bank）.

Benveniste. G.，(1990)，*Mastering the Politics of Planning*（San Francisco：Jossey-Bass Publishers）.

Bracken，I.，(1981)，*Urban Planning Methods*：*Research and Policy Analysis*（London：Methuen）.

Chadwick，G.，(1978)，*A Systems View of Planning*（Oxford：Pergamon）.

Chapin，F. and Kaiser，Edward J.，(1979)，*Urban Land Use Planning*（Urbana，Illinois：Univ. of Chicago）.

Cross，S. and Rosenthal，K.，(1999)，“Three models of confict resolution：Effects on intergroup expectancies and attitudes,” *Journal of Social Issues*，55：3（1999)：561～580.

Crowther，S.，(1983)，“My hopes for planning,” *Town & Country Planning*，May 1983，146～149.

Dery，D (강근복 역），(1990)，《정책분석과 문제정의》，한국학술진흥재단번역서78，（서울：대광문화사）.

Dunn，W.，(1994)，*Public Policy* Analysis（Englewood Cliffs，N. J.：Prentice Hall）.

Hobbs，F. and Doling，J.，(1981)，*Planning for Engineers and Surveyors*（Oxford Pergamon）.

Mayer, R. , (1985), *Policy and Program Planning: A Developmental Perspective* (Englewood Cliffs, N. J. : Prentice-Hall) .

McAllister, D. , (1982), *Evaluation in Environmental Planning* (Cambridge: The MIT Press) .

Papamichail, K. and Robertson, I. , (2003), "Supporting societal decision making: a process perspective." *Journal of Multi-criteria Decision Analysis*, 12 (2003): 203～212.

Parsons, W. , (1995), *Public Policy* (Aldershot, U. K. : Edward Elgar) .

Patton C. and Wawicki, D. , (1986), *Basic Methods of Policy Analysis and Planning* (N. J. : Prentice-hall) .

Posavac, E. and Carey, R. , (1985), *Program Evaluation: Methods and Case Studies* (N. J. : Prentice-Hall) .

Roberts, M . , (1980), *An Introduction to Town Planning Techniques* (London: Hutchinson) .

Smith, F. and Hester, Jr. , Randolf T. , (1982), *Community Goal Setting* (Penn. : Hutchinson Ross) .

Voogd, H. , (1983), *Multicriteria Evaluation for Urban and Regional Planning* (London: Pion) .

Wilson, J. , Tabas, P. and Henneman, M. , (1979), *Comprehensive Planning and the Environment: A Manual for Planners* (Cambridge, Mass. : Abt Books) .

Young, R. , (1996), Goals and goal setting, *JAIP*, 32; 2 (March 1966): 76～85.

第二篇

部门管理

第五章

土地管理

第一节 概　　要

一、意义

1. 土地的特征

土地不仅为人类提供了生存所必需的物质资料和生活空间，也提供了一些满足人类心理需求的机会和可能性。因此，拥有住房和持有土地，对于个人而言可以说是人生的最高目标之一；对于家庭而言，在所有单一项目的开销中对自家房产的支出往往占据着最为重要的位置。与此同时，土地作为最根本的资源之一也是城市开发层面中最重要的元素之一。许多城市问题的发生都多多少少与土地的利用和管理有着直接或间接的关系。

土地一词根据使用者自身利益和视野角度不同也被冠以其他名词来替代其原本的含义，如地表（ground）、土壤（soil）、房地产（real estate）和地皮等。从法学的角度来看，所谓土地，是指所有权效力发生作用的地表部分（韩国《民法》第 212 条）。但是，经济学家也经常用资本和资源的概念来代指土地的原有内含。

土地具有其他一般性的经济商品所不具备的特征，大体上可从自然特征、人文特征及经济特征三个方面进行探讨和分析。

(1) 자연特征

土地的自然特征包括固定性、有限性、永久性和差异性等（이태교，2001：24～26）。

土地最基本的特征就是地理位置的固定性。这一特征具体表现为土地位置的不可移动性和不可互换性。土地的固定性使每一个区域形成各自不同的土地交易和土地价格，并与土地的个别性、非同质性，以及非对称性等特征有着密切的联系，因此可以说房地产市场是不完全市场。此外，土地的不可移动性也使得其保有成本非常低，但一旦试图改变土地利用功能进行土地开发的话，成本将会大幅度增加。

土地的有限性也被称为非生产性，是指与其他一般商品相比，无论投入多少生产费用都无法提高它的绝对供给量。随着城市化和工业化进程的不断推进，对土地资源的需求也与日俱增。由于土地本身的面积非常有限，土地价格也呈现出持续上涨的态势。由此，必将引发土地投机，以及利益所得分配的不均衡等问题。

土地的永久性是指土地是一种非消耗性资源，它不会随着人们的使用或时间的流逝而消失。一般来说，土地的用途、形态、价值性及收益性会发生一定的改变，但土地的本质不会发生任何的变化。土地所具有的永久性特征属性可为土地持有者持续不断地提供租金收益，同时其作为一种保值、增值的手段也具有重要的意义。

土地的差异性是指土地的非同质性和异质性特征。土地在自然、人文及经济等方面所呈现出的差异最终使其呈现出异质性的特征。也正是由于土地具有的这一特征，很难将其作为一般商品进行统一的标准化定义，而只能根据每个地区的实际情况去判断和规范相应的土地利用行为。

（2）人文特征

土地的人文特征具体表现为用途的多样性、整合划分的可能性、社会经济和行政地位的可变性等（이태교，2001：26～27）。

用途的多样性是指，土地与其他一般的商品不同，其具有一定的弹性和灵活性，可以同时兼具两个或两个以上的用途。但是，绝大部分的土地在特定的时间内只能进行单一的用途作业，由此，在土地用途的使用方面会产生一定的竞争。因此，是否具有最佳效应和最佳收益成为土地利用的基本原则之一。这一原则也就是我们通常所说的最有效使用原则（principle of highest and best land use）。

整合划分的可能性是指，依据使用主体的目的和便利程度的不同对土地进行区划和分割。通过对土地进行整合划分也可以实现土地的最有效使用。

从人与土地的关系的层面来看，土地并非是完全不可移动和不可变化的，这主要是由于土地所处的经济、社会及行政地位等一直处于变化当中。社会地位的可变性可表现为根据高级住宅或棚户区的区位选址的不同，其周边的设施条件及社会环境也会随之发生改善或恶化的趋势等。经济地位的可变性是指，随着周边地区的社会间接资本的投资程度、经济成长及经济发展周期等的变动，土地房地产的供求也会出现较大的波动，从而影响或促使土地自身的特性产生变化。行政位置的可变性是指，土地制度、土地利用规划、税制、法制，以及住宅和宅基地开发等一系列与土地住宅有关的政府政策的变化，对土地房地产活动乃至土地价格所带来的直接或间接的影响。以上这些土地相对地位的变化不仅对土地利用产生着一定的影响，也对土地价格和租金产生着不小的影响。

(3) 经济特征

土地就像是一颗钻石的断层表面一般，也会呈现出多个不同层面的特征性含义。其中，最为重要的七大特征性含义为空间、自然、生产要素、消费资料、位置、财产和资本（Barlowe，1978：10～11）。

由于空间（space）既不会被破坏也不会有所增加，其量的大小是固定的，也具有不可破坏性。空间特征层面上的土地概念不仅指地表，更具有指代立体空间的深层次含义。

自然（nature）特征层面上的土地概念与自然环境有着密不可分的联系。土地会随着地形、气候及气象条件的变化而不断地变化。相应地，人类可以通过一系列行为活动对土地的特征进行变更或调整。

土地与劳动力、资本和经济管理（生产组织）共同构成了维系国民经济运行和市场主体生产经营过程中所必须具备的四大生产要素（a factor of production）。当我们从这个层面来思考土地的概念时，也就意味着土地在这四大基本要素中代表着提供自然资源的含义。这一层面的土地概念与消费资料（consumption good）层面的土地概念有着密不可分的联系。土地一方面不仅可以为人们所持有和进行变更以满足人类生产活动的需求；另一方面土地也具有消费者资料的价值。在现实生活中，如建设用地皮、停车场、居住用地不仅是一种生产要素，也是可供我们使用的消费资料。

在当今，位置（situation）特征层面上的土地概念最具有重要性。这一概念从市场、地理特征，以及与其他资源和区域关系的角度出发对土地的区位进行了深层次的定义。这不仅是因为土地的利用价值往往是由区位和通达性所决定的，还因为在现代经济学中，区位布局因素的战略重要性正日益突显出来。

财产（property）特征层面上的土地概念往往与房地产有着高度的关联性，并具有较高的法律内涵。这一概念主要围绕因行使所有权和使用权而产生的权力与责任，以及由此而形成的区域内的个人、组织集团等之间的相互关系等内容而展开。

土地作为个人、企业或国家财产的重要组成部分，是财富的主要来源之一。土地所固有的有限性和永久性不仅对于土地的保值和增值具有重要的意义，也进一步充实了土地在财产特征层面所具有的深层次内涵。土地财产保有的多少也决定了个人或企业的经济地位。

与其他特征层面相比，资本（capital）特征层面上的土地概念具有更深的现实意义。虽然从社会的角度来看土地具有固定性、耐久性和所具有的自由物品（free goods）的特征，但从个体投资者的立场来看，应使土地像其他资本财物一样可以进行购买或租赁。

2. 土地的供需

(1) 需求

人口（population）是土地需求增加最重要的单一因子。总人口数的增加不仅会引起农业用地的增加，也会诱发对非农业用地需求的增加。具体来看，人口的持续增长不仅会使人们对房产、汽车及家用电器等消费商品的需求大增，对学校、商业设施、道路及公园等公共基础设施的修建也会提出新的要求。由此也可以看出，人口增长势必会引起对建筑建材、地下资源、能源及水资源等的需求量大增。

政府如果能对随着城市人口增长而不断增加的土地资源的使用量有所了解和掌握，就能在土地管理方面进行更加行之有效的行政作业。学者 Darin-Drabkin 曾对土地的需求量做过估算，按照他的估算结果，一般来说，城市人口每增加 1 名就需要增加 190～336 平方米的土地供给量（其中住宅用地 70～136平方米；绿化及娱乐用地40～56平方米；道路及交通用地 30～50 平方米；工业用地 20～40 平方米；服务产业用地 10～14 平方米；公共服务用地 20～40平方米）(Darin-Drabkin，1977：23～44)。对人口特征产生影响的城市化、家庭结构、教育程度及收入水平等同样也被视为土地的需求因子，且具有重要意义。

(2) 供给

土地的供给通常分为自然供给和经济供给。自然供给又称土地的物理供给或实质供给，是指所能提供的土地资源的绝对数量。从这一意义上来看，在现实中土地的自然供给量是相对固定和有限的。因此，要想在现实中进一步加大对土地利用的人为干预程度就必须通过缜密的调查研究对土地这一自然资源进行更加明确的细化整理和分类。

通常意义上的土地供给是指，按照不同的土地用途所提供的相应的经济供给量。经济供给是指，在既定的时间和空间场所内随着价格的变化所提供的具有特定目的的土地使用量。土地经济供给的增加也就意味着要对现有的用地采取进一步的集约化利用、排除制约土地利用的负面因素、抑制对土地生长物的消费等措施以期提高土地利用的经济效益。

二、地租和地价

1. 地租

一般意义上的地租（land rent）是指，在土地和建筑物的使用中应向财产所有者支付的费用。但是从经济层面上来看，地租的概念通常会被解释为因土地资源的利用而产生的经济性报酬。

地租对土地价格和土地利用有着直接的影响。土地资源的使用者在面临多个与土地利用有关的方案选择时，将会选择能够带来最大收益的方案，因此，其关心的重点在于对各个方案进行潜在收入能力的比较。

2. 地价

从理论上来看，土地的现行市场价格就等于是人们对未来所能预测到的土地地租的现值。要想对现在市场的价格做出判断，不仅首先需要估算出未来土地地租的价值，还要对到未来某个时间点为止所需要收取的地租收益的现在价值进行计算和预估。

诱发土地价格发生变动的主要因素有效用、相对的稀缺性、有效需求及市场交易性等。所谓效用，是指持有和使用土地资源而从中所获取的满足程度。这里的效用通常与舒适度和收益性等相通。所谓相对的稀缺性，是指相较于人类的欲望而言，无论从质或量上来看能够满足欲望的手段和途径均处于不充足或短缺的状态。土地除了具有绝对量不足和有限性的特征以外，在对其的利用和使用方面也存在着许多制约因素。所谓有效需求（effective demand），是指基于购买力之上的市场需求。即便是在其他条件都具备的情况下，如果没有对商品进行交易的能力和权力，也很难确保其具有市场价值。在许多情况下，虽然市场交易性与移动性有着密不可分的联系，但对于房地产而言却有着一定的特殊性。

造成地价上涨的原因有很多，较为典型的原因有以下几种：随着经济的发展对非农业用地的需求量增加；为了应对市场通货膨胀，作为一种保值手段将货币资产转换为土地等实物资产；随着科学技术的不断进步，农业生产率得到显著提高，从而使得土地纯收益也随之不断增加；传统观念中所固有的对土地的重视；等等。

三、土地管理

1. 概念

所谓土地管理，是指政府行政部门运用公共政策等手段以期实现既定的土地政策目标（유해웅·성소미，1998）。在这里，土地政策（land policy）是指，

政府力求对土地利用、规划、价格及利益优惠等方面产生影响而采取的一系列行为活动的总称。

所有国家的政府都对本国的土地市场和开发过程保持着不同强度的介入行为。一般来看，这一政府介入行为的正当性来源于其不仅可以减少土地市场和开发过程中所产生的非效率性问题，还可以有效地提高公平性和均衡性。通常往往从公平性和效率性的观点出发对土地政策加以区分，但也必须注意到，从开发控制和促进提升的观点出发对其加以区分也是非常重要的。控制（control）往往与自由市场的规范和制约产生联系；而促进提升（promotion）则与鼓励最优形态和模式的开发有着紧密的联系（Kivell，1993：124～130）。

市场主义者认为，在完全自由的市场条件下对土地进行分配是最理想的土地利用模式，因此他们主张政府的介入是完全没有必要或是反生产性的。如果将市场主义者的论调置于完全市场及收入分配完全均衡的条件下来看，那它的确是一种符合事实的主张。但是，市场失败和收入的不均衡性往往与土地市场和土地服务有着密不可分的联系。因此，如果在现实中并不存在这种理想中的最佳条件，那么政府对土地分配的介入就显得尤为必要了（Whitehead，1983：109）。

土地的属性决定了土地市场具有不完全市场的特征。由于存在外部性和公共商品等特性，其根本无法实现资源的最佳优化配置，最终必然会导致市场失败的发生。土地市场上所发生的市场失败最终为政府介入土地市场提供了合乎逻辑的理论依据。具体来看，由于土地市场自身有可能会在公共商品、外部性、信息、市场能力、时间点歪曲、不确定性、效用依存性及再分配等方面产生一定的问题，政府的适时、适当介入是必要的（Whiehead，1983：110～115）。

2. 政府介入的方式

(1) 区分

公共介入与土地所有、利用、市场及税制四大方面的问题息息相关。从管理层面来看，主要运用法制措施、财政管控及直接性公共行动（direct public action）三种类型的政策措施来加以有效应对。所谓法制措施（legal measures），是指政府针对民间私有土地市场的运作利用法律和法规等工具对其施加一定的影响或给予有效控制。最为普遍的处理问题的方式是，针对土地所有权、土地所有模式、公共部门所进行的土地开发，以及民间私有土地进行规范和控制。财政管控措施（fiscal measures）主要是针对民间私有土地的使用状况进行规范和控制的一种手段。财政管控所采取的措施主要体现在土地开发方面，包括针对公共开发成本的控制、针对土地持有者因公共设施的投入使用或社会结构变化而获取的非劳动收入进行相应的征收返还等。此外，财政管控措施还可应用于对土地变更率施加影响等方面。直接性公共行动措施具体表现为政府公共部门直接参与到土地市场中来。这一措施的目的在于，进一步提高土地利用再分配方面的效率性和均衡性。公共参与可以通过构建基层组织结构、获取土地、提供土地服务及开发等形态来实现，开发业者（开发商）和投资者也会加入到公共参与的过程中来（Garba and Al-Mubaiyedh，1999：270）。

政府介入土地市场的方法主要可分为直接介入、间接介入和持有及使用规范机制三种方法（이태교，2001：60～62）。首先，政府直接介入的方法是指政府在土地市场中直接充当使用者和供给者从而实现对价格进行管控的一种方法，如政府通过在市场上买入或卖出土地的行为对土地价格和供求进行调节和控制。除了这种通过市场机制对供求关系进行调解的方法以外，政府还可以通过征用土地等手段强制获取土地并进行开发以实现有效供给。除此之外，还可以引入最高价格制度，通过控制价格的方式规定土地买卖必须限定在一定价格水平线以下方能成交，以此来维护和保证土地交易市场的稳定。其次，政府间接介入的方法是指政府通过市场机制或灵活运用市场机制以实现缓和供求关系的一种方法。这种政府间接介入的方法主要包括两种类型：一是直接对与土地市场密切相关的经济性动机进行调整，如土地相关税收、针对土地开发和利用所提供的各种金融支持或补助金等；二是努力排除一切阻碍土地市场功能发挥的不利因素，如建构土地交易方面所必需的信息情报体系、政府通过指导手段对土地所有权进行明确设定等。最后，土地利用及所有权规范机制是指，政府通过法律和行政等措施引导土地使用者的土地持有方式和土地利用形态向全社会所能共同接受的方向发展。与土地利用及所有权规范机制有关的法律法规有用途分区制、土地所有上限制及农业用地所有许可制等。这一方法与政府直接介入的区别在于，其原则上是在不改变个人所有权的法律现状的前提下进行的。

如果说政府直接介入意在积极引导土地使用者的土地持有方式和土地利用形态向社会所能共同接受的方向发展而提出的一项应对方案，那么土地利用及所有权规范机制则旨在努力防止土地使用者的土地持有方式和土地利用形态向社会所不能接受的方向发展而采取的一项消极介入和应对方法。

（2）手段选择的考虑因素

在对介入手段进行选择时应同时考虑到以下五个问题（Whitehead，1983：119～126）。

一是政府在介入土地市场时，很少只带有单一的目的性，而其所具有的大多数目标往往会引起一定的冲突和矛盾。在众多介入手段中，往往均采取同时引入相互间并非对立的多个目标的方式。例如，为了解决因外部性和市场失败所引发的问题，就会引入相关的土地税收制度来加以解决。在这一过程中，通过征收课税，在达成解决因外部性和市场失败所引发的问题这一直接目的的同时，同时也带来了提高税收收入和对收入进行再分配等其他方面的积极效应。

二是有时政策的实施也容易引起降低政策总体价值的副作用（side effects）效应。政府即便对目标努力进行具体化的落实并配套以相应的政策设计，也不可避免地会引起一定的副作用效应，由此而使得目标的价值大打折扣。例如，无论从分配目的还是缩减投资角度来看，开发利益回收应是一种最佳的税收模式，但是在开发利益回收政策实施的过程中，也会产生土地供给量减少、最优土地利用状态进展缓慢、为避免征税而导致资源浪费等副作用效应。

三是当面对正义性与适用性等技术问题时，很难设计出最为恰当的手段或方法来加以解决。个体方式很难上升为进行具体政策操作的手段或方法。因此，政府在向社会提供基础设施和公共服务时也大多只是针对那些难以在价格体系的框架内做出合理成本估算的问题进行清理和解决，从而在最大程度上确保民间利益的有效获取。

四是在政策进入实质性的实施阶段以后，受到政策影响的当事人或组织会努力试图压低政策的效果性或对自身目标进行辩解。当我们在讨论政府介入问题时，往往是假设政策的具体执行者将动用所能动用的一切能力和力量，努力在最大限度上达到既定的政策目标。但是，在现实生活中并非如此。一方面，管理者的利益很难在政策成功执行的过程中得到反映；另一方面，大多数的政府行政部门从自身利益出发，在政策实施的过程中加入一些与自身利益相关联的其他目标，并将主要的精力都放在了与自身相关的利益目标之上。由此也引发了目标与现实相背离现象的发生。

五是政府自身的行政管理能力也在一定程度上制约着政策目标的实现。这主要体现在现有法制及制度手段和方式的滞后所引发的方式选择问题上。

第二节 土地利用

一、意义

1. 概念

土地利用（land use）是指从空间层面出发，反映人类在土地空间范围内所进行的各种活动的结果（정환용，2006：239～240）。土地利用行为是根据不

同行为主体的决策而形成的一种结果。依据个人决策所发生的土地利用行为最终将不可避免地会与其他个人的土地利用行为产生冲突或矛盾。基于此，土地利用规划的制定与实施就显得尤为必要。土地利用规划的目的在于，一方面促进土地资源的有序开发，努力将因民间或私人性质的土地利用而产生的问题和矛盾降低到最小化的程度；另一方面，提高土地资源的合理开发水平，争取在最大限度上扩大和保障社会民生和公共福利。

有关土地利用的决定是依据土地潜力的程度所做出的。所谓土地潜力(land use capacity)，是指每一单位量的土地资源所能创造出来的收益或满足感的相对能力。土地潜力主要由可达性和资源的质量所决定。可达性（accessibility）往往与区位布局、市场和交通设施的位置、与其他资源的关系及相对位置等有着一定的关联性。资源的质量则通常与土地资源所能创造出来的预期产量、收益及满足感等相对能力有着密切的联系。在现实生活中，资源的质量表现在农业用地的肥力、城市用地内相邻地区间的吸引力，以及建筑的美学特征等各个方面。

土地用途管制是指，通过法律和行政等措施引导土地使用者的土地持有方式和土地利用形态向全社会所能共同接受的方向发展并对有关行为做出限制性规定和进行干预管制。

2. 目的

土地用途管制的目的可归纳为以下三点：一是抑制与土地利用相关的负外部效应；二是实现与土地相关的公共商品的合理供给；三是降低公共服务的供给成本（정환용，2006：264）。抑制与土地利用相关的负外部效应不仅是土地用途管制制定的初衷，也是其最基本的目的所在。通过对土地利用行为加以管制，可在空间范围内实现对各种公害、交通拥挤，以及不和谐的土地利用行为等多种形态的负外部效应进行间接的控制。但是也必须看到，对于当今社会所存在的严重的环境污染等问题，如果单纯依靠间接管制的方式进行控制，很难将其保持在社会可接受的合理范围之内。因此，除了间接管制以外，人们也开始试图采用直接管制的方式来解决相应的问题，如环境绩效规划（performance zoning）作为一种直接管制的方式可以有效对污染量进行设定和控制。

3. 管制手段

土地用途管制作为一种旨在进一步组织和强化土地利用效率的有效手段，可将其划分为以下三大基本范畴：一是鼓励措施（incentives），主要是指在对土地用途进行有效组织和管理的过程中所应利用的政府权力和动用的财政资源；二是约束（restrictions），主要指在对民间私人土地使用和开发活动进行相应地限制或指导命令等方面所应使用的政府权力；三是提升管理改进（management improvements），主要指一方面应对市场潜力进行奖励和引导，另一方面应对制约效应发挥的限制性障碍进行清除。鼓励措施的范畴不仅包括对用地本身进行直接性融资，还要提供开发所需的基础设施建设和公共服务。在这里也包括为进行开发所进行的购买土地和强制性征收等行为。约束的范畴主要包括分区制、再细分化、建筑规程，以及对像贫民窟或非法的居住群落等地区进行非法开发或搬迁等。管理改进的范畴包括土地信息管理、改进调查方式和进行绘图作业、政府内及政府间在针对土地利用相关决策等问题上的立场协调（Courtney，1983：154）。

在土地用途管制和控制方面，最为普遍化的形式主要有分区制（zoning）、再细分化规范（subdivision regulations）、建筑规程（building regulations）、政府机构的批准与认可（approval by government agencies），以及城市规划等。如前所述的三种管制手段根据不同地区的规模及各方面水平的不同其适用的对象也有所不同。第一种管控手段适用于在整个城市中所普遍存在的一般性结构，其所具备的详细性程度最低；第二种管控手段主要用于对自身与周边规划用地的关系进行较为详细的说明；第三种管控手段作为一种最具详细性的规划控制手段，它不仅可以对各规划用地的结构特征进行控制，还可对已经授权进行开发的土地利用方式进行一定的控制。通常情况下，这三种手段将被整合为一个整体，并根据同一决策部门的决策而发挥相应的作用和效力。此外，由政府部门所掌控的机构审批（agency approval）作为一项执行手段则可以被视为是以上述三项管控手段在现实中的具体化操作。城市规划本身作为一种更具综合性的工具手段，其往往透过投资、税收、补贴等城市开发方式，以及其他一系列采用直接性介入方式的政府权力进行具体的操作和实施（Courtney，1983：156～157）。

二、用途分区制

1. 意义

所谓用途分区制（zoning），是指将城市规划区内的土地划分为不同的、具有特定用途的地区（districts）或地带（zones）（정환용，2006：265）。用途分区制作为一项法制性和行政性的制度旨在促进土地合理利用，引导土地用途和功能向与规划原则相一致的方向发展。用途分区制作为施行土地规划或土地利用规划时必不可少的工具之一，其通过对城市区域内的土地进行多形态用途划分，以及对所要开发的空间进行相应的规划以期实现合理的开发和利用。

用途分区制并不能替代一个地区的总体规划，更不能形成相应的对策方案。总体规划作为一个地区的基本政策之一，主要涉及形成该区域社会主要特征所具有的基本形态、一般性的土地利用、流通、各种设施间的关系等内容。而用途分区制作为达成总体规划目标的一种手段，其主要作用在于为土地的合理利用提供相应的约束规范。

2. 目的

用途分区制应以促进邻里同质性为主要目标，根据不同的土地开发类型对土地进行合理的划分（정환용，2006：265～266）。分区进行管制规范的逻辑基础在于，试图预防在城市房地产市场上可能发生的不经济性。这一制度最主要的目的在于，通过指定与区域特征相符合的土地用途并排挤和限制其他用途存在的方式来对该区域内的财产价值进行保护。此外，这一制度也试图通过将不适当的土地用途加以分离以达到防止公害污染、自然灾害、交通拥挤、建筑物过密等问题的发生（Wengert，1983：651）。

除了以上这些目的以外，近些年来，用途分区制作为一种有效的政策手段也多用于对土地利用行为进行限制或管控，以此达到改善非效率性的土地利用现状，并积极引导其向土地利用规划所期望的方向发展的目的。由此可以看出，今天我们所说的用途分区制作为一种有效的政策手段，其具有多重的目的性。这种多重的目的性主要包括提高土地利用的效率性、进一步增大集聚效应的收益、在卫生及安全等层面设定其所必需的最低标准、实现土地的平稳供给以保障公共服务的水平、财产权保护及收益分配调整等（이정전，1989：392）。

3. 管控方法

用途管控依据可用用途规定方法的不同可分为两大类（정환용，2006：267～268）：一是仅包含得到许可使用用途的积极体系（positive system）；二是仅包含未得到许可使用用途的消极体系（negative system）。其中，根据可用用途具有排他性与否的特征又可分为排他性体系（exclusive system）和累积体系（cumulative system）（조정제，1990：289）。积极体系的优点在于，可以通过实施强有力的用途管控措施实现改善和提升用途实质内容的目的，而其缺点在于缺乏弹性和灵活性。与此相反，消极体系虽然在操作和运用上富有一定的弹性和灵活性，但由于对新出现的土地用途缺乏防御和抵抗能力很容易引起土地用途的混乱现象。累积体系是指在土地利用过程中，首先对土地的用途进行排序，并按顺序从位于最上层的最优土地用途分区开始依次进行利用选择，直到最下层的土地用途分区选择。排他性体系也称作专用体系，是指将某一土地用途分区专门划定供某一用途使用的一种管控手段。

根据管控内容的不同可分为用途、密度、结构及管控标准等。用途管制

（use regulation）的目的在于，通过对土地用途进行分类，一方面可以防止相互难以协调组合的土地用途之间发生混合使用的现象；另一方面还能在最大限度上保障和满足不同的土地用途对公共服务和基础设施的需求。但是也必须看到，由于这一用途管制方式存在着缺乏弹性和不够灵活的弊端，有必要在此基础上引入对区域或地区进行更进一步详细划分的新的管制措施。密度管制（intensity regulation）是指在所指定的土地上对特殊用途的土地供应量做出限制的一种管制方式。在现实生活中，我们通常所提到的“容积率”这一概念就是密度管制中最具代表性的管制措施之一。结构管制目标直指居民生活的宜居性，其主要针对园林绿地面积的大小、宅基地用地面积的大小，以及建筑结构中的高度（height）和容积（bulk）等进行规范控制。结构管制通过采用各种有效的手段和措施，以期达成控制人口密度、保障居民享有充分的采光权及其他生活权利、为儿童和老人提供安全的娱乐设施和休憩空间、减少和降低火灾危险、维护健康和安全的生活环境等各项与居民生活的宜居性（livability）有关的指标。管控标准（performance standard）是指，为了有效应对在城市内部所发生的各种环境问题，政府有关部门需要因地制宜，针对不同的区域或地区制定适合该地区发展的土地利用管制标准。

三、韩国的分区制

韩国在对城市土地进行用途分类时，在充分考虑城市规划区域内现有土地的利用情况、未来土地利用的方向，以及已指定的土地利用分类等因素的基础上，将韩国的城市土地分为地域、地区和区域三类（정환용，2006：268～277）。

1. 用途地域

用途地域是指，在城市管理和城市规划的层面上将土地合理划分为多种在用途上互不重叠或冲突的地域。通过对土地利用及建筑物的用途、建筑覆盖率[①]、容积率、建筑高度等做出相应的限制，以达到促进土地资源节约高效利用和增进公众及社会福利的目的（韩国《国土规划和利用相关法》第 2 条第 15 号）。

城市地域分为居住、商业、工业和绿地地域，在此基础上还可对各个地域进行细化区分（《国土规划和利用相关法》第 36 条第 1 项第 1 号；《施行令》第 30 条）。管理区域分为保护、生产和规划管理地域等（《国土规划和利用相关法》第 36 条第 1 项第 2 号）。

---

① 译者注：建筑覆盖率：也称为建筑面积比，是指建筑物占地面积和总占地面积的比例。

2. 用途地区

用途地区是指，在城市管理和规划层面通过适当加强或放宽与土地利用及建筑物的用途、建筑覆盖率、容积率及建筑物高度等方面有关的用途地域限制，以达到提高用途地域功能、提升城市环境景观和安全的目的（《国土规划和利用相关法》第 2 条第 16 号）。

在《国土规划和利用相关法》中，与用途地区相关的法律条文共计有 10 项（景观、美观、高度、防火、防灾、保存、设施保护、群落、开发振兴及特殊用途限制），相关施行令有 2 条（休闲娱乐、改造就扩建等）。与此同时，也规定在必要时可进行进一步的详细划分（《国土规划和利用相关法》第 37 条；施行令第 31 条）。

3. 用途区域

用途区域是指，在城市管理和规划层面通过适当加强或放宽与土地利用及建筑物的用途、建筑覆盖率、容积率及建筑物高度等有关的用途地域和用途地区的限制，以达到防止城市建成区无序蔓延扩张、提升土地利用的规划性和战略连续性，以及对土地利用进行有效调整和管理的目的（《国土规划和利用相关法》第 2 条第 17 号）。

用途区域的指定范围可分为开发限制、城市自然公园、建成区调整以及水资源保护四大区域（《国土规划和利用相关法》第 38～40 条）。

四、分区制的症结及改善方案

1. 症结

作为对土地利用规划进行有效管控的手段之一，用途分区制本身也存在着许多问题。其症结主要表现在：管控和规范化手段过于统一、妨碍土地的高效利用、管控重叠或重复指定、过度指定、非均衡性、缺乏体系性和综合性的管控体系，以及缺乏立体式的管控架构等。

在制定和推行用途分区制度的过程中，并没有充分考虑甚至是忽略了不同城市在规模、性质、功能及自身条件等方面的差异性特征，而是对韩国全国范围内所有区域或地区采取了完全统一的划分标准和管控措施。因此，其不能完全反映出每个城市所具有的结构性和功能性特征。此外，将现实中多样化的土地利用形态僵化地指定为几大类型的做法最终也只能导致过于机械化和“一刀切”式作业的不良后果。也有人担忧，这一制度在面临现实条件变化时缺乏弹性且过于强调对土地利用行为的约束作用而一味追求维持现状等弊端，最终将导致其根本无法达成积极引导土地高效开发和利用的目的。

用途分区制虽然可以在一定程度上减少或解决对相邻土地的消极影响，但也会由此带来抑制土地效率性发挥的负面作用。其所能带来的土地利用上的变化很难在已进行成熟开发的土地或地块上有所体现。此外，这一制度在对土地用途进行划定时，有可能会对同一片土地或地块进行重复划定，由此所招致的多重管制规范也将会对居民生活和社会秩序带来负面影响。也有人担心，通过用途分区制还会造成过多且不必要的土地面积被划定为特殊用途地域、地区或区域的混乱局面。

通过用途分区制对土地进行过度划分的行为，一方面不仅使城市活动的空间无法得到合理地分配和利用；另一方面也无法有效地减少和去除土地用途混乱现象，从而大大降低通过划定土地用途地区以实现规范土地用途和和反映地区特征这一目的的可能性。分区管控有时会因过度强调外部经济性，而在无视已出现外部不经济性递减的情况下依然对土地利用采取限制性措施。由此可以看出，这种分区管控将导致低收入阶层要比高收入阶层承受由此而带来的更大程度的影响和冲击。

现行的分区制一方面在决策的过程中还存在着不均衡和不合理的成分；另一方面由于缺乏具有体系性和综合性的管制措施，用途分区和基础设施之间也还缺乏相互协调的联动性。

2. 改善方案

要想有效解决因实行分区制而引发的一系列问题，就必须要做到以下五点：一是积极谋求和推进更加广范围的管控措施；二是制定和施行更加合理的土地利用规划；三是采取一系列有助于引导土地利用和开发向更加优化的方向发展的管控措施；四是积极制定未来导向型的管控政策；五是探索更加具有灵活性的改善方案等。从目标达成的角度来看，分区制不具有高度的弹性和灵活性，未能达到规划者们的期待值，由此也涌现出了诸多的改善方案。其中，最具代表性的改善方案有以下几项。

1）浮动分区制（floating zoning）

一般意义上的分区制虽然也针对一定的区域进行相关特殊用途的设定，但并不指定具体的地点。而在浮动分区制中，如果符合某一地区条件的土地开发利用申请得以批准，自批准之日起即可进行划定。

2）聚集分区制（cluster zoning）

相对于传统的分区制在对居住用地进行管控时均是针对每个住宅地块采取管制措施的做法不同，聚集分区制则将开发地块主要集中在一定区域内进行，且预留其余土地地块作为绿地空间、娱乐及保护地区。虽然总体密度一样，但采用聚集分区形态的开发用地密度要相对有所增加。通过聚集分区制不仅可以节省出相应的供给设施的费用，还可以针对特定区域进行保护从而达到营造良好居住环境的目的。

3）重叠区划制（overlay zoning）

重叠区划制多在为达成某一特定目的时使用。这一制度主要是将一个土地地块指定为两个用途地区，并通过加强管控等措施来加以推行。

4）合同分区制（contract zoning）

在对用途分区进行变更时，要将作为批准土地所有者进行开发规划时所提及的一系列前提条件以合同的方式固定下来，并严格执行。

5）奖励分区制（incentive or bonuses zoning）

土地开发业者向区域内的居民提供各种生活所需的基础设施和便利设施（绿地、道路等），以此来向政府部门换取一定的奖励（放宽管制限制等）。在用途分区制的基础上，以奖励的方式向开发业者赋予更多的开发权限，以期引导其能在开发土地的同时建设并提供更多具有公共商品性质的配套服务。

6）发展权转让制（TDR：transfer of development right）

作为一项对开发限制进行相应利益返还的手段，发展权转让制是指政府出于对具有文物性质的建筑物或农业用地，以及自然环境进行保护的目的，将因受开发限制需要所规定的容积和在实际开发中所使用的容积的差值作为开发权，并通过对开发限制进行相应利益返还的方式，将这一容积差值所产生的开发权转让给用于其他地块开发时使用。

7）混合用途开发（MXD：mixed use development）

混合用途开发主要致力于在同一区域内进行三种以上类型的土地用途开发，以此形成功能性层面和物理性层面相互有机融合的土地利用规划，以及和谐共生的土地开发模式。混合用途开发的理论基础一方面在于以人性尺度（human scale）为标准进行设计和规划，使人们可以轻而易举地接触和享受多样化的生活方式及由此带来的便利性；另一方面在于通过对城市中心地区进行改造等方式，盘活地区经济、恢复地区活力，从而将整个城市地区打造成为更具魅力和活力的生命体。混合用途开发也成为西方国家推行市中心地区开发的主要手段之一。

8）绩效（performance standard）

在绩效中，一方面，按用途分区所制定的管控措施并不适用；另一方面要根据不同土地利用状况对周边地区产生的影响进行有效管控。具体来看，如针对噪声污染、振动污染及恶臭污染等与环境有关的管控项目进行标准化作业。在将来实际生活的操作中则以此为衡量基准，对符合这一标准的行为活动予以批准和许可，对不符合这一标准的行为活动进行限制或管制。

第三节 土地所有及交易

一、土地所有

1. 意义

(1) 概念

土地财产作为一个法律概念，其所具有的重要特征主要体现在以下三个方面（Barlowe，1978：396～397）。首先，财产（property）相较于作为单纯的标的物而言，其更是“与物质性的标的物具有高度相关性的人类权力的一种象征”。财产虽然包含因使用某一物品而相应产生的权利，但并不等同于个人权利或个人自由。其次，从专属价值标的物的角度来看，土地财产与可供人类自由取用的所谓自由财物（商品）有着较大的区别。最后，财产权并非是一种绝对权利（absolute right），而是一种具有排他性的专有权利（exclusive right）。这种具有排他性的权力可以在针对个人时加以使用，但在对主权进行管控等方面无论在什么情况下其都属于从属地位。因此，可以说财产权的有效使用必须以得到掌握财产保护权威和能力的相关主权机构的认可或授权为前提。

从法律的层面来看，在将土地视为客体的前提下，土地所有权被看做是全面享有土地使用价值和交换价值的一种完全物权。在韩国《民法》第 221 条中针对所有权的相关内容中规定“所有权是指在法律的范围之内对这一所有权利进行使用、收益及处置的权力”。

(2) 重要性

从城市管理的角度来看，有关土地所有的重要性大致可归纳为以下几个方面（Kivell，1993：94～95）：

第一，所拥有土地的规模和形状对城市形态来说具有相当大的影响。城市开发的规模和城市设计深受所拥有土地边界形状的影响。此外，城市改造或在开发区域所进行的有关活动也受到区块土地所有权模式的束缚和制约。

第二，土地交易和买卖的时期对城市开发的性质有着一定程度的影响。不同时期的技术水平和经济能力往往都能在建筑形式和规划形态上有所反映。例如，蒸汽机车时代和汽车时代的住宅无论在外观样式还是形态类型上都会有所区别；再如，19 世纪的工业或旅游度假城市与 20 世纪所规划建造的工业或旅游度假城市无论是在城市规划的模式上，还是在城市设计的风格上都会有所不同。

第三，拥有土地就意味着被赋予了一定的权力。直到 18 世纪中期，大地主阶层一直充当着整个社会的经济和政治的领导阶级。在今天的西方国家，虽然传统地主家族还保持着社会上流富有阶层的社会地位，但其所拥有的权力已经被大大削弱。与此同时，大企业和金融财团对持有土地的关注程度却日趋升温。

第四，土地所有者对城市规划政策有着相当程度的影响力。土地所有者在何时、以怎样的方式出售自己手中所持有的土地，以及何时将参与到开发过程中来等问题都会左右城市开发有关政策的制定和实施。

第五，从国家及地区经济的角度来看，土地所有与生产和消费领域之间均有着密不可分的关系。在生产领域内，开发业者和具有投机心理的土地所有者往往将土地视为一种商品，其关心的焦点都放在土地交易价值的最大化上；在消费领域内，包括企业、零售公司、家庭户主及农民等具有特定目的的土地所有者们往往更加关心土地利用价值的最大化问题。

第六，土地所有的社会性质决定了其自身所具有的重要性。从自由市场经济到混合经济甚至于到中央计划经济条件下的土地所有和交易模式，均体现了不同社会制度的核心特征。

2. 所有权的内容

（1）内容

财产权是由多个向外辐射出的束状分支所共同组成的一种权力束（bundle of rights)。在这里，个人持有行使范围最广、最全面的所有权，包括所有(possess)、使用（use)、买卖（sell)、分割（subdivide)、遗赠（devise)、地役（easement)、租赁（lease）及抵押（mortgage）等权力（Barlowe，1978：398)。

从国家立场来看，为了实现公共利益最大化的目标和便于社会管理工作的深入开展，通常对个人所有的财产权做出一定的条件限制或制约。与此同时，由于财产具有公共性的特征，国家或政府也保留了公共利用（public use)、税收（taxation)、管制（regulation）和征收（escheat）等多项独有的权力(Baelowe，1978：398)。

（2）分化

所有权分化具体是指，对土地所有权的各种职能进行分化作业，并将其分配、归属于不同主体的一种制度。所有权分化制度最早起源于德意志的日耳曼社会。与罗马式体制不同的日耳曼社会并未形成强大的中央集权，而是形成了以共同体为核心的土地共有的概念价值体系。依照这一概念价值体系，土地的管理处置权归共同体所有，而使用和耕种的权力则归各共同体的成员所有。即便是在中世纪时期封建制的土地所有模式中，也存在这种类似的分化现象，即管理处置权作为一种上层所有权归领主所有，而使用耕种权作为一种下层所有权则归农民所有。近代以来，以德国为代表的一些西方国家也一直延续使用着这一概念。

开发权原是隶属于所有权之下的一项基本职能，但随着开发权从所有权中分离出来，其也正成为公共管控的对象之一。这一具有法治性概念的措施最早在英国得以立法并实施，之后也为美国和法国等国所普遍采纳和使用。在韩国的现行相关法律中，仅采纳了其中的部分内容。

3. 所有政策

(1) 概念的变迁

土地所有权的概念历经了历史的洗礼和变迁。因此，在看待土地所有权概念时，相较于逻辑性范畴而言更应从历史性的范畴着眼去进行深入的研究和剖析。所谓历史性的范畴，是指土地所有权的概念深深地根植于以个人主义为立足点的罗马法系和以集体主义为立足点的日耳曼法系之中，并伴随着两大法系在社会、政治、经济等客观条件的不断变化中发展而来。

近代意义上的土地所有权指的是私有的、个人的财产权，且作为一项具有抽象性、绝对性和无约束性的权力得以在全社会达成广泛的共识和立法保护。从公民社会的角度来看，拥有财产是公民生活的基础。公民的财产受到侵害也就等同于将对人的生命本身带来威胁与迫害。因此，在这一背景下，对所有权的保护也就意味着对生命和生活的保障。基于这一观点，要想真正从封建势力下实现真正意义上的公民解放，那么所有权的解放就成为必不可缺的重要标志之一。这一近代意义上的土地所有权概念通过与契约制进行相互结合的方式，正成为一种新的资本要素并发挥出强大的效力。也正是这股强大的效力使得生产力得到飞跃式的发展，社会财富迅速累积，从而带来了资本主义经济的大繁荣。

所有权不可侵犯和契约自由的原则赋予了在社会上占少数的强势群体毫无约束的自由权利。但与此同时，也就意味着在社会上占绝大多数的弱势群体失去了一定的自由权利。基于此，进入 20 世纪以后出现了以社会本位主义为核心的集体主义法治思想。集体主义法治思想意在通过对个人主义和自由主义思想进行适当的修正从而实现建设福利社会的目标。随着集体主义法治思想所带来的整个社会客观条件的变化，有关土地所有权的社会性思想也逐渐成为人们所关注的焦点。这一思想认为，应将土地所有权中那些原本仅强调自由和毫无约束性的权利向公共利益的方向倾斜，采用相对消极或例外法则的方式对其进行一定的约束或改为附加一定义务的相对性权利。有关土地所有权社会性思想的法源基础可以追溯到 1919 年所颁布的《魏玛宪法》（Weimarer Verfassung）

中的有关内容。根据这部法律的规定，在行使所有权的同时应履行相应的义务，即应为公共福利做出相应的贡献或服务（《魏玛宪法》第153条第3项）。

(2) 所有权的管制

从法律上加强对土地财产权的管控，将使土地所有者在对土地进行使用、收益和处置时受到来自多方面的约束。对土地财产权进行管制的依据可从现行法律层面和社会层面两方面进行探讨和分析（허재완，1993：48～51）。

1）现行法律层面的依据

对有关财产权的自由权利进行管控的法理依据包括司法上的诚信原则、禁止权力滥用，以及防止裙带关系和私生活堕落等（허재완，1993：48）。

在韩国，对财产权进行管控的现行法理依据主要有以下三点：一是“财产权的行使应与公共福利的需要相符合并受到一定的约束”（《宪法》第23条第2项）；二是“当出于国家安保、维持社会秩序以及提高公共福利需要时，在必要的情形下可对国民所享有的一切自由和权利进行适当的约束或限制”（《宪法》第37条第2项）；三是“为了对国土进行有效且均衡的利用、开发和保护，在必要时可依据相关法律法规附加一定的限制或义务”（《宪法》第122条）。

2）社会层面的依据

在社会层面上，有关土地财产权管制的依据主要可以从土地的投机性资本化倾向、土地所有权和使用权之间的对立、土地使用权之间的对立，以及土地使用的公共性和社会性等几个角度进行探讨（허재완，1993：49～51）。

a）作为投机性资本的土地

土地投机是当今世界各国政府所共同面临的最重要的社会问题之一。对土地进行投机的行为不仅会加剧个人之间的收入差距，而且会导致无法保障公共用地的有效、充足供应现象的产生，更会进一步诱发商品的生产成本急剧上涨等严重的社会问题。

b）土地所有权和使用权之间的对立

当土地所有者（地主）和资本持有者（资本家）这两种身份尚未产生分化时，不会发生所有权和使用权相互对立的情况；而当这两种身份产生分化时，所有权和使用权之间自然也会形成对立关系。对于两者之间的关系而言，由于土地所有权具有排他性特征，向来都是具有使用权的一方受到不利的影响。但进入现代以来，为了对使用权进行有效保护，各国政府正在制定或采取更多的限制性措施来加以管控。

c）土地使用权之间的对立

大企业与中小企业之间或农村与城市之间常常会因土地使用权而产生相互对立的问题。因此，应加强对土地所有和使用方面的管控，从而推动土地使用秩序的合理化发展。

d）土地使用的公共性和社会性

土地本身具有两方面的意义：一是其本身作为个人所有的物品而存在；二是其也是保障人类共存共生所必需的各种生活权利的重要手段。基于此，应加强对土地所有和使用方面的管控，以充分满足和符合公共性和社会性的需要。

（3）土地所有权的公有观

1）概念

土地所有权的公有观这一概念一方面要打破人们将土地视为商品或投资对象的固有土地观，并努力树立土地作为人类活动或生产基础的新型土地观；另一方面要积极强调土地所有权的公共性和社会性。在韩国，虽然宪法中对保障所有公民的财产权做出了明文规定，但同时也规定“财产权的行使应与公共福利的需求相符合，当出于公共利益需要时可对财产权进行征收使用”（《宪法》第 22 条）。这也说明，作为私有权的重要行使对象之一的土地，其本质特征依旧是以公共性质为主。基于此，对土地所有权也应该附加一定的公共性义务并在出于公共利益需要时对其进行适当的限制和管控。

2）背景

伴随着城市化和工业化进程的不断推进，在对土地的需求出现迅猛增加的同时，却由于土地供给受限而出现供需失衡发展的局面。此时，政府面临着需要对有限的土地资源进行有效管理、开发和使用的新的社会经济形势。在这一背景之下，土地公有观的概念登上了历史舞台，政府也意图通过这一概念向人们宣传和强化土地作为公共财产的属性和地位。当前在韩国，诱发土地问题的因素有土地供给绝对量的不足、土地价格的快速上涨、土地资源分配的不均衡性、开发利益的私有化，以及土地利用的非效率性等。

3）变迁

韩国于 1988 年发布的《八八房地产综合对策》中首次以公有观为基础制定并颁布了“宅基地所有上限制”（maximum ownership of construction site system）、“开发负担金制”（development contribution system）以及“土地超额利润税制”（excess increased value of land tax system）三部与公有观概念有关的法律法规。其中，政府在 1989 年将宅基地所有上限制单独立法并颁布了《宅基地所有上限相关法》。但自 1997 年国际货币基金组织（IMF）金融危机以后，政府为了遏制土地价格继续跌落的态势，并出于刺激宅基地交易市场进一步发展的目的，于金融危机爆发后次年（1998 年 9 月 19 日）废止该法。

4）未来走向

土地公有观的树立必须建立在实现提高土地使用的效率性、土地资源分配的均衡性、与其他政策之间的协调性，以及保护土地资源的重要性等基础之上。土地本身的真正内涵并不体现在“所有”之上，而是更多地体现在“使用”之上。此外，土地并不能成为个人所独自占有的对象。土地的开发利益最终要回馈于社会，并在全体国民当中实现公平分配，从而在全民当中真正树立起土地公有的观念，实现保护土地资源的最终目的。

二、土地交易

1. 意义

（1）概念

土地交易是一种以土地作为商品，在各经济主体间进行获取及转让处置土地为目的经济行为。从法律上来看，土地交易是指有关土地权利的变动，即在交易当事人之间所进行的有关权利的产生、变更及消亡等一系列有偿行为（유해웅，2000：571～572）。

土地交易规范是指政府部门的公权力介入土地交易行为当中，并施以适当的公共管控措施，从而达到引导土地合理使用和抑制土地投机和地价上涨的目的（유해웅，2000：573～577）。

（2）制度的制定和推行

在韩国，中央政府于1978年8月8日颁布了《关于进一步抑制房地产投机和稳定地价的综合对策》（简称“八八措施”）[①]。其中，首次引入了旨在强化转让所得税等土地税制、建立和规范土地交易许可申报制，以及登记备案等有关的密印证明制度及官方密印合同书制度。

于1978年2月所制定并颁布的《国土利用管理法》在其第2章第2条中新加入了“土地交易等相关规范”的条款。根据这一条款的规定，针对投机交易盛行和地价急剧上涨的地区，建设交通部长官有权对该地区进行特殊管控。在被管控的区域内，当交易量超过一定规模时，应向当地的市长或郡守进行通报并需获得所在道的道知事的批准；当交易量保持在一定规模以内时，仅需向所在道的道知事通报备案即可。

韩国政府于1983年制定并颁布了《房地产中介业法》，由此也将原来针对房地产中介业所实行的申报制变为许可制。此外，韩国政府还于1988年8月10日颁布了《抑制房地产投机综合对策》（简称“八一零措施”）。其中，将官方密印合同书使用作为普遍性原则条款写入该法律内，以保障各项措施的有效

① 1978年8月8日，韩国政府在面临首尔地区土地价格疯长的情况之下，为有效抑制土地溢价而制定并颁布了相较于现行政策更为严厉的房地产抑制政策，即所谓的《抑制房地产投机及地价稳定相关综合对策》。作为自韩国政府成立以来颁布的首部房地产综合性政策，其主要包括了引入申报制、强化转让所得税的征收，以及征收土地闲置税等内容。

实施。

(3) 管控的内容

土地交易管控可分为直接管控和间接管控两类。直接管控的措施主要包括土地交易许可申报制、农业用地买卖证明制、林业买卖证明制及宅基地超额所有许可制等。间接管控的措施主要包括交易信息保障手段（密印证明制、官方密印合同书使用普遍性原则、房地产登记普遍性原则）、土地税制（获取、保有、转让赋税）、市场管理（房地产中介业制度）等。

2. 交易许可制

(1) 许可区域的指定

土地交易许可审批制是指，当要在被指定为土地交易许可区域的范围内签署有关土地交易合同时，需首先获得当地行政机构的批准和许可。土地交易许可审批的对象区域主要指那些土地投机交易猖獗或地价在短时间内快速上涨的地区或出现这一迹象苗头的地区。建设交通部长官针对这些地区，以 5 年为最高上限期限划定有关土地交易合同的许可审批区域。

在建设交通部长官指定某一地区为土地交易合同的许可审批区域（以下简称“许可审批区域”）后，须经中央城市规划委员会的审查方能通过。在许可审批期限届满之后，需要继续进行许可审批时，需在经中央城市规划委员会审批之前听取该地区有关广域市市长或道知事、市长、郡守或区厅长官的相关意见（《国土规划和利用相关法》第 117 条第 2 项）。

(2) 许可审批的程序和标准

在许可审批区域内，有关土地的所有权和使用权的转让或签订合同的双方当事人均需获得所在地区的市长、郡守或区厅长官的许可批准方能生效。当需要对有关许可批准事项进行变更时，其程序同上（《国土规划和利用相关法》第 118 条第 1 项）。

当事双方以以下五类目的为前提签订土地交易合同时，市长、郡守或区厅长官可给予许可批准：①当事人为使用自己所持有的居住用地时；②当事人为修建居民福利或生活便利设施而使用土地时；③当事人以在许可审批区域内经营农、畜、林、渔业为目的而使用土地时；④当事人为进行公益事业开发而提出对土地进行征收或使用时；⑤在许可审批区域内出于居民的日常生活及经济生活所需时。除以上情形外，不应给予许可批准。

此外，如果签订土地交易合同的当事双方有可能会在土地利用方面造成以下负面影响时，不应予以许可批准：①土地使用的目的与城市规划和土地利用及管理规划的内容不相符时；②有可能会对生态保护及居民的生活环境带来重大危害时；③所要使用的土地面积与土地使用的目的不相符时（《国土规划和利用相关法》第119条)。

(3) 许可审批区域的管理

得到土地交易合同许可批准的当事人应严格按照所获得审批的内容和目的进行相关的土地使用活动(《国土规划和利用相关法》第124条第1项)。市长、郡守或区厅长官应对获得审批者是否严格按照所获得审批的内容和目的进行相关的土地使用或活动进行调查(《国土规划和利用相关法》第124条第2项)。建设交通部长官或广域市市长、道知事为了推进土地交易许可审批制度和相关土地政策的顺利实施，应对土地价格的动向和土地交易的情况进行必要的调查和研究(《国土规划和利用相关法》第125条)。

3. 优先购买制度

(1) 意义

从国家和政府的角度来看，为了有效推进公共事业的发展，指定中长期发展规划和获取充足的公共用地是非常必要的。特别是为了防止城市向郊外地区的无序扩张并提前确保开发用地的充足供应，政府公共部门一方面会采取必要的手段针对民间私人对土地的持有和使用进行适当的干预或限制；另一方面则会通过各种途径获取相应土地的所有权和使用权。公共部门这种具有一定规划性质的土地利用方法称为优先购买制度(허재완，1993：126)。

在实施土地交易许可审批制的地区内推行优先购买制度时，如遇到需进行交易许可审批申报或土地需用于公共建设使用，以及虽已获得审批但并未按照审批内容进行土地使用等情形(《国土规划和利用相关法》第122条第1项)，政府公共部门可优先于民间的私人交易进行土地的买入活动。

这一制度最早实行于德国、法国、瑞典等欧洲国家(허재완，1993：127)。其中，法国的优先购买制度最为完善，在法国优先购买制度又被细分为长期储备区域(ZAD)和城市优先购买权(DPU)。前者是为了在尚未制定土地占有规划的地区进行大规模的开发建设而专门划定的区域；后者则是为了在已经制定有土地占有规划的城市地区或规划建成区的范围内进行公共住宅或公共设施建设而专门划定的区域。

(2) 效果

优先购买制度不仅是一种单纯的公共用地保障手段，也在针对土地利用进行规划性管控方面发挥着重要的作用。

早期的优先购买制度主要是作为一种公共部门获取土地或防止发生土地投机现象的手段而使用，但在今天，其更多的是作为一种土地储备手段以期引导和实现对土地开发权的公有化(허재완，1993：128)。

第四节　土 地 税 收

一、土地税理论

土地税的经济效应可从效率性和使用性两方面进行探讨（이정전，1998：207）。

1. 公平的层面

从公平的层面来看，土地的经济效应主要取决于缴纳土地税的主体。从法律意义上来看，由于法律规定土地纳税人即为土地所有者，土地税理所当然地应由土地所有者负担。但是在现实生活中，法律意义上的纳税人可以将税收负担转嫁（shifting）给其他人。这种税收的实际负担最终被转嫁的现象称为税收归宿（incidence）（이정전，1998：207～208）。

如果从公平的层面来对土地税进行探讨，则主要应着重对“转嫁”和“归宿”进行把握。如果土地税不能够进行转嫁支付，那么土地税收可以在社会公平的层面达到最佳的理想状态（이정전，1993：274）。

重农主义（F. Quesnay · A. Turgot）、古典学派（A. Smith · D. Ricardo）及新古典学派（A. Marshall · L. Walras）的学者们大都主张不应将土地税进行转嫁，土地税应全额归宿于土地所有者来承担。与此相反，威廉·配第（W. Petty）和大卫·休谟（D. Hume）则认为所有的税收都具有转嫁的倾向，其转嫁程度的大小完全取决于纳税人的经济地位的高低，而地主在这一过程中比任何社会阶层都具有较强的转嫁能力（이정전，1998：217～238）。

2. 效率的层面

从效率的层面来看，主要争议在于土地税是否会对土地在使用上的分配产生影响。在土地税理论体系中主要都是从公平的层面出发对有关土地的税收进行分析和论述，却在相当程度上忽略了土地税的效率性问题。这主要是由大多数学者都认为土地税不会给土地在使用上的分配产生任何影响所致。这也就是我们所说的土地税的中立性特征（이정전，1998：208）。

按照学术界传统的理论观点来看，由于大多数学者都肯定了土地税所具有中立性的特征，也就等同于默认为土地税是一种最佳的税收模式。基于此，可以看出传统的土地税理论观点主要包括以下三点：①由于土地的供应量是固定的，征收土地税并不能够引起供应量的变化；②以地租收入作为税收指标的土地税既不能减少或降低土地生长物的产量，也不能对生产物的价格产生任何影响；③土地税也不会对土地的使用面积产生影响（이태교，2001：187；박헌주

외3인，1998：277）。

针对以上观点，学术界也出现了反对的声音和批判性的观点。持批判性观点的学者认为土地税本身是非中立性的，由此必定会对土地使用产生一定的影响。除了特殊的情况以外，土地税相对于资本酝酿阶段较长的土地用途而言具有能够在短期间内提高收入的作用，因此最终也可以带来提高土地利用效率、带动土地开发的正面效应。与此同时，土地税也具有抑制土地价格上扬，遏制间接性土地投机的作用（이정전，1998：280～281）。

3. 综合分析

如果对所有的土地都征收同等额度的税收，那么即便是在可以任意改变土地自身用途的情况之下土地税也无法进行转嫁，但依旧可以保持中立性。由于对所有的土地都征收同等额度的税收也就不存在所谓的土地用途转换的可能性。也就是说，如果土地税的征收目的仅是增加政府收益，那么对所有土地一视同仁均征收同等额度的税收是完全有可能的。但在现实生活中，政府往往希望通过征收土地税来达到开发利益回收或引导土地利用向特定方向发展的目的。基于此，根据土地的用途和区位的不同征收相应额度不等的土地税是十分必要的。在这种情况下，土地税也就不存在所谓的中立性特征并可以实现转嫁（이태교，2001：190～191）。

二、土地税制

1. 税收类型

土地赋税是指，针对从土地中所获取的年收入或是以受益及土地本身所具有的资产价值为判断标准所征收的租税。针对从土地中所获取的年收入所征收的租税称为财产税（property tax）；针对收益或土地本身所具有的资产价值所征收的租税称为受益税（betterment tax）。在韩国，综合土地税属于前一种赋税类型，而转让所得税则属于后一种赋税类型。

综合土地税将原来施行双轨制（土地财产税和土地超额保有税）的土地保有赋税合并为单轨制的土地赋税形式。通过综合土地税对怀有投机目的的土地所有者和持有大面积土地的所有者施以重税，从而达到引导土地交易、稳定土地价格的目的。

转让所得税作为通过对土地进行相应处置从而实现利益回收的一种手段，其主要针对在土地转让过程中所发生的转让所得收益进行征税。征收转让所得税的目的在于，通过将资本收益回馈给社会来实现强化所得收入的再分配和稳定房地产价格。由于转让所得税在对开发利益和资本收益进行征收时，具有相当高程度的普遍性和统一性，这一税种的条款项目也较少。但是，人们为了回避被征收转让所得税，而长期地持有土地。由此将使得土地交易市场缺少活力，最终带来土地价格上涨的负面效应。

2. 开发利益返还制

(1) 意义

在英国，补偿与开发利益相关专家委员会［The Expert Committee on Compensation and Betterment（Uthwatt Committee）］将开发利益（betterment）的概念定义为“因针对公共事业及推行公共事业等积极行为或对其他土地采取管控等消极行为而产生的土地的增值现象”。基于这一定义，该委员会还指出：“所有的开发利益均是由社会所创造的。因此，要想对到底是因规划行为本身所产生的利益还是因在整个区域社会中所存在的具有普遍性的行为活动或是经济性因素而产生的利益的根源进行区分和辩解都是非现实的，也是不可能的。”

在韩国，《开发利益返还相关法》中将开发利益规定为当因通过施行开发项目而获取的开发利益超过正常的土地价格上升幅度时，归属于开发项目实施者的土地额度的增加值部分和因推行公共事业、土地利用规划的变更或其他社会经济性因素而获取的开发利益超过正常的土地价格上升幅度时，归属于土地所有者的增加值部分（《开发利益返还相关法》第 2 条第 1 号）。

(2) 返还的必要性

开发利益返还的理论性依据有不劳而获理论、地租理论及不正当收益理论等（이태교，2001：160～161）。

不劳而获理论与地租理论有着紧密的联系。李嘉图的差额地租理论认为，依据土地肥沃程度的不同其所能产生的收益也会有所差异。差额地租是在与劳动投入无关的情况下产生的，这种差额地租最终将转换成为地主的地租收益，而这种地租收益也正是一种不劳而获的所得收益。马歇尔（A. Marshall）认为，作为土地收益的地租和为获取个人收益所投入的资本或劳动有着本质性的区别，因此其将地租定义为第三类所得概念。所谓第三类所得概念，是指那些因整个社会经济发展而产生的利益并不能成为个人得以私有化的所得收益（이태교，2001：160）。

不正当收益理论与民法上的不正当收益条款有着密切的联系。在民法中，即使是因某一行为或行动而偶然获取的收益，如果由此而对他人造成财产上的损失或损害，则均将被视为不正当收益，应予以返还。但是必须注意的是，这种情形仅适用于已对他人的财产价值造成贬值或损害时方可使用。但是，也有理论主张即便是未对他人的财产价值造成损害也可以使用开发利益返还方式。这一理论主张的依据主要在于，因公共开发行为所引起的土地价格上涨而获取

的收益虽然没有直接对他人的财产价值造成损失或损害，但相对于他人付出的财产或努力而言也属于一种不正当的收益获取行为，因此应对其进行利益返还。此外，城市开发主要是在政府公共部门所提供的公共资金的基础上进行的，而这一公共资金正是来源于市民所缴纳的税金。但是，当普通市民需要购买开发地区周边的土地时，则需要支付较为高昂的价格。从这一意义上来看，由于无论在何种情况下总会给他人造成不同程度的损失或损害，将某些利益的获取视为不正当收益并对其进行利益返还是十分必要的（이태교，2001：160～161）。

（3）返还的方法

开发利益返还的方法依照赋税类型的不同可分为本源性返还型、征税型、负担金征收制，以及设施维护负担金制等。

本源性返还型分为土地国有化和超额买入两种方法。前者主要是对将要产生开发收益的一部分或全部土地收归国有之后，再通过向使用者租赁的方式对该土地上所产生的开发收益进行返还的一种方法。新加坡、香港、瑞典、荷兰、挪威、芬兰及以色列等国家和地区均采用了这一方法。后者主要是先买入公共事业项目所需的土地，待进行开发以后再以较高的价格将土地以出售或租赁的方式进行收益返还的一种方法。法国和统一前的联邦德国均采用了这一方法。

征税型是一种通过税收来进行利益返还的方法。征税型利益返还根据征税时期的不同又可进一步划分为保留征税、处置征税和混合征税三类。

负担金征收制以为相关开发项目筹措资金和因土地增加而产生的收益进行返还为目的的一种收益返还方法。其根据纳税人的不同又可进一步划分为开发者负担型、受益者负担型和开发权转让制等。

设施维护负担金制是用建设公共设施或提供公共设施用地的方式来代替现有负担金额的一种方法。英国的有条件开发许可审批、德国的开发负担合同制，以及法国的协议维护区域制均属于这一类方法。

在韩国，积极性的返还方法包括非赋税的方法（国家公有土地租赁制、置换土地递减制、受益者负担金制及开发负担金制等）和赋税的方法（土地保有税和土地转让税等）两类；消极性的返还方法主要是在进行土地征收时从补偿金额中对开发收益进行扣除等。

（4）症结

开发利益返还制的症结多存在于实质的操作过程当中。这些操作层面的问题包括不完全的返还、收购的不公平性、主张投机和土地冻结行为的发生，以及诱发收入的不公平分配和社会分歧等。

从逻辑思考的角度来看，如果认为应对开发收益进行返还，那么理所当然

地就应该对开发损失进行相应的补偿。这里所说的开发损失是指因开发而产生的财产价值的减少——在开发收益中所出现的负增长现象。因此，当某一开发行为或活动直接导致开发收益蒙受了相当程度的损失时，应当考虑对其进行相应的补偿。开发损失应包含以下三类：一是因城市规划的决策或政策出现变化所发生的损失或损害；二是因开发许可审批或许可审批出现修改及变动所产生的损失或损害；三是因政府公共部门的直接性的开发行为所引起的损失或损害（이태교，2001：177～178）。有关开发损失的法理性根源可以在《宪法》中找到相关的内容，即“对因出于公共利益的需要所进行的财产权征收、使用或限制以及对其所进行的相应补偿都应依据法律的规定给予适当的补偿”（《宪法》第 23 条）。到目前为止，对开发损失的赔偿依旧偏于消极和被动（유태웅，2000：540）。

3. 税收政策

普遍性的观点均认为，从短期来看，无关土地所有者的收入而予以征收的土地保有等相关赋税的税额最终都将资本化并回流到土地所有者的手中。因此，征收保有税所采取的减少土地所有者的所得返还和降低资产价值的方式最终也会导致土地所有者蒙受经济上的损失。但是，保有税的转嫁程度却取决于土地市场需求曲线的弹性大小。首先，在土地供给完全处于非弹性的市场中，且面临土地所有者都急于在短时间内抛售自己手中所持有的土地的情况时，土地税也将全额被资本化，从而逆向转嫁到土地所有者的手中。其次，相反地，当土地供给处于完全弹性的市场中时，即便需求曲线发生移动，由于土地价格不会发生变动，因征收赋税所引起的土地需求减少最终也会引发交易量的萎缩。再次，在需求曲线处于完全弹性的市场条件下，当税收的全额都被资本化后，土地的价格和交易量均会出现下滑的趋势。最后，除了以上三种情形以外，还可能出现供求既不处于完全弹力状态也不处于非完全状态的混合市场现象。在出现混合市场情况下，一方面会发生税收转嫁的现象，另一方面土地所有者和购买者对价格波动的反映也会变得更加敏感。造成这种状况的原因主要在于税收中的一部分在转嫁到土地价格的同时，另一部分也被资本化了。基于此，可以看出，供给曲线移动所带来的效应要大于需求曲线移动所带来的效应，因此提高土地税的征税金额将较大幅度地减少交易总量但却很难降低土地价格。由此可以说，无论是从收入分配的角度还是开发收益返还的角度来看，适当地提高土地保有税是一个较为理想的方法（박헌주 외 3 인，1998：280）。

转让所得税是指，当土地的供给者为法律上的开发收益人时，所征赋税根据税收市场所具有的市场特征分为正向和逆向两类。当土地所有者想要在最大

程度上获取资本收益时，根据收益最大化的原理，在价格出现上涨趋势之前，可通过延迟土地供给的方式形成锁住效应（lock-in effect），从而使土地市场出现萎缩现象。此时，如果土地市场处于超额需求（供不应求）状态的话，税收金额大部分将通过正向转嫁的方式推动土地价格的上扬。因此，提高转让所得税的额度虽然会在一定程度上促进开发收益返还并降低土地需求，但也必须看到，在这种情形下很容易引发土地供给的冻结效应进一步扩大，从而很难达到稳定土地价格的目的（박헌주 외3인，1998：280～281）。

有关土地税收政策的基本方向应该包括以下几点：以促进土地的高效使用、推动土地实现合理交易、保持土地价格的长期稳定，以及努力实现社会公平和正义。理想的税收模式应该是既能对土地供给产生积极影响，又能防止诱发过大需求；既能保持开发利益返还的高效运作，又不会由此而引发土地价格的大幅度上扬。而在现实中，最贴近这一理想型税收模式的有效途径莫过于进一步强化现有的保有税政策。

参 考 文 献

유해웅，(2000)，《토지법제론》，(서울：부연사).

유해웅，성소미，（1998)，토지관리행정의 체 계 화에 관한 연구，국토연구원 98—55，안양：국토연구원.

박헌주 외 3인 (1998)，토지정책의 전개와 발전방향，《국토총서5》，안양：국토연구원.

박헌주 외 3인，(1998b)，토지의 공급확대 및 효율적 이용을 위한 정책방향연구，국토연구원 98—29，안양：국토연구원.

이정전，(1989，1998)，《토지경제학 》，(서울：박영사）.

이태교，(2001)，《토지정책학》，(서울：법문사）.

정환용，(2006)，《도시계획학원론》，(서울：박영사）.

조정제，(1990)，《도시경영》，(서울：법문사）.

허재완，(1993)，《도시경제학》，(서울：법문사）.

Barlowe，Raleigh，（1978)，*Land Resource Economics*（Englewood cliffs，N. J.：Prentice-Hall）.

Courtney，J.，(1983)，“Intervention through land use regulation，” Dunkerley，H.，（ed.)，*Urban Land Policy*（Oxford：Oxford Univ. Press)，153～170.

Darin-Drabkin，H.，(1997)，*Land Policy and Urban Growth*（Oxford：Pergamon）.

Garba，S. and Al-Mubaiyedh，S.，(1999)，“An assessment framework for public urban land management intervention，” *Land Use Policy*，16（1999)：269～279.

Harvey，J.，(1992)，*Urban Land Economics*（Hampshire：Macmillan）.

Kivell，P.，(1993)，*Land and the City*（London：Routledge）.

Roakers, S. , (1996), “Reconsidering land value taxation,” *Land Use Policy*, 13; 4 (1996): 262～272.

Shoup, D. , (1983), “Intervention through property taxation and public ownership,” Dunkerley, H. , (ed.), *Urban Land Policy* (Oxford: Oxford Univ. Press), 132～152.

Wengert, N. , (1983), “Land use policy,” Stuart S. Nagel, (ed.), *Encyclopedia of policy Studies* (N, Y. : Marcel Dekker), 647～665.

Whitehead, C. , (1983), “The rationale for government intervention,” Dunkerley, H. and Whitehead, C. , eds. , *Urban Land Policy* (Oxford: Oxford Univ. Press) . 108～131.

第六章

住房管理

第一节　概　　要

一、意义

1. 住房的概念

有关住房的生产、消费和交换正成为城市研究的核心议题之一。在什么地方住、住什么样的房子、和谁一起住、居住的费用是多少等问题已经成为人们日常生活中最为关心的焦点话题（Forrest and Williams，2001：88）。与此同时，住房还与社会安全（social security）、健康（health）和教育（education）并称为当代福利国家的四大支柱（Kemeny，2001：53）。但是，住房与其他三大支柱有所不同，其本身包含着较为高水平的资本强度。因此，从这一意义上来看，住宅本身囊括了以下几个概念的含义。

1）居所

住房本身包含了居所（shelter）的概念。住房对于人类而言，不仅能够满足基本的睡眠需求，也提供了一定的休息空间。因此，居所的实用性在于其满足了人类的基本欲求。

2）隐私

与其说隐私（privacy）是一个物理性概念，倒不如说其本身被赋予了更多的社会性意义。虽然在不同的社会习俗或生活习惯条件下，人们对隐私的认识多少都会有所差别。但是，从具有普遍性的社会价值的角度来看，在同一屋檐下共同生活的群体成员之间具有并分享一定的隐私，这种社会现象也被称为家庭（household）。隐私的概念给作为居所的住房在向人们提供睡眠休憩的功能之外又增添了饮食、工作和娱乐的功能。为了对人们的隐私进行保护，必须使每一个家庭之间都保持一定的安全距离，而这一方法则对应着高昂的成本。因此，在现代城市中往往采用布局一定的绿地空间（open space），或设计和设置墙体隔断（wall）等屏障的方法来保护每个个人或家庭的隐私权。

3）布局

住房的区位（location）为人们提供了接近工作、服务，以及城市一切设施的机会。从城市内部的区位布局来看，交通的便利程度和出行成本的大小是决定区位布局好坏的重要判断标准之一。城市中的高收入人群往往均倾向集中居住于城市中处于最佳位置的住宅区域内。此外，一个城市如果拥有良好的居住环境亦能吸引和引进更多的高收入社会精英人士和高端人才。他们在整个社会中起着推动地区经济发展的重要作用。如果一个城市发生严重的人才流失现象，那无疑将对本地区的企业和经济造成严重的打击。人力资本是现代企业竞争的最重要的资源之一，因此住居环境也就成为一个城市或地区最重要的经济性区位因子之一。一方面，掌握熟练技能的技术劳动者和各领域的高端人才更倾向于选择那些能够在最大程度上缩减通勤时间的职住相邻式的居住空间；另一方面，企业为了吸引高级技术劳动者和高端人才也试图将其自身布局在更加有利的区位空间位置之上（Weesep，2000：175）。

4）环境的舒适性

所谓环境，除了我们通常所说的邻里周边的自然环境以外，社会环境也是决定环境舒适性（environmental amenities）优劣的重要因素。其中，某一城市或地区所展现出的形象或所具有的声望成为主要的判断标准之一。邻里环境对居民的生活质量和社会地位等都产生着一定的影响。此外，邻里环境对社会关系结构的形成也产生着重要的影响。例如，某些居民更加偏好于在具有混合式、多样化形态的邻里环境中居住和生活；而另外一些居民则偏好于在那些更加能够保护自我生活方式和习惯的隐秘式邻里环境中居住和生活（Weesep，2000：175）。

5）投资

城市住房不仅是单纯意义上的居住空间，也是人们投资（investment）的对象之一。持有住房也就意味着拥有了物质上和财政上的保障。其不仅是财富的象征，更是一种财富积累的手段。因此，可以说住房的显著特征之一就是其本身所具有的经济价值。此外，在对住房投资方面，个人消费占到了相当大的比例。不仅如此，住房还与其他实质产生的成本费用等相关联，并将带来巨大的经济倍数效应（Weesep，2000：175）。

2. 住房领域的属性

住房领域可以被看做是民间私营企业和政府行为活动的一种结合。在现实生活中，绝大部分的住房均是由民间私营企业建造并向市场提供的，仅有剩余的一小部分是由政府公共部门来提供。住宅领域本身所具有的双重属性主要体现在以下三个方面（Harvey，1992：284）。

1）制度

存在于住房领域的民间要素与法律、制度及公共部门的运转都有着密不可分的关系。民间私营企业所主导的住房建设、租赁及融资等与住房有关的一切行为活动都不可避免地要与政府公共部门产生一定的关系。

2）公共福利

从现实的角度来看，民间私营部门在满足市场对住房需求方面并不能达到政府公共部门的期待值。在这里，民间私营部门所不能满足的住房需求主要是指那些来自尚未具备购房能力的低收入家庭。此时，政府公共部门将通过提供住房补贴等方式来弥补这一部分的市场需求。由此可以看出，政府公共部门在住房领域履行着促进民间私营部门发展，以及提供货币补贴以矫正和完善市场机制的两大职能。

3）相互作用

在对住房领域进行探讨时，应对民间私营部门和公共部门之间所存在的相互关系进行正确的理解和把握。特别是从住房市场的层面出发，对两者之间的相互关系进行经济分析是十分必要的。

3. 经济特征

住房区别于其他一般经济物品的独特性特征主要表现在以下五个方面（Harsman and Quigley，1991：2）。

第一，住房是一种具有复杂和多重异质性的商品。由于生产和消费是一种复合型的关系，从有效交易的角度来看，供给者和消费者之间也是一种复合型的关系。

第二，住房具有空间固定性的特征。人们对住房的选择一方面意味着是对邻里周边环境、与工作地点之间通达度的选择；另一方面也就意味着对一个城市或地区各种服务的选择。从土地所有者的立场来看，其并不直接控制和掌握着决定地租多少的最大筹码。地租价格最根本地还是受到政府公共部门行为活动的影响。因此，空间上的固定性对于人们的移居和住房消费有着直接的影响。

第三，住房生产具有昂贵性的特征。普通家庭为了购买住房必须通过从银行进行巨额贷款的方式方能实现。对购房者来说要想购买一套完全属于自己的住房，抵押贷款不失为一种较为合适的信贷方式。此外，住房消费已经成为家庭预算中最重要的组成部分之一，住房建设在整个国民净投资（net national investment）中占据了相当大的比重。

第四，住房具有使用寿命长等耐久性的特征。为满足特定时期住宅消费而新建的住房仅占到市场所需住房供给总量中很小的一部分，住房需求的小变动就会对建房活动产生较大的冲击。住宅具有耐久性的特征。一般来说，住宅的可使用寿命为70年甚至更长。如果管理到位且定期对其进行保养和维护，住房的寿命可以得到有效的延长。但是相反地，如果缺乏有效管理甚至是进行破坏性使用，则只能加剧缩短房屋的使用寿命。住房耐久性的程度受到住房市场中现有存量住房的影响和支配。

第五，对任何期望在现代工业社会中能够拥有正常生活的个人或家庭来说，住房是一种必需品。在现实生活中，即便存在可以代替提供住房的其他选择，也无法从根本上完全替代住房本身的作用。因此，即便是经济和生活条件最困难的家庭也需要进行住房服务消费。

二、管理政策

1. 意义

住宅用地是城市内规模最大的土地利用类型。用于建造居民居住生活用房屋所占用或划定的居住用地约占城市总建设用地面积的35%～40%，与其相比，排名次之的公共开放空间和工业用地则分别只占据了20%和10%。住宅和居住用地的重要性可见一斑（Balchin，et al.，2000：179；Field and MacGrego，1987：54）。

由于住房是一种本身具有复杂和多重异质性的商品，与之紧密相关的住房政策也必不可免地成为最为复杂的领域之一。住房政策所关注的问题并不仅局限于住房本身，而是更多地从与住房息息相关的财政、立法、政治、社会、哲学思想、资源分配、政府间的关系、专业和行政层面的管理规则及规划等多个重要的角度入手进行深入的分析与研究。实际上，住房政策往往受到来自政府部门方面的社会住房政策、对民间组织的支持政策、税收政策，以及福利政策等多个因素的影响（Pugh，1980：1）。

如同作为商品的住房所具有的特征一样，住房政策也具有较为独特性的特征（Hårsman and Quigley，1991：3）。

首先，由于住房是生活必需品且在家庭预算中占据着相当大的比例，住房政策将对所有居民产生影响。也正因为如此，无论对于住房市场中的生产者还是消费者而言，住房的配置都是一个非常重要的现实性问题，对于政治人物和政府公务人员来说也是一个相当具有象征性的问题。

其次，住房政策发展方向的改变或调整可以循序渐进地加以推进。从长期发展的角度来看，即便是住房补助政策发生较大的变化，也只能够对政府所提供的补助性住房数量的变化产生较小的影响。

再次，住房政策与其他经济社会政策的目标有着密切的联系，如宏观经济的稳定、社会福利、医疗保健、土地利用、经济发展及趋于均衡等都受到住房政策的影响。

最后，由于住房政策的作用发挥要在实施较长的一段时间以后才能逐渐显现出来。因此，在很多情况下住房政策不仅在规划时期面临较大的困难，在评估阶段也存在着相当大的难度。针对住房政策所进行的评估必须建立在效率性、公平性的基础之上，且必须与社会政治目标的方向相一致。

2. 政府介入的逻辑依据

虽然住房是人类最为必需的物质性条件之一，但在世界上任何一个国家都无法实现供需关系的完全平衡（Balchin，et al.，2000：127）。人与人之间在住房和生活条件上所表现出来的差异也是社会不平等的信号。因此，住房政策的实施也就意味着要向所在城市或地区的全体居民提供高品质的生活质量。虽然政府介入住房市场的历史由来已久，但时至今日在现实生活中造成住房市场不平等局面的因素依旧存在并发挥着一定的影响（Weesep，2000：178）。

从理论上来看，住房是依照购买者和销售者，或是土地所有者和租赁者之间自发形成的合同来进行分配的。住房作为一种个人物品（individual goods）通常应根据个人消费的喜好和选择来进行市场配置。但是在现代福利国家，住房在被视为市场商品（market commodity）的同时也被看做是一种应由国家政府介入并进行干预的公共产品（public goods）。基于此，绝大部分西方发达国家现行的住房政策均将重点放在介入住房市场并对各种过度或不当行为进行矫正上。

有关政府介入住房市场的必要性问题应从效率性和公平性两大方面进行讨论（김경환·서승환，2002：206）。从效率性的层面来看，政府可通过对在住房领域内发生的市场失效进行纠正和改进从而实现住房资源的合理配置，由此也为政府介入提供了正当性的理由。从公平性的层面来看，一方面由于低收入人群依靠自身的经济能力根本无法达到整个社会所能接受的最低居住水平，在这种情况下政府有必要为这些弱势群体提供一定的帮助；另一方面政府通过对住房市场进行适当的干预性支持有助于推进和达到更加倾向于低收入人群的收入再分配的目的。

政府在住房领域内所潜在发挥的作用主要有以下几个方面（Harvey，2000：301～302）。

1）住房资源的最优化利用

为了满足当前时期的住房需求，无论何时在市场中都会存在一定的住房存量。而在现实中，政府在过分专注新建住房项目的同时却忽略了现有住房存量的重要性，最终导致住房存量升高甚至是被荒废现象的发生。

2）对所有家庭提供适当的住房保障

政府有关住房领域的长期政策应当以持续改善住房条件为主要目的。在这一过程中，应将关注的重心放在住房的保有期限、住房类型及区位布局等与个人选好相关的考虑因素上。此外，有关政策不仅应该为人们提供交换房屋及置换低水平住房的机会，还要为市民提供充足的后备居住用地，以应对人们不断增长的住房需求（如某些家庭需要购买第二套住房）。

3）积极引导新建住房进行区位选址

政府应在对本地区内各区域发展的现状、就业机会的分布状况，以及将来市场需求的变化趋势等各种因素进行综合分析的基础上积极引导新建住房进行合理的区位选址和布局规划。

4）努力处理和解决特殊群体的住宅需求

政府有必要针对老龄人口或残障人士等特殊群体开展专项设计规划，或作为现有住房的补充建设适当规模的福利设施以满足特殊群体对住房的需求。

5）适当对地方公共部门的住房分配政策产生影响

如果某一地区的租赁住房全部是由当地的公共部门或住房协会所提供，那么政府就应当对租赁住房的分配方式进行相应的干预并产生一定的影响。

3. 观点争鸣

对有关住宅政策的争论主要可分为以下六大主题（Blair，1991：437～443）。

（1）租金控制 VS 市场势力

在城市住房市场中，租金的作用具有持续性的特征。对租金控制的争论往往基于对社会公平性的考虑。主张对住房市场的租金价格和行为进行控制的一方认为，房屋或者建筑物的所有者根据市场条件的变化任意提高租金的行为就是对租赁者赤裸裸的剥削。因此，划定并严格执行一部有关住房市场租金控制的法律将有助于遏制住房租金恶意上涨的行为。持反对意见的一方则认为，对租金进行控制是一种非效率性的做法。如果一味抑制住房租金上涨，将会进一步减少现有市场的住房库存量。此外，如果租金价格始终处于均衡点以下水平，房屋或建筑物的所有者将优先选择那些具有高收入且能够支付更高价格的租赁者。由此将可能会引发社会弱势群体或特殊阶层遭受不公待遇的倾向。正是由于租金控制存在非效率性和高成本的弊端，大部分的经济学者都对租金控制持反对的态度（Blair，1991：438～439）。

（2）收入补助 VS 住房补贴

在福利经济学中，较为传统的观点认为相较于实物福利而言，现金补助的方式更能够提高个人的福利水平。例如，某一家庭收到100美元的现金就比收到等价于100美元的房屋租赁补贴（非现金）更有助于提高家庭的生活和福利水平（Blair，1991：339）。

（3）供给策略VS需求策略

政府推行廉价住房项目计划的目的和侧重点到底是应该放在为生活贫困的低收入人群提供住房之上，还是应放在提高这些人自身的购房能力之上呢？对市场需求进行补贴的政策虽然能够提升住房的供给量和供给水平，但与此同时却也会引发住房价格上涨的趋势。而与此不同的是，政府针对供给市场所制定的相关策略不仅可以有效压制住房价格，还能够保证住房供给量的持续增加。基于此，大部分政策和市场分析者们都主张和支持政府应从住房市场供给的层面给予适当的政策支持或实物性补贴（Blair，1991：440）。

（4）公共建设和所有VS民间建设和所有

廉价住房计划在实际建设及后续所有权方面也面临着诸多的选择。例如，政府所推行的廉价住房项目是应由政府直接出面进行建造并持有，还是应在政府提供一定援助的基础上由民间私营部门来进行建设开发并持有呢？有人曾指出，无论是公共部门还是民间私营部门所主导建设的廉价住房项目均有过成功或失败的案例。因此，很难在这一问题上对公共和民间私营加以明确的区分（Blair，1991：442）。

（5）集中式住宅区模式VS分散式住宅区模式

公共住宅早期的概念旨在强调通过大规模开发模式在生产和运营上所产生的规模经济效应实现降低成本的目的。因此，早期的公共住宅建设多呈现出大规模化和高层化的特点。但是，对以社会低收入人群为主要对象的公共住宅进行如此过于密集的开发，最终也导致了后续一系列社会问题的产生，如在这些地区犯罪率居高不下等。由此可以看出，这种过于集中式的公共住宅开发模式最终将会给整个大规模住宅区域的建设和开发带来破坏性的影响（Blair，1991：442）。

（6）居住单元体VS邻里开发

最后一个问题与上述问题有着密切的联系，即政府在施行针对低收入家庭的有关住房政策时，是只改善其住房环境，还是将其周边的邻里环境一并纳入进行改善和开发呢？从现实的角度来看，虽然低收入阶层的住房条件已经有了很大程度的改善，但是依然很难改变民众对贫民窟问题的认识。家庭本身只是所需改善的大环境中的一环。政府除了对低收入家庭的住房环境进行改善以外，还需通过针对周边地区进行打击犯罪、创建娱乐和休憩空间，以及卫生保洁等多种途径来解决存在于邻里周边地区内的一系列社会问题。

第二节　住房的供求

一、住房需求

1. 概念

住房需求就如同是一张有关住房价格的清单，不同价格住房的市场选择或特定需求量也会有所不同。消费者对住房的需求强度一方面受到反映消费者特征的个人属性因素的影响；另一方面更是受到住房选择和一般商品和服务选择之间平衡关系的影响（Pozdena，1988：20）。

我们在对住房需求（housing demand）进行分析研究时，应将其分为潜在需求（potential demand）和有效需求（effective demand）两方面进行探讨。潜在需求主要取决于与人口有关的各种因素，因此其往往与对人口的年龄、性别、家庭规模等的预测活动有着密切的关系；有效需求则取决于居民收入的增长、收入分配，以及抵押金可使用的范围大小等因素的影响（Richardson，1978：256）。此外，住房需求还可分为因人口增长而产生的新生住房需求（new housing demand）和因现有房屋老化或拆迁而发生的重置需求（replacement demand）。从更为深入和微观的角度来看，还可将住房需求区分为自购（owing）和租赁（renting）两种形式。其中，消费者作为房屋的所有者所自购的住房具有消费品和投资品两面性的特征。而与之相比，对租赁用住房的需求并不具备这一特征（Richardson，1978：257）。

2. 需求函数

住房需求函数是指，单个个体家庭在一定时期内所消费的住房的数量随某一变量因素的变化而产生的函数关系（김경환·서승환，2002：190）。换句话说，所谓住房需求函数（housing demand function）就是指住房需求和与之相关的一系列因素之间所存在的关系。与住房的需求函数有关的主要变量有消费者的经济能力、住房的价格、其他商品和服务的价格，以及消费者的住房选择倾向等。

从需求总量上来看，其与人口的实际收入等因素呈现出持续上升的正相关趋势。从整个市场的情况来看，对住房的整体需求的大小不仅取决于个人需求的特征属性也取决于消费群体数量的大小。由此，我们可以说整体性的住房需求函数即为个人需求关系的总和（Pozdena，1988：20～21）。

3. 需求预测

如前所述，影响住房需求的因素主要包括住房价格、其他商品和服务的价格、消费者的经济能力和对住房的选择倾向、潜在的住房消费者的数量等（Pozdena，1988：21）。用以衡量住房需求量对它本身价格变化弹性（elasticity）或反应程度（responsiveness）的指标，我们称之为住房的需求价格弹性（price elasticity）。其表现形式为需求变动百分比与价格变动百分比之间的比率（ratio）（Pozdena，1988：23）。

居民收入的增加和住房消费支出的增长之间是一种非弹性的关系。有关住房需求的收入弹性方面的研究较多，但大体可归纳为以下三个方面（오설리반，2004：450）：一是总体住房需求的收入弹性普遍保持在 0.75 左右；二是房屋承租者的收入弹性普遍小于自购住房所有者的收入弹性；三是收入弹性随居民收入的增加而增大。住房需求的变动与住房价格变动之间的比值为－0.3～－0.2，远远小于收入弹性的比值（오설리반，2004：450）。

二、住房供给

1. 概念

住房供给与其他商品的供给有着本质性的区别（Balchin，et al.，2000：135）。一是住房建设需要使用大量的土地资源，因此在这一过程中开发业者、土地所有者及政府规划部门三者之间的关系就显得尤为重要。二是自住房开始建设时起到住房销售为止需要经过较长的一段时间。其中，开发业者在开发和建设的过程中往往需要依靠金融借贷方能推进和完成项目建设。三是与居民的家庭收入相较而言，住房属于高价商品，因此需要进行长周期的借贷活动。四是在住房建造的过程中需要同时进行与之相配套的基础设施建设，由此也增加了住房的建设成本。

一般来说，应用最为普遍的住房供给（housing supply）方式主要有存量供给（stock supply）和流量供给（flow supply）两种。前者与现有市场的住房存量（housing stock）有着直接的联系；后者则与住房给消费者带来的“服务量”的变化或与现有住房质量的变化有着直接的联系（Miron，1998：299）。

单纯意义上的住房存量供给就是指可提供给人类用以居住的一切住所（dwelling）的总和。而在市场条件下，可以将住房存量供给看做是针对市场住房价格变化所做出的一种反映。从这一层面上来看，住房供给实际上是针对不同价格住房所提供的住房数量的一种反映。由于拥有住房资产的所有人在进行相应改变现有住房存量的过程中需要经过相对较长的时间，短期的存量供给对价格的反应程度变化不大；而从长期的存量供给变化来看，开发业者根据现有存量住房的利润情况来预测更为合理的住房建设数量并制订周期计划（Miron，1998：299）。

由于短期内的存量供给是相对固定的，从住房价格的角度来看，这种短期的存量供给是完全非弹性的。短期存量供给关系所具有的非弹力性的性质主要基于在住房无法立即进行生产、建造或是被破坏的假设前提下形成的（Pozdena，1988：36）。然而随着时间的推移，可以不断地补进现有住房存量。这种通过新住房建设以增加住房存量的做法往往与住宅投资（housing investment）有着密切的关系（Pozdena，1988：37）。

住房虽然具有同质性的特征，但是在现实生活中，住房个体之间还是存在着不小的差异。例如，既有大面积的住房，也有小面积的住房；既有供水的住房，也有无供水的住房；既有高层式的住房，也有独门别院式的住房。由此，经济学家们主张住房供给并不具有同质性的特征，而应将其视为一种由与多种设施和服务相贯通的，由有形资本变化而来的存量。这种在现有存量不断变化的过程中所能满足的市场需求数量被称为住房的流量供给（Miron，1998：300）。

2. 供给曲线

当所要进行分析的时间范围和住房生产均处于增长状态时，住房供给曲线的斜率也会随着土地和原材料价格的上涨或下跌而发生相应的变化。所谓住房存量就是指在某一时间点，城市或区域内现有住房的总量。由于新建住房或拆除现有住房均需要经过一个较长的时间周期，这些因素很难对住房存量产生一定的影响。因此，从短期来看住房资产价格是相对固定的，即短期供给曲线在现有住房存量中表现为垂直的直线关系。但是从长期来看，一方面随着新房的不断开工建设和对现有住房的维护和扩建等工作的不断推进，住房存量也在不断地增加；另一方面，随着一部分现有住房的不断老化和拆迁工作的展开，住房存量又会相应地有所减少。这种现有住房存量不断增减的现象直接决定着短期供给曲线的左右移动。因此，也可以说长期供给曲线具有较高的价格弹性。

3. 供给过程

住房供给的实现需要经过以下四个阶段（Balchin，et al.，2000：134）：第一阶段是住房的开发阶段（development stage）。在这一阶段中，个人、民间私营企业或政府公共部门（为住房供给的实现提供相应的土地、资本和劳动力支持，并为推动建设开发过程的顺利推进提供必要的技术性保障）积极准备和构建各种有利条件，为日后进入建设阶段打下坚实的基础。第二阶段是住房的建设阶段（construction stage）。在这一阶段中，建筑业者应与各种生产要素进行充分结合，以保证住房建设的顺利进行。第三阶段是住房的分配阶段（allocation stage）。在这一阶段中，主要将已竣工的住房分配给公共或民间私有的土地所有者、合作社，以及通过市场所能预测到住房需求者。第四阶段是住房的维护管理阶段（repairs and maintenance stage）。在这四个阶段中需要政府提供充足的财政支持和适当的实物补贴。

住房开发一般通过具有政府公共部门性质的企业或由民间私营企业来完成。但在这一过程中，有时很难对开发工作和建设工作进行明确的区分。实际进行住房开发业务的开发业者可依据运作主体性质的不同分为个人（private individuals）、民间私营企业（private companies）、非营利企业（non-profit companies）、半官方性质的公共机构（semi-public bodies）、地方政府（local authorities）和政府部门（government department）等（Balchin，et al.，2000：136）。

三、住房市场

1. 结构框架

住房市场由住房存量（residential stock）和总家庭户数共同组成。住房存量（residential stock）由相互之间在持有方式、所有模式，以及住房的基本设施和条件、结构类型、设计、区位布局等方面各不相同的住房单元体（housing units）构成。以家庭为单位所划分和占有的住房单元体将为人们提供一系列与住房有关的服务。隶属于不同社会经济阶层和不同生活方式群体的家庭也会相应地对住房标准和住房的服务水平提出不同的需求。住房价格和租金是家庭对住房及其服务水平的需求和其所能给予的供给之间相互作用的产物。

对住房的需求主要来自两个方面。一是对住房存量的投资需求（investment demand），这种需求主要来自投资者（土地所有者、投机商和住房所有者）的一种心理期待；二是对与住房有关服务水平的需求，这种需求主要是通过居住者消费的方式来换取相应标准的居住服务水平以满足居住者的居住需求。在与住房有关的服务中，一部分服务体现在住房的内部结构上（如内部构造及设施条件等）；另外一部分主要体现在住房的外部环境上（如通达性、安全性、近邻区域的特性及公共服务的水平等）。这种住房外部环境上的服务形式也被称为外部性（externalities）。

2. 运作

（1）意义

住房市场最终发挥效力所产生的结果可以被视为依据现有住房存量所提供的有关住房服务水平的需求和供给之间相互作用的产物。各个家庭根据其不同的选择偏好和经济能力将会选择各不相同的住房服务的一个捆束（bundles）。

以家庭住房的所有类型、价格水平、数量及区位布局等为依据所形成的市场住房价格是对现有住房存量进行划分的最主要标准之一。

从某些方面来看，以现有住房存量为基础所提供的住房服务和现有家庭所正在消费的住房服务之间完全达到一定的供需平衡。当我们假设某一家庭在一定的经济收入水平和选择偏好的支配之下为了达到居住环境最优化的目的，其愿意为了追求更优质的住房服务而支付更高的住房消费价格。在这一假定前提下，从消费者的角度来看，其所能支付的心理价位应该建立在住房生产成本和期望利润的基础之上。有关住房单元体的家庭分配也是一个充满竞争的过程。

(2) 要素

城市住房市场的要素在于怎样才能使住房存量和住房需求之间长期形成并保持均衡发展的关系。住房供给作为城市土地利用，以及依据有关建筑规范而接受政府监督和管控的住房开发过程的一部分，其最终是由土地所有者、开发业者、金融机构和城市政府等当事方来共同决定和形成的。由于在这一过程中可以使用诸如抵押信贷等方式来进行相关的运作，住房供给对经济条件的变化具有相当的敏感性。从市场需求的层面来看，一个家庭所具有的住房消费能力是由在搬迁和定居安置过程中所产生的成本等条件的制约所决定的。这一制约性要素反而对低收入家庭的影响更加微弱。除此之外，其他制约性要素还包括人种差别、伦理及生活方式等。

富有竞争性的市场机制虽然可以充分满足高收入家庭的住房消费意愿，但相对于以经济能力有限的中低收入家庭为主要对象的住房市场则深受来自各方行为者（房产业者、土地所有者及金融机构等）行为活动的影响。特别是在各地区层面所出现的住房供给、维护、修缮、财政及消费决定因素，均取决于各行为者在资本和劳动市场中所能获取的住宅收益的大小。

由此可以看出，以中低收入家庭（低收入家庭大多为房屋承租者）为对象的住房服务的范围和质量受到土地所有者和金融机构之间所达成的投资决定的直接影响。

(3) 模型

住房市场模型可分为以下两种：一是在住房的市场需求和供给永远保持一致的假设条件下所形成的均衡模型；二是供求关系在总体上呈现不均衡状态的非均衡模型。均衡模型是一种在住房供应比较高且住房市场稳定的状态下较为实用和有效的模型。这种模型的优点在于在对住房需求进行分析时不需要搜集更多的相关资料也可以对市场需求作出较为准确的判断。但是，由于对住房的需求长期处于超额过量（供不应求）的状态，整个市场呈现出相当的不稳定性，均衡模型很难直接适用于现实的住房市场当中。不仅如此，这一模型也很

难适用于像韩国一样对住房市场管控较为严格的国家或地区（손경환·김혜승，1993：6）。

住房的供求非均衡模型主要表现为以下四种形式（Balchin，et al.，2000：127）。

第一，与地理单位上的住房数和家庭数之间所存在整体性差距有关的静态非均衡（static disequilibrium）。

第二，反映与市场需求变化相关的供给不足或过剩的量化范围的动态非均衡（dynamic disequilibrium）。

第三，反映城市不同区域内的市场供给不足或过剩状态的空间非均衡（spatial disequilibrium）。

第四，反映部分家庭在社会可接受的最低住房标准线以下的居住环境中生活状况的质量非均衡（qualitative disequilibrium）。

几乎所有的发达国家的政府都在以更加积极的姿态介入到住宅市场当中，或通过改进现有政策和推行新政策的方式，以试图达到缓和乃至消除这一非均衡状态的目的（Balchin，et al.，2000：127）。

四、供求政策

1. 住房金融

无论是民间私营部门还是公共部门在住房开发或购买房产的过程中需要从各种可能的财源渠道获取更多的资金。一般来说，在住房开发或买入房产的过程中，均需要保证至少有一个以上可以获取相应开发或购房资金的有效财源渠道才能保证后续工作的顺利进行。对于大部分消费者而言，购买住房是一笔相当巨大的消费开支，因此仅凭个人收入来一次性付清全部购房款项几乎是不可能的事情。基于此，为了满足消费者对住房的有效占有需求，在住房市场中引入借贷和长期融资的概念是十分必要的。无论是开发业者还是普通的购房者一般都会通过自身的储备资金、从金融机构获得的贷款资金，以及从地方或中央政府获取的借贷资金三种财源渠道来筹集资金（Balchin，et al.，2000：142）。

在发达国家，住房补贴主要可以分为供给面补贴（supply-side subsidies）和需求面补贴（demand-side subsidies）两种模式（Balchin，et al.，2000：142）。以美国为例，其住房补贴计划以全国各级政府所搭建的平台为基础，补贴对象涵盖了全国不同收入群体的所有的家庭。在这一计划中具体划分为特别税优惠（special tax benefits）、抵押补助（mortgage assistance）及低收入阶层补助（low income assistance）三大补贴类型。在这里，除了像宏观利率政策这样间接性的措施以外，诸如分区制和其他相关的土地利用规范也会对住房补贴政策产生较大的影响（Blair，1991：431）。

1）税收优惠（tax benefits）

最大规模的住房补助计划其主要内容是对联邦所得税中的抵押利息和地方财产税进行减免。购房者无须从个人收入中被扣除或缴纳抵押利息和财产税等税金。抵押利息和财产税均是个人购买住房中的主要现金支付款项，因此对这两类税收进行减免是一种真正有利于个人购房者的税收优惠政策（Blair，1991：431）。

2）抵押补助（mortgage assistance）

普通的购房者一般会对尚未能筹集到的剩余款项采用分期付款（down payment）或贷款的方式来购入住房。为了使个人购房者能够相对轻易地从金融机构获得购房贷款，美国联邦政府向各金融机构提供了相应充足的资金保障。此外，还有政府抵押的运作方式可供选择。由于政府抵押的利率较低，更容易为个人或家庭购房者所接受。美国的抵押补助制度主要可细分为抵押贷款保险及证明（mortgage loan insurance and guarantees）和第二抵押市场运作两种模式。

3）低收入人群补助（low-income assistance）

低收入人群补助可分为供给面补贴和需求面补贴两类。供给面补助（supply-side assistance）主要是向低收入人群或家庭提供新建住房或对其现有住房进行维护修缮等；而需求面补助（demand-side assistance）主要是向需要租赁或购买住房的低收入家庭提供相应的资金补贴等。公共住房（public housing）就是从供给面出发对低收入家庭进行补助的一种主要方式（Blair，1991：435）。

2. 住房补助的效果

从需求面入手进行相应补助的住房补贴主要可分为房租补贴（rent subsidy）和收入补贴（income subsidy）两种方式。其主要目的在于减轻承租住房家庭的房租负担或增强其所能承担房租的经济能力（김경환·서승환，2002：207）。

房租补贴主要通过压低住房相对价格的方式提高和促进受助家庭的住房消费水平。收入补贴主要是通过提高受助者整体收入水平的方式使受助者能够根据自己实际的购房需求进行住房消费，从而提高受助者的住房水平。

从供给面入手进行相应补助的住房补贴主要通过向住房供给者提供低息建设资金等方式来降低生产成本。通过这种方式可以达到民间私营部门扩大住房供给的效果（김경환·서승환，2002：210）。

第三节　低收入阶层住房

一、意义

1. 概念

社会住房（social housing）是指负有一定社会性责任的公共部门或机构以低于市场租赁价格的租金水平向社会提供住房（Oxley and Dunmore，2004：96）。社会住房在不同的国家或地区有着不同的名称，如议会住房（council housing：英国）、公共住房（public housing：美国）、公营住房（日本）及公共租赁住房（韩国）等（하성규，1991：383）。

在韩国相关法律中，所谓租赁住房是指以租赁为目的所提供的建设租赁住房和买进租赁住房（《租赁住房法》第2条第1号）。其中，建设租赁住房是指住房租赁业者以房屋出租为目的而建设的住房；买进租赁住房是指住房租赁业者通过买卖等方式取得相应的所有权后再进行租赁的住房（《租赁住房法》第2号、第3号）。

向社会提供公共住房（public housing）是应对和解决低收入阶层住房问题的有效手段之一（Richardson，1978：270）。这主要是由于对于那些无力购买住房和没有意向购买住房的低收入家庭来说，除了依靠具有社会性质的公共租赁部门以外没有其他更好的解决途径。

在西方，每个国家对住房的认识都有所不同。其中较为极端的主张认为应将住房看做是一种完全的消费商品（consumer goods），而非社会性领域所能干涉的范畴。在美国，社会住房仅占总住房数量的1%。而在东欧地区则存在着与此完全相反的另一种极端的认识。在东欧国家，住房被视为是一种普世权利（universal right）和必不可缺的社会资本（social capital）的象征。但是由于在现实中缺乏能够满足住房需求的国家资源，这些国家往往通过住房合作社等方式引导市场进行有效供给以满足国民对住房的需求。持中立立场的国家认为应将住房看做是一种具有约束性的社会权利（social right），国家应适度地介入和干预住房市场以保障绝大多数国民的住房条件都能保持在最基本的住房水平或以上（Pacione，2001：209）。

2. 住房问题

贫困层的住房问题主要体现在以下几个方面：①缺乏一定标准的住房空间、质量和设施；②恶劣的邻里环境；③相对于收入而言过高的住房成本；④缺乏保有住房的安全感；⑤对可拥有的住房选择有限；⑥对住房的区位选择有限；⑦所居住房缺乏对残障等弱势群体人群的特殊服务；⑧存在较严重的种族歧视问题；⑨相较于区位空间的质与量而言住房成本过高等（Grigsby and Rosenburg，1975：31～32）。

1）住房质量（housing quality）

让每一个家庭都有一处体面的居所（decent home）是政府政策目标中最主要的目标之一。但是在现实中，仍然有许多地区的生活环境和生活状况并不容乐观。随着人们对生活水平的期待与日俱增，住房的质量标准也在不断地提高。虽然在与住房相关的法律中均对住房具体的物理性质量标准作出了明确的规定，但是仍然会出现无法满足人们对房屋质量需求的情况。由此可以看出，住房的合理性不仅指代政府所颁布的法律标准，也是居民的需求与期待之间所形成的一种函数关系。

个人或家庭从住房中所获取的服务也是住房设施的质与量之间所形成的一种函数关系。住房的基本设施像住宅一样本身包含着一定的功能性和象征性的价值。虽然许多低收入家庭对于他们现有的住房设施不太满意，但也要提供并满足他们在入住初期就可以进行正常的家庭生活所必需的各种最基本的功能设施水平。

拥挤（overcrowding）是住房政策最为关心的焦点问题之一。其也是造成人们心理疾病和道德退化的重要原因之一。拥挤往往与居所内所消耗时间的质量、住房的结构、邻里社区的人口密度以及社会文化和道德水平等有着密切的联系，由此也可以看出，其也往往取决于所在地区的居民们相互之间能否通过协商达成某种共识。

2）邻里环境（neighborhood environment）

相较于低标准住房的概念而言，贫民窟更多的是由于住房本身和其邻里周边之间的环境不断地衰退而形成的一种现象。邻里环境这一概念本身包含了社会和物理两大层面。社会层面往往与犯罪、收入、种族混合及学校质量等方面有着密切的联系；而邻里的物理性环境则大部分都是由于住房本身所形成的。此外，对包括交通质量、步行道与街道、胡同里弄的环境、噪声污染防控以及公园绿地比率等方面进行维护和改善也将有助于提高邻里周边环境的质量。

3）区位选择（locational choice）

低价位的廉价住房并非分散于城市的不同区域之内，而是更多地聚集于某一地理区位之上，因而引发出各种社会问题。特别是以低收入家庭为主要居住对象的廉价住房更是如此。这种因区位选择而引发的问题比低标准住房所带来的问题更加严重。通常所说的住房区位选择问题中很关键的一点就是，因交通便利性和通达性的不同而产生的贫困阶层和富有阶层之间在生活质量上的差距也随之出现扩大的趋势。拥有私家车的富裕阶层的移动性不断增强；而与之形成鲜明对比的是仅能利用公共交通出行的贫困阶层的人们却随着公共交通环境的日益恶化其活动的范围也随之越来越小，最终导致其享受更多区域社会服务和更多就业渠道的机会也越来越少。

4）相对于收入的住房支出费用（housing expense relative to income）

对低收入阶层来说，住房支出的费用不仅占据了家庭预算的绝大部分，而且很难进行相应的延期或减免，因此低收入阶层对住房支出费用格外关注。

5）与住房质量和规模有关的住房支出费用（housing expense relative to quality and size of dwelling）

如果从人均居住面积的角度来看，我们会经常发现低标准住房的支出费用有时反而比高标准的优质住房的支出费用还要高。这种现象也说明低标准的住房的租赁价格并不一定是低水平的。

6）保有选择（choice of tenure）

低收入邻里区域内的住房在市场中很难进行出售和交易。一直期待登上经济发展阶梯更高一层的低收入住房所有者在遭受到重大的经济损失之后也不得不选择离开这一区域。

7）保有住房的安全感（security of occupancy）

在低收入人群中经常出现非自发性的人口移动现象。引起这一现象的主要因素有公共部门所主导进行的城市改造、建筑法等有关法律法规的制定和颁布、城市道路建设，以及低收入人群本身无力继续缴纳租金等。低收入人群所具有的高移动性特征不仅使其自身因缺乏归属感而陷入无根性（rootlessness）的困境，而且这与城市再生过程中重在培养社会共同体意识的开发精神背道而驰。由此可以看出，低收入家庭也应与其他阶层的家庭一样享有保有住房的安全感。

3. 方法模型

自第二次世界大战以来，英国的社会住房政策在整个住房市场中发挥着巨大的作用。下面将以英国为例探讨其在1945年以后推行的社会住房政策（Oxley and Dunmore，2004：100～109）。

（1）*社会住房建设——福利国家的产物*（1945～1955年）

自第二次世界大战以后，政府在推动社会住房开发的过程中所发挥的作用得到了明确的定位。那一时期在英国制定与住房相关的法律法规时都将对议会住房（council housing，或称市政公房）进行资金补助和破解与之相关的问题架构作为其关注的焦点。对住房进行补助是福利国家在市场经济条件下所确立的具有相当程度合理性的政府功能之一。从福利经济的层面来看，对社会住房进行补助的正当性理由主要体现在以下三个方面（Oxley and Dunmore，2004：

100～101)：

首先，对社会住房进行补助的正当性以假设市场失灵（market failure）为前提，认为政府有必要为那些因无法接受或无力承担市场住房价格的人们提供相应的补助。这一假设也为日后出现的对住房的租赁费用进行管控的主张提供了理论依据。

其次，对社会住房进行补助的正当性还源于对市场中所消费的产品并非全部都是私人产品，其中应有相当一部分为公共产品的假设。两种产品之间有着严格的性质区分。当某一个人消费某一私人产品时也就意味着其他个人无法再消费该私人产品；而与此不同的是，当某一个人消费某一公共产品时并不影响其他个人对该公共产品的消费。由此，在以后将"议会住房"（council housing）改称为"公共住房"（public housing）也应有出于对公共产品属性进行强调的意味。反之，按照这一理论逻辑，私人产品的概念也同样适用于民间或所有者占有住房等。基于此，无论从哪种意义上来看，按需分配的社会住房或议会住房都具有公共产品的属性特征。按照以上这一理论逻辑，如果某一户家庭搬离社会住房的话，那么政府将会对该住房进行再分配以使其他有住房需求（housing need）的家庭能够继续享有这一住房。以上这些在社会住房领域内产生的现象和过程并不会在民间私人所有或租赁市场领域内出现。

最后，对社会住房进行补助的正当化也是基于福利经济中将部分产品视为有益品（merit goods）的观点而确立的。有益品最具代表性的例子当属健康和教育服务。大多数人如果不能明确看到或弄不清消费某一产品所能从中获取的益处，那么自然也就不会对该产品进行支付消费。基于此，所谓的社会受益或有益外部性（beneficial externalities）是指国家为了使国民能够充分享有或使用各项公共服务而依据相应的征税或补助扶持政策所采取的一系列适当的应对措施，其结果最终使个人都能够获得远超过原有成本费用的利益。通过这一方法也可以将社会或公共住房变为有益品。从政府公共部门的立场来看，即便在现实中存在部分家庭不打算入住或持有所分配的住房的情况下，也不可能停止向社会提供具有公共性质的住房。

(2) 社会住房——规划与开发的实验（1955～1975年）

第二次世界大战为政府的社会住房供应方式向更加多元化方向发展提供了更多的机会。在此期间，中央政府和各地方政府的公共部门迫于住房供给不足的压力不得不寻求更多的解决方法甚至是极端的手段，以满足更多家庭日益增长的住房需求。但在其中也有一部分政策制定者和专业人员，特别是与规划和建筑有关的专家学者开始寻求和探索不同于过去的具有创新意义的住房开发对策（Oxley and Dunmore，2004：102）。

其中，具有代表性的是通过建设高层住宅的方式提供社会住房。这种高层住宅模式的社会住房开发理念的提出主要基于以下三点的考虑（Oxley and Dunmore，2004：102～103）：一是从现实的角度来看，在当时的住房问题相当突出的情况下政府必须在短时间内向社会供应大量的住房以应对和解决市场供求矛盾；二是相关规划和建筑设计专业人员也寄希望于通过建设高层住宅的方式向人们提供更加优良的居住环境以提高人们的生活质量和水平；三是从地方政府公共部门的立场来看，通过这一方式不仅解决了住房严重短缺的问题，也进一步提升了城市及地区形象。

在早期政府所提供的高层住宅内，由于存在噪声污染及过于拥挤等问题，所以并不适合子女等家庭人口数较多的家庭居住，人们对其的关注程度也不如预期。也正因为这一原因，在以后的一段时间内高层住宅开发在整个社会住房供给中的数量逐渐减少（Oxley and Dunmore，2004：105）。

（3）*社会住房——剩余开发*（1979～1990 年）

自 20 世纪 70 年代末开始，英国政府不仅将社会住房开发从政府议事日程中删除，并将当时的社会住房看做是一种住房供给市场剩余化（residualized）的表现。当时被视为剩余化的社会住房开发主要被赋予了以下两方面的意义（Oxley and Dunmore，2004：105）：一是将社会住房的生产视为住房供给的一种剩余形式。基于这一观点，社会住房建设的目的也仅限于应对和弥补由于市场失灵所造成的住房短缺。二是社会住房开发的另一个目的也主要限于向住房体系以外的剩余家庭提供住房。

20 世纪 80 年代以后，保守党政府通过租赁者置业权（right-to-buy）政策将剩余化概念与社会住房开发贯穿到了一起。租赁者置业权政策主要内容是允许地方政府部门向议会住房的租赁者出售其所居住的房产。当越来越多的议会住房租赁者们行使手中的购买权并拥有自己的房产时，就会在一定程度上减缓了新一轮住房建设计划的出台，从而减少整个社会住房的供给量。新推出的社会住房越来越倾向于选址在贫困人群聚集的区域进行建设，而这种倾向也加剧了社会住房剩余化现象的进一步发生（Oxley and Dunmore，2004：106）。

在撒切尔政府（Thatcher Government）执政时期，还积极利用这一政策通过鼓励所有者购买和振兴民间私营企业住房建设等方式进一步充分发挥了租赁者置业权政策在降低有关政府补助等财政性开支上的优势。

（4）*社会住房——开发收益返还*（1990 年以后）

从整个大趋势来看，政府对住房领域的公共财政支出正呈现出越来越节约化的倾向，与此同时，住房政策的制定者也在积极寻求制订针对社会住房开发进行财政资金支持的新方案。自 20 世纪 90 年代初开始，英国政府推出了一种通过规划体系对社会住房进行开发的新政策模式（Oxley and Dunmore，2004：108）。

通过规划体系（planning system）所推行的社会住房开发，其核心概念就是开发利益返还（planning gain）。所谓开发利益返还是指，地方政府公共部门作为整个区域社会的代表从那些期望获取地块规划批准的开发业者那里获取相应的实物性或财政性的收益。从区域规划的角度来看，开发业者一方面可以通过修建社会住房、学校、图书馆或其他娱乐休闲设施等方式向区域社会提供相应的社会性或经济性的利益；另一方面也可以在进行开发的同时通过积极营造舒适的邻里环境，以及修建道路或景观等物理性的基础设施来为整个区域社会做出相应的贡献。开发业者可做出的贡献（contribution）范围与地方公共部门的增益（gain）大小均取决于开发项目自身所特有的情形状况（Oxley and Dunmore，2004：108）。

二、公共住房的供求

1. 供给

供给方住房政策是指通过建造低收入住宅的方式来帮助和满足低收入人群住房需求的一项保障政策（오설리반，2004：475）。学者哈罗（M. Harloe）从集群模型和残存模型两个方面对社会租赁住房（social rented housing）进行了分析和把握（Forrest and Williams，2001：97）。以贫民窟拆迁或解决新城市贫困为主要目标的残存模式（residual form）是资本主义国家普遍采取的一种制度化模式。残存模式主要是指当市场机制无法为社会的最贫困阶层人群提供一定质量标准以上的住房时，就需要将其纳入政府及社会的范畴之内来加以解决的一种制度化规范。这种模式主要是针对那些社会最底层的贫困群体提供少量的住房，因此被称为残存模式。美国的社会租赁住房政策就是残存模式的典型代表之一（Forrest and Williams，2001：97）。

集群住房模式（mass housing form）最具代表性的国家当属瑞典、荷兰和英国等，这种模式也被哈罗称为非规则性模式。与历史悠久且应用广泛的残存模式不同，其通过大规模的社会租赁住房计划向社会各个阶层和领域（此时社会最贫困人群往往被排除在外）提供相应的住房。这种集群住房模式仅能在具有相当特殊的历史文化背景的国家和地区内才能得以顺利地推行和实施。在西欧，这一模式自第二次世界大战后开始仅存在了短暂的30年。自此以后，大部分实行过集群住房模式的国家都纷纷转向了国家供给住房的新模式（Forrest and Williams，2001：97）。

2. 需求

另一条途径是把补贴直接支付给低收入人群，让他们自己去选择合适的住房。在需求方政策下，低收入家庭收到住宅优惠券后，可以变现用来购买住

房。像食品优惠券计划一样，住房优惠券计划能够使低收入人群作出自己的消费选择。优惠券对公共住房而言有两点有利的影响：一是在某些情况下，优惠券可以作为现金的等价物使用；二是优惠券可以用于购买旧住房（오설리반，2004：475）。

住房优惠计划主要可分为两种形式：租金凭单和住房优惠券（오설리반，2004：475）。

租金凭单（rent certificates）制度是指低收入家庭收到相应的租金凭单（优惠券）用以支付私人拥有住房的租金。符合标准的家庭对住房支付其收入的30%，并收到一份租金凭单以弥补其支出与实际租金之间的差额（오설리반，2004：475）。

住房优惠券（housing vouchers）制度在对领取人资格要求方面与租金凭单制度相似：都针对特别贫困的低收入人群。要成为凭单领取人，其家庭必须居住在只符合最低质量标准的住房里。住房优惠券和租金凭单之间存在一点重要的不同：持有者可以凭借住宅优惠券租到任何符合最低物理标准的住房（오설리반，2004：477）。

相较于公共住房补贴而言，优惠券计划具有两大优势：一是优惠券和收入转移相对应，因此它导致花费在住房上的每1美元的效用大幅度增加；二是优惠券允许承租人居住相对便宜的旧住房，因此固定数量的每1美元预算能够提供更多的住房（오설리반，2004：483～484）。

3. 分配

社会住房应以什么为标准进行分配，以及首先分配给谁等问题是社会住房政策在制定过程中最需要树立的基本目标方向之一。社会住房的受益家庭至少应具备以下条件中的一项：①无房户；②因改造或开发而形成的拆迁户；③家庭成员中有残障人士等特殊情况；④现有居住环境较差的家庭；⑤低收入家庭及有意愿申请社会住房的家庭；⑥家庭成员中有复员军人等（하성규，1991：404）。

社会住房的分配方式在不同的国家有所不同。在英国主要有功绩制、登记排序制及积分制三种类型（하성규，1991：405～411）。功绩制作为一项根据所在自治区议会的推荐而制定并施行的制度，与其他类型的制度相比使用率较低；登记排序制（date order system）是以在候补者名单（waiting list）中登记的时间为主要依据而确定入住优先顺序的一种制度；积分制（point system）通过对现有居住地区的设施老化程度进行评分的方式，按分数的高低顺序依次赋予入住权的一种制度，其也是现今使用最广泛的一种方法。

在韩国，过去公共租赁住房的分配主要以有无住房，以及是否开具银行储

蓄账户为依据来提供相应的住房。在这一过程中家庭收入也作为一项间接参考条件纳入其中。韩国过去的公共租赁住房分配制度中最具代表性的分配方式当属永久租赁住房。永久租赁住房主要面向社会生活保障者、医疗补助者以及对国家有突出贡献的人士等提供相应的住房。此外，以 5 年和 50 年为居住有效期的公共租赁住房则主要提供给已提出住房认购申请的无房户（김근용외，2004：19）。而最近以来面向社会推出的国民租赁住房则主要考虑到家庭收入因素的影响，重点向户主月收入低于城市普通工人平均月收入水平的低收入家庭提供相应的住房保障（김근용외，2004：19）。

三、租金管制

1. 意义

租金管制是指为了达到保护承租者或承租家庭的目的，而将租金水平或租金增长率始终控制在一定范围之内的一种价格管制手段（김경환·서승환，2002：211）。承租者作为这一管制措施的直接受益者可以以低于市场租金水平的价格来支付所住住房的租金。但是，租金管制措施的实施也造成了租赁住房“一房难求”的尴尬局面。在这种情况下，许多收入水平或其他条件相当的家庭很难寻求到合适的租赁住房，甚至因此而花费了大量不必要的额外费用，反而增添了家庭负担。基于这一现实状况，公平性的问题再次成为人们讨论的焦点。除了公平性的问题以外，租金管制还容易引发非效率性的问题。例如，因租金价格过低而导致一些家庭出现对住房服务进行过度消费的行为；又如，因工作场所变动或经济条件的变化而需迁居时，却受到租金价格因素的影响而放弃迁居计划等（김경환·서승환，2002：212）。

为了有效解决因租金管制而带来的一系列问题，给低收入阶层创造一个良好的安居环境，住房津贴（housing allowance）的概念便应运而生了。对租金进行管制甚至是冻结的方式虽然在一定程度上保护了承租者的利益。但是必须看到，这种利益的获取却是建立在对租赁住房供给者进行强制性牺牲的基础上换来的。如果租赁住房的供给者自身的收益性出现明显下降的话，自然会减少其提供租赁住房的数量。基于此，有必要谋求一种既能保证租赁住房供给者的合理收益性，又能减轻承租者房租负担的新方案。住房津贴是指在低收入阶层承租者选定所要租赁的住房后，在对所选住房的市场租金价格和承租者的经济承受能力进行综合考虑的基础上，针对差额部分给予全部或部分的现金补贴。住宅津贴政策的基本思路在于，在既不能寻求牺牲租赁住房供给者利益又要保证减轻承租者房租负担的前提下，主要依靠政府财政来确保资金来源（김경환·서승환，2002：213）。

租金管制（rent control）作为针对因社会性或经济性冲击（shock）而对住房市场的灵敏度造成干扰或破坏的现象所作出的一种反应，其已经成为一种制度化的手段。在欧洲绝大多数国家，在第一次世界大战期间就已经制定并实施了相应的战时租金管制，而在战后又逐步将其放开。在第二次世界大战期间，欧洲、美国以及深受欧洲殖民影响的发展中国家也采取了相应的战时租金管制措施。而在战后，美国全境和加拿大的大部分地区均取消了这一政策措施，而绝大多数的欧洲国家和发展中国家却将这一政策一直延续保留了下来（Malpezzi，1998：466）。在几个主要的国际大都市中，约有 40%的市民均为租房者（renter）。而有些发展中国家的现有住房市场中约有 2/3 以上为租赁住房。在当今世界的绝大部分国家中，政府依旧对租赁住房采取并实行一定形式的管制措施（Malpezzi，1998：466）。

2. 效应

租金管制可以带来以下五种波及效应：①承租者收入增加效应；②收入再分配效应；③降低了以租赁为目的的新建住房和现有住房的存量；④更改租赁住房用途；⑤现存租赁住房的设施条件进一步恶化等。

租金管制作为一种收入再分配的手段，其所关注的核心政策问题是，大部分的租金管理收益是否流向了贫困阶层家庭。但是在实际中，租金管控的再分配效力却很难能够充分地发挥出来。出现这种情况主要是由于以下两个原因（오설리반，2004：492）：一是在既定收入水平上只有某些家庭居住在受管理住房内（从租金管理中获取收益），另一些家庭（租住不受管理住房的家庭和自有住房居住者）不能从租金管理中获取收益；二是在居住于受管理住房的不同家庭中，获取的租金管理收益差别很大。每一收入群体内部不同家庭的收益存在差异时，租金管理对于收入再分配而言起不了多大的作用。

租金管理使租赁住房的供给量减少、质量下降。各城市政府已经制定了大量政策措施以减少这种供应效应（오설리반，2004：495～496）。

1）租金调整

大部分租金管理法允许租金定期上涨。租金调整削弱了租金管理的作用，降低了管理对供给的消极影响。

2）新住房免除管理

大多数租金管理法免除了对新建住房的管理。新建住房被免除管理，其就不会受到租金管理的影响。事实上，承租者从受管理的住房市场中退出将会导致市场对新建租赁住房的需求增加，从而激发新建租赁住房的供给。新建住房抵消由租金管理有可能会使存量住房遭受一定的损失。

3）限制更改用途

许多城市限制租赁住房变更为公寓住房或商品房。如果这种做法取得了成功，也就意味着限定了租赁住房转换为其他用途的可能，由此也在一定程度上弱化了因租金管理所产生的供给影响。

4）新建住房补贴

公共政策鼓励新住房建设，以弥补租金管理所造成的住房损失。

5）闲置住房解除管理

在一些城市，某一租赁期内租金是固定的，但是在有新房客搬入住房的情况下，允许对租金进行一定的调整。这一规定使房屋所有者（房东）的租金收入增加，削弱了租金管理的作用，并使承租者长期租住的动机加强。

3. 副作用

在现实中，我们有必要从住房需求分配、新建住房的供给以及能否从收入分配层面上对自由市场机制产生有效影响等方面对租金管制（rent control）政策进行检讨。经济学者们通常基于以下几点理由对租金管制政策持否定和批评的态度（Harvey，1992：291～295）。

第一，租金管制政策无法有效解决短期内的住房问题。如果在不考虑住房需求增加的情况下，盲目地对租金市场进行干预不仅使土地或房产的所有者无法获取更多的租金收益，还可能导致因租金过低而出现承租者长期占有住房现象的发生。问题的关键在于，如果租金没有任何上涨空间的话，也就无从实现存量住房的集约化有效利用。

第二，住房分配具有主观任意性和非均衡性的特征。租金的高低主要取决于承租人的喜好选择和收入状况，并在此基础上根据市场原则来确定最终价格。然而，由于社会各阶层之间收入不平等问题的存在，越是低收入的贫困家庭就越要承受更为恶劣的住房条件和环境的煎熬。尽管如此，从政府的立场来看，在市场经济条件下既不能过分地对价格体系进行干预，亦不能否认或推翻消费者选择这一基本的理论信条。但是，政府公共部门依然可以通过其他间接的行为方式来缓解贫困家庭所承受的住房压力。例如，既可以通过收入再分配的方式将利益的天平更多地倾向于低收入的贫困阶层人群，也可以对土地或房屋所有者（房东）所获取的不断增长的经济地租进行合理的调控。但是，通过政府介入只能保证相当有限数量的住房在市场上进行流通，其最终依旧无法实现住房的合理分配。

第三，租金管制政策的实施削弱了民间租赁住房的供给水平。从长期发展的角度来看，住房供给的现状本应在自由市场价格上有所反映，但是租金管制的推行却妨碍了价格体系这一功能的正常发挥。在现实中，民间租赁住房的供给量已经出现了减少的趋势。一是如果闲置的租赁住房数量过多的话，这些房屋就只能以更高的价格在产权交易市场上进行销售；二是相对于租金来说如果维修费用持续上涨的话，这些住房最终会老化或衰败。

第四，租金管制政策的实施导致住房市场内其他领域的价格水平也发生异常。那些未能租到相应合适住房的家庭就被迫将自身的需求转入市场中那些尚未实施管制政策的产权交易领域。随着转入需求量的不断增多，必将带动住房产权交易市场住房价格的大幅度上升。因此，对于那些无法分享因租金管制政策而带来实惠的人们而言，只能被迫接受比之前自由市场更加高昂的租金价格。

第五，这一政策将导致收入不合理分配现象的发生。谁也无法保证居住在受租金管制政策限制的住房内的家庭如果以更高的价格再次进行转手的话就一定能从中获取较其所缴纳的租金更高的收益。

第六，租金管制政策的实施容易诱发多重阻碍长期政策生成的负面因素的产生。租金管制政策所带来的波及效应是人们之前所难以预料的。首先，因租金管制政策自身存在缺乏持久力的天生性缺陷，在推行的过程中无形培养了对另一种租金管制政策的市场需求；其次，在这一管制政策下，由于承租人所享有的补助实质上均是来自于对土地或房屋所有者（房东）本应收益部分的一种剥夺，政府推行这一政策本身也就等同于将产权所有者一并拉入到本应单由政府公共部门出面来对社会住房租赁者进行补贴的政府行为中来；再次，有时为了弥补结果的不足，相较于一般性的需求指向型（demand-oriented）的政策而言，更应该通过必要性的需求指向型的政策（need-oriented）来加以引导。最后，由于施行租金管制和住房补助而人为造成的低租金现象进一步模糊了租金本身所具有的合理性和常态性的特征。公平租金（fair rent）的概念忽视了市场中住房短缺的现实。

第七，租金管制政策的实施导致资源分配发生异常。价格体系的优点在于，在既定的完全竞争和收入分配的条件下，对资源进行分配时要努力使民间（私人）的边际效益与民间（私人）的边际成本保持一致。如果没有外部性的作用，在市场经济条件下可以对资源进行合理的优化配置。但是，租金管制政策的实施却导致资源分配发生异常，甚至可能造成扭曲。

第八，租金管制政策的实施给劳动力迁移设置了障碍。租金管制政策的实施不仅对住房资源的优化配置产生着负面的影响，也对劳动力市场产生着不利的影响。通过租金管制，政策虽然可以使住房分配市场失去一定程度的弹性，但由于劳动力资源的地理空间分布具有相当的流动性特征，很难对其进行直接性的控制。基于此，在现实生活中，仅对一部分租赁住房进行补助，而不是针对所需群体中的全体成员进行直接性的补助，由此对于作为劳动力资源的个人而言，其最终将沦为低租金租赁住房的附属物，被动地失去自由迁移的权利。

第九，租金管制政策的实施进一步增加了政府的行政管理成本负担。例如，负责住房租金业务的政府公务人员要想制定出较为合理且能够为全社会所接受的住房租金价格，就必须增设一个类似于住房租金评估委员会的机构并负责具体的运营工作，而这一切都需要投入巨大的财政资金。

第四节　住　宅　区

一、住宅区位

住宅作为城市土地用地中最重要的组成部分，其主要通过住宅区位（residential location）理论与城市结构紧密地联系在一起。人们在对广义的住宅区位理论进行研究时，主要通过市场法和非市场法两方面的视角进行探讨和把握（Phe and Wakely，2000：7）。

1. 市场法

市场法（market approach）的概念虽然主要依据城市经济学者的研究而逐渐形成，但其最早的起源还是要追溯到20纪20年代时美国芝加哥学派对社会的深入观察。市场法在对民间私人领域的住宅区位进行分析时，主要运用了交通费用最小化（travel-cost minimization）、交通费用—住房费用间的权衡（travel cost-housing cost trade-off）及最大住房消费（maximum housing expenditure）三大理论（Balchin，et al.，2000：179～183）。

(1) 交通费用最小化理论（travel cost minimization theory）

当我们假设某一住房所在区位的出行交通费用为零或极为低廉时，家庭的户主们很有可能会因此愿意支付相对于其他区位所有住房而言最高的房屋租金或土地价格。通过价格体系所发挥的杠杆作用，高收入人群往往在靠近城市中心商务区的地区居住，而低收入人群只能选择居住在土地价格和房屋租金相对低廉的城市周边或郊外地区。但是，在现实生活中所发生的情形往往与此正好相反。低收入人群为了最大程度上降低自己出行的交通成本，往往尽量选择在靠近工作场所（一般大都位于城市内部）的地方定居下来。这种现象也造成市中心地区的居住密度[①]居高不下。而与此同时，随着高收入人群自身财富的不断增长，其选择在距离工作场所较远的低密度高价住宅区内生活的趋向也越来越明显。如果在城市扩散的同时也伴随着就业扩散的话，就可以达到出行所需

---

① 译者注：也称人口毛密度。

的交通费用最小化的效果。

这一理论可能仅在一定范围之内具有妥当性。虽然住宅的高价位可能只会出现于沿交通线发展起来的通勤带（commuter belt）的周边地区，但是，随着企业对商业办公等用地的竞争强度由市中心地区向外部地区逐渐减弱，单位面积的居住用地价值也会随之逐渐下降。

（2）交通费用与住房费用间的权衡理论（travel cost and housing cost trade-off theory）

交通费用与住房费用之间要想达到完全相互抵消（trade off）的状态就只能假设在不考虑与市中心距离差异的基础上，处于同一收入水平的家庭必须支付同等价格的总交通费用。但是在现实中，很难出现这种完全均衡的状态。基于此，在这里，我们将“每个家庭均使各自家庭的总支出费用达到最低化”作为交通费用与住房费用间的权衡理论发生的假设前提。按照这一理论假设，从以市中心为圆点的通勤出行路径的角度来看，当交通费用支出出现一定程度的增长，家庭的居住地点就会相应地向靠近市中心方向的城市内部地区移动；当交通费用支出出现一定程度的减少，家庭的居住地点就会相应地向城市的郊外地区移动。反之，当住房价格出现一定程度的上涨时，就会形成由市中心地区向郊外地区移动的迁出（out-migration）现象；当住房价格出现一定程度的下降时，就会形成城市的内部移动或迁入（in-migration）现象。

在绝大多数城市中，土地价格（site value）与交通费用之间往往呈现负相关性，但是却很难从住房价格（housing cost）与交通费用之间找到这种关系的存在。城市中的高收入通勤者们完全有能力同时担负起高昂的住房价格和交通费用，因此他们并不屑于在这两者之间进行权衡。对于高收入人群而言，由于他们有获取建设新式高价住房所需土地地块的经济能力，他们更愿意生活在远离低收入人群且拥有更优质的环境和休憩空间的城市郊外地区。除此之外，相较于拥挤不堪的市内交通环境来说，城市郊外地区更便于高收入人群利用小汽车出行。

如果我们假设住房价格与交通费用之间确实存在反比关系的话，家庭的户主们也可能依旧不会在两者之间进行过多的权衡。住房费用和交通费用虽然可能随时都会发生变动，而家庭所居住宅的区位可能需要间隔五年甚至更长的时间才能发生一定的变化。单纯从经济成本的层面来看，一般来说，家庭在面对费用成本变化时的所作出的反应需要一个较长的时间过程。但从现实生活中人们对住宅区位选择的角度来看，非货币性的理由往往压倒经济性理由，成为最终导致非移动性现象发生的决定性因素。相较于交通费用和住房价格间的关系变化因素而言，职业、婚姻及家庭规模等因素的变动更能对住宅区位的变动产生更为深远的影响。

此外，还必须看到权衡模型在对那些呈现出复合型通勤出行模式的多中心大城市内部的住宅区位进行分析时具有相当的局限性。

(3) 最大住房消费理论 (maximum housing expenditure theory)

最大住房消费理论主要用于研究收入和抵押金融的可使用性等条件因素对住宅区位决定的影响。这一理论的研究对象主要针对那些有意在可选的区域范围内以最高抵押贷款来购买高价住房的家庭。固然购房者最终将找到自己所中意的住房，但在这一过程中对于购房者来说，交通费用的大小并不是其所主要考虑的因素之一，而那些与在特殊价格范围内进行住房分配有关的一系列因素则成为他们所关注的焦点。此外，环境和各种社会性因素对人们的住房选择也产生着相当巨大的影响。

在政策制定的过程中，中央与地方政府有必要对“为什么人们都希望选择生活在某一特定区域”这一问题进行深入的调查研究；此外，诸如在某一区位上应该积极引导建设哪一种模式的住房，是否有必要进行职住均衡的规划和设计，如果需要，那么两者之间的最佳间隔距离应该是多少，以及通过相应投资是否能对交通或居住环境有所改善等问题都应该成为政府有关部门重点考虑的事项。

在这种情况下，来自高收入人群的购房者和租赁者们基于对环境、社会及经济等各方面与自身利益有关的因素的考虑将在临近 CBD（城市中央商务区）的周边地区范围内选购住房并给出远远高于低收入家庭支付能力的购房价格，由此在城市的市中心地区也开始形成以高收入人群为服务对象的高端住房。而与此相对应地也可能出现另一种情形，即高收入人群可能基于对环境、社会及经济等因素的考虑而更愿意选择生活在城市近郊地区，由此而在城市周边的近郊地区形成高价住房。

2. 非市场法

非市场法（non-market approach）较市场法而言有着更悠久的历史。有关非市场法的研究最早可以上溯到柏拉图（Plato）和亚里士多德（Aristotle）的相关著作中对其的有关论述。非市场法主要基于从居住在城市区域内的社会组织集团的角度出发对住房配置和城市结构进行分析和研究。这一理论主要依据社会学者、地理学者及政治学者的研究而逐渐形成。

非市场法的优点在于其虽然对毫无任何历史远见的市场基础理论者的论调持批评态度，但同时也主张住宅区位的决定模式并非是市场竞争的结果而是土地与住房价格之间相互作用的产物。因此，这种住宅区位的决定模式在很大程度上受到垄断地租的影响（Phe and Wakely，2000：8）。

二、住宅区的开发

1. 意义

在韩国，《住宅法》中所涉及的住宅区的概念是指经过有关住宅建设项目规划或地基建设项目规划的批准后进行附属便利设施及福利设施建设或开发地基时所需使用的较为完整的土地地块（《住宅法》第 2 条第 4 号）。有关建设集中型新住房的新思想最早起源于两次世界大战的间隙时期。但是直到第二次世界大战结束之后，这一思想才真正被广泛采纳和应用于西欧各国的公共住房建设计划当中，用以应对和解决住房严重不足的问题（Tosics，2004：79）。

居住用地规划是一种以对构成城市的最基本要素之一的住宅进行集中式的开发建设或以对建成区内较为完整的居住用地地块进行保护、修复或改造为目的所进行的地区规划。住宅区规划通过对占据城市范围内绝对比例的居住用地进行集中式的整备和管理，不仅可以起到规范土地利用秩序的作用，还能提供各种生活所必需的基础设施和服务，为市民勾勒出城市居住环境的基本蓝图。如果某一城市在没有相应居住用地规划的情况下单纯进行住宅开发的话，那么这个城市最终不可避免地将陷入无序开发的状态。

居住环境的概念可以从广义和狭义两方面来进行定义。从广义上来说，所谓居住环境是指构成人类住居生活的一系列有形或无形的外部条件。从狭义的角度来看，所谓居住环境是指在居住用地规划过程中应加以考虑的各种物理性条件。居住用地作为人类生活的外部环境的一部分，对人类的生活产生着直接的影响，是维系人类之间的相互关系而特意营造的一种人为性环境。居住用地规划就是通过对这种人为性环境要素进行整合的方式来努力构建最为理想和优化的人类活动空间。

2. 住宅空间的组成

（1）邻里的概念

在对居住用地进行设计的过程中，邻里（neighborhood）的概念一直处于至关重要的核心位置之上。自 1929 年美国建筑师佩里（C. A. Perry）首次提出了邻里单位这一概念以后的 50 多年时间里，其作为一种经典的住居规划模式得到了广泛认可和应用（Richman，1979：448）。

对邻里概念的定义较为多样化。从生态学的观点（ecological perspective）来看，众多学者对其有过不同的定义。学者们认为，所谓邻里是一种实质存在的、具有某种象征性界限的场所（S. Keller）；作为人们可以轻易走近或接触到的区域环境，其可以是具有某种常识性界限的场所或个人（D. Morris and K. Hess）；不仅如此，邻里也可以是某种具有特定界限的物理性或地理性的实体（C. Golab）。除了单纯的生态学观点的定义以外，众多学者还试图通过从社会学和生态学相互融合的角度出发对邻里进行更为系统化的定义。这些学者认为，所谓邻里已不仅是一个单纯提供居所的空间概念，更是各种社会关系得以形成并相互作用的一个领域（H. Hallman）；此外，其也可以是一种在相邻的地理空间区位上居住的人们所共同形成的社会性组织（D. Warren）；或是一种存在一定社会关系的地理单元体（A. Downs）（Galster，2001：2111）。

对邻里的不同定义正反映出了邻里这一概念本身包含了从具有物理、社会和组织等特征的地理接近性到人类认知、共同利益与行动、社会关系等层面的多样化要素（Meegan and Michell，2001：2172）。在对邻里特征进行定义时，可从以下三个方面入手进行讨论（Meegan and Michell，2001：2172～2175）：一是与区域的物理性和社会性差异紧密相连的空间性内容（area content）。芝加哥学派（Chicago school）的社会生态学、因子生态学中的社会区域分析（social area analysis），以及依据邻里性（neighbouring）来加以区分的邻里类型都属于邻里的空间性内容。二是其领域范围与形态（behaviour）或相互作用（interaction）有着密切的联系。这主要是指生活在区域内的居民通过社会和经济性接触来形成相互关系的一种方法。三是指代一种概念性的身份认同（conceptual identity）。

（2）邻里的设计

虽然相邻的居住用地地块之间大小各不相同，由此而形成的邻里生活圈的规模也较为多样化，但是在对生活圈单位进行设定时应对最基本的人类尺度和活动的周期性等因素有充分的考虑，并在此基础上通过建设生活基础设施等来为人们提供更加舒适的生活环境。此外，在对生活圈的发展结构进行设计时，应以营造步行范围内即可实现和满足居民的日常生活需求的居住环境为其基本前提。通过这种邻里设计，人们在城市中依然可以感受到在传统村落里所独有的恬静和安谧；主妇可以毫无负担地轻易接近购物设施从而提高居民生活的经济性效益；孩子们可以放心地上下学以及尽情地玩耍，从而为居民的生活带来极大的安全感；并不需要穿越机动车道或受到来自机动车交通的威胁从而降低居民生活的危险性和公害性；与邻居建立更加深厚的友谊等。

在对居住用地进行设计时，根据设计对象地区的周边环境和地区自身的内部环境的不同，相关的设计要素也会发生相应的变化。但是，除去所在地区的特殊性以外，也存在着所有居住用地设计地区必须共同遵守的基本行动方针（주종원，1998：127～128）。

1）为人性尺度营造合理的空间环境

以构建匿名化和非人格化的城市环境为设计标准对设施和功能进行合理配置，从而达到营造出具有较强邻里意识的生活居住环境的目的。

2）实现资源节约型的规划

在设计的过程中，应以有限资源利用效率最大化，以及土地利用、交通体系和供给设施等的优化配置为原则目标努力实现资源的节约利用。

3）实现规划与自然环境的和谐共生

在对居住环境进行设计时，与其将地块本身所固有的地形、地势及气候等看做不利因素，不如将其视为有利资源来加以利用。

3. 住宅区开发的利与弊

进行大型的住宅社区建设具有诸多的优点。从居住者的角度来看，住宅区本身具备较为完整的设施系统。由于住宅本身大都依据最为现代化的技术和服务标准建造而成，可以向居民提供完善的基础性公共服务以满足居民的生活需求。上升到整个城市观点的高度来看，住宅区建设一般可以为城市提供较大的公园绿地面积。此外，以大型住宅社区为基础而形成的区域性供暖系统和便捷的公共交通服务系统都已成为城市可持续发展的核心要素（Tosics，2004：81）。

自第二次世界大战之后起，高层政策（high-rise policy）在西欧各国盛行了至少20余年的时间。但是，自此以后这一政策却被人们视为一项失败的公共政策而遭到废弃。究其原因，主要是由于民间私营部门的利益作用歪曲了这一政策制定当初以进行利益分配为目的的真实性。自20世纪70年代开始，高层政策已被彻底贴上了失败（高空置率、高费用开支、社会生活的解体）的标签，这也引发了民众对公共部门支持度的急剧下降，自此高层政策最终走到了它生命的尽头。但是，在当时一部分实行计划经济的社会主义国家里，通过建设高层建筑成功地开发了许多大型的住宅社区（Tosics，2004：79）。

大型的住宅社区建设本身也存在着诸多的缺点：①一般要在建成20～25年后才开始进行翻修作业；②公共空间（道路、广场和休憩设施等）管理相对较难；③停车难等问题较为突出；④因住房成本增加而延期交付管理费用的家庭数量也逐渐增多等。

参考文献

김경환．서승환，（2002），《도시경제》，（서울：홍문사）．

김근용，외 다수，（2004），공공임대주택배분체계 및 관리제도 개선방안 연구，국토연구원 2004—26，안양：국토연구원．

김정호·김근용，（1998），《주택정책의회고와전망》，국토총서 4，안양：국토연구원．

손경환 · 김혜승，（1993），주택시장구조 및 전망체계 연구，국토연구원 93—11，안양：국토연구원．

장영희，（2003），공공임대주택 임대료 및 공급체계 개선방안，서울연구원 2003—R—26，서울：서울연구원.

주종원，（1988），《도시경제》，（서울：문운당）.

하성규，（1991），《주택정책론》，（서울：박영사）.

오설리반（O'Sullivan. A；이번송），（2004），《도시경제학》，（서울：박영사）.

Balchin，P.，（1999），“Housing，” Cullingworth，B.，（ed.），*British Planning*（London：Athlone），14～44.

Balchin，P.，Isaac，D. and Chen，J.，（2000），*Urban Economics*（N. Y.：Pagrave）.

Blair，J.，（1991），*Urban & Regional Economics*（Boston，MA：Irwin）.

Clapham，D.，（1987），“Trends in housing management，” Clapham，D. and English，J.，（eds.），*Public Housing：Current Trends and Future Development*（London：Croom Helm），107～125.

Crump，J.，（2003），“The end of public housing as we know it：Public housing policy，labor regulation and the US city，” *International Journal of Urban and Research*，27；1（2003）：179～187.

Emmi，P，and Magnusson，L.，（1995），“Opportunity and mobile in urban housing markets，” *Progress in Planning*，43（1995）：1～88.

Field，B. and MacGregor，B.，（1987），*Forecasting Techniques for Urban and Regional Planning*（London：Hutchinson）.

Forrest，R. and Williams，P.，（2001），“Housing in the twentieth century，” Paddison，R.，ed.，*Handbook of Urban Studies*（London：Sage），88～101.

Galster，G.，（2001），“On the nature of neighbourhood，” *Urban Studies*，38；12（2001）：2111～2124.

Grigsby，W. and Rosenburg，L.，（1975），*Urban Housing Policy*（N. Y.：APS Publications）.

Hårsman，B. and Quigley，J.，（1991），“Housing markets and housing institutions in comparative context，” Hårsman，B. and Quigley，J.（eds.），*Housing Markets and Housing Institutions：An International Comparison*（Boston：Kluwer Academic Publishers），1～29.

Harvey，J.，（2000），*Urban Land Economics*（London：Macmillan）.

Johnson，W.，（1997），*Urban Planning and Politics*（Chicago：APA Planners Press）.

Kemeny，J.，（1992，2001），“Comparative housing and welfare：theorising the relationship，” *Journal of Housing and Built Environment*，16（2001）：53～70.

Malpass，P.，（1990），*Reshaping Housing Policy*（London：Routledge）.

Malpass，P. and Murie，A.，（1994），*Housing Policy and Practice*（London：Macmillan）.

Malpezzi，S.，（1998），Rent control，Viet，W.，（ed.），*The Encyclopedia of Housing*（London：Sage），466～468.

Meegan，R. and Michell，A.，（2001），“Its not community round here，its neighbourhood，” *Urban Studies*，38；12（2001）：2167～2194.

Meek，C.，（1980），*Housing*（N. J.：Prentice-Hall）.

Miron, J. , (1998), Housing Supply, Viet, W. , (ed.), *The Encyclopedia of Housing* (London: Sage), 299~300.

Oxley, M. and Dunmore, K. , (2004), "Social housing, affordable development and the role of government," Golland, A. and Blake, R. , (eds.), *Housing Development* (London: Routledge), 95~119.

Pacione, M. , (2001), *Urban Geography* (London: Routledge) .

Phe, H. and Wakely, P. , (2000), "Status, quality and the other trade-off: Towards a new theory of urban residential location," *Urban Studies*, 37; 1 (2000): 7~35.

Pozdena, R. , (1998), *The Modern Economics of Housing* (N. Y. : Quorum Books) .

Priemus, H. and Dieleman, F. , (2002), "Social housing policy in the Europe Union: Past, present and perspectives," *Urban Studies*, 39; 2 (2002): 191~200.

Pugh, C. , (1980), *Housing in Capitalist Societies* (Hampshier: Gower) .

Richardson, H. , (1978), *Urban Economics* (Hinsdale, Illinois: Dryden Press) .

Richman, A. , (1979), "Planning residential environments: The social performance standard," *Journal of the American Planning Association*, 45; 4 (Oct. , 1979): 448~457.

Sliver, C. , (1985), "Neighborhood planning in historical perspective," *Journal of the American Planning Association*, 51; 2 (1985): 161~174.

Tosics, I. , (2004), : European urban development: sustainability and the role of housing," *Journal of Housing and the Built Environment*, 19 (2004): 67~90.

Weesep, J. , (2000), "Housing policy- the link between welfare and economic development," *Journal of Housing and the Built Environment*, 15 (2000): 165~181.

Wexler, M. , (1996), "A comparison of Canadian and American housing policy." *Urban Studies*, 33; 10 (1996): 1909~1921.

第七章

交通管理

第一节 概 要

一、交通问题

1. 意义

(1) 重要性

城市交通无论何时都在城市管理中占据着极其重要的位置。这主要是由于一方面交通拥挤问题已经成为持续时间最长、影响面最广的城市问题之一，城市市民花费在交通出行上的时间越来越长；另一方面，交通费用对所有商品和服务的价格都产生着一定的影响，交通体系在相当范围内也在决定土地利用模式方面发挥着关键性的作用（Black，1979：7）。此外，作为土地利用形态之一的交通用地也在城市土地中占据着相当大的比例。其不仅是决定城市物理空间结构的重要因子也是市民价值和生活方式的创造者（Burthenshaw，et al.，1981：94）。

对城市交通问题的研究最早始于20世纪50年代初期。那时人们对这一问题的认识大都与高速公路的拥挤现象有关。也正因为如此，当时也将建设和优化高速公路设施以满足日益增长的交通需求视为最亟待解决的交通问题。但自60年代中期开始，城市交通问题也从原来的单一问题逐渐演变成包含国家安全、经济、医疗保健、均衡发展、舒适性，以及小汽车使用者的便捷性等方方面面的综合性问题集群。这些纷繁复杂的城市交通问题无不与以小汽车交通为主导的城市交通体系的确立有着密切的联系（Altshuler，1981：2）。

（2）影响

现代交通方式的发达，一方面对城市的空间结构和形态的变化产生着全方位的影响；另一方面也引发了呈现出多样化形式的交通问题。随着现代化交通方式的不断更新和日益发达，城市性质也已经由原来以步行者为中心的城市向以通勤者为中心的城市转变。因家庭居所和就业场所之间在空间上的分离而产生的通勤交通的出现不仅使人们对居所和职场区位的选择范围迅速扩大，也为人们提供了更加和谐健康的居住和工作环境。但我们也不得不看到，其同时也诱发了上下班等高峰时间内交通拥挤现象的产生，给人们的生活带来了诸多的不便。交通的发达一方面带来了诸如住宅区位选址的郊外化现象、无导向工业[①]（foot loose industry）的出现，以及沿干线道路网而形成的商业中心用地等城市内土地使用上的新变化；另一方面，随着小汽车保有量的快速增加人们对存车和停车空间的需求也出现急剧的上升。为了解决这一问题就不得不将原来的休憩空间或公园绿地等的用途更改为存车和停车空间。

综上所述，可以看出，交通作为决定城市物理空间结构的重要因子，以及市民价值和生活方式的创造者发挥着无以替代的重要作用，特别是小汽车交通已成为今天城市交通中通达度最高、最为便利的交通方式。但是，与此同时其也给人们的生活带来了严重的负担（拥挤、费用成本）和环境破坏（污染）等问题。因此，人们常把交通看做是一件亦祸亦福（mixed blessing）的事情（Cullingworth，1985：155；Burthenshaw，et al.，1981：94）。也正是城市交通本身所能带来的积极作用和消极效应使得交通在城市中扮演着缔造者（marker）和破坏者（breaker）的双面角色（Hall，1995：9）。

2. 主要问题

（1）拥挤

拥挤是指交通需求超过交通容量或因道路结构问题及交通事故等多种原因而引发的交通流量停滞或车辆滞留在道路上的交通现象。换言之，所谓交通拥挤（traffic congestion）就是指对道路交通设施的需求超过道路本身所具有的最大设计通行速度的交通疏通能力时而引发的交通状态（Altshuler，1981：317）。交通拥挤现象作为一种在一定时间点内所发生的车辆密度（单位道路面积上的车辆台数）高度集聚状态，其可以通过对因交通流量在一定区域内长时间处于被延误或停滞而引发的交通滞留、大气污染、噪声污染及心理冲突等因素所产生的成本费用进行分析并作出估算。

交通拥挤的社会成本是指交通用户（驾驶者）在使用（驾驶）汽车交通的过

---

① 译者注：也译为随意区位工业或松脚型工业。

程中，本应由交通用户个人直接承担却转嫁由社会全体成员共同承担的交通成本部分。当无需个人直接承担成本费用的交通用户使用汽车交通时也就等同于全体社会成员都必须为此付出一定的代价或蒙受一定的损失（이번송，1998：19）。

造成交通拥挤发生的原因有很多。一是因交通需求超过了道路的既定容量致使道路无法对全部的交通流进行完全消化和处理而引发的交通拥挤；二是因车辆混乱或混行所引发的交通拥挤；三是因交通设施的不合理设计或操作以及不切实际的交通管制而引发的交通拥挤等（이상건·박진호，1997：21）。

（2）环境问题

在对交通系统的环境性效应进行探讨时，主要是从随汽车交通的使用而引起的噪声污染、大气污染及社会性破坏等方面入手进行分析（Nash，1976：21）。汽车交通已经超过了建筑和工业成为最主要的噪声污染源之一。交通领域内所产生的噪声污染的大小因交通量、交通速度及车辆结构（特别是货运车辆所占的比重）的不同而有所不同（Morlok，1978：537）。

在大气污染各污染源中有超过50%的污染来自交通运输领域。光化学烟雾（smog）作为碳氢化合物和氮氧化合物共同作用而生成的产物，其主要来源于汽车的尾气排放。这种因交通所产生的大气污染将会直接或间接地造成如影响人体健康（引发呼吸道障碍或其他突发性疾病）、破坏环境（造成农业生产积极性下降、土壤酸性化），以及诱发其他污染（引发视觉障碍、恶臭）等负面影响。以小汽车为导向的交通还会带来一定的社会性破坏效应，主要表现在因对步行者所造成的延误、危险及不便等而使其不得不支付更多的社会成本等（Nash，1976：23）。

（3）事故

交通事故（accident）随着汽车保有量的持续增加而呈现出持续升高的趋势。在美国，因汽车而造成的交通事故已经成为辐射美国所有年龄层人口死亡率最高的六大原因之一，其中在造成15～34岁年龄层人口死亡原因中其排名首位（Altshuler，1981：210）。

引发交通事故发生的根本性因素主要可分为人的因素、车辆因素及道路环境因素等（이번송，1998：402）。有关降低交通事故发生的对策可以以工程（engineering）、教育（education）和法规（enforcement）三方面（three E's）为中心进行探讨（이번송，1998：404～413）。首先，工程对策主要通过人（步行者）车分离的方法来减少交通事故的发生。设置供行人通行的过街天桥是人车分离的主要方法之一。但是这种设置天桥的方法并非是基于步行者的立场，而是站在以汽车为中心的角度所形成的对策方案。因此，作为步行者而言，很有可能会因为天桥使用上的不便而进一步加大了闯红灯横过马路的概率，从而引发更严重的交通事故。其实，相较于设置过街天桥的方法而言，通过合理设

置人行横道的方法来强制降低车辆的运行速度并培养和强化驾驶者对步行者的尊重意识更有助于预防交通事故的发生。毫无疑问，车辆自身所携带的安全装置能够在一定程度上减轻事故伤害及发生率。但也有学者根据危险补偿理论（risk compensation theory）主张，正是由于车辆本身所具有的安全装置降低了驾驶者对事故发生的警觉意识从而更容易诱发交通事故的发生。此外，安全装置虽然可以降低事故发生时对驾驶者的伤害程度，但却有可能会增加步行者或自行车出行者的死亡概率（이번송，1998：405）。其次，教育对策主要包括以培养具有遵守步行者优先原则和安全意识的优秀驾乘人员为目的的机动车驾驶证制度改革，以及进一步推广和强化对驾乘人员进行长期的交通安全意识教育活动等（이번송，1998：406～411）。最后，规范对策主要强调对有关交通领域的行政及管理体系改革的重要性（이번송，1998：411～413）。

二、管理政策

1. 意义

所谓交通政策可以看做是政府公共部门为减少交通问题的发生而做出的一种努力。交通政策作为公共政策的一环，其重要性主要体现在交通服务所特有的独特性特征上（이건영，1990：277）。首先，交通服务是市民生活及国民经济中必不可少的元素之一，其在整个社会服务中占据着较大的比重并发挥着重要的影响。其次，对交通服务的初期设施投资较大，但也会由此产生并发挥较为长期的效应。因此，产生因不必要的竞争而出现过度投资和垄断的可能性较高。最后，交通服务能够产生较大的外部经济效应。这其中既包括能够对城市或区域开发产生甚远影响的正面效应，也包括易于诱发交通事故、大气污染和噪声污染问题的负面效应。

2. 目标

可将对城市交通产生影响的各种政策性问题及后续所可能产生的各种反应归纳为经济性、社会性和环境性三大类问题。首先，经济性问题包括保障能够充分满足人们现在和将来需求的高效移动性，采纳能够促进城市 CBD 地区及全域开发或降低城市危险性的交通政策，树立交通、金融和价格政策一体化的目标以维持提高长期的经济活力和生活质量并促进城市的可持续发展等。其次，对于社会性问题而言，应努力制定既能够减少交通事故和交通犯罪的发生，又能够达成社会公平和社会融合的交通政策，以此达到实现城市交通安全目标的目的。最后，对于环境性问题而言，树立既能够防止因移动量的增加而带来的环境和健康水准恶化现象的发生，又能够减少因汽车交通而引起的环境破坏的政策是至关重要的（Hart，2011：113～115）。

综上所述，交通政策的主要目标可以概括为以下三点：①向各项产业提供高效的服务，从而为经济成长和国家繁荣做出贡献；②确保个人通行保持在合理的水平之内。特别是要通过确保那些无法依靠小汽车交通来实现有效选择的社会群体的交通出行，以满足他们的社会需求；③将交通的有害影响降低到最小化的程度等（DOT，1977：2）。

3. 区分

一般来说，可通过交通技术、交通供给及交通需求三个方面对旨在降低负面性环境影响的交通政策进行观察（Greene and Wegener，1977：181～182）。

（1）交通技术

交通的环境性影响很大程度上取决于为了减少已经应用于交通领域的相关技术及其影响而投入的其他技术。有关控制汽车尾气排放的技术是这一方面最具代表性的事例之一。为了努力降低汽车尾气排放对环境造成的污染，人们积极研发能使污染值接近于零的新型氢燃料电池以取代之前的燃料技术。

（2）交通供给

近来，人们越来越意识到以对出行的移动性增长进行有效控制为重心的交通供给政策在降低交通所产生的负面环境影响方面的重要作用。在许多城市里，政府在有意识地取消原有的汽车道路建设计划的同时，积极制定并实施限制汽车通行速度、强化步行化交通，以及减少或禁止停车空间等一系列旨在推动低速化城市交通和减少事故发生率的新政策。有关通过提高汽车保有税和汽油税的方式来降低汽车出行的有关政策也被很多城市政府提上了议事日程。与此同时，政府也在积极推动改善既有公交或轨道交通路线的服务水平和开设新线等相关公共交通政策的制定和实施。

（3）交通需求

交通需求是人类活动从自身所发出的物理性行为中分离的结果。交通需求管理政策主要通过高密度、混合型的土地利用，高速公共交通站点周边地区土地的合理利用，以及先进的电子信息传输技术等手段来减少交通需求量。

第二节　需求管理

一、交通系统

1. 意义

（1）概念

交通系统（transportation system）是指为了达到有效完成或实现运送人或货物等有关行为活动的目的，由各种不同的交通手段、交通设施及交通运营方式间相互有机组合而成的一种产业和制度的总称。广义的交通系统由乘客与货

物运输系统、运输线、换乘设施、管理系统及经营系统等几部分共同构成(원재무，1987：14～15)。

狭义的交通系统主要指的是交通供给系统，其包括了交通线（travel way)、车辆（vehicle）及终端站点（terminal）等（Memmott and Guinn，1968：145)。交通线作为主要的城市结构元素之一，与之相关的设施用地约占整个城市土地面积的30%（Memmott and Guinn，1968：145)。小汽车、客车、火车及其他高速车辆等完全不同类型的车辆也在交通体系框架中担负着不同的职能任务。在对车辆有关系统进行选择时应综合考虑到费用成本、速度、安全、收益及运送能力等因素的影响（Memmott and Guinn，1968：151～152)。在作为交通系统子系统的终端站点中，主要包括停车场、客运站、货运站、火车站及机场等。

(2）智能交通系统

1）概念

智能交通系统（ITS：intelligent transportation systems）试图通过提出技术性解决方案的方式来解决日益增长的道路交通问题。智能交通系统作为一种以缓解交通拥挤为导向的新技术集群，其主要通过对交通路线进行重新整合和疏导交通流量等方式最终实现提高道路交通容量的效果（Kanninen，1996：1)。智能交通系统是将信息技术、控制技术及计算机技术等进行有效地集成运用而形成的一种新概念交通系统，通过这一系统最终实现高效的交通管理、提高交通安全与交通疏导，以及提供便利化交通服务的目的。

2）功能

智能交通系统的功能作用主要包括交通管理、信息提供、事故危险警告、自动驾驶、货物运输管理业务的智能化，以及交通设施管理的自动化等多个方面(이규방 외 4인，1998：291～292)。

交通管理功能是指通过对现存道路的信号灯或高速道路出入口的匝道区域等进行实时控制等手段以维持交通流量处于最优化的状态；交通信息提供功能是指通过向使用道路的通行者提供从出发地到目的地的相关路线、手段、通行时间及交通拥挤状况等信息，以便于出行者在出发之前做好合理的出行规划。此外，还可通过这一功能实时地向出行者提供最优路线导航，以便于在最大程度上缩减出行者的通行时间；事故危险警告功能主要通过对车辆在运行途中因发生机械故障而诱发的潜在危险、与其他车辆迎面冲突以及路面结冰等情况下事故发生的可能性进行事前预警等方式向驾乘人员发出警告信息，从而保障驾乘人员的生命安全；自动驾驶功能是指通过运用车辆间隔自动控制、前后方—左右方自动防追尾装置、行车引导技术等尖端电子控制技术实现无需驾驶人员进行操作的无人驾驶状态；货物运输业务的智能化功能是指向货主或车辆驾驶者提供最优行车路线和路程、自动进行货物运送各阶段的文件处理业务，以及对车辆间隔时间进行优化配置的调度系统等各种与物流有关的运营管理业务的智能化和自动化；管理设施自动化是指对征收通行费和停车费，以及检查超载和超速车辆等有关交通设施管理的一部分或全部业务流程实现自动化作业。

3）类型

先进的道路交通系统（ATTS：advanced transport telematics systems）是指通过使用通信（communication）、资料搜集（data capture）、运行（navigation）及电子控制（electronic control）等技术以便及时应对和处理当天所发生的交通问题。这里所提到的各种技术手段还可以通过各种渠道和方法与其他领域的相关服务体系和系统进行相互间的结合使用（Ochieng and Sauer，2002：172～173）。先进的道路交通系统内有关航运的功能可提供支持各种服务的时间和空间信息。安装有 ATTS 系统的汽车可向交通主管部门负责交通流量管控的控制中心报告车辆所在的位置。与此同时，其还可以根据控制中心所提供的实时路网流量状态信息对自己的行车路线进行适当的调整以避开交通拥堵的路段。由此可以看出，这一系统可以带来路网内交通的再配置效应，从而可以减少交通拥挤等有关问题的发生。

智能交通系统技术（ITS technologies）可被归纳为先进的出行者信息系统（ATIS：advanced traveler information systems）、自动化高速公路系统（AHS：automated highway systems）及智能公共交通系统（ITS：intelligent transit system）三大类型（Kanninen，1996：3～5）。ATIS 是一种安装于私家车内以供个人使用的技术。其主要用于向驾驶者提供有关交通拥挤和最优路线规划等实时信息；自动化高速公路系统（AHS）是一种建立在先进车辆控制系统（ATMIS：advanced vehicle control systems）和先进交通管理/信息系统基础（ATMIS：advanced traffic management/information systems）上的、以实现交通流量的有效缓解为导向的技术。其主要通过信号的交互运作和匝道控制系统（ramp-metering systems）来对交通流量进行监测和控制；智能公共交通（intelligent transit）通过对利用公共交通车辆和运营服务的出行者提供实时信息的方式来提升整个公共交通的形象和影响。

4）智能型交通系统规划

韩国政府于 1999 年制定并颁布了《交通系统效率化法》，这部法律也为日后树立 ITS 规划和开展相关工作奠定了法律基础。该法规定，为了进一步促进智能型交通系统的开发及改造升级，建设交通部长官应负责指导和制定有关智能型交通系统建设的国家层级的基本规划（以下简称“基本规划”）和广域圈层级的基本规划（以下简称“广域规划”）（《交通系统效率化法》第 12 条第 1 项）。地方自治团体的首要负责人也应以国家基本规划和广域规划为基础，负责制定所在地区的中长期规划（以下简称“地方规划”）（《交通系统效率化法》第 12 条第 2 项）。

相关行政主管部门的首要负责人应负责制定所在机关的智能型交通系统的施行规划（以下简称“施行规划”），并提交建设交通部长官予以批准和备案。（《交通系统效率化法》第 13 条第 12 项）。交通系统智能化有关具体项目的负责人应依据基本规划制定具体的项目施行计划并付诸实施（《交通系统效率化法》第 14 条第 1 项；第 15 条第 1 项）。

2. 管理方法和策略

(1) 管理方法

交通管理方法正由最初所施行的交叉路口环境改善、信号周期调整及道路设施管理等与交通工学有关的短期化管理方法向长期化、体系化的交通系统管理方法的方向转变（원재무，1995：752）。

表 7-1 中列举了与交通管理系统有关的主要管理手段和方法（Levy，1997：219—220）。

表 7-1　TSM 管理方法

范畴	方法
1. 改善车流	● 改善交叉路口的信号灯系统 ● 采取单向通行措施 ● 采用可变车道方式 ● 重新优化布局公交车站 ● 制定有关抑制进入高速公路的对策方案 ● 清除和整治路面停车现象 ● 在道路以外划定专门区域进行货物的装卸作业
2. 对大容量车辆的甄别处理	● 设置公交及合乘车辆专用道路 ● 设置公交及合乘车辆专用匝道 ● 启动公交交通信号优先系统 ● 制定给予一定通行费优惠政策
3. 压缩高峰交通量	● 对上下班时间进行适当的调整（上下班错峰） ● 禁止货物车辆等在高峰时间段内通行 ● 收取一定的拥挤费
4. 加强停车管理	● 采取停车管制措施 ● 在轨道交通站点等周边地区建设停车设施
5. 提高非机动车的使用率	● 鼓励小汽车合乘 ● 划定小汽车限制区域 ● 鼓励使用人力交通方式出行（步行、自行车等）
6. 改善公共交通	● 积极做好公共交通市场营销战略 ● 建设公共交通枢纽 ● 实行一体化公共交通服务 ● 将公共交通与其他辅助式公共交通方式相结合 ● 采取相应的安全措施 ● 实行公共交通票价优惠政策

续表

范畴	方法
7. 采取公共交通管理效率化措施	● 对路线进行评估 ● 制定一定的交通流维持政策 ● 采用车辆监测等技术手段 ● 实行系统业绩评估

资料来源：Levy，1997：220

在美国，交通系统管理（TSM：transportation system management）因其在改善交通方面所展现出的良好效果而广受好评并得到了人们的认可。美国于1985年首次将这一管理方法作为缓解城市交通问题的对策方案之一引入并正式实施。交通系统管理在将存在交通问题地区的投资减少到最小化程度的同时，积极对交通运营的方法进行改善，以此来提升投资效率，并使整个系统在整体上取得最大的交通效益。由此，其作为一项通过财政施压的方式来解决交通问题的政策手段受到人们的广泛关注和好评。交通系统管理主要以提升交通疏通能力、减少交通事故发生和保护步行者等作为政策的核心，并通过单向通行制、可变和辅助车道线制、改善交叉路口结构、优化调整路上停车点、改善信号灯系统，以及设置交通安全设施等对策措施来加以解决。交通系统管理并不追求对现有设施进行较大幅度的改变，而是通过对部分运营方式进行改良或对部分设施进行改造维护的方式来提升整个交通系统的效益化水平。直到现在为止，这一方法依然被广泛地采用并加以持续推进。但当面临急剧增加的交通需求时，交通系统管理很难发挥出其应有的管理效力，这也正是它的局限性所在(이규방 외 4인，1998：108)。

（2）管理策略

现在使用较广泛的交通系统管理策略包括道路收费制、小汽车限制政策和合乘政策等（Pacione，2001：256～257）。

1）道路收费制

个人的道路通行选择有可能会对他人造成通行上的交通停滞或滞留等负面影响。相对于社会全体所负担的费用而言，个人实际所缴纳的费用要低得多。相反地，社会全体所负担的费用却大大高出个人所缴纳的实际费用。在这种情况下，就会通过对通行的必要性和价值性较低的通行者的出行加以限制的方法来提升整个社会的效用价值。这也是道路收费制的基本原理所在（박수영，2002：622～623）。

基于以上的论述，可以看出所谓道路收费（road pricing）制是指通过对通行的必要性和价值性较低的通行者的出行加以限制的方法来提升整个社会效用价值的一种制度。其主要从平均费用概念基础之上的使用费或税收体系的角度出发，将道路拥挤时个人对道路的使用行为视为引发非效率性的原因。具体来

说，个人在交通拥挤现象严重的高峰时间段内的特定路线上通行时，由此而产生的边界费用（即拥挤费）应由个人承担。由此，可以看出，道路收费制是一种旨在促进道路资源效率化使用的方式。除了道路收费制以外，区域许可制（area license）作为道路收费制的一种变形也得到了广泛的应用。其主要通过对正在拥挤道路上运营的所有车辆中那些缺乏通行必要性的车辆进行限制的方式来达到缓解交通拥挤，提升社会效用价值的目的。因此，可以说所谓区域制就是一种通过对城市某一地区进行隔离管制，并根据所预测的拥挤发生时段对进入该区域内的车辆征收通行费的一种制度（박수영，2002：623）。

道路收费制的拥护者们认为这一制度借用市场的力量来达到实现政策目标的最终目的，具有无可争辩的正当性。但是对这一制度持反对意见的人们却认为其在公平性、政治性和实务性方面都存在着很多问题和缺陷（Pacione，2001：256）。

2）小汽车限制政策

实际上，前面所说的道路收费制只不过是通过对小汽车通行设置障碍从而促进公共交通利用的小汽车限制政策的一环。在小汽车限制政策（auto-restraint policy）中，除了道路收费制以外，还包括禁止路面停车和增设市中心停车区域等政策手段。

小汽车限制政策的终极模式是以部分或全部的特定车辆为对象，禁止其在特定的日期内进入所划定的城市区域范围之内。维也纳（Vienna）和米兰（Milan）等欧洲历史文化名城大都出于对市中心地区进行振兴改造的考虑，一直对车辆的通行采取相应的限制性政策（Pacione，2001：257）。

3）合乘政策

小汽车共乘制度（car-pooling system）是提高道路容量水平的有效方法之一，在现实生活中具体表现为“合乘”（ride-sharing）。许多研究结果指出，要想彻底落实这一制度，选定合适的人群作为实施目标是极为重要的。许多人认为很难放弃按照自身日常活动的行为模式而独自驾车出行的自由权利。因此，针对合乘制度最为有效的措施应该是以具有类似出行模式的工薪族或普通的城市劳动者为主要实施对象，并为他们提供一定的优惠（Pacione，2001：257）。

二、需求管理

1. 概念

交通需求管理（TDM：transportation demand management）作为一种向人们提供多种出行选择和缓解拥堵现象的方法，其是以对出行者的通形形态产生影响为目的的某一或一系列行为活动的总称。有关交通需求管理的行为活动主要包含以下三大范畴（Meter，1999：56）：一是向出行者提供可以代替小汽车出行的一种或多种交通出行方式和服务；二是提供相应的交通抑制政策或鼓励政策，以减少交通流量或引导流量向非高峰期转移；三是提供非交通手段（如通过网络或电子信息传输等技术来进行工作或购物）来实现原有需要依靠出行才能达成的目的。

所谓交通需求管理就是通过一系列政策措施改变出行者现有的出行方式，从而实现降低小汽车使用率、优化通勤模式、推动公共交通等高承载率车辆发展，进而最终实现缓解交通拥挤现象的一种交通管理方法。单凭扩大交通设施或交通方式的供给并不能完全化解交通量激增的问题。基于此，从控制和调解交通需求总量的角度来看，交通需求管理为我们提供了一项可行的政策方案。

2. 理论逻辑

交通需求管理最早来源于庇古（A. Pigue）的拥挤税理论。这一理论认为，对所产生的社会费用应根据原因者负担原则，由引起交通拥挤问题的所有参与者来承担相应的费用，从而将因个人所产生的社会费用部分重新内化、分配给原因者个人负担（황기연·엄진기，2001：11～12）。拥挤税理论认为，当道路上的交通流量增加到一定水平以上时就会引发交通上的时间延迟现象，而这种时间延迟最终会因为边际成本的不断增加而导致费用的产生直至大量消耗。这一理论中所谓的边际成本具体是指每当道路上增加一台车辆时所导致总费用的增加部分。这里的总费用是指车辆运行费、时间费用，以及因噪声和大气污染等所产生的费用的总和。

拥挤税理论的核心观点是，如果不及时针对发生拥挤的交通设施的使用情况采取措施并加以控制的话，最终会导致交通设施非效率化利用的后果。基于此，拥挤税理论的拥护者主张拥挤道路的使用者在承担自身所遭受损失的同时，还要对那些因使用者过多或道路拥挤而最终不得不放弃使用道路设施的人们所造成的损失进行埋单。相反地，如果交通设施的使用者不对因外部非经济性而造成的社会性损失承担相应的责任或进行合理补偿的话，最终只能诱发更为严重的交通流过剩和交通拥挤问题。因此，为了进一步提高道路交通设施的利用效率，有必要对道路设施的使用者征收相应的费用。

以上所说的费用征收是一个综合性的概念。其除了一般意义上所指的对具体的拥挤费用或税金进行征收以外，还包括因实行错峰通勤措施而致使企业所必须承担的机会成本，以及为缓解交通拥挤而针对个人交通出行所征收的停车费用和停车税等。

3. 类型

学者梅和马修斯（A. May and A. Mattews）将交通需求管理划分为土地利

用政策（land use policies）、下层结构供给（infrastructure provisions）、管理与控制（management and regulation）、资讯提供（information provision）、意识与行为措施（attitudinal and behavior measures），以及定价（pricing）六个范畴类型（May and Mattews，2003：158）。

广义的交通需求管理（TDM）包含了抑制土地利用、个人缴费制、交通影响评估、汽车税制以及机动车驾驶证制等具有成长管理性质的政策和措施。而狭义的交通需求管理主要包括旨在引导人们改变出行方式而实行的一系列私家车管控措施、旨在鼓励人们利用公共交通手段出行的出行者补助政策，以及旨在对出行时间进行调整的错峰上下班模式等。

位于市中心或办公场所密集区域内的各企业体是早期所形成的 TDM 政策方案最主要的发起者和实施者。这些企业体为解决所在地区的交通拥堵问题，在接受政府一定经济支持和税金优惠政策的前提下施行了合乘汽车（car pool）和合乘箱型汽车（van pool）等一系列政策方案。虽然这些早期的 TDM 政策方案能够有效减少特定区域内的交通需求量，但却很难适用并解决整个城市和地区的交通拥堵问题。近些年来，TDM 在改善交通行为方面的效用得到了具体的施展和体现；不仅如此，其还在针对城市更广范围地区所进行的辐射圈层的设定和管理等方面发挥着重大的作用。

4. 赞成与反对的主张

道路拥挤费的征收是一种在交通需求管理方法中最后予以考虑和使用的手段。现在这一方法在新加坡得到了成功的实践和运用，挪威的部分城市也引入了这一政策来解决城市交通问题。但是，也有很多国家并不愿意真正推行和运用这一方法。这主要是由于这些国家考虑到这一直接抑制小汽车使用的政策不仅严重侵犯了小汽车使用者自由出行的权利，实施不当的话更会带来一系列无法预测的负面影响（이규방 외 4 인，1998：71）。

有关反对引入和实施交通需求管理的理论性逻辑基础主要可以从效益性和公平性两个层面进行探讨（황기연·엄진기，2001：57）。

从效益性的层面来看，主要存在以下四个方面的问题：①由于出行模式对价格变动的反映表现出较高的非弹性化，即便是引入需求管理的方法征收所谓的拥挤费也无从实现缓解拥挤现象的预期目标；②不对交通设施进行投资而仅试图依靠需求管理来解决交通问题的策略思路对那些存在较大成长潜力的地区而言并不会产生太大的效应；③如果因实施交通需求管理而导致交通费用成本增加的话，也将对城市和区域经济产生负面性的影响；④由于潜在需求量的存在，最终也导致需求管理效应的持续性很难发挥出来。

从公平性的层面来看，主要存在以下三个方面的问题：①征收拥挤费的行为其最终受益者仍然是富有的高收入人群；②开征拥挤费有可能最终沦为政府扩大财源收益的一种手段；③为公民行使出行权设置了障碍等。

第三节 公共交通

一、意义

1. 概念

公共交通一词在英语词汇中最为常见的表述形式一般有两种。一种称为“public transit”，另一种称为“public transport”。“public transit”一词多在美国和加拿大等地区使用，而在其他国家和地区大都普遍使用“public transport”。在北美地区，公共交通仅是指由公共部门所提供的一种大众交通服务(mass transit services)；然而在其他大部分国家或地区，公共交通一词的意义涵盖了由公共部门和民间私营部门提供的所有大众型交通服务（Cervero，2004：92；Ubbels and Nijkamp，2002：317）。总之，不管它的名称如何不同，所谓公共交通就是在短时间内针对人的空间移动进行高效处理作业的一种大容量运送方式（원재무，2005：228）。

在韩国，从法律的层面来看，公共交通是指以公共交通方式和公共交通设施为基础而建立起来的一种交通系统（《公共交通发展与利用相关法》第2条第1号）。其中，公共交通方式是指具有一定的固定路线和运营时间等信息，且负责对多数人进行运送时所使用的公交车辆和城市铁路等（《公共交通发展与利用相关法》第2条第2号）。

2. 交通条件

(1) 作用趋减

与过去相较而言，公共交通所发挥的作用已经出现了很大程度的衰减，这种作用趋减状态的出现主要受到以下几个因素的影响。

因城市郊外化趋势的不断蔓延而引起的市中心人口减少和城市郊外地区人口的低密度现象最终催生了以小汽车为导向的交通体系的形成。公共交通自身所存在的缺陷也是造成其作用不断趋减的重要因素之一。公交路线过度地集中于市中心地区从而进一步加重了该地区的交通拥挤程度。随着道路上以私家车为主的小汽车保有量的急剧增长不可避免地将导致市内出现严重的交通拥挤现象，从而使各种交通车辆在路面上的停留时间也随之不断延长。随着拥堵现象的不断加重，作为路面公共交通方式的公交车的准时性特征也在被逐渐弱化。

交通拥挤将使公交运行线路的长度和距离大大缩短，而运行班次却大大减少，从而导致客运量的不断流失。客运量的减少也就意味着公交公司运营成本的增加，其每一班次的运营费用也将大大增加。由此，公交公司出于减少运营开支的考虑，将根据实际的运营情况减少运营班次。这更进一步加大了公交车运营的间隔时间，最终使乘客在公交车站的候车时间大大延长。因公交车等公共交通方式的便利性降低而流失的客源中的一部分乘客将转而使用私家车出行，从而进一步加剧了道路的拥挤程度，致使再次引起公交车运行效率和服务水平低下的连锁式负面效应。公共交通的利用率也逐渐减少（이규방 외 4 인，1998：148～149）。

（2）财政赤字

公共交通（public transport）是城市区域内最重要的社会性服务之一。由于城市公共交通主要由非营利企业（unprofitable business）来负责运营和管理，与其有关的财政和运营事项都与政府部门有着密切的联系。大多数的政府部门在应对因政策目标的扩大而引发费用问题的同时，还要面临来自消费者（乘客）导向型公共交通开发所必须持续进行财源投入的资金需求（Ubbels and Nijkamp，2002：317）。

公共交通财政状况的持续下滑主要由以下四大因素引起（오설리반，2004：395）。

1）车票价格低

公交车票价格一直以来都比较低，部分原因是为了吸引乘客。由于公交服务的需求是非交割弹性的，降低票价必然引起总收入的减少。

2）工资水平有所提高

公共交通行业从业人员的工资水平在过去几十年里增加相对较快。

3）公交里程增加

公交服务延伸到人口密度较小的郊区，那里的乘客数量比较低。

4）劳动生产率降低

总的公交乘客数量略有增加，而总的公交就业人数则增加了一倍多。也就是说生产率正在快速下降——或者更准确地说是，突然下降。

二、公交

1. 意义

在现实生活中，城市公交（urban bus transit）虽然表现为多种不同的形态模式和规模，但在绝大部分地区，使用最为普遍的公交运营车辆基本以载员44～45人为标准，以固定线路和固定模式进行运行。现在运营中的公交车辆绝大部分均是以柴油或天然气为主要动力燃料，但在部分城市也有处于营运状态中的电力无轨电车（electric trolley buses）。

从占用城市空间的层面来看，公交车要比城市轨道交通低廉得多；而如果从能源消费和污染物排放的层面来看，一般的公交车则要比城市轨道交通的效率低得多（Cervero，2004：93）。此外，相较于城市轨道交通而言，公交车还具有站点多、通行距离近、无需上下楼梯以及作为一种路面交通方式可欣赏沿途景致等优点（이번송，1998：282）。

2. 问题

随着道路拥挤现象的不断增多，一方面迫使公交车的运行速度大为减慢，进而降低了对乘客的吸引力导致客源的不断流失；另一方面也使公交车的单位行驶距离的燃料费用大为增加。公交运营企业为了解决因道路堵塞而造成的车次间隔时间过长的问题，必须进一步扩充公交车数量，从而进一步抬高运营成本。因以上这些原因而对乘客造成的不快和困扰最终导致乘客对城市公交服务信任感的逐渐流失（Simpson，1994：5）。

3. 改善方案

可通过以下九大手段对城市公交的服务进行提升和改善（Simpson，1994：71～95；이우승，1998：283；이규방 외 4 인，1998：154～157；이우승，2004：12～22）。

(1) 公交优先制

公交优先制（bus priority）是指相较于其他车辆而言，通过对道路交通条件和状况进行相应调整的方式，使公交车优先享有在道路空间分配上的收益和权利。这一制度一般可通过划定交通专行的道路空间（车道），通对交通信号灯控制使公交享有优先通行权，对有关公交车的运营费用、燃料费用及车辆税费进行相应的财政补贴等措施手段来予以具体的落实。

公交专用车道制最初始于1964年的法国巴黎和马赛，伦敦也于1969年引入了这一制度并设立了公交专用车道。这一制度在初期并不被人们所看好，但从20世纪70年代开始，欧洲大部分城市都引入并设置了自己的公交专用道路。韩国首尔市为了提高市内及首都圈地区公交车辆的运行速度，在市内与市郊之间、市内与周边主要城市之间，以及市中心地区与其他副中心地区之间具备三条以上单向车道的干线道路上均专门划定并修建了中央公交专用道路。

(2) 提高车辆装备水平

最近以来，在欧洲许多城市出现了公交车辆大型化的发展趋势。为了进一步提升公交车的载客能力，越来越多的城市开始大量投入并使用铰链式公交车

(articulated buses)[①] 以代替之前传统的单节公交。通过这一方式不仅提高了驾驶员的人均载客量，也大大降低了公交车的运营成本。

但是也必须注意到，在启用大容量铰链式公交的同时依旧有许多小型的迷你公交车也处于运营的状态。迷你公交（minibuses）作为大型干线公交的一种辅助手段，可向人们提供短距离、高频次的乘车服务，因此更能够吸引客流。此外，迷你公交相较于双节公交（double-deck buses）来说还具有更高的安全性和灵活性等优势。

(3) 一体化服务

在面对公交车与小汽车处于竞争的状况下，西欧城市对此所作出的最大的反应行动和应对措施就是对公共交通进行一体化整合。这种一体化整合包括将公交与城市轨道交通的运营时间进行对接调整以及采用所有公共交通方式间车票连动通用等（Simpson，1994：89）。在公交运营上，积极引入合作调度机制以代替原先由各公交营运公司分别进行路线垄断和经营的旧模式。合作调度机制根据一定区域范围内有关公交路线运营的规定由不同的公交营运公司之间互相循环或轮流进行线路运营的一种公交运行管理方案。合作调度机制的实施一方面旨在弱化公交企业的垄断权意识，增强公交运营的公共性；另一方面也在一定程度上破解了民间私营企业以追求利润最大化为优先目标的基础性难题。

(4) 提升和改善管理水平

在公交车与小汽车之间竞争日趋激烈的情况下，发达国家的许多城市政府都意识到了对公共交通有关组织和运营方面日益增长的补贴需求进行管控的必要性。其中，允许民间私营企业参与和提供地方公共交通服务作为其中一项重要的管控对策，被视为是抑制补贴需求增加的有效手段（Simpson，1994：89）。

(5) 公交公营制

城市政府虽然一直对公交企业进行一定程度的补贴和支持，但是在这一过程中各种问题也持续不断地暴露出来。政府常常很难获得较为客观的公交运营信息和资料。为了解决这一问题，政府往往会考虑通过收回一部分公交路线并形成具有公共性质的公交企业进行运营，或采取委托经营的方式将政府保有的公交车辆委托分配给民间私营企业运营等（이번송，1998：300）。

准公营制作为一项既能确保公交运营的公益性又能对路线规划和运营收益进行公共管理的机制能够在很大程度上确保和提高民间私营企业运营公共交通

---

① 译者注：也称为通道式公交车。

的自主性。准公营制的目的主要在于将原先以业主收益为中心的公交运营模式向以市民服务为中心的公交运营模式的方向转变。其主要通过委托民间私营企业运营并对其进行相应的公共管理和评估的方式来进一步提高公共交通的公益性（이우승，2004：12）。

（6）提高公交运营的信息化水平

公交服务水平的提升在很大程度上可以通过对公交车站现有路线图和时刻表等基础设施进行改善等措施来实现。通过提供准确的基础服务信息，能够有效减少公交运营企业间的不法竞争行为，创造有序的运营环境。此外，为乘客实时提供有关公交车运行方位及（与车站时刻表有差的）到站时间等信息也非常重要（Simpson，1994：92～93）。

从乘客的立场来看，构建完善的信息系统从而使其能够随时随地获取到有效的公交运营信息具有非常重要的意义。与构建公交信息系统有关的工作主要有提升公交车站的信息指南设施、开发和制作有关公交路线信息的宣传手册，以及采用以候车时间最短化为导向的新型电子通信技术等。公交管理系统（BMS：bus management system）是在公交车辆上安装终端设备并通过信息通信技术对有关公交运行的各种情报信息进行搜集。其主要通过对所搜集到的信息进行整理分析，一方面向市民实时提供车次间隔等有关的公交运行信息，以此提高利用公交出行的便捷性；另一方面其也向公交企业提供各种信息服务以期确保公交运行的准时性、监督和纠正违章驾驶行为，以及规范和提高企业的经营管理秩序等。此外，政府公共部门也可对所搜集到的各种信息进行分析和参考，有助于制定并推行更加合理的城市公交政策。

（7）新票价结构

在西欧，很多城市规定在出行时所购买的公交车票可以在有效的时间范围内乘坐任何一种公共交通工具（Simpson，1994：91～92）。

在英国，各城市为了提高公共交通的利用率，制定并实行分区制的收费体系，并规定定期使用公共交通的市民可享受一定额度的打折优惠政策。车票的种类也较为多样，一般可分为月票、周票和日票等。这主要是为了满足上下班的通勤者、上下学的走读生、旅行者及低收入者等各种不同人群的需要而制定的。为了提高公交和轨道交通的使用效率和客流量，伦敦市政府还于1983年制定并开始推行可在两种公共交通工具间换乘的交通旅行卡（travel card）制度（이규방 외4인，1998：157）。

在韩国也以公共交通综合票价制等票价政策为基础，在确保公交企业经营透明化的前提下引入并正式实施了交通卡制度。这一制度不仅提升了公共交通的服务质量，也为公共交通的使用者提供了更加多样化的增值服务。与此同时，首尔

市还用以实际使用公共交通工具的总里程来计算费用的综合票价制[①]代替了原先每换乘一次就需要支付一次费用的独立票价制（이우승，2004：14）。

(8) 改善公交环境

在对公交系统进行管理的过程中有必要考虑到乘客在使用公交的过程中可能会做出的不良行为（如使用攻击性的语言、乱扔垃圾、家长放任儿童踩踏座椅等）对整个公交环境所造成的负面影响。在面临这种状况时，单凭司机一人很难在运行的过程中对这些不良行为进行有效管制。因此，从整个社会的立场来看，通常只能寄希望于凭靠乘客自身的自觉意识来克制自己的行为。由此，监控设备也成了公交车的必备品之一（Simpson，1994：94）。

从经济性的层面来看，要想提高公交的客流量就必须首先创造一个舒适的乘车环境。然而，在公交企业大都面临赤字累积不断上升的情况下，再去要求它们去为提升公交的档次和质量投入大量的资金多少有一些不切合实际。基于此，政府有必要考虑将已出现成本赤字的线路收回公有，改为由具有公共性质的公交企业或直接由政府负责营运。而针对没有出现成本赤字的路线可考虑通过线路竞标或实行多档次票价制等两种方法来加以解决（이번송，1998：290）。

(9) 对路线进行优化提升

首尔市通过公交调整将原来多迂回、远距离、多重叠的市内公交线路整合成为现行的以干线路线和支线路线为主的二元公交路线系统。

干线路线主要是沿主干线道路及直线道路中所划定的公交专用道路运营的快速公交路线，其主要承担必须确保快速性和准时性的主干道公交运营任务。支线路线主要根据各地区交通圈内的交通需求发生点的分布情况，将其串联起来进行循环运营的一种公交路线，其主要承担干线公交和城市轨道交通之间的衔接和换乘运营任务。通过公交线路调整不仅可以在最大限度上提高线路运营的效率性还可以达到进一步强化各种公共交通工具间补充衔接功能的目的（이우승，2004：22）。

三、城市轨道交通

1. 意义

轨道交通系统（rail transit systems）是一种通过快速轨道干线将市中心与副中心以及郊外地区进行相互连接的公共交通方式。在轨道交通发展的初期阶

---

① 译者注：在韩国，包括首尔市及其周边的京畿道和仁川广域市在内的整个首都圈地区均实行公共交通综合票价制（Metropolitan Unity Fare）。与过去按照交通工具类型和换乘次数计费的方式不同，当在首都圈地区范围内的城市轨道交通、市内公交及社区公交之间使用公共交通卡进行换乘时均以个人的总出行距离进行计费，这种计费方式也被称为运价制度。

段，美国的“streetcars”和欧洲的“tramways”作为历史悠久的低速轨道交通工具发挥了骨干运输线的功能（Cervero，2004：94）。

有轨电车和地铁的问世才真正使轨道交通正式跨入公共交通工具的行列。早在20世纪初期，伦敦（Underground，1890）、巴黎（Metro，1900）、柏林（U-Banhn，1902）及纽约（Subway，1904）等大城市就先后开通了各自的城市地铁线路（이건영，1990：275）。

城市轨道系统具体可分为市区地铁（U-Bahn）、市郊列车（S-Bahn）、轻轨（light rail transit）及自动化系统（automated system）四类（White，1995：66～68）。市区地铁（U-Bahn）指一般意义上的地下铁道（underground railway）系统，通常在城市市中心建筑物密集的地区，因受地上条件限制而通过在地下铺设轨道并建设管道式通路，而在城市外围或郊外地区则采用地上或高架轨道（elevated track）的方式运行的一种城市轨道交通系统。市郊列车（S-Bahn）是一种用于与地方交通系统相衔接的以地上铁道（surface railway）路线的方式运行的城市轨道交通系统。轻轨虽然与市区地铁一样都需要电力驱动系统的支持，但是其通常根据闭塞信号（block-signaling）来实现运行，也可实现完全自动化运行（可无需驾驶员或站务员）。

2. 特征

城市轨道交通的承载能力（capacity）是对应于单节车厢的载客量、列车的平均长度及列车的运行间隔三大自变量而构成的函数关系式（White，1995：68）。单节车厢的载客量（passenger capacity of each car）大小根据坐席与站席的比例、乘车的舒适程度及车厢大小等条件因素的不同会有所差异，但一般能够容纳100～150人。

关于列车的平均长度（average length of train），一般来说，市区地铁可一次挂靠运行10～12节车厢、市郊列车可挂靠运行7～8节车厢、轻轨可挂靠3～4节车厢。理论上来说，运行间隔时间应保持在75～90秒，但考虑到在运营过程中可能出现的延迟现象，实际上的运行间隔时间一般在90～120秒（White，1995：69）。而轻轨根据驾驶员的可视距离，一般运行时间间隔可保持在45秒左右（White，1995：69）。

3. 地铁

在城市的市中心地区重轨铁道系统（heavy rail systems）主要都在地下运行，因此被称为地铁或地下铁（undergrounds or subways）。大容量的超高运送能力和主干线式的运输通道是地铁的主要特征表现。每小时单向运送能力高达五万人以上的重轨铁道系统主要用于连接城市中心和周边地区，为其提供快速且大容量的干线运输通道（Cervero，2004：95）。

地铁在运营过程中主要面临着换乘和财政赤字两大问题。地铁作为一种交通工具造成客源流失的最大理由当属因换乘所带来的不便。为了提高地铁的利用率，应在每一个车站的相应位置都安装自动扶梯和垂直式电梯，并对车站结构进行优化调整以求在最大程度上缩短换乘时间（이번송，1998：317）。地铁在运营过程中还容易陷入财政赤字的窘境。一般来说，可采取以下四个方面的措施来应对和缓解因地铁运营而带来的财政赤字问题。一是有必要对票价政策进行改革，实行按里程计算的差别化票价政策。目前，在日本、中国香港、新加坡及华盛顿等国家和城市都采取了差别化的票价政策。二是应考虑设置仅售坐票的一等座车厢以吸引更多的乘客。三是通过实行票价优惠政策吸引客流，如可推出当天内、2～3 日内、一周内及一月内无限制次数乘车等票价优惠套餐。四是有必要针对在非高峰时段使用地铁的乘客给予特别的票价优惠待遇（이번송，1998：321～322）。

4. 轻轨

具有现代版电车之称的轻轨（light rail transit）作为价格昂贵的重轨铁道系统的一项代替方案，特别适用于人口在 300 万人以下的中等规模城市，其作为一种适用范围较广的公共交通方式正越来越受到人们的青睐（Cervero，2004：94）。与地铁相比，轻轨是一种通过利用自动化控制和现代化技术而获得排他性或反排他性优先权的公共交通方式（Cervero，2004：94）。

轻轨之所以能够受到人们的青睐主要是因为其与重轨系统相比具有费用低廉、可在不对现有城市环境产生破坏的前提下建造和运行等优点。轻轨的其他优点还包括运行中所产生的噪声较小，可以与周边环境和谐共生；由于其以电能为驱动力，相较于一般采用化石燃料为动力的公交车而言对环境的污染较小（Cervero，2004：94）。

与地铁或公交等其他现存的公共交通工具相比，轻轨作为一种以中等容量为主的新式公共交通工具具有以下几方面的特征（이번송，1998：323～324）。

第一，轻轨作为一种容量介于公交和地铁之间的中等规模的公共交通方式，其可担负和满足每小时单向运送 5000～40000 人次的客流运输需求。单节车厢的载客量也可达到 40～200 人。

第二，从建设施工的层面来看，一方面由于车厢本身具有体积小、重量轻的特点，其对土木工程建设的需求较低从而节省大量的土木建设费用；另一方面，相较于地铁，其具有更强的攀登能力（爬坡能力）。

第三，从车辆运营的层面来看，一方面，其采用了多种自动化设备从而可以实现无人驾乘，这样一来可以将占到总营运费用 60%的人工成本降低 30%左右；另一方面，其还可以根据客运需求量的情况较为轻易地增减挂靠的车厢数量，以确保运营的高效性。

第四，从使用者（乘客）的层面来看，一方面由于轻轨采用中小型车厢和小编组的方式运营，可以缩短班次间隔，从而大大降低了乘车人的候车时间；另一方面，优质的乘车环境和较高的通达度可以使乘车人摆脱因路面交通存在的拥堵和停车问题所带来的困扰。

第五，从环境的层面来看，由于轻轨系统采用电力能源作为驱动力，大大降低了大气污染和噪声污染等交通公害对环境所带来的负面影响。

四、管理政策

1. 观察角度的选择

在对公共交通产业进行观察时，往往会从市场依存原则和社会福利原则两个完全对立的角度入手进行探讨。市场依存原则将交通服务本身也视为一种商品，应根据需求与供给的变化完成自由经济状态下的资源配置。如果在这一过程中，政府过度地介入并进行干涉，就会对市场规律造成扭曲，阻碍市场经济的发展。由此，这一原则认为公共交通应在排除政府过度干预和无需政府补助的前提下运营。而与此相反，社会福利原则则认为交通在城市社会中占据着相当重要的位置，因此相较于将其全部委托给以追求利润最大化为目的的私营企业的偏激政策而言，更应该认识到其作为政府和社会所应履行的一项基本义务的重要性。特别是交通在追求以区域开发和环境保护等为目的的社会效益方面发挥着不可替代的重要作用。由此，这一原则认为政府有必要积极介入到公共交通产业中来并给予必要的援助和支持（이건영，1990：281～282）。

2. 财政支持

在现实生活中，所有的城市公共交通系统实际上基本都处于运营赤字的状态。因此，在面临这一窘境时，争取和确保来自中央政府或上级地方政府的财政支持就显得格外重要。在这里，由政府针对公共交通系统所出现的运营赤字状况投入的财政资金也称为补贴（Ubbels and Nijkamp，2002：318～319）。

对公共交通进行补贴的正当性理由主要有以下两点（오설리반，2004：394～395）。一是在公共交通领域内存在着相当大的规模经济效应，因而公共交通系统具有自然垄断的特征。这种自然垄断在一定程度上提高了公共交通运营的效率性。二是自驾出行的费用成本较低，因为自驾车出行者不必为他所产生的公路交通拥挤和空气污染的外部成本而支付相应的费用。因此，相较于自驾车出行而言，公交的运营成本要高得多，因而公交补贴可用来抵消因自驾出

行而人为造成的过低的出行成本。通过对公共交通进行补贴的方式，可以达到减少小汽车使用，降低交通拥挤和环境污染的目的。

政府对公共交通进行补贴的理由主要有以下几点（이건영·원재무，1990：297）。

第一，通过提高公共交通的利用率，进而缓解交通拥挤现象和公害污染现象，最终改善和提升城市环境；

第二，为市民节约交通成本及由此产生的能源消耗量；

第三，维持现有城市系统的正常运作；

第四，提高现有公共交通设施的使用效率；

第五，保障无车的低收入人群的权益并淡化人们不平等意识；

第六，保障和满足残障及老弱人士的出行需求。

公共交通作为一种公共商品是公共福利体系中必不可少的一项公共服务。因此，政府也应该筹划制定和实施一系列有关公共交通的专项财政补贴政策。这其中作为保障和扩充公共交通运营的相关税收政策的实施就显得尤为重要。与此同时，政府也应该意识到，有必要对可取代小汽车出行的绿色环保交通工具的研发提供充足的财政和资金保障。

3. 交通系统的改善

在西欧的许多城市，政府将构建和维持快速、安全、舒适、可信赖的公共交通体系放在政府政策制定最为优先考虑的位置来加以积极地推动。为此，政府采取了一系列旨在进一步促进和提高公共交通使用效率的政策措施，如设置公交专用车道、采用公交通行信号优先技术、改善和优化换乘系统、开通并运行通勤线路公交，以及实施合乘车辆优先通行方案等。此外，还通过加大投资和调整运营路线等手段努力促进不同交通方式之间的相互补充和衔接，以发挥最大的效应。

优良的公共交通系统应具备以下几项基本条件（Pacione，2001：254～255）。

第一，票价应控制在低收入阶层可接受的范围之内；

第二，保证在一天之内可提供充分且较为频繁的班次往来服务；

第三，服务应覆盖城市的所有区域且运行路线应以反映使用者意愿的交通需求线（desire line）为参考标准，以实现公共交通的便捷化服务；

第四，要以普通的小汽车作为参照，不断提高运行速度；

第五，应建立用以衔接和整合使用各种公共交通工具的一票制服务体系，以此提高各交通工具之间换乘的快捷性和便利性。

第四节　可持续性交通

一、交通体系

1. 意义

当今，绝大部分大城市的城市交通问题都处于非常严峻的状态，并呈现出日趋严重的发展趋势。这种以小汽车为导向的交通体系正给环境和社会造成越来越严重的负面影响。从长期的角度来看，这种红色交通模式（red modes）根本不具备可持续发展的可能性。由此，人们开始尝试用步行和自行车出行等绿色交通模式（green modes）来代替红色交通这一不可持续的交通模式。无论是从节约能源、保护环境还是社会公平的角度来看，以步行和自行车出行为代表的绿色交通都是一种理想的交通方式（Tolley，1990：13）。但是，绿色交通方式与以小汽车为导向的红色交通方式之间也存在着一定的相抵关系（Talley，1990：14）。这种相抵关系表现在当绿色交通方式的出行危险性逐渐增加、出行的交通距离逐渐增长、相关设施状况逐渐恶化，以及整个城市或区域的环境污染越来越严重时，绿色交通的使用量不可避免地会出现减少的现象。由此，可以看出，应努力构建节能环保的交通模式占据绝对支配地位的城市交通体系，以实现城市的可持续发展（Tolley，1990：1）。

关于可持续性交通体系正如美国学者戴利（H. Daly）所描述的那样，一方面可再生资源的使用应在不超过自身自然所形成的更新速率的范围之内来进行合理的使用，而非可再生资源的比率也不应超过相应替代资源的开发比率；另一方面，整个交通体系的污染物排放水平也不应超过环境的承载能力（Balack，2000：141）。此外，在这一交通体系中还应该做到努力避免或减少交通拥挤和交通事故的发生，当使用燃料资源时应以环境影响最小化作为标准，除了不可避免的突发状况以外，不可再追加土地的额外使用量等（Black，2000：141）。

2. 步行交通

(1) 意义

随着私家车的普遍化，汽车对公共空间的支配作用也越来越明显，进而在宜居性（livability）、环境质量（environmental quality）及流通（circulation）等方面产生着负面影响（Zscharias，2001：4）。基于这一现实，自 20 世纪 70 年代初开始在欧洲许多城市和地区就开始推行各种不同的步行者计划。这一时期的步行者计划主要针对购物场所的街道进行了步行化的设计和改造，并形成了步行购物街。早期的规划设计方案大都以单一的线性模式规划为主；而到了后来所形成的规划设计方案几乎都将步行者优先的理念扩展到了整个区域空间范围（Zscharias，2001：4）。以步行者为对象所进行的规划其最初的构想大都源于城市或区域的环境压力而不得不做出的一种反应行为。

（2）步行交通的益处与问题

步行交通所带来的好处既包括身体健康层面的益处，也包括减少甚至是消除压力等心理层面和社会层面的益处（Demerath and Levinger，2003：217）。

步行在日常生活中有着较高的地位并发挥着极为重要的作用，但在现行的交通政策中却出现了轻视甚至是无视步行交通的倾向。因此，政府应积极制定和出台旨在鼓励和支持步行交通的相关政策并予以积极的引导。然而，步行交通本身也存在着一些问题，如与之相关的基础设施条件较差、人们对步行的认识不足、行人与汽车等道路交通之间发生交通事故的危险性增加等（Tolley，1990：22）。

（3）步行交通发展策略

为了降低步行交通的危险，就需要采取建设人车分离的人行道路（footpath）、修正路面以及清除障碍物等对策来加以解决（Tolley，1999：15）。此外，还应通过对人行道周边的环境进行设计和布置，规划建设供行人休息的便利设施等措施为步行者营造一个舒适、优美的步行空间环境。由此可以看出，所谓步行环境是指以步行方式为优先出行选择的步行者为中心，并受其支配和影响的空间和场所的总称（Zacharias，2001：3）。

欧洲的许多城市都在积极制定并推行旨在为市民建设和营造更具吸引力的步行环境为核心的多种形式的步行交通发展策略，并以此来达到减少小汽车出行或推动以非机动车为导向的城市开发的目的（Beatley，2000：137）。这些步行交通发展策略的具体措施包括限制或禁止小汽车通行（car-free or car-limited）的市中心地区或打造完全的“无车城市”（car-free cities）；构建更加安全的邻里道路和安静的步行者环境等（Beatley，2000：140）。为了对进入邻里社区的机动车进行限制，往往会采用修建狭窄或凹凸式的路面、在入口处种植树木或安装隔离墩等措施。在许多城市还会将城市内一定的区域划定为30公里限速区，特别是在荷兰（生活化道路：Woonerf）和英国（家庭区域：Home Zone）等国家更是将在居住区的道路设计应遵循车行的速度不得快于行人步行速度的规划设计理念上升到了制度的层面并付诸实施（Beatley，2000：142～143）。

欧洲议会于1988年制定并通过了《步行者权利宪章》（European Charter of Pedestrians' Rights），这部宪章向人们解释了为实现安全与舒适环境下的步行交通的具体原则和发展方向（Tolley，1990：xvi～xvii）。此外，这部宪章还提出了在那些以小汽车交通为主导的城市中恢复人类尊严和建设以绿色环保的步行交通为主导的步行者城市（pedestrian town）的具体方案。

3. 自行车交通

(1) 意义

自行车交通作为一种购置和运行成本低廉、可实现门对门式(door to door)快速通达的个性化交通方式，与小汽车相比具有提高空间的使用效率和绿色环保等优点(Tolley，1990：22；Hulsmann，1990：219～220)。在现有的交通工具中，几乎很难再找出比自行车更为节能环保的交通工具。自行车不仅不会造成大气污染，而且占用空间小、费用低廉、老少皆宜，以及使用者在骑行的过程中还能间接起到运动锻炼的作用(Beatley，2000：166)。但是，在现有的交通条件下，自行车交通在使用上还存在一定的危险性且交通环境也在日益恶化。

在欧洲还处于帝国统治时期时，骑自行车已在各国蔚然成风。随着自行车交通出行数量的不断增长，其在所有交通出行方式中的比例也呈现上升的趋势(Pucher，et al.，1999：626)。这些国家在保持着较高的生活水准、持续增长的居民收入、不断增加的小汽车保有量，以及面临急速蔓延的郊外化现象的情形下，为了鼓励和提高自行车交通出行的比例，仍然采取了一系列旨在提高自行车交通的安全性、快捷性和便利性的长期规划方案。通过这一政策，不仅缓解了因过度使用小汽车交通而对社会和环境造成的破坏，也在一定程度上释放和满足了因道路拥挤、城市过密及停车空间不足等物理性制约因素而被压制的出行需求(Pucher，et al.，1999：626)。

在韩国，为了进一步推广和提高对自行车的使用，政府于1995年制定并颁布了《促进自行车使用相关法》。这部法律不仅对有关自行车使用设施的设立、维护管理，以及自行车道路的使用方法等内容作出明确的规定，还明确提出市长或郡守应负责制定和颁布自行车使用设施整备规划并予以实施(《促进自行车使用相关法》第5条)。在城市建设的过程中，可以通过扩建自行车专用道路网、将自行车道路与其他公共交通方式串联起来形成换乘通道、在进行地区交通项目或道路整备项目时必须附带建设自行车道路等措施，为提高自行车的使用率创造条件。此外，还可以从降低交通事故发生的角度入手制定并实施与自行车使用相关的条例。

(2) 有关自行车使用的决定性因素

自行车的使用取决于收入、年龄、性别及经常性的出行模式等个人属性特征。例如，收入水平决定购买能力(小汽车或自行车)，从而对个人选择产生影响；年龄可在一定程度上决定人的身体状况，从而对是否适合使用自行车出行产生影响；性别(gender)主要是指当女性在夜间使用自行车出行时所潜在的危险因素；上下班通勤、上下学、亲友会面及前往固定的特定场所时的经常性出行模式也会对交通需求产生一定的影响（Rietveld and Daniel，2004：532）。

对使用自行车出行的费用大小产生影响的因素主要有以下几点（Rietveld and Daniel，2004：533）：一是出行时间（travel time）因素。其主要取决于城市的空间结构、与自行车交通有关的基础设施建设情况、是否有绕行路或弯路等路状况，以及人行横道的距离等具体因子。二是物理性需求（physical needs）和舒适性（comfort）因素。其主要取决于基础设施的质量、天气与气象条件、路面的平坦性、污染状况，以及气温与气候条件等具体因子。三是交通安全性（traffic safety）因素。其主要是指因与机动车等其他交通工具之间发生交通事故而受到伤害的危险。四是自行车失窃的风险性（risk of bicycle theft）因素。特别是在一些大城市地区，作为一项破坏他人或公共财产的行为（vandalism）已经成为一个社会问题。五是自行车使用的货币成本（monetary cost of bicycle use）因素。其主要包括自行车的停车费用和维护包养费用等。六是个人安全性（personal security）因素。这一因素的核心问题在于是否能够在不用担心个人安全的前提下保证何时何地轻松出行。

(3) 促进自行车使用的策略方案

德国自1979年就开始积极推行和实施一项名为“自行车友好型城市”（bicycle-friendly towns）的计划（Hülsmann，1990：221～229）。在自行车友好型城市里，自行车作为一种极具价值和高度法律地位的交通出行工具，将培养和发扬自行车骑行文化（bike-riding culture）作为城市政策的重点之一（Beatley，2000：183）。

在欧洲的许多国家，如德国、荷兰及斯坎迪纳维亚半岛上的各国保留并一直沿用着在城市内大范围修建自行车专用设施，构建自行车专用道路（bikeways）系统的传统。在这一系统中包括与机动车道路完全分离的自行车道路（bike paths）、路缘石（curb）、停车线、路肩（sidepaths）及自行车专用交通线等设施。自20世纪70年代以来，与之类似的自行车专用道路系统也开始在北美国家的各大城市推行和实施（Pucher，et al.，1999：630）。

为了进一步促进和普及自行车交通的出行方式，有必要从以下几个方面入手对有关的策略方案进行探讨（Pucher，et al.，1999：648～650）。

1）提高小汽车的使用费用

促进自行车出行最有效的方法之一就是抑制小汽车的使用，增加小汽车出行的边际成本。提高小汽车使用的价格成本或设置一定的出行障碍，其根本目的还在于将现有的以小汽车为主导的交通发展模式向以其他更为高效环保的交通方式为主导的交通发展模式的方向转变。

2）明确自行车交通使用者的法律权利

在美国和加拿大，不仅是小汽车交通的使用者，甚至包括警察在内的大多数交通出行的参与者都未能对自行车使用者的权利形成一个正确的认识。而与之相反的，在北欧的许多国家，为积极推行自行车使用的普及化，从国家层面自上而下地推行了一系列与自行车交通有关的学校教育计划，并积极制定和实施具体的交通规则和政策。总之，必须培养和树立小汽车使用者对自行车使用者的责任意识，以提高自行车的使用效率和保障自行车使用者的安全出行。

3）改善并扩建有关自行车出行的设施

采用与机动车道路相分离的自行车专用道路的通行模式虽然并不能“包治百病”，但这种与公园和绿地空间相融合的自行车专用道路的设计模式确实可以在一定程度上提高自行车出行的舒适性，保证自行车优先通行的权利。因此，有必要对自行车出行的相关设施建设进行改善和扩建。

4）在城市所有道路两侧设置自行车专用道路

在当今世界的大部分城市，仅在一部分区域内形成了非常有限的自行车道路网。而反观北欧地区，不仅在城市，更是形成了遍布全国的自行车路线网，并在地图上做了相应的标识。

5）制定与提高自行车使用率等相关的政策措施

以城市内的上班族等人群为中心制定相应的政策措施，如鼓励人们利用自行车上下班等。

6）将自行车骑行与健康（wellness）相联系

从锻炼身体的角度来看，自行车是一项最为理想且成本低廉的运动方式。因此，应站在公众的立场上，积极宣传自行车骑行对身体健康所带来的益处，以点燃人们对自行车的使用热情。

7）强化和扩大政治性活动提高自行车利用方面所发挥的作用

政治性活动是将自行车交通上升为政府公共政策的必经通道。自行车交通的使用者和支持者所组成的组织集团通过对有关政府部门和政治人物施加一定的压力，以推动自行车交通有关法案的顺利立法并成为政策。

二、交通静化政策

1. 意义

交通静化（traffic calming）是指通过降低（slow down）机动车车速，来为步行者、自行车使用者、购物者及社区居民营造一个安全、舒适的交通环境（Newman and Kenworthy，2004：98）。虽然至今已很难确定交通净化这一概念最早的起源时间和出处，但在20世纪70年代初期，在德语中首次出现了“Verkehrsberuhigung”一词，并于80年代后期被意译为“traffic calming”（交通净化）且得到广泛使用（Newman and Kenworthy，2004：98）。这一政策可以有效减少小汽车交通所引起的负面影响，因而得到了众多环境保护组织的支持。在他们的积极争取和努力下，自 20 世纪 80 年代开始欧洲各国纷纷制定并推行了相应的交通净化政策（Newman and Kenworthy，2004：99）。

实施交通净化政策的主要目的主要有以下几个方面（Newman and Kenworthy，2004：99）。

第一，减少城市区域内交通事故的发生；

第二，减少因拥挤而产生候车时间过长、噪声公害及汽车燃料过量消耗；

第三，改善非机动车出行者所需的城市街道环境；

第四，将道路空间纳入到居民生活空间的范畴之内，以降低小汽车对道路的支配作用；

第五，降低因小汽车交通而对步行者和自行车出行所造成的负面效应；

第六，通过营造和创建以人为本的交通环境以提高地方经济的活力。

综上所述，通过制定和实施交通净化政策可以减少事故发生、提高安全性、减少噪声和大气污染、提高区域间的通达性、营造更具魅力和实用性的公共空间，以及创造更具活力的地方经济等作用（Pharoah，1993；Newman and Kenworthy，2004：100～101）。

2. 技术策略

交通静化政策（traffic calming）旨在通过速度限行、减少交通流量和停车空间、改扩建步行/自行车道路、减少汽车尾气排放，以及改善居住区域内的生活环境等措施来达到保障绿色交通出行方式的安全性、抑制动力交通工具的使用、改善居住环境和提高公共交通利用效率的目的。为了达到交通静化的效果，城市政府实施了多种不同的技术性方法和策略手段（Beatley，2000：139～140）。这些技术性手段包括设置减速丘（speed humps）、扩建人行道（sidewalk extension）、设置一些必要的物理性障碍物、（在一些路段和停车场周边）栽种树木、以街心转盘或环状交叉路口（roundabout）代替传统的十字路口等。但在推行交通净化政策的过程中必须注意的是，应根据不同的邻里特征和地区水平因地制宜地进行。

构成交通静化有关技术策略的要素只要有以下三点（Pharoah，1993）。

第一，抑制小汽车的出行速度；

第二，扩大街道活动（游玩、饮水、步行、购物、休息、存车、装卸及自行车骑行等）的容纳和利用空间；

第三，从优化提升和环保的角度出发对街道及其附属设施进行重新设计（redesigning）。

与传统的技术手段和策略方法相比，交通净化相较于对交通流和承载力进行改善而言，更注重对行驶速度和驾驶者进行控制和引导；相较于以往以疏通为主的方式而言，更注重从区域或地区单位入手进行优化和提升（Pharoah，1993）。

表 7-2　不同道路类型的交通静化措施（德国）

道路类型	存在的问题	静化措施
干线道路	● 过高的交通密度 ● 过多的货车通行 ● 超速行驶 ● 人行横道的设置问题 ● 停车问题 ● 对步行者和自行车使用者造成的不便 ● 作为社会空间组成部分的道路存在无法使用的问题	● 采用对小汽车的行驶速度和车流量进行有效管制的可变信号制 ● 禁止在步行道路上停车 ● 在步行者和自行车使用者可优先通过的人行横道处设置明显的标识 ● 修建人工岛等步行者等待红绿灯等所需的安全空间和设施
家-分散道路（支线道路）	● 间歇式（分时段）的高交通密度 ● 超速行驶 ● 人行横道的设置问题 ● 自行车安全问题 ● 违章停车	● 对小汽车进行限速处理 ● 采用断路式设计 ● 禁止超车 ● 修建多用途混行的车道以降低车速 ● 扩建人行道路 ● 设置凹凸式人行横道 ● 步行者与自行车专用道路 ● 在道路上修建公园绿地空间 ● 设置街道装饰物
社区道路	● 交通密度过高且已超出区域功能的承受范围 ● 人行横道的设置问题 ● 停车问题 ● 缺少自行车专用道路和人行道 ● 缺少公园绿地空间	● 对小汽车进行限速处理 ● 采用断路式设计 ● 禁止超车 ● 减少在区域内进行车辆掉头的空间 ● 禁止货物车辆通行 ● 对停车进行管制 ● 修建凹凸式路面 ● 扩建人行道路 ● 缩小道路宽度 ● 修建休憩空间 ● 设置单项道路

资料来源：根据 Whitelegg，1990：78 整理而成

为了进一步减少小汽车交通并鼓励和支持公共交通事业的发展，荷兰政府制定并推行了 A-B-C 区位政策。所谓 A-B-C 区位政策，是一项旨在通过协调和优化公共设施和商业用地之间区位布局的方式来促进和提高公共交通利用效率的制度（Beatley，2000：112～113）。A 区位是一种公共交通指向型区位，其通过限制设置停车设施的规模与数量，以抑制小汽车进入轨道交通站点密集的城市市中心区域；B 区位同样作为一种公共交通指向型区位，方便利用小汽车或其他交通方式通行及进入的轨道交通站点分布的区域性中心；C 是一种小汽车指向型区位，一般是指那些尚未开通轨道交通且其他公共交通方式难以通达

的市区外围地区。根据以上三种不同的区位类型来对停车场地的面积和规模进行不同的标准划分，以达到限制小汽车通行，促进公共交通使用的目的。当需要前往位于A区位内的医院或其他公共建筑物时，大都鼓励来访者使用公共交通工具。私营企业等大都需要较大规模的停车用地，因此允许这些企业布局在小汽车指向型区位空间范围内。A-B-C区位政策从本质上来说是一种高密度城市开发战略。

参考文献

박수영，(2002)，《도시행정론》，(서울：박영사)．

원재무，(1995，2005)，《도시교통론》，(서울：박영사)．

유병우，(1990)，"교통안전의 구조적 문제점，" 유완・이건영，편，《교통정책론》(서울：일조각)，348～376.

이건영，(1990)，"대중교통과 사회복지，" 유완・이건영，편，《교통정책론》(서울：일조각)，272～287.

이건영・원재무，(1997)，《교통정책》(서울：박영사)．

이규방 외 4인 (1998)，《교통정책의 변화와 과제》，국토총서 6，안양：국토연구원．

이번송，(1998)，《도시교통정책의 경제론》(서울：박영사)．

이상건・박진호，(1997)，도로교통혼잡지표개발에 관한 연구，국토연구원 97—22，안양：국토연구원．

이우승，(2004)，서울시 택시운영체계 효율화 방안연구，서울연구원 2004—R—13，서울：서울연구원．

황기연・엄진기，(2001)，《교통수요관리론》，(서울：청문각)．

藤井弥太郎・中條潮 편저 (이재림・이상민・김만배역)，(1995)，《현대교통정책》，(서울：교통개발연구원)．

오설리반 (O'Sullivan，A；이번송역)，(2004)，《도시경제학》，(서울：박영사)．

Altshuler，A.，(1981)，*The Urban Transportation System* (Cambridge，Mass.：MIT Press)．

Beatley，T. (2000)，*Green Urbanism* (Washington D. C.：Island Press)．

Black，A.，(1979)，"Three views of transportation planning in a time of scarcity (Introduction)，" *Journal of the American Planning Association*，45；1 (1979. 1)：7～9.

Burtenshaw，D.，Bateman. M.，and Ashworth，G. T (1981)，*The city in West Europe* (N. Y.：John Wiley & Sons)．

Cervero，R.，(2004)，"Transit and metropolis：finding harmony，" Wheeler，S. and Beatley，T.，(eds.)，*The Sustainable Urban Development* (London：Routledge)，89～96.

Cullingworth，J.，(1985)，*Town and Country Planning in Britain* (London：George Allen & Unwin)．

Demerath，L and Levinger，D.，(2003)，"The social qualities of being on foot：a theoretical analysis of pedestrian activity, and culture," *City & Community*, 2; 3 (2003): 217～237.

DOT (Dept. of Transport), (1997), *Transport Policy* (London: HMSO) .

Greene, D. and Wegener, M. , (1997), "Sustainable transport," *Journal of Transport Geography*, 5; 3 (1997): 177～190.

Hall, P. , (1995), *Cities of Tomorrow* (Oxford: Blackwell) .

Hart, T. , (2001), "Transport and the city," Paddison, R. , (ed.), *Handbook of Urban Studies* (London: Sage), 102～123.

Hulsmann, W. , (1990), "The Bicycle-friendly Towns' project in The Federal Republic of Germany," Tolley, R. , (ed.), *The Greening of Urban Transport* (London: Belhaven Press), 218～230.

Kanninen, B. , (1996), "Intelligent transportation system: An economic and environmental policy assessment," *Transportation Research*, 30; 1 (1996): 1～10.

Levy, J. , (1997), *Contemporary Urban Planning* (N. j. : Prentice Hall) .

May, A. , Jopson, A. , and Matthews, B. , (2003), "Research challenges in urban transport policy," *Transport Policy*, 10 (2003): 157～164.

Memmott, F. and Guinn, C. , (1968), "Transportation planning," Goodman, W. I. and Freund, E. C. , (eds.), *Principles and Practice of Urban Planning* (Washington, D. C. : ICMA), 137～184.

Meyer, M. , (1999), "Demand management as an element of transportation policy: using carrots and sticks to influence travel behavior," *Transportation Research Part A*, 33 (1999): 575～599.

Morlok, E. , (1978), *Introduction to Transportation Engineering and Planning* (Tokyo: MaGraw-Hill) .

Nash, C. A. , (1976), *Public versus Private Transport* (London: Macmillian Press) .

Newman, P. and Kenworthy, J. , (2004), "Traffic calming," Wheeler, S. and Beatley, T. , (eds.), The *Sustainable Urban Development* (London: Routledge), 97～103.

Ochieng, W. and Sauer, K. , (2002), "Urban road transport navigation: performance of the global positioning system after selective available," *Transportation Research Part C*, 10 (2002): 171～187.

Pacione, M. , (2001), *Urban Geography* (London: Routledge) .

Pharoah, T. , (1993), "Traffic calming in west Europe," *Planning Practice & Research*, 8; 1 (Jan. 1992): 20～28.

Pucher, J. , Komanoff, C. , and Schimk, P. , (1999), "Bicycling renaissance in North America? Recent trends and alternative policies to promote bicycling," *Transportation Research Part A*, 33 (1999): 625～654.

Rietveld, P. and Daniel, V. , (2004), "Determinants of bicycle use: do municipal policies matter?," *Transportation Research Part A*, 38 (2004): 531～550.

Simpson, B., (1994), *Urban public Transport Today* (London: E & FN Spon).

Small, K., (1997), "Economics and urban transportation policy in the United States," *Regional Sciences and Urban Economics*, 27 (1997): 671～691.

Tolley, R., (1990), "A hard read: the problems of walking and cycling in British cities," Tolley, R., (ed.), *The greening of urban transport* (London: Belhaven Press), 13～33.

Ubbels, B. and Nijkamp, P., (2002), "Unconventional funding of urban public transport," *Transportation Research*, *Part D*, 7 (2002): 317～329.

White, P., (1995), *Public Transport* (London: UCL Press).

Whitelegg, J., (1990), "The principle of environmental traffic management," Tolley, R., (ed.), *The greening of urban transport* (London: Belhaven Press), 75～87.

Zacharias, J., (2001), "Pedestrian behavior and perception in urban walking environments," *Journal of Planning Literature*, 16; 1 (2001): 1～18.

第八章

环境管理

第一节　概　　要

一、环境问题

1. 问题的兴起

城市作为人口移动和人口增长现象最重要的发生地，其不仅是非可再生资源的主要“消费者”，也是污染和废弃物的主要“生产者”。由此可以看出，城市在发挥成长引擎作用的同时也扮演着环境问题发生源的角色（Betone，et al.，1994：9；정환용，2006：505～506）。也正因为如此，可以说当今世界所存在的环境问题很大一部分都可以归因于城市的建设和发展。随着城市化的快速发展和人口的持续增加而产生的环境问题主要包括以下两个方面：一是随着对有限资源利用的广度和深度的不断加大而引发的问题；二是在利用资源的过程中，因超过人类的处置能力和社会的承受能力而产生的污染和废弃物排放等问题。城市的生活品质也因受到环境问题的严重影响而不断恶化。

近年来，人们对环境问题的关心程度日益提高。这种关心主要来源于人们越来越深刻地意识到要想保持经济的持续发展，就必须在利用能源的过程中遵循以下两点原则：一是对可再生资源的消费不能超过其本身的恢复速度和再生水平；二是对非可再生资源的消耗也不应快于用以替代它的可再生资源的发现和研发速度。这也说明人们基于对长期发展的考虑，对在不对环境产生负面影响的合理范围内进行开发活动的可持续发展理念有了新的认识并达成了一定的共识（Barton，1996：117）。

2. 特征

环境问题的产生是人类对自然进行干涉的结果。由于人类的存在与对自然环境和资源的使用能力之间有着密不可分的关系，人类对自然的干涉活动也就会必不可免地发生并客观存在着。但是，这种来自于人类的干涉活动也正通过剥削式（exploitation）的手段将人类自己推向更加岌岌可危的边缘处境之中。除了非可再生资源面临枯竭的境地以外，可再生资源也因产生污染和分布的不均衡等问题对环境造成日益严重的威胁（Glasbergen，1995：1）。

在今天，对环境问题的主流认识与过去有着天壤之别（Roseland，2000：76）。在过去，一方面人们大都仅将环境问题视为人类面临的众多问题中的一个“小问题”；而另一方面则认为可以从技术的层面来对这一问题加以解决且并不存在任何政治性的争议。不仅如此，当时人们大都将环境问题的产生看做是经济成长和社会进步的副产品，并对依靠技术进步就能完全解决环境问题的论调深信不疑。但是，时至今日，在大部分的发达国家，人们在环境问题的严重性方面开始达成一定的共识，并逐渐意识到如果单单紧靠科学技术手段，而不改变现有的社会和经济结构的话，很难实现最终解决环境问题的目标。这种意识观念的转变也为我们带来了被称之为“可持续发展”的全新理念。

大体而言，环境问题的形成过程非常复杂，有一些环境问题甚至已经超过了单一的行政领域的管辖范围。不仅如此，针对某一问题而采取的解决方法很有可能变异成诱发其他环境问题的原因之一。此外，针对环境问题而做出的决策必定会给某些特定的组织集团或个人带来不同程度的利益或损失，因此在很多情况下很难对由此而引发的不理性行为和政治性矛盾进行调和（Leve，1997：261；정환용，2006：506～507）。基于此，可以看出，环境问题具备一项棘手问题（wicked problems）所具有的典型特征，其与其他领域的问题有着错综复杂且深刻的联系，因此很难给出一个明确的定义。

随着环境问题的日益严峻，今天人类所面临的是一个充满全球性生态危机的时代。现代环境问题作为与人类文明发展在同一时空中同步产生、进行的一种现象，其源于人类的活动（anthropogenic in origin），对环境问题的关注亦是源于对生存的关切（concern for survival）。环境问题的影响范围覆盖全球（global in reach）的每一个角落，且这种影响具有时间和空间分布上的不平等性（unevenness of impact）。因这一不平等性而引发的相互利益间的冲突（conflicts between interests）主要表现为空间性（区域间）、时间性（世代间）、层次间及机构部门间的矛盾。此外，还必须看到，在应对和解决环境问题方面，随着对专业性和技术性要求的不断提高，专家和专家系统的主导性作用（dominance of experts and expert system）也表现得越来越重要（Blowers，1997：848～852）。

二、环境管理

1. 概念

城市环境问题的产生主要源于制度性缺陷、政策性失误及公私部门行为者的行动三大方面的影响。具体来看，诱发城市环境问题发生的因素主要包括参与水平低、管理不到位、经济政策不切合实际，以及知识和信息的不充分等（Bartone，et al.，1994：32）。

随着环境问题的日益严峻，对环境管理方面的研究和改革也在逐步扩大和深化。但是作为一个充满冲突与矛盾的研究领域，很多人对环境管理的性质、目的、立场和角度等根源性问题提出了疑问和质疑（Bryant and Wilson，1998：321～322）。城市环境管理政策的失败从短期来看可能还仅限于对环境质量所产生的负面影响；而从长期来看则会对生活质量、医疗健康、自然环境、文化遗产乃至社会凝聚力等方面产生重大的影响，并且，人类将为此付出高昂的社会代价（Nijkamp，1996：270～271）。

环境管理（environmental management）是指为达到提高人类健康和福利、保护环境质量的目标，通过对人类与环境间的相互作用施以管控和引导等手段而进行的一项综合性活动（Randolph，2004：3）。从城市层面来看，环境政策价值存在的理由主要体现在以下四个方面（Finco and Nijkamp，2001：290～291）。

首先，一个国家内几乎绝大部分的生产、消费及交通活动都发生在城市地区。因此，明确将城市生活质量和水平作为环境管理的核心所在有助于提高资源的有效利用和环境政策的有效性。

其次，在有关资源和环境政策等议题上进行适当的权力下放，是绝大部分西方国家制定相关政策时所采用的一种主要手段。通过这一方式将权力赋予城市政府并因地制宜地制定切合本地实际发展的政策决策有助于提高环境和能源规划的制度性效益。

再次，地方通过制定和实施新的环境管理政策和能源节约计划而采取的一系列直接性的干预活动也可从中获取相应的利益。这主要体现在地方通过一系列旨在改变和提升现有资源利用和消费方式的政府行为来获取普通大众的支持。

最后，从资讯收集和使用的效率性的观点来看，城市无疑是最为理想的统计分析单位。

2. 管理模式

（1）发展过程

学者柯比（M. Colby）从历史发展变迁的角度将有关环境的管理模式依次

分为边缘经济、环境保护、资源管理、生态开发及深渊生态五大发展阶段，并做了详细的阐述说明（Randolph，2004：9～12）。

在边缘经济（frontier economics）阶段，人们对环境管理的认识和活动完全以人类自我为中心展开。一方面将资源的供应视为无限量的；另一方面将经济成长作为社会进步的唯一指标。在环境保护（environmental protection）阶段，虽然人们意识到了环境影响的存在并开始将减少环境污染作为管理的目标，但是并不考虑也决不允许以牺牲经济成长为前提来实现。而到了资源管理（resource management）阶段，人们开始考虑并意识到通过在一定程度上约束经济成长来对环境进行有效管理的必要性。这一时期环境管理的目标逐渐转移到通过“内化”外部效应的方式，将对包含环境价值因素的国民经济账户进行优化和调整上来。在之后的生态开发（ecodevelopment）阶段，人们更是站在全球性的高度来把握和理解生态的概念，并通过调整和重新构架经济体系的方式，试图努力做到人类社会和自然界之间的共存式发展、保护与预防污染，以及从过去单一的资源型经济向创造具有生态意义的经济价值的方向发展的目的。最后，深渊生态（deep ecology）是指一种以回归保有敬畏自然之心的生命中心观点（biocentric view）为目标的生态波普的终端模式。

（2）对比

1）传统的管理模式

传统的管理模式通常由政府首先设定与不同层级相对应的社会目标，并在此基础上，由各级政府独立制定相应的政策措施并付诸实施。这一传统的管理模式主要具有以下五个方面的特征（Glasbergen，1995：10）。

第一，环境创新（environmental innovation）的过程主要依靠各级单位部门来完成和实现。

第二，指导原则由中央政府来确定，而具体的执法方针则往往包含在相应层级的目标体系中。

第三，模式中相应层级的既定目标是各级单位制定解决方案和推动相关工作进行的出发点。

第四，在完成方案选择后，应将重点放在为达成目标而进行的相关行为和活动上。

第五，科学的研究能为我们在进行最优方案和行动手段的决策方面提供保障。

2）网络管理

网络管理（network management）提供了一个区别于传统模式的全新视角。从环境创新的观点来看，网络管理主要从以下两个方面来强调政府的立场和作用（Glasbergen，1995：11）。

一是从政府和社会间关系的方面来强调政府的立场和作用。在这里，其主要强调政府为达成可持续发展的目标所应担负的最终责任。但是，政府却不能针对某一问题所给出的解决方案作出单方面的决定。相反地，在绝大部分发达国家的政府则积极赋予由政府出于公共责任和特殊利益而形成的民间选择同等的社会价值。由此可以看出，政府应将重点放在努力达成那些单凭利益组织集团自身而无法达成的目标之上。例如，从生产、消费和流动迁移的观点来看，政府在形成市场决定的过程当中所能发挥的影响应当是极其有限的。不仅如此，政府所能发挥的这种影响还应当是通过间接的形式进行，且仅能止步于帮助各方达成公平协议这一上限标准。

二是从政府各阶层间的相互关系的方面来强调政府的立场和作用。与其将政府视为一个具有中立性质的机构部门，倒不如将其看做是具有特殊利益的组织体。政府按照各行政机构的不同，对其从空间性和功能性的角度进行了职能划分和整合。这样具有政府权威性的委托不仅适用于环境政策与其他政策之间的关系，还适用于不同的环境政策之间的关系。各政府机构可以反映各自不同的利益诉求。政府机构间所存在的这种相互关系也是防范问题解决过程可能出现混乱状况的一种预防机制。此外，还应该注意的是这些政府机构之间未必存在阶层式的相互关系。(Glasbergen，1995：11)。

一般意义上的集团利益强调在相互作用和交流沟通的复合型体系内，通过具有相互依存关系的公私行为者的行为活动来实现。在这一体系中，应将行政管理视为依据相互依存的形式而产生的一种共同指向型的变化。政府应该调动和动员起来一切有助于问题解决的组织化了的社会利益（Glasbergen，1995：11)。

3）新管理模式

新管理模式所具有的特征可以总结为以下几个方面（Glasbergen，1995：16)。

第一，作为环境问题解决的前提条件，应以对问题本身和与之相关的所有行为者间的相互依存关系的认识作为一切问题探讨和研究的出发点。

第二，以一种具有建设性的方式对依存性加以灵活的运用。在这一过程中，与之具有最大关联性的利益组织集团应积极参与并给予协助以达到各方都能满意的效果。

第三，为了进一步促进合作，需要启动运行型的组织结构。原则上来说，是为了追求特定的目标而临时组织并进行的一种集体行为。

第四，在组织合作结构的内部应将环境问题定义为社会发展的根源性问题，并达成共识。

第五，为解决开发问题所指定的相关政策路线，应通过具有相互作用和交流沟通机制的组织化过程来体现其缜密性的规划特征。

第六，在对开发路线进行缜密性规划的过程中，不能将全部的焦点都放在目标达成上。应将最终目标与参与这一过程的相关利益当事者的开发机会以及因此而付出的创造性努力衔接起来。

第七，以上这些过程本身也是一个不断学习的过程。随着社会客观条件的变化，应允许对组织结构和过程内容进行不断的优化调整。

3. 管理的主体

(1) 传统的认识

传统意义上的环境管理主要是指以强调国家政府机构为行为主体的国家中心主义（state-centric approach）。其包含了以下四个方面的意义（Bryant and Wilson，1998：323）。

首先，国家出于对环境进行管理的目的，在以可对实体进行明确区分的假定条件的基础上一直在谋求进行有效的环境管理。由此可以看出，环境管理与伐木业、渔业、矿业及其他农产品等特定分类的商业性资源密切相关。国家在环境管理方面所发挥的作用可以被看做是针对包括随工业化发展而导致的污染范围扩大和潜在危险性增加在内的新技术应用，以及后续产生的一系列问题的一种回应。国家的这一作用尤其在20世纪60年代和70年代发挥到了顶峰。

其次，环境管理可被看做是对环境问题采取自上而下式方法（top-down approach）的代名词。这一思想认为环境管理虽然是由国家所提供的一项服务，但区域居民同样负有缴税的义务，国家在必要时应向居民征收一定的税收。依据国家法律和强制性资源行使权力的国家公务人员在行使环境相关法律、政策及法规措施方面也会出现一定的问题。

再次，传统的观点认为以解决环境问题为最终目标的环境管理往往是建立在实证科学的基础之上发展而来的。因此，环境管理被视为由具有高度专业化水平且获得国家认证的专业化人员来完成的一项行为活动。在这里，科学者们在对所存在问题的性质和原因进行分析的基础上提出相应的解决方案。如果在解决环境问题的过程中没有应用上述科学方法和原理，那所带来的后果将是无法想象的。基于这样一种观点，可以将环境管理视为一项主要由与国家有直接或间接关系的科学专业人员来进行问题定义和实质操作的过程。

最后，环境管理被看做是旨在通过科学的专业化知识和最新的尖端技术对某一特定环境问题进行解决的一种努力和尝试。在这里，环境问题不需要依靠所谓更加广泛的政治性、经济性、社会性势力进行任何的本质性修改或调整，只需要采用科学的方法和先进的技术就可以完全解决。

(2) 对传统观点的批判

随着国家中心主义和实证主义的发展，对传统的环境管理观点的批判也日益增多（Bryant and Wilson，1998：323～325）。批判源于人们对国家能否通过自身的政策和作为使其真正具备对环境进行合理开发和优化保护的能力的一种质疑。此外，也有批评认为这种自上而下式的环境管理方法根本无法满足不同基层行为者的需求和诉求。绝大部分的政府公务人员很难有机会对他们所制定或执行的政策产生的结果有直接的认识和体会。因此，政府公务人员和基层民众之间存在着一种难以调和的利害关系。

不仅如此，传统的环境管理观点在对国家和非国家行为者的环境认识方面还存在着一定的偏差。具体来说，从国家的立场上来看，一般将行为者分为经过专业训练的科学者和未经过专业训练的非科学者。但是，这种区分标准并不能适用于对地方生态环境有着相当程度了解的所谓的非科学者身上。大体上来说，对于前者的定义基本上是基于西方实证主义科学最为正统的技术中心主义的角度而做出的；而与此相反的是，对于后者的定义则大都基于对环境与人类之间相互关系的综括性视角和生态中心主义意识而做出的。在现实生活中，负责处理环境问题等行政业务的国家公务人员和经历过因国家中心主义式的环境管理而受到一定损害的基层之间对事物的认知存在着较大的差异。

受到批判最多的当属传统观点中有关问题解决性质的思想。其所关注的范围仅局限于与自身有关的周边性环境问题，却不从更加宽泛和长远的政治、经济和社会性脉络出发来观察问题的全局，因此在解决环境问题方面具有相当的局限性。

(3) 环境管理的参与者

环境管理的参与者主要由来自政府、民间私营市场及公民社会的行为者们组成。

民间活动——即市场在相当程度上决定着环境的命运。对环境资源进行消费的大众最终也是对形成生产和开发模式的产品和设计所作出的选择。企业、开发业者（开发商）和农民对环境产生着重要的影响。例如，对土地进行利用和开发的民间行为者主要包括了土地所有者、开发业者、金融机构、房地产业者及设计者等在内的相关企业。诸如成长机器（growth machine）等有组织性地在土地利用与城市开发方面片面追求自身利益的同时，却对环境造成了极大的破坏性影响（Randolph，2004：5）。

政府——即国家在通过警力等强制性力量对影响环境的民间活动进行管控，以及保护国民的健康和福利方面发挥着重要的作用。政府所实施的行政管理往往通过在各级政府内有关行政、立法和司法三大权力的相互作用关系来实现。立法部门主要负责制定有关的政策法规和法律条文；司法部门主要负责对相关的法律条文进行司法解释和作出裁决；行政部门则通过设立相关的处室机构以实现对政策的执行。国家通过成长管理政策对土地利用和开发进行相应的管控（Randolph，2004：5）。

作为第三类范畴的公众（public）或公民社会（civil society），主要包括非政府组织（NGO）、环境与市民团体（environmental and citizen groups）、土地信托（land trusts）及财产所有者等。公众集团（public groups）往往采取施压或直接协商的方式，抑或是通过土地信托（land trusts）及保护地役权（conservation easements）等积极的环境资源保护手段来对政府规划与决策、民间开发项目发挥自己的影响力（Randolph，2004：5）。

在新的环境管理模式中，国家行为者和非国家行为者可共同参与到环境管理的过程当中。在传统模式中，非国家行为者可以有条件地进行参与活动。作为环境管理过程中重要一环的再评估工作首先从对负责环境管理工作的相关人员的评估开始入手进行。也正是通过再评估的环节体系，使环境管理彻底告别了国家中心主义式的传统模式，走上了新的发展道路（Bryant and Wilson，1998：325）。

这一再评估的行为主要将重点放在了与环境管理有关联的具有更为多样化类型的非政府行为者身上。由非政府行为者所组成的组织集团作为基层（grassroots）环境行为者范畴的一员，其内部包括了众多代表不同利益诉求和行为活动方式的个体行为者。这些非政府行为者们虽然也受到国家环境政策的影响，但同时也对国家环境政策施加一定的反向影响（Bryant and Wilson，1998：326）。

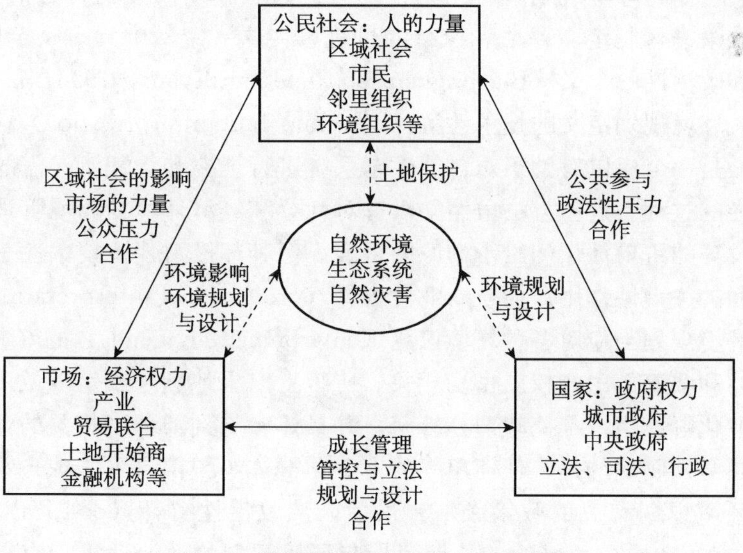

图 8-1 环境管理各参与者之间的关系

资料来源：Rnadolph，2004：6

第二节 环境规划

一、意义

1. 概念

环境规划是指通过对与开发项目有关的环境因素进行系统性的分析和管理，以求用最小化的负面性环境影响来获取最大化的环境收益的一种行动路线(Fabrick and O′Rourke，1982：1)。环境规划作为一种综合性的环境管理手段，具有以下三大特征：对未来的不确定性因素进行预测；切实反映环境过程和环境政策之间的相互统一性；在形成决策的过程中坚持树立战略性思想(Blowers，1993：14～17)。因此可以说，环境规划本身包含着对环境进行长远期管理的意义。此外，环境规划本身也包含着自身特定的目的和过程阶段(Blowers，1999：154)。环境规划的过程具有综合性（holistic)、一体性(integrative）和战略性（strategic）的介入形式等特征。环境规划的主要目的在于促进并保持环境保护和社会公平，这也为今天的可持续发展提供了一个全新的观察视角。

2. 重要性

我们可以将环境规划理解为一个以规划过程中所展开的行为活动为中心，对环境政策进行制定、评估和执行的过程。在这一定义中具有一定的技术性、专业性和政治性的含义（Buckingham-Hatfield and Evans，1996：7～9)。

有关环境规划定义的技术性解释（technocratic interpretation）往往将环境规划看做是一个应以有助于对自然生态系统进行把握和管理所必需的科学性知识为先导的过程。这一方法虽然并没有对社会和经济环境在环境管理和规划过程中所发挥的重要性作用给予彻底的否定，但其却极力强调技术性手段在解决问题方面的关键性作用。而从专业性解释（professional interpretation）的角度来看，环境规划与应对各种环境议题（environmental agenda）的专业化群体的反应能力和政府部门的权威密切相关。传统上以土地利用或是以城市设计为背景的专业化群体组织都比较适合涉猎，并具体参与到与环境相关的业务过程当中，但是必须明确的是，任何单一的专业化群体组织都不可能独自掌握或操控整个与环境规划有关的政策领域。最后，从政治性解释（political interpretation）的角度来看，可持续的长期目标与环境规划的政治性过程有着密切的联系。这一方法在处理复合型或其他较为复杂的环境问题时，往往诉求于使用跨部门、跨专业的综合性的政策手段来加以解决。基于此，政治性解释也往往将环境规划视为是一种以确保环境的可持续性为目的，用以制定、组织和传达政策的组织系统。

3. 兴起的背景

最早出现于20世纪60年代末期，它的出现旨在对当时正日益加剧的环境问题进行更为系统化的有效应对和管理（Levy，1997：58）。在早期，美国学者麦克哈格（I. McHarg）曾对环境规划的过程有过较为系统性的研究，之后利奥波德（Leopold，et al.）等也对环境规划进行了较为深入的研究和分析（Fabrick and O'Rourke，1982：7～14）。

随着人口的快速增长、社会的逐步繁荣和经济的迅猛成长，一方面人类对环境的破坏能力不断提高；另一方面人类所制造出来的产品和生产技能等对环境的破坏强度也越来越高。也正是在这样的大背景下，环境规划开始登上历史舞台（Levy，1997：58）。由此可以看出，环境规划是社会对地球资源的利用活动所进行的一项组织性管理工作（stewardship）（Selman，2000：1）。

环境规划的范围应包括在自然资源不断消耗、转移的基础上所形成的各种经济理论、社会对环境的认识，以及能够对环境规划的模式起到决定性作用的政治性和技术性作用力等方面的内容（Selman，2000：1～2）。基于此，有关环境研究的领域应该涉及生物和物理性环境（biophysical environment）、社会经济性环境（socioeconomic environment）及建筑环境（built enviroment）等（Selman，2000：2）。

二、规划过程

1. 规划目标

环境规划将人类活动对自然环境所造成的破坏降低到最小化程度作为其行动的总目标。此外，其他主要目标还可归纳为以下四个方面（Levy，1997：260；MCAllister，1982：58；정환용，2006：508～509）。

1）自然保护

从出于对稀缺或濒临灭绝危险的物种，以及它们的栖息地进行保护的角度来看，建立集生态、地学、历史、景观、栖息等多种功能于一体的专门保护区域具有非常重要的意义。

2）资源保护

在资源利用上，一方面通过转变资源利用（如采取措施防止人口过快增长、推广资源节约型的生活方式等）和能源利用（如以可再生资源代替不可再生资源）方式；另一方面通过限制已知存量有限资源的使用及相关技术开发、降低对资源预测和发现的失误及不确定性，以期地球处于并保持平衡稳定的状态。在这一目标中，最为重要的是人类必须为实现持续可能的开发与规划付出巨大的努力。

3）污染管控

通过一系列管控措施不仅要将对空气、水和土壤产生危害的污染努力降低到最小化的程度，还要消除一切对人类健康和生活幸福产生威胁的污染因素。

4）保留区

通过将某一特定区域划定为保留区等做法，以达到构建具有高度审美性和观光性的目标。

2. 调查、预测和分析

与当前环境条件有关的可利用信息的缺失问题主要是由对资讯需求定义的失败、组织上的问题以及监督制约等几方面的因素而造成的。既有的可加以利用的咨询信息往往缺乏完整性且难以轻易接触。针对这一问题，学者们从单纯的信息源整理到构筑同检索系统相结合的环境信息银行等多种多样的解决方法（Wood，1988：109；정환용，2006：509）。

环境目录（environmental inventory）是对个别性环境特征进行整理作业的信息包。这一目录主要由地图、资料、报告等几部分构成，其中应包括含有土地、水、空气、群落、环境政策等元素的地图信息和包含属性表在内的各种不同的要素部门（Kaiser，et al.，1995：174～175）。各个环境要素本身应包含具有一定价值的资源、重要的生态性功能，以及对人类生存产生的危害性等信息内容。在完成环境目录的基础上，就可以对所构建的信息内容进行分析，从而为下一步的规划和决策提供有效的参考内容。

环境分析的类型可分为环境影响分析（environmental impact analysis）、累积影响评估（cumulative impact assessment）、关键区域分析（critical area analysis）及危险分析（hazard analysis）四大类。

3. 方案的制定和评估

1）方案的制定

达到环境目标要求的规划方案一般要满足以下两个条件：一是环境规划的目标和环境调查应以公众的满意度为标准尽量做到细致翔实；二是应在规划确定以前由相应的政府部门组成方案制订团队并保证公民参与的有效进行（Wood，1988：109；정환용，2006：509～510）。

2）方案的评估

对不同方案进行的环境影响评估与因方案执行而产生的经济、人口及环境等方面可能产生的结果有着直接的关系（Wood，1998：110）。不同影响的相对重要性程度主要取决于在规划评价过程中所采用的加权值和测评尺度标准。

世界卫生组织（WHO）针对以城市为对象的环境评估给出了安全性、健康性、便捷性、舒适性四大评估标准。

有关方案的评估方法具体可分为以下四种（Wilson，et al.，1979：109～154）。

第一，规划与政策交叉分析（plan and policy tradeoff analysis）。主要针对规划所产生的生态性和经济性效益以及规划内部已形成内化的交互关系进行评估。

第二，计划影响分析（project-impact analysis）。主要是特定的项目规划对总体规划所产生的影响进行评估。

第三，成本-效益分析（cost-benefit analysis）。适用于为达成某一特定的环境目标而对所需的成本费用进行决策等情况。

第四，社会文化分析（analysis of social and cultural concerns）。主要是规划和政策对社会福利和普通大众生活质量所产生的影响进行评估。

4. 执行与管理

规划执行的方式可分为直接行动、管制措施及间接措施三类（Willson，et al.，1979：156～209；정환용，2006：510）。

当规划处于执行过程中时并不等于规划活动已经就此结束了。无论是因为有意还是无意，已经规划或是尚未规划而最终产生的规划结果都要接受持续性的跟踪与监督。只有通过这种系统性的规划管理才能最终达到用最小化的负面影响获取规划目标效益最大化的目的。

以规划区域内环境的状态为对象进行的监督管理工作主要包含以下四个基本要素：一是对环境的条件、发展趋势、特定的规划政策以及计划项目的结果进行持续性的监督策略；二是健全规划信息系统；三是定期听取并收集居民对政策目标和结果的意见；四是根据监督所收集到的信息资讯对规划目标进行优化调整等（Wilson，et al.，1979：212～221）。

三、影响评估

1. 概念

环境影响评估是指对规划与政策的执行、单项计划的履行以及因法律法规等决策制定所产生的环境意义进行评价（assessing）的过程（정환용，2006：510～511）。环境影响评估制度是为防止因各种开发项目计划的施行而引发的自然环境破坏、环境污染等对环境产生负面影响而在事前所采取的一种手段。具体来看，项目负责人要在制定和施行相关项目规划时，提前对该项目可能对环境所产生的影响进行预测和分析，并根据所得出的结果制定有关减少对环境

影响的对策方案。通过这一过程，以求最终达到促进环境保护和可持续开发、创建适合人类生存居住和发展的环境这一终极目标。

自 1969 年美国首次制定并颁布了全世界第一部有关环境影响评估的法律——《国家环境政策法》(National Environmental Policy Act) 以来，环境影响评估制度在全世界各国逐渐得到推广和采用。韩国也于 1977 年制定了《环境保护法》为该制度在韩国的发展打下了法律基础。之后，又于 1991 年和 1993 年分别制定了《环境政策基本法》和《环境影响评估法》，至此形成了较为系统化的环境影响评估体系。根据类似法律条文合并的有关政策，于 1999 年将上述法律合并为新的《环境、交通、灾害等相关影响评估法》并正式颁布予以实施。

2. 评估的过程

(1) 报告书的制定主体和制定时机

环境影响评估报告书应由有关制定项目规划或具体实施项目的负责人负责制定（《环境、交通、灾害等相关影响评估法》第 5 条）。报告书应于项目实施规划获得有关部门的批准许可前完成有关的制定和协商工作。

但是在现实中，往往是在项目规划完成之后才开始着手制定有关的评估报告书。在这种顺序颠倒的情况下，根本无法实现报告书制定之初推进绿色环保式开发的初衷（김번웅·오영석，2004：386～387）。

(2) 评估的阶段

环境影响评估一般分为鉴定、预测和评估三个阶段分步骤依次进行(정회성·변병설，2003：214～216)。

鉴定阶段（identification）包括现状基础调查、对开发项目是否适用于相关的评估对象进行审查（screening）和决策、对因开发项目所产生的环境影响评估因子进行界定（scoping），以及对时间和空间范围进行设定等。

一般来说，从事土地利用规划的相关规划者大都主张所有的开发方案都应接受环境影响评估。不仅如此，从国家的角度来看，大多数国家政府也都将需要评估的项目规划对象进行了罗列和明示。在韩国，有关环境影响评估的对象涉及包括城市开发在内共计 15 个领域的规划项目（《环境、交通、灾害等相关影响评估法》第 4 条）。

环境影响评估方法可分为单项影响评估方法和综合影响评估方法两大类。在单项影响评估方法内又包括了计量模型法（quantitative modelling）、最坏状态假定法（worst-case calculation）、实验法（laboratory & field experimentation）和边际水平法（quantitative & qualitative threshold）等。综合影响评估方法具体可分为特殊分析法（ad hoc method）、地图叠加法（map overlay method）、核表法

(checklist method)、矩阵法（matrix method）及网络法（network method）等。

预测的过程主要是以所掌握的各种资料为基础按照大气质量、水质及噪声等作为评估项目分类，对具体的评估内容或主要的争议事项所表现出的指标或数值变动进行预测和评估。现行的环境影响评估项目由三大领域的23个小项组成。其中，有5项隶属于自然环境领域，11项隶属于生活环境领域，其余7项隶属于社会经济环境领域。但是，从现实层面来看，如果对所有的项目都按照统一标准进行一刀切式评估的话，不仅平白加重了报告书的分量，最重要的是报告书的内容质量也会受到严重的影响。基于此，为了防止出现以上这一状况，一般在充分考虑到项目对象的特征、区位布局条件等因素的基础上，推动实施对部分项目进行集中评估的重点评估制度（《环境、交通、灾害相关影响评估法》第9条）。

3. 战略环境评估

(1) 意义

1) 概念

战略环境评估（SEA：strategic environmental assessment）是指在政策和规划阶段中，通过对各个项目计划中所产生的环境影响进行分析和事前预防等措施，以促进并实现环境与开发和谐共生的可持续发展的一种手段。这一制度首先在政策和规划阶段中，通过对各个项目计划中所产生的环境影响进行充分的探讨和分析，以达到实现事前预防性环境影响评估的目的。

此外，这一制度通过防止对出现按项目类型进行环境影响评估等不必要的情况的发生，也有助于节约时间和费用成本，进一步巩固和完善更具高效性的环境影响评估制度（정회성·변병설，2003：219～220）。

2) EIA与SEA的比较

环境影响评估（EIA：environmental import assessment）的有关原理与规划和政策制定过程间的优化整合被视为一种可实现可持续发展的手段和途径。但是，从EIA所推进的项目标准来看，很难得出其具备充足的保障可持续发展的能力和条件。与此类似地，在土地利用规划方面也出现了相较于长期性的持续性目标而言更加注重项目自身开发的倾向。基于此，为了进一步提高城市发展的可持续性，战略环境评估作为一种集EIA和综合性规划于一身的新发展手段出现在人们的视野中。与EIA不同，SEA更加注重考虑和分析政策、规划、项目计划，以及由此而形成的各种方案所产生的环境影响等因素的作用（Shepherd and Ortolano，1996：321）。

从方案本身的质量角度来看，EIA往往存在难以维持环境质量和提升可持续发展水平等缺点。造成这种情况的主要原因在于：一方面EIA介入并发挥作用的开始时间过晚，而结束时间过早；另一方面，其所针对的空间场所的范围过于局限（Shepherd and Ortolano，1996：322）。而 SEA 可通过以下几种方法成功克服 EIA 所存在缺点（Shepherd and Ortolano，1996：322）。

一是 SEA 在制定方案标准方面较 EIA 更加注重影响范围的广度与深度（累积影响、二次影响及间接性影响等）。二是 SEA 采用了多层级式的 EIA。相较于低标准的 EIA 而言，高标准的 EIA（或 SEA）更擅长处理一些一般性的问题。三是由于 SEA 的介入和实施时间要早于方案标准的形成时间，政府相关部门可以参照其来采取一些精简方案数量和项目标准的措施。四是 SEA 可在所有的决策制定方面对有关持续性的各种原理进行优化整合。

（2）对象

战略环境评估的对象包括在单体项目标准获得批准之前的规划阶段中，事前评估所需要的政策、规划和计划等。这些政策、规划和计划主要包括以下三个方面：一是在特定的地理空间范围内为进一步促进或联系其他领域内的有关项目而实施的区域开发规划；二是对个体形态或所形成的有关环境方面的结果产生影响的财政政策；三是对技术性发展方向及所形成的有关环境方面的结果产生影响的 R&D 政策和规划等（정회성·변병설，2003：220）。

（3）评估方法和程序

针对政策、规划和计划（PPP：policy，planning，program）所实施的战略环境评估通常主要采取以下两种方法：一是在制定 PPP 的过程中或确立以后进行有关战略环境评估的方法。在这一方法中，在完成针对所有项目做出环境影响评估报告书的同时，还需要针对每一个项目做出各自独立的评估报告书。二是在制定项目规划的过程中，采取在对环境性进行分析时所采用的附加式方法对制定 PPP 的过程和 EIA 的程序进行优化整合（정회성·변병설，2003：220～221）。

战略环境评估的优点在于，其可以在事前对在项目标准进行环境影响评估过程中被排除在外或被忽略的方案进行检验和分析，有助于实现对各项目进行真正实质意义上的环境影响评估并为其选定适合的区位地块。此外，通过战略环境评估不仅可以大大降低在研究的初期阶段因收集和整理资料而耗费的时间和精力，而且还可以对尚无特定项目对象的政策所形成的有关环境方面的结果进行评估（정회성·변병설，2003：223）。

推进实施战略环境评估的难点主要在于以下两方面：一是与项目不同，由于规划本身与其他区域内所进行的众多潜在性的开发有着密切的关系，有必要以多个地区为对象进行包括范围评估在内的综合性分析；二是在对包含有 PPP 内容的项目的有关特征、规模和方位等因素还尚未明确的情形下对规划的影响进行评估时，很难做到或实现评估的缜密性和准确性（정회성·변병설，2003：223）。

4. 事前环境性检讨制度

(1) 意义

由于在大部分情况下环境影响评估制度并非通过与有关项目的妥当性调查同步一并实施的方式推进，而是主要采取在规划完成后的项目实施阶段中对降低污染的方案进行检验和分析的方式进行，该制度在促进项目进行合理的区位选址等绿色环保开发方面表现出一定的局限性。也正是因为环境影响评估制度具有这种局限性特征，才使得在规划确定完成后的项目实施阶段中，引发了诸如在进行环境影响评估时项目突然取消等多方面的社会性问题和经济损失。不仅如此，除了政府公共部门以外，针对那些以民间私营部门为主体所施行的小规模开发项目而言，同样需要积极引导并促进其进行绿色环保开发。基于这一现实状况，有关事前环境性检讨制度最终立法通过并成为一项法律制度以发挥法律效力（정환용，2006：512）。

事前环境性检讨制度作为旨在针对环境影响较大的项目从区位选址或规划制定阶段开始对环境影响进行综合分析和评估的一种制度性手段，其主要通过在国家及地方自治团体和其他公共机构推进划定预备开发地区、制定总体规划及实施规划核准过程等阶段的同时，提前对有关的环境性内容进行分析和评估，努力促进开发与保护之间的相互融合、和谐共生，以期达到保护环境和可持续发展的最终目的。

事前环境性检讨制度和环境影响评估制度之间存在着较大的差异性。事前环境性检讨制度从最初的总体规划制定阶段开始实施，主要通过对区位选址、项目规模、开发拟定方案的适当性等进行检验和分析，以寻求最佳方案。而与这一过程相反地，环境影响评估制度则是在总体规划确定以后，在其下层规划——实施规划阶段中展开相应的评估活动。环境影响评估制度主要目的在于，对因执行土地利用规划和项目实施而产生的环境影响制定相应的政策措施。韩国于 1999 正式制定并通过了《环境政策基本法》并于 2002 年 8 月起正式生效实施。这部法律的颁布标志着事前环境性检讨制度最终上升为一项国家性法律制度（김번웅·오영석，2004：391）。

(2) 检讨对象

在韩国，《环境政策基本法》明确规定，事前环境性检讨当需要制定对环境产生影响的有关行政性规划或核准某些开发项目时，在对当年的行政规划和开发项目进行确认及核准之前，首先要与环境部长官或地方环保部门的主要负责人进行充分的协商。

事前环境性检讨制度所需要检讨的对象包括《环境政策基本法》中所涉及的对象、《环境政策基本法》和与之相关的各法令法规等所共同涉及的对象、

与之相关的各法令法规中所单独涉及的检讨对象三大类（정환용，2006：512）。在《环境政策基本法》中所涉及的检讨对象又可细分为行政规划和开发项目两类（《环境政策基本法》第11条及施行令第3条）。其中，行政规划是指包括划定农业和工业园区及民间投资设施项目基本规划等10项规划；开发项目是指包括开发限制区域和生态保护区域等20个保护特殊用途地区内符合一定规范标准以上的开发项目（《环境政策基本法》第11条及施行令第3条）。《环境政策基本法》和与之相关的各法令法规等所共同规定的事前协商对象包括国土利用规划、划定宅基地预备开发地区、广域开发项目规划及划定产业园区等29个行政规划。与之相关的各法令法规中所单独涉及的检讨对象包括城市总体规划、划定城市开发区域、限制开发区域的划定和解除等。

（3）协商的程序

申请进行事前协商的当事人（制定规划及负责核准相关事项的当事人、负责进行项目的批准、许可及核准的当事人）为中央行政机关的首长时应由除环境部长官和中央行政机构以外的其他人员与地方环保部门的首要负责人进行协商事宜（정환용，2006：512～513）。当申请进行事前协商的当事人需要制定对环境产生影响的有关行政性规划或批准、许可及核准某些开发项目时，应向环境部长官或地方环保部门的首要负责人提交环境性研究报告书等相关资料在内的协商申请。如协商申请被予以受理时，相关部门应对规划或项目的环境性进行评估，并在30～40天内向提交协商申请的当事方通报有关的协商结果。

第三节 管理政策

一、意义

1. 政策制定的原则

环境政策的目标之一即是达到环境政策本身所追求的理想状态。这里所谓的理想状态可以理解为营造并形成舒适的环境，并在此基础上提升人们的生活质量和水平。如果从更加宏观的视角来看，环境政策的主要目标在于保护人类赖以生存的地球环境和保障可持续发展（sustainable development）的顺利进行。

在环境政策实施的过程中，应着重综合考虑以下四大基本原则：预防原则、污染者负担原则、合作原则及共同体负担原则等（김적교，1996：459～460；정선양，2001：132～168）。

（1）预防原则

预防原则（precautionary principle）将努力做到事前避免环境污染发生，

以珍惜和保护自然和环境的根基作为其最根本的目标。预防原则也被称为避免原则或非后悔性原则等。这一原则的重要意义在于，其积极强调不应给后代人留下一个被污染的环境。环境的可承受能力一旦突破了一定的上限也就意味着无法再被挽回或恢复到原来的状态，即所谓的不可逆转性（irreversibility）。例如，当某一极为稀有的物种惨遭灭绝时，也就意味着这一物种无法复原或再生。也正是由于环境的可承受力具有不可逆转性的特征，才更应该在事前对负面影响可能发生的状况进行预防。

由于预防原则本身具有重视环境影响的长期性及环境影响的不可逆转性等特点，实施这一原则对做好环境管理工作具有重要的意义。在推行环境政策的过程中，从原则上来讲虽然应以较为可靠的大量信息为基础来推进和保障有关政策的顺利执行，但是，由于受到环境问题本身具有相当大程度的不确定性，以及政策相关人员专业性知识水平有限等因素的影响，在现实中很难对环境污染的影响进行精准的测定，也就更加难以对环境政策所产生的影响进行正确的把握和了解。由此，寻求在环境问题发生以前制定和实施相应的预防方案就显得尤其必要了。由于环境污染所产生的负面影响本身具有长期性和复杂性的特征，要想对这种影响进行矫正和修复需要政府投入大量的人力与物力，社会和个人承担巨额的治理成本，在这种情况下，事前预防更突显出相当程度的重要性。

从预防本身来看，其包含了危险消除、风险防范及未来准备三个层面的内容。这里所说的危险（danger）是指有确实证据证明存在的、具有直接性的，且已被明确并可做出具体预测的短期性环境污染所带来的危险。当人们对因自身的活动所引发的环境污染可以做出较为明确的判断和预测时，政府就有充分的正当性利用一系列直接的和具体的手段措施防止环境污染问题的发生。风险防范（risk prevention）是指对已预测到有可能在将来发生的、潜在的环境性隐患的产生所做出的一种努力和反应。为了达到这一目的，不仅需要具备相当专业化的知识和技术水平，还需要通过长期性的规划和技术研发方能实现有效应对。未来准备是指积极寻求能够促进绿色环保型技术开发及应用的政策，以达到应对和预防未来发生环境问题的目的。

（2）污染者负担原则

污染者负担原则（polluter pays principle）是指污染或公害所造成的损失，以及为防止以后污染的继续扩大而产生的相关费用均由造成破坏的个人或企业承担的一项环境管理原则，其主要通过内化外部经济效应的方式来解决有关的环境问题。造成环境污染的当事方都不同程度地为环境污染提供了一定的发生原因，并都不可避免地要由此而承担相应的环境修复费用，因此，污染者负担原则也被称为原因者责任原则。在韩国，《环境政策基本法》明确规定，“须遵循因自身的行为或进行的有关项目事业活动而造成环境污染原因的当事方都必须承担因被污染的环境进行修复和损害救济，以及为防止污染进一步扩大而产生的一切费用的原则”（《环境政策基本法》第7条）。自此，确立了污染者负担原则的法律地位和法律效力。

但是，污染者负担原则在实际的操作和使用过程中却存在着相当大的困难，主要体现在以下六个方面。

第一，对于那些具有普遍性的环境问题而言，往往很难对造成环境污染的当事人的身份进行明确的界定。

第二，在出现有多个临时性污染原因责任人的情况下，很难根据污染原因规模的大小完全公平合理地进行补偿义务和责任的分配。

第三，环境问题存在可以在时间和空间范围内出现转移的可能性，因此常出现这一原则无法适用于实际案例的情况。

第四，由于经济能力较弱的普通家庭很难承担相对巨额的费用开支，这一原则与现实状况有一定的冲突性。

第五，当需由企业来承担相应的费用时，有可能会弱化企业的竞争力并有可能因此而减少整个社会的就业机会。

第六，为了能够践行这一原则，就必须投入大量的时间和费用用以进行查找污染者和对污染者间的补偿义务进行分配等工作，因此很难在短时间内消除环境危险所带来的影响。

（3）合作原则

合作原则是指通过对造成环境污染问题的所有相关当事方进行责任整合的方式解决环境污染问题。这一原则涉及均以解决环境问题为目标的政府和社会两者之间的关系。具体来说，合作原则重在强调社会相关机构和组织之间的共同合作对推动和实施环境政策的重要意义。这一原则也为实现环境政策目标提供了一条更为快捷、有效的新途径。

在合作原则中所采用的各种环境政策手段能够代替环境管控手段或其他一些相关的经济手段。由此可以看出，合作的原则并非是一种强制性的手段，而是自发形成的一种补充性手段。

这一原则通过让与环境产生直接关系的当事者直接参与环境政策决策过程的方式，不仅可以更加合理地推进环境政策的展开，还可以进一步强化和提高普通市民的环境意识。从企业的立场来看，相较于其他政策而言，合作原则可以说是一项更具弹性和灵活性的政策。但是，合作原则本身也存在着一定的缺点。一是除了为解决环境问题而参与到合作过程当中来的企业以外，有可能会发生其他企业趁机进行搭便车的现象，由此导致最终目标难以实现；二是各方当事人有可能在合作的过程中进行相互勾结等不当行为，反而导致环境污染出现愈发严重的危险。

（4）共同体负担原则

共同体负担原则是指由于很难对是谁造成了污染以及造成了多大程度的污染等问题进行精准的掌握和界定，与之相关的环境保护的费用应由国家来承担的原则。这一原则主要针对特殊状况发生时，由政府或公共团体来承担相应的损失和费用，以解决环境污染问题。由于这一费用究其根本还是来自于全体市民所缴纳的税金，也被称为共同负担原则。

受益者负担原则就是共同负担原则中一个典型的例子。受益者负担原则（user pays principle）是指由环境政策的受益者来承担环境修复费用。这一原则常常与特定环境设施的建设、运营和管理有着密切的联系，因此也被称为使用者负担原则。但由于按照这一原则，环境污染的受害者须向加害者提供一定的费用以使其减少对环境所造成的污染，这一原则从社会层面来看，带有明显的不公平性的特征。这一行为也从根本上背离了污染者负担原则。与此同时，这一原则在承担有关环境设施费用方面，还存在无法根据使用者使用环境设施程度的不同进行公平分配的弊端。

2. 方法策略

从环境保护的层面来看，城市的可持续发展完全可以通过一系列切合实际的政策性策略来实现。成功的可持续发展政策得以顺利开发和成功实施的关键因素主要有硬件、社会性、组织性、生态性及财政性机制等（Nijkamp，1996：274～278）。

硬件（hardware）是指与污染、废弃物、污水有关的设施建设，此外还包括针对交通网络进行的技术开发等。为了实现可持续发展的目标，在建设适合人们居住的优质住宅的同时，积极完善教育、医疗保健及福利等根本性的基础设施建设也具有重要的意义。此外，积极致力于制定城市污染防控、合理布局废弃物处理工厂、抓紧建设工业污染控制装置、引进和研发环境生物技术及清洁能源技术等现代技术开发对实现可持续发展具有重要的作用。

社会性机制（socioware）可以说是通往和实现以区域中心为导向的社会-医疗型城市支撑体系（如区域社会组织、NGO及非营利组织等）的一条捷径。通过社会机制可以有效促进社会经济发展，防范和预防人们的生活质量出现倒退现象。有关社会层面的各种因素一般首先萌芽并产生于民间或半民间部门中。保证社会性机制正常运转的必需条件有提供切实可行的环境教育、提高人们的环境意识、积极发展环境运动及设计环境管控网等。

组织性机制（orgware）主要是指以提高城市环境质量为目的的政府有关部门为对象，努力制定和开发一种旨在促进不同政府部门间得以充分实现合作和整合的效率性行政体系。从这一层面上来看，积极制定和实施参与型服务供给体系、以自主型区域社会为导向的项目规划，以及公私合作开发规划等对促进组织性机制的有效运转具有重要意义。

生态性机制（ecoware）主要是指对适当、合理的环境利益给予一定保障的法律性和制度性体系。这一体系的存在对充分提高人们对环境利益的认识和推进城市开发规划有着重要意义。生态性机制特别重视监督体系的构建和有关排放监测记录系统的研发。物质空间规划对生态性机制也具有重要的作用。这主要是由于在城市区域内发生的环境污染和破坏现象大都与早前进行的空间规划所存在的设计缺陷和落后的基础设施建设不无关系。

财政性机制（finware）是指为推进城市开发和环境项目的顺利进行所需的财政性资源和保障。财政性机制不仅是指一般意义上的财源（数量上）的规模大小，还与各种资源与财源在不同决策水平上进行配置时是否具有制度上的适当性等问题有着密切的关系。

在针对城市环境恶化问题所提出的应对方案中，一方面其往往更加注重从与之相关的基本原理和成本—收益的角度入手去试图加以解决；另一方面不同的应对方案也会根据大众的支持和参与程度、管理的完善程度、政策干预的改善程度以及知识缺口的缩减程度的不同而有所差异（Bartone，et al.，1994：41）。

二、管控的手段

针对环境问题所提出的各种解决方案可大致分为传统方法和经济方法两大类。前者在将环境目标转换成为环境标准的基础上，通过命令和控制等方式推进相关方案的执行；后者则是一种通过经济模型和经济性指标来提高分配的效率性和实现成本—收益的市场性方法（Callan and Thomas，1996：105）。在这里，可将环境政策手段分为管控手段和经济手段两类来分别进行探讨和分析。

1. 意义

环境管控作为政府下达和实施命令，抑或是采取限制或禁止状态的一种政策性手段，通过针对环境造成损害的经济主体所进行的与环境有关的各种行为提出有针对性的方案措施，以推进环境政策所涉及的各项目标的顺利实现。环境管控作为一项最为传统的环境政策手段，直到今天依旧发挥着不可替代的重要作用（정선양，2001：175）。

管控的手段（regulatory instruments）所发挥的作用主要体现在以下三个方面：一是通过管控手段积极引导个人和企业的形态模式或成果向更为优化的

方向发展；二是从法律的层面推动实现有关环境质量的目标或成果的目的；三是积极发挥自身的强制性命令和控制的作用等。管控手段通过发挥以上这些作用，最终在结果上体现为法律法规、批准、认定、管制、行政指南、命令、行动规范等多种形式（Seik，1996：5～6）。

2. 种类

所谓环境标准（environmental standards）是指为保障人群的健康与安全所应该具备的最低水平和限度。环境标准不仅是政府维持环境质量的目标所在，也是环境政策的根本性基础。其具有较高的可操作性。如果环境标准是依据环境法来进行设定的话，那么其可明确区分为技术导向型标准和成果导向型标准两大类（Callan and Thomas，1996：108）。

技术导向型标准（technology-based standards）自污染源头开始针对所有管控对象必须接受并采用的减污管控措施的类型进行了明确的界定。技术标准（technology standards）主要是向引起环境污染的行为者提供所需使用的技术、设备或原料等。技术标准的范围包括特定商品的价格和设计（设计标准）、制造及污染处理的方法（工学标准）、审批与培训、报告和登记入账等内容（오호성，2002：287）。由于通过技术标准所实施的各种管控措施本身仅具有预防和应对污染发生的功能，其作为一种消极性手段并不具备将污染物质的排放量控制在所设定的标准范围之内的能力。技术导向型标准手段虽然具有易于负责管控业务的主管部门进行执行操作的优点，但也必须看到，由于其本身具有技术性要求较高这一限制，在应对大范围的污染行为或大规模的突发事件时具有一定的局限性（오호성，2002：287～288）。

成果导向型标准（performance-based standards）针对所有受管控的污染行为者所必须达到的减污标准进行了明确的限定。但是与技术导向型标准相比，其并未对为达到减污标准所应采取的技术性措施进行明确的规定。成果标准作为对自污染源所排出的污染物质的最大允许排放标准进行设定的一种排出允许标准，其主要针对有关水质污染的生物化学需氧量标准等被管控对象所应达到的目标值进行设定，并将在目标完成过程中所采用的方法手段等全权委托给企业或个人进行自由裁定（문태훈，1999：136）。

3. 效应

有关环境管控所带来的效应可以从微观和宏观两个层面分别进行探讨和分析（이정전，2001：160～164）。从微观的层面来看，由于环境污染管控通常会针对企业的区位布局采取限制性措施，从而容易引起生产效率低下的问题；从宏观的层面来看，虽然环境管控对国民经济产生的效应较小，但是却对特殊产业和特定的地区产生着相当程度的影响。

三、经济手段

1. 意义

经济手段（economic instruments）也可以被视为是一种以市场为导向的手段，其从环境保护的角度出发，以降低对决策和行为的影响从而实现更为优化的状态为目标，通过内化对成本和费用产生影响的环境的外部性（Seik，1996：6）。这种经济刺激制度可以被看做是通过充分利用经济动机，对环境污染行为进行间接管控的一种间接式干预手段（이정전，2001：145）。与设定排出上限和对生产进行约束管制等传统手段形成鲜明对比的是，市场法通常会提供并使用价格杠杆或其他一系列的经济刺激手段以督促污染行为者减少有害污染物的排放（Callan and Thomas，1996：128）。经济刺激制度不仅可使污染行为者对自己的行为保持一定的自律性，其自身也具有相当程度的弹性，因此这一政策在实际操作中具有很高的应用价值。

一方面，诸如禁止、限制等一系列带有直接管控性质的手段作为环境管理中最根本的手段发挥着重要的作用；另一方面，经济刺激制度作为一种对直接管控进行补充、完善或可供选择的的方法，具有间接管控的特征，同样也在环境管理方面发挥着重要的作用。基于此，如果将两种制度结合起来，能够进行充分的融合运用的话，将形成更为有效的环境管理政策。

2. 理论

从经济层面来看，环境污染问题可以被看做是被称为“环境”的资源或产品以某一特定污染物质的形成和排出为媒介，而被过度使用时所产生的一种结果。而当这一结果在对该资源或产品在其他方面的正常使用产生明显的不利影响时就会引发所谓的环境污染问题。而要想降低这一结果对环境产品在其他方面的正常使用所产生的不利影响的话，就必须为此付出相应的代价。这也是遵循市场规律的必然选择。对于环境产品而言，并不存在形成市场的条件，因此就必须依靠政府的公权力，使其支付与对该环境产品所产生的不利影响（损失）相当程度的赔偿或偿还代价。基于此，可以看出，有必要通过对环境产品进行合理标价的方式来防止滥用环境产品的行为和活动的发生（이정전，2001：166）。

通过对环境产品进行合理定价，一方面可对环境产品在社会中的合理利用进行引导，从而使其达到社会所能接受的、较为合理的环境污染水平；另一方面还可对市场所具有的资源配置职能进行补充和完善，从而实现包括环境产品在内的所有资源的高效利用。英国经济学家庇古（A. Pigou）针对这一情况提出了征收排污税金的概念，也被称为庇古税。所谓庇古税是指，如果在生产产

品或服务的过程中发生外部费用的话，就应当通过对生产者征收与其所产生的外部费用等额的税金用以弥补或解决由此而产生的环境污染问题。根据学者们不同的研究角度和立场，庇古税也被称为污染费（pollution charge）、排污费（pollution fee）或排放费（effluent charge）等（이정전，2001：167）。

有关经济刺激制度的效率性问题可从静态观点和动态观点两方面进行讨论和分析。第一，从静态观点来看，效率性主要体现在有意引导作为污染源头的污染者选择符合自身特点并最具效率性的污染控制方式；第二，从动态观点来看，效率性主要体现在即便是在治污达标并实现政策目标的情况下，也可以继续通过技术研发等方式进一步降低污染者在后续治污达标过程中所需花费的治污费用。

3. 区分

经济手段的使用方式虽然多种多样，但最为常用的主要有排污收费、补贴、预付金返还制度及排污权交易制度等（Callan and Thomas，1996：129～154；김홍균，1995：7～14；이정전，2001：165～215）。

(1) 排污收费

排污收费（pollution charge）是指作为排放污染的代价所应缴纳的费用。具体来说，就是通过将因使用环境资源而产生的社会成本转移，并内化于污染物排放者的决策过程中的方式，以此来达到抑制滥用环境资源的行为和活动(김홍균，1995：7)。

这一价格工具由于具有较为广泛的适用性，因此在现实中也表现为多种使用形式。其中，排放费（emission charges，effluent charge）主要是在对污染物排放进行直接评估时使用；污染产品费（product charges）主要用于对产生污染的商品进行征费；使用费（user charges）主要以自然资源的使用者为对象进行征费；管理费（administrative charges）主要针对危险化学品登记等服务项目进行征费（Callan and Thomas，1996：130）。实际上，排污费的类型根据环境问题的不同有所不同。例如，排放费主要用于对噪声污染和水质污染等进行管制，而使用费则主要针对污水处理和垃圾处理等进行管制时使用（Callan and Thomas，1996：131）。

在韩国，根据《促进资源节约及回收再利用相关法》的规定，一方面向那些从事生产或进口难以进行废弃物垃圾回收再利用产品的个人或企业征收废弃物费（第 12 条）；另一方面为进一步促进资源的回收再利用，则征收相应的回收再利用费（第 19 条）。

这一制度具有以下三方面的优点：一是可以用最低的成本实现环境目标；二是从长期来看，可进一步促进技术改造和研发；三是政府可通过征收税费的

手段增加自身的财政收入。但是，这一制度也存在着需对征费估算及征费过程投入大量的行政力量，以及加重企业负担等缺点（이정전，2001：179～180）。

(2) 补贴

补贴（subsidies）是指为降低污染水平或执行有关未来的开发规划而给予一定补偿的一种财政扶持形式。这一制度作为一项旨在提高减少污染行为和活动的鼓励政策，与之前对污染活动所产生的不利影响进行征费的排污收费制度形成鲜明的对比（Callan and Thomas，1996：131）。

(3) 预付金返还制度

预付金返还制度（deposit-refund system）是指在商品销售时先提前由使用者预付一定的金额，待使用者在对该商品消费结束后，将其归还，或在不对环境产生污染的前提下对其进行适当的处理时，再向使用者返还所交预付金的一种制度（오호성，2002：310）。在这一制度中，所谓预付是指对环境可能造成的潜在性威胁进行的一种支付行为。在这之后，当潜在的环境污染者做出具有一定积极性的行为或活动时再予以返还的一种制度（Callan and Thomas，1996：131）。

在美国这一制度主要针对空瓶、轮胎、电池等的回收和利用；而在瑞典和挪威则主要在处理不当的汽车报废行为时采用了这一制度（Callan and Thomas，1996：149）。

(4) 排污权交易制度

排污权交易制度（tradable pollution permit）又称环境许可制度（environment license or environment certification），是指对环境造成污染的污染者无论是通过技术研发的方式，还是通过减少生产的方式，只要是通过自身的努力使污染物质的排放量能够降低到法定排放限额以下，政府部门均会对这一部分的差额给予认证并赋予相应的权利。减排者既可以选择根据自身的需要，在必要的时候将排放量重新提升至法定的最高限额标准；也可以选择将减排的差额部分以有偿的方式转让给他人。由此可以看出，这一制度允许减排者将自身因减排所获得的权利租赁或转让给其他需要排放更多污染物质的排放者。这一制度最终使排放污染物质的权力——排污权成为通过实物货币进行交易的对象（이정전，2001：204）。

排污权交易制度最初是出于对直接性管控手段过于僵化和缺乏灵活性的缺点进行补充和完善的目的而制定和实施的。因直接性管控手段在实际的操作过程中存在过于僵化和缺乏灵活性的缺点而引起的问题主要有以下两个方面：一是按排放源和按工程进行分类实施的各种技术性管控措施的实施加重了企业的经济负担；二是直接管控措施也对区域经济造成冲击，特别是将严重限制并削弱达到环境污染法定限额地区内企业的经济活动。为了分别应对以上两方面的

问题，美国政府相应颁布并实施了气泡政策（bubble policy）和抵消政策（offset policy）(이정전，2001：205～207)。气泡政策将污染物质的空间影响范围视为一个“水泡”（气泡）。在这一气泡内，当某一个污染源需要增加污染物排放量时，可用其他污染源的同等份额污染物排放削减量来抵消所需增加的污染物排放量，以使整个气泡的污染物总排放量限定在一定水平之内的一种政策。抵消政策是指当环境污染程度已达到某一上限标准的地区需要进驻新的企业或工厂，抑或是地区内现有企业或工厂需要扩建时，必须用现有污染源的污染物排放削减量来抵消因新建或扩建而所需增加的污染物排放量的一项政策(이정전，2001：206)。

在排污权交易制度中，由于费率标准并不是由政府所定，而是由市场机制自行决定，也被称为自律型排污收费制度。相较于一般的排污收费制度而言，这一制度仅需要更少的信息和资料就可以收到一般排污收费制度同等的效果。因此，排污权交易制度不仅可以用最低的成本实现环境目标，而且还可以促进环境污染防止机制的发展。与此同时，这一制度具有能够适应不断变化的经济环境的优势。排污权交易制度的实施，一方面不仅可以持续不断地对排放许可标准进行持续的强化和更新，以满足和应对经济的不断成长对环境保护提出的新要求和新挑战；另一方面也可以达到提前针对新兴企业制定相应更为严格的排出许可标准的目的。但也必须看到，这一制度的缺点在于，在排污权交易市场中也存在有垄断性要素的可能性。因此，在实际的操作过程中，一方面要特别注意应努力排除任何个人或企业或组织集团占据垄断地位的可能性，另一方面还要积极扫清新兴企业进入市场的一切障碍。

第四节 冲突管理

一、意义

1. 概念

(1) 定义

环境冲突（environmental conflicts）是指以环境为媒介或围绕环境问题展开的冲突和矛盾。环境冲突一般规模较大且具有复合性的特征。其往往与数目众多的利害关系当事人有着密切的关系，而这些利害关系当事人之间不仅在获取政治性和经济性资源方面的方式态度各不相同，在应对风险、观察问题的角度和范围，以及价值观等方面都有着很大的不同。

环境冲突本身就是一个囊括了各种管控机制、各种远近关系的当事人、无数的个人与组织集团，以及以后可能会成为相关利害关系当事人的个人或组织集团等的复合型体系。其还与充满未知的、非人力所形成的自然系统有着一定的关系（Opotow and Weiss，2000：476～477）。

（2）发展

从历史发展的角度来看，环境冲突的发展历程可分为三个阶段。在这一过程中，不同的环境冲突类型对管理策略的要求也有所不同（Glasbergen，1995：3～4）。

第一阶段的环境冲突主要是随自然环境在权力行使或权力扩张过程中所发挥的手段作用而形成的一种冲突。权力产生于对自然资源的占有和掠夺的过程中，并随着对自然资源的不断利用和消耗而引发战争；与此同时，对自然资源所进行的过度开发（exploitation）活动也使一些曾经出现过的人类文明最终走向了灭亡的道路。在殖民战争中，资源发挥了极其重要的作用，实际上在现代依旧存在这样以争夺资源为目的而爆发的战争，如海湾战争（Gulf War）等。政府虽然通常扮演着各种资源的剥削者的角色，但在某些情况下也同样扮演着守护者的角色。但是，不可否认的是，在这一阶段中冲突的产生与对资源的控制而产生的经济性利害关系有着密切的联系。

第二阶段的环境冲突始于19世纪后半期，自那时起环境冲突的焦点也开始转向与自然保护有关的方面。这一形式的环境冲突也随着20世纪60年代环境保护主义（environmentalism）的兴起得到了广泛的传播。对自然环境质量的关注最终导致并加剧了这一形式冲突的产生。由此，这一形式的冲突也被归类于邻避（NIMBY：not in my back yard）冲突现象的一种。这一形式的冲突虽然可以为工业化社会的正常运转提供一定的保障，但却不肯为由此而产生的成本埋单。具体而言，就是指当时那些所谓的“受启蒙”的公民（enlightened' citizen）并不打算也不愿意承担由他们所直接造成的环境破坏或所拥有价值的缩水而产生的成本费用。基于这一情况，环境政策也将关注的重点转移到针对某些社会性行为和活动对自然环境所产生的负面影响进行管控上来。一般来说，第二阶段的环境冲突相对规模较小，且这些纷争大都是一些具有地方色彩和倾向的孤立事件。这些纷争的发生往往大都缘于一些私有利益的对立和矛盾。例如，投资基础设施等下层结构建设的投资者的利益就往往与建设项目周边临近地区居民的利益相左。而从地方居民的立场来看，他们往往最为关心居住和生存环境的质量问题。此时，政府则会介入这一纷争之中进行必要的干预。除了这种邻避型冲突以外，在政府部门中也开始出现将公共目标（public goals）的范围扩展到环境领域并将环境价值（environmental values）直接提升为政府公共目标的倾向。据此可以看出，第二阶段的环境冲突最大的贡献在于它极大提高了公众对环境问题的关心程度。这种逐步深化而形成的环境意识不仅极大促进了对自然环境质量的保护力度，也为相关政策的顺利开展提供了深厚的群众基础。自此，第二阶段的环境冲突也为可持续发展理念的产生打下了基础。

第三阶段的环境冲突与试图将可持续发展的理念纳入实际操作的政策（operational policy）过程中的努力有着高度的相关性。这一形式的环境冲突主要以面向未来社会所进行的思索为基础展开。这一阶段的环境冲突往往根植于那些积极主张“自然资源不仅要满足当代人的需求，还要为后代人提供同等机会”的现代文明、尊崇自然及相关理念中。与上一阶段相比，在这一阶段中所出现的社会纷争则显得不再那么孤立和特殊。这主要是由于第三阶段的环境冲突作为一项公共纷争（public disputes），参与者的范围已不再仅局限于与之有着直接关联性的当事人。

2. 冲突的类型和发生原因

(1) 冲突的类型

环境纠纷是指在一定区域内因共同面临现在及未来人类的环境权受到侵犯或自然环境受到破坏的事态发生的状况时，当事人之间或相关组织集团之间产生矛盾纠纷而又无法达成共同协议的一种状态（정회성·변병설，2003：293）。

环境纠纷根据涉及纠纷的当事人、主体、性质、利益及相关环境问题所具有的特征的不同而显现出不同的表现形式（정회성·변병설，2003：298～300）。以纠纷当事人为中心，可分为在民间当事人双方之间进行的民事纠纷和双方之间有一方或双方均为公共部门（国家行政机关等）时所进行的行政纠纷两类。如按主体进行划分，可分为中央政府与地方政府间、地方政府与地方政府间（广域—基础、广域—广域、基础—基础）、地方政府与公民间，以及中央政府与公民间的纠纷等。按纠纷的性质可分为与各地方政府之间的权限效力和范围有关的权限纠纷（法律上产生的纠纷），以及各地方政府在谋求相互利益的过程中所发生的利益纠纷两类。根据纠纷利益的特征的不同可分为谋求积极利益的维持型纠纷（PIMFY：Please In My Front Yard）和试图以消极方式回避不利因素的邻避型纠纷（NIMBY：Not In My Back Yard）两类。按照作为纠纷对象的环境问题所具有的特征来进行区分的话，可分为有关水资源保护和使用问题的纠纷、有关污染设施的区位选址和管理问题的纠纷、有关自然保护区域的划定和管理问题的纠纷，以及有关大气环境和噪音震动污染问题的纠纷等。

(2) 发生的原因

针对有关环境纠纷原因的分析已形成了较多的研究成果。其中，最具有普遍性的观点认为围绕环境污染内在的破坏性而形成的各不同主体间在立场上的

差异性是导致环境冲突现象出现的根本原因。而纠纷主体的立场差异则主要体现在经济利害关系的不同和对意识形态的差异上（이창훈·신창현，2004：6）。

引发环境冲突的原因主要体现在以下四个方面：①在经济政策和价值配置过程中对比例的合理分配所产生的分歧；②在修建设施或建设开发的过程中对额外产生的成本和收益进行分配所产生的分歧；③在阻止对环境和健康造成危害的过程中对保护标准所产生的分歧；④在使用土地等固定性资源的过程中所产生的分歧等（정회성·변병설，2003：293～294）。

因开发或环境项目的实施而产生的成本和收益在区域间的不均衡分配是导致政府间产生环境纠纷的最主要原因。除此之外，政府间环境纠纷发生的原因还包括以下三个方面：一是行政管辖区域范围各不相同；二是审批及审核过程相互重叠且存在诸多的不确定性因素；三是针对相关行政业务展开的协商或合作不够充分等行政性和制度性诱因（정회성·변병설，2003：296）。

政府与公民之间存在的环境纠纷主要是涉及当政府部门出于公共目的而修建的相关设施在某一地区进行选址布局时有可能对个人或整个地区所造成的直接性财产损失或环境污染等。因设施的选址建设而引起的环境污染或健康危害、地区景观的破坏，以及因地区形象受到重创而引起的土地价格下跌等经济性损失都可以成为引起纠纷的重要原因。此外，还必须看到，有时引起政府与公民之间产生环境纠纷的原因还包括利害关系当事人与公民参与的不充分、在进行行政业务处理的过程中缺乏民主性和透明性原则，以及对具有正当性的决策过程不够重视等政治性诱因（정회성·변병설，2003：297）。

二、冲突解决制度

1. 建立共识

传统的决策过程往往是通过单方决策后直接转入实施阶段的方式进行，而利害关系当事人或其他相关人员却因此失去了参与的机会，最终引发了冲突的发生。但在民主化、自治化和信息化的浪潮中，随着社会向多元化和复杂化的方向发展，人们对参与型和合作型决策的关注程度也与日俱增。在这一脉络背景下，寻求建立共识的新型冲突解决方式也应运而生。

建立共识（consensus building）作为一个寻求相互认同的过程，是积极解决冲突矛盾的有效途径之一。所谓建立共识是指在某一意见或立场上通过与其他利害关系当事人进行一系列多形式的交涉、对话和调解的过程来试图得出一个各方都可以接受的结果并努力寻求达成一定的共识（김선희，2006：101～102）。

建立共识所带来的效应主要体现在以下几个方面：一是将更加多元化的价值和观点融入到政策中，从而进一步提高公共政策的质量；二是将冲突努力降

低到最小化的程度，从而进一步节省费用和时间；三是进一步提高政策决策自身的透明性和责任感；四是进一步巩固参与民主主义的基础（김선희，2006：104～105）。此外，相较于其他决策方法而言，以共识为基础形成的决策通过进一步均衡利害关系和完善参与机制构架的方式，不仅使整个决策过程更富有创造性，还能够获得更广泛的民众支持和信任（김선희，2006：102）。

2. 替代性纠纷解决机制

（1）意义

通常情况下，当发生环境冲突时很难通过各当事人之间直接进行协商的方式来达成一定的解决方案。此时，以第三方介入的方式来化解和解决冲突就显得尤为必要。在法治主义社会中，冲突往往通过司法渠道以诉讼的方式来加以解决。司法性的解决方案虽然具有一定的优势，但在这一过程中，双方当事人都必须投入大量的精力、时间和费用成本。不仅如此，司法所做出的裁决仅能针对个案发挥相应的法律效应却不能解决同类型的环境冲突。此外，在公民对国家法制缺乏信任的社会体制中，以及在法院判决的执行过程中存在着一定的难度。在这种情况下，替代性纠纷解决机制作为一种新的理念应运而生(김경호·이창훈·신창현，2004：11)。

替代性纠纷解决机制（ADR：alternative dispute resolution）作为通过诉讼进行的司法性解决的一种替代性纠纷解决方案，其通过第三方介入的方式来努力促成纠纷当事人之间达成最终的共识。这一方式成功避开了通过繁冗的诉讼程序，依照审判裁决进行纠纷解决的传统思维方式，为将来解决环境纠纷问题提供了新的思路。在这里，所谓的替代性（alternative）本身包含了以民间（private）手段代替公共（public）手段、以自愿性（voluntary）方式代替强制性方式的意义。替代性纠纷解决机制虽然并不是一种司法制度的替代手段，但相较于对立性因素而言，其更强调合作性因素在整个过程中所发挥的重要作用。替代性的手段可以通过与现有的纠纷解决手段同步进行的方式，或与其形成前后关系的方式进行（김경호·이창훈·신창현，2004：12）。

（2）类别区分

替代性纠纷解决机制大体可分为协商（negotiation）、调解（mediation）和仲裁（arbitration）三种类型（김경호·이창훈·신창현，2004：13～14）。

协商是在没有第三方介入的情况下，由持有不同意见或立场的当事人之间通过对话来解决冲突或纠纷的一种方式。调解是当冲突当事人之间难以达成或不再具有达成共识的可能性的情况下，由具有中立性质的第三方通过协助沟通的方式来解决冲突的过程。仲裁与调解类似，但两者之间的区别在于：仲裁在解决冲突或纠纷的过程中握有最终的决定权，而调解则仅能在其中扮演“和事佬”的角色。

3. 环境纠纷调解制度

(1) 政府与政府间的调解制度

政府与政府间的环境纠纷调解方式可分为当事人之间通过自行协商进行解决和由第三方介入进行调解的两种制度（정회성·변병설，2003：552）。

在韩国《地方自治法》中对涉及有关当事人之间自行解决纠纷的方式进行了规定和说明，主要包括相互合作（第139条）、事务委托（第141条），以及通过行政协议会（第142条）和地方自治团体组合（第149条）的途径进行解决。地方自治团体组合或其首要负责人可将部分所管行政事务委托给其他自治团体或其首要负责人进行处理。相关的部分行政业务如需两个以上的地方自治团体共同处理时，相关各地方自治团体之间可组建相应的行政协议会。行政协议会可分为由广域自治团体组成的行政协议会和由基础自治团体组成的行政协议会两种类型。当两个以上的地方自治团体需要共同处理相关行政业务时，可组建相应的地方自治团体组合。地方自治团体组合必须经过所在地区的地方议会表决通过并得到上级机关的核准后方可组建。

地区间的环境纠纷可通过上层行政组织的首要负责人或相应的司法程序来进行调解。具体而言，上层行政组织的首要负责人、地方自治团体纠纷调解委员会，以及法院和宪法裁判所等司法机关站在第三方的立场上对地区间的环境纠纷进行相应的调解。

(2) 政府与民间之间的调解制度

在有关解决政府与民间之间纠纷的方案也可分为当事人之间通过自行协商进行直接解决的方式和通过土地征用委员会、环境纠纷调解委员会等准司法机关和法院等司法机关进行居中调解的两种方式（정회성·변병설，2003：553）。

旨在促进利害关系当事人之间达成共识的居民参与制度通过《国土规划与利用相关法》中所规定的召开公听会、居民参与方式，以及《环境、交通、灾害等相关影响评估法》中所规定的召开说明会、公听会等方式，向因公共项目建设而受到影响的当事人进行财产损失赔偿，以发挥其调解纠纷的作用。行政裁决、民事诉讼、行政诉讼、异议申请及请愿等依第三方或司法机关所进行的纠纷调解制度都在各相关法律中做出了明确的规定。

参考文献

김경호 · 이창훈 · 신창현，(2004)，환경분야갈등유형 및 해결방안연구，KEI WO—02，서울：KEI.

김번웅·오영석, (2004), 《환경행정학》, (서울: 대영문화사).
김선희, (2006), "환경갈등관리특성 및 합의형성수준분석," 환경정책, 14; 1 (2006.6): 99~124.
김적교, (1996), 《경제정책론》, (서울: 박영사).
김홍균, (1995), 경제적 유인제도의 개선방향, (서울: 한국환경기술개발원).
나태준. 박재희, (2004), 《갈등해결의 제도적 접근: 현행 갈등관련 제도분석 및 대안》, 서울: 한국행정연구원.
문태훈, (1999), 《환경정책론》, (서울: 형설).
오호성, (2002), 《환경경제학》, (서울: 법문사).
이정전, (2001), 《환경경제학》, (서울: 박영사).
정선양, (2001), 《환경정책론》, (서울: 박영사).
정환용, (2006), 《도시계획학원론》, (서울: 박영사).
정회성·변병설, (2003), 《환경정책의 이해》, (서울: 박영사).
천대윤, (2005), 《갈등관리와 협상전략론》, (서울: 선학사).
Barton, H., (1996), "Planning for sustainable development," Greed, Clara, (ed.), *Investigating Town Planning* (Essax: Longman), 115~134.
Bartone, C., Bernstein, J., Leitmannm J., and Eigen J., (1994), *Toward Environment Strategies for Cites*, Urban Management Programme Policy Paper 18 (Washington, D.C.: World Bank).
Blowers, A., (1993), "The time for change, Blowers," A., (ed.), *Planning for a sustainable Environment* (London: Earthscan) 1~18.
——, (1997), "Environmental policy: Ecological modernisation or the risk society ?," *Urban Studies*, 34; 5/6: 845~871.
——, (1999), "Society and sustainability," Blowers, A. and Evans, B., (eds.), *Town Planning into the 21st Century* (London: Routledge), 153~167.
Bryant, R., and Wison, G., (1998), "Rethinking environmental management," *Progress in Human Geography*, 22; 3 (1998): 321~343.
Buckingham-Hatfield, S. and Evans, B., (1996), " Achieving sustainability through environmental planning," Buckingham-Hatfield, S. and Evans, B., (eds.), *Environmental Planning and Sustainability* (Chichester: John Wiley & Sons), 1~18.
Callan, S. and Thomas, J., (1996), *Environmental Economics and Management* (Chicago: Irwin).
Fabrick, M. and O'Rourke, J., (1982), *Environmental Planning for Design and Construction* (N.Y.: John Wiley & Sons), 1~18.
Finco, A. and Nijkamp, P., (2001), "Pathways to urban sustainability," *Journal of Environmental Policy & Planning*, 3 (2001), 289~302.
Glasbergen, P., (1995), "Environmental dispute resolution as a management issue," Glasbergen, P., (ed.), *Managing Environmental Disputes* (Dordrecht: Kluwer Academic Publishers), 1~17.
Levy, J., (1997), *Contemporary Urban Planning* (N.J.: Prentice Hall).

McAllister, D. , (1982), *Evaluation in Environmental Planning* (Cambridge: The MIT Press) .

Nijkamp, P. , (1996), " Improving urban environmental quality," Pernia, E. , (ed.), *Urban Poverty in Asia* (Oxford: Oxford Univ. Press), 241～292.

Opotow, S. , and Weiss, L. , (2000), "Denial and the process if moral exclusion in environmental conflict," *Journal of Social Issues*, 56; 3 (2000): 475～490.

Randolph, J. , (2004), *Environmental Land Use Planning and Management* (Washington, D. C. : Island Press) .

Roseland, M. , (2000), "Sustainable community development: integrating environmental, economic, and social objectives," *Progress in Planning*, 54 (2000): 73～132.

Seik, F. , (1996), " Urban environmental policy-the use of regulatory and economic instruments in singapore," *Habitat International*, 20; 1 (1996): 5～22.

Selman, P. , (2000), *Environmental Planning* (London: Sage) .

Shepherd, A. and Ortolano, L. , (1996), "Strategic environmental assessment for sustainable urban development," *Environmental Impact Assessment Review*, 16 (1996): 321～335.

Wilison, J. Tabas, P. and Henneman, M. , (1979), *Comprehensive Planning and the Environment* (Mass: Abe Books) .

Wood, C. , (1998), "EIA in plan marking," Wathen, P. , (ed), *Environmental Impact Assessment* (London: Unwin), 98～114.

第二篇

成长与开发管理

第九章

成长管理

第一节 概　　要

一、意义

1. 概念

(1) 定义

所谓成长管理（growth management）[①] 通常被定义为是对开发的数量（amount）、时序（timing）、区位（location）及特征（character）等进行的一种引导或控制（Chinitz，1990：6；Levy，1997：240；OECD，1983：13）。成长管理旨在保持发展与保护之间、各种形式的开发与基础设施的同步配套之间、成长所产生的公共服务需求与满足这些需求的财政供给之间，以及进步与公平之间的动态均衡（Chinitz，1990：6）。

一般而言，在成长管理中不仅包括对某些方面的增长起到抑制或停滞作用的政策，也包含了促进或提升另外某些方面进一步得以增长的战略步骤和政策。基于此，我们也可以站在更加具有宏观性和总括性的角度，将成长管理定义为是为实现自然系统与人类发展之间达到并保持均衡状态而做出的一种努力。

(2) 相关概念用语之间的比较

1) 成长控制和成长管理

成长管理本身所具有的含义与成长控制有着一定的差别。成长管理本身并

---

① 译者注：在其他相关专业文献中将 growth management 也翻译为“增长管理”，本书中统一使用“成长管理”的译法。

不是指要阻碍某一市场因素的形成或单方面抑制开发需求的产生，而是指依据政策目标对成长进行适当的管理。一方面，其不仅积极保护农业用地和绿地等自然资源，而且还努力维持着较高的公共服务水平；另一方面，其还通过一系列旨在鼓励和引导城市成长的手段和措施，以满足并促进各项政策目标（如因开发所产生的社会费用由原因者承担等）的顺利实现。此外，成长管理还善于站在相较于城市更高一级的区域层面上进行全局性思考，从而引导城市成长政策向最为优化的方向发展。

成长控制（growth control）旨在将人口成长、住宅建筑及经济成长等限定并保持在市场所能达成的水平线以下而进行的一种设计。而与此相对应的是，相较于成长控制中试图努力降低或压缩成长的方式不同，成长管理（growth management）主要试图通过调整和优化发展方向这一新路径，以达到保护环境、维护良好的共同体属性，以及保障有序、负责发展的目的（Feiock，1994）。

2）容纳式发展与成长管理

容纳式城市发展政策（urban containment policies）主要是作为一类旨在减缓或降低城市蔓延的势头和速度，并对农业用地进行积极保护的政策而出现的。制定这一政策的目的在于，将核心公共设施建设和城市开发的范围限定在城市成长边界（urban growth boundary）、城市边界线（urban limit line）及城市服务边界（urban service boundary）等既定的城市边界内，并防止其进一步扩张和蔓延。此外，在城市周边地区所划定的开放空间（open space）也是一种间接性的容纳式城市发展边界（urban containment boundary）的体现（Dawkins and Nelson，2002：1）。

容纳式城市发展政策不仅可以通过保护公共产品、最大程度上减少财政负担及土地使用间的负面性相互作用等方式，以应对来自城市社区、区域地方乃至国家的合理化开发需求；其还能起到在最大程度上扩大正面效应、促进成长效益的优化配置，以及提高生活质量等作用。公共基础设施投资、土地利用和开发限制，以及相应的引导和管控措施都会对成长的比率、时期、强度、混合度及区位等产生一定的影响。基于此，容纳式城市发展政策的主要目的就在于通过以上一系列政策措施的有效实施推动各项既定目标的成功实现（Nelson，et al.，2004：423）。容纳式城市发展计划除了推进市场导向型开发以外，其还将环境的健全性、财政的效率性及社会的公正性等作为自己追求的目标。容纳式城市发展政策与以往既有规划政策的最大不同在于，其非常重视和强调执行过程的重要性（Nelson，et al.，2004：424）。成长管理作为一种更为宏观的形态模式，包含了容纳式城市发展政策的所有内容。换言之，容纳式城市发展政策是城市成长管理的重要内容（Nelson，et al.，2004：424）。

2. 目的

成长管理所关注的焦点问题在于，是否有必要制定并实施一系列旨在充分利用成长所带来的影响而进行的合理性规划。成长管理作为一项综合性的概念，其本身不仅包含了物理性的影响，也充分考虑到了经济和社会性的影响。较为成功的成长管理均是在地方政府间（水平关系上的一致性），以及区域与地方政府间（垂直关系上的一致性）达成和谐共生的状态的前提下实现的（Degrove and Metzger，1995：165）。

有关成长管理概念出现的背景，可以从以下两大发展趋势中找到相应的线索（Levy，1997：59～60；Chinitz，1990：3）。

第一，在出现人口过快增长和自市中心地区向郊外地区迁移的扩散现象的城市地区中，其不仅意识到了危机的严重性，并深切领悟到了积极制定相应的预防或抑制手段的必要性。

第二，所谓成长往往包括人口增长和经济繁荣的持续提升两大方面的内容。在现实中，其具体体现为一方面要不断地扩大住房、职场空间、服务设施、道路、学校等的市场需求量；另一方面还要鼓励开垦土地和开采自然资源等作业活动的展开。因此，在这一情况下，如果不对成长进行相应的有效管理的话，不仅将会造成支撑整个经济活动和生活水平的自然能力不断萎缩和枯竭，最终还会引发严重的环境问题。

城市发展到今天，虽然其因以经济的效益性为基础不断地向社会提供了大量的就业机会而广受好评和欢迎，但也必须看到，在城市繁荣的背后所隐藏着的交通拥挤、大气污染、绿地空间减少、因基础设施规模的不断扩大而造成的财政支出规模过大以及住房不足等城市病问题也越演越烈。基于此，我们可以将城市成长管理政策视为是为应对因城市发展而产生的一系列负面影响所进行的一种努力和探索。具体而言，城市政府之所以制定并推行成长管理政策，主要是出于实现以下五大目标的考虑（Nelson et al.，2004：424～425；Downs，1994：33）。

1）对空气、水以及具有重要意义的景观等公共产品予以保护

在对某一特定资源加以使用或消费时，任何人不能被排除在外，且当使用者或消费者的数量有所增加时也无法剥夺其他人享用该资源的权利。但是，在现实生活中，当大气受到污染时，人们享受清新空气的权利很显然是被剥夺了。在这种情况之下，如果不提高公共产品的供给量的话，就只能采取抑制城市蔓延的政策手段来予以管控。

2）将负面的外部性效应降低到最小化的程度

在对新规划的区域社会进行开发的过程中，所划定并付诸实施的某一特定

的土地利用方式（如在其他区域附近兴建垃圾处理厂等），势必会对其他区域造成负面性的影响。如果不对因土地利用所产生的负面影响采取相应的预防和防范措施的话，最终也必须回归到采取抑制城市蔓延的政策手段上来并予以管控。

3）将公共财政的支出费用降低到最小化的程度

在遏制城市蔓延方面，应努力制定出能够使公共设施和提供服务所需的公共财政支出费用降低到最小化程度的成长效益方案。

4）努力提高并维持社会公平的最大化程度

在遏制城市蔓延方面，一方面不仅要在小规模范围内最大限度地规划职住均衡的区位布局，还要为居民提供均等的就业、购物、服务及娱乐休闲的可能性机会；另一方面，还要依据邻里内所固有的生命周期的不同，适当地扩大住房机会，并维持邻里间的社会经济的均衡性。

5）提高生活质量

最后，遏制城市蔓延可提高城市居民的生活质量。在这里，生活质量主要包括对住房与邻里的满意度、从防范与远离自然灾难和人为犯罪的环境中所获取的安全感，以及在住房与区位选址方面所具有的灵活性等。

二、城市蔓延

1. 意义

城市的外延式扩张也被称为蔓延（sprawl）。蔓延最终将导致由城市中心地区向郊外地区迁移的人口数量急剧攀升。所谓城市蔓延（urban sprawl）即意指城市空间的过度成长。因此，当我们在对城市蔓延进行研究时，应将关注的焦点放在“过度”这一核心议题之上。城市为了容纳更多的人口，虽然有必要对自身的空间领域和范围进行扩张，但在这一过程中也有可能诱发空间扩张过度问题的发生（Brueckner，2000：161）。

城市蔓延作为一种无计划、无控制、无组织的单一式的发展模式，其往往致使与周边地区在土地用途和土地利用功能上无法进行有效衔接，从而最终导致盲目扩张和无序开发现象的发生。城市蔓延的特征主要可归纳为以下几点：①低密度的土地开发；②空间分离、单一功能的土地利用；③不连续的蛙跳式发展；④带状的商业开发；⑤小汽车依赖性的土地开发；⑥以市中心衰退为代价的城市边缘区开发；⑦就业岗位的分散；⑧农业用地和开放空间的消失；⑨政府职责的碎化与疏失等。现实中的城市蔓延现象至少具备以上一个或多个显著的特征要素（Anthony，2004：380；Carruthers and Ulfarsson，2002：314；Downs，2000：107；Lopez and Hynes，2003：326～327）。

2. 原因

城市蔓延是在多种因素的共同作用下产生的，其原因主要可归纳为以下几个方面。

(1) 经济的发展

为促进城市空间的进一步扩张和发展，开发业者（开发商）必须从农业劳动者（农民）那里获取更多的土地。由开发业者所成功主导进行的开发对整个经济做出了巨大的贡献，这也就意味着相较于之前的农业用地而言，城市用地具有更高的价值。从这一意义上来看，用地转换（land conversion）是以资源的最大化利用为导向，并通过经济层面上的“看不见的手”进行引导和调节的结果（Brueckner，2000：162）。

(2) 收入的增加

随着城市居民个人收入的不断增加，人们对扩大居住和生存空间的愿望也越来越强烈。由此，可以看出居民收入的增加也会对城市成长产生一定的影响。城市居民对空间需求的持续增长主要通过不断扩大住房规模的形式，促使整个城市空间领域得以进一步扩张。人们越来越倾向于选择住房和土地价格更为低廉的区域进行住房消费，因此，随着城市居民对迁往郊外地区居住和生活的需求不断高涨，其对空间扩张效应的影响也越来越突显出来。这种空间上的扩张效应也越来越受到来自于居民对迁往郊外地区生活这一需求的影响。

(3) 市中心地区的衰退

市中心地区的衰退和建成时间较长的邻里区域的废弃必定伴随着城市向边缘地区（郊区）蔓延扩张现象的发生。生活在城市中的低收入阶层的人们以较为低廉的租金价格从较高收入阶层那里继承并开始使用处于市中心地区或年代久远的邻里区域内那些破旧而又落后的基础设施。而在这一迁入迁出的过程当中，人们也在不知不觉中变相地支持了这一旨在为城市外围扩展地区提供各种基础设施的开发政策。郊区经济的健康发展与市中心地区的经济环境有着直接性的联系（Judd and Swanstrom，2002：316～317）。

(4) 交通的发展

对高速公路或其他交通基础设施等进行投资可以形成并构建更为快捷的交通体系，由此一来，不仅可以缩减通勤费用，还可以降低消费者的出行成本，使人们在郊区也能够拥有价格低廉的住房。然而，随着交通出行费用的不断下降，人们也越来越青睐于将自己的居所选址布局在郊外地区。由此，也进一步推动了郊区化现象的产生和城市空间的不断成长（Brueckner，2000：162）。

(5) 工作场所的郊区化

工作场所的郊区化（job suburbanization）也是伴随城市空间的不断成长而

产生的一种现象。这种工作场所向郊外地区转移的现象主要是由于企业的交通指向发生变化而引起的。在对企业所生产的产品进行运输的过程中，相较于铁路或港口设施而言，对以货车为主要运输方式的依存度越来越高。因此，企业也往往偏向于选址布局在临近高速公路等城市郊外地区。从某种意义上来说，人口移动取决于工作场所在地理空间上的区位布局的现状。换言之，工作场所的郊区化可以看做是对人口郊区化现象所做出的一种反应（Brueckner，2000：163）。

制造业工厂也开始从城市的高密度地区迁往具有便利的交通运输设施和通达度较高的地区进行重新选址和布局。虽然小汽车的售价不菲，但由于具有便于通行的优点，其也成为诱发职住分离式蔓延的重要原因之一（Goodall，1972：187）。

(6) 开发的易操作性

在临近城市的地区内，由于存在可使用的土地面积过小、征收费用过高，以及土地结构本身可能并不适合开发等因素的影响，往往在新开发的过程中以上这些问题也将会反复不断地出现（Goodall，1972：187）。

开发往往集中在最易于开发且具有一定经济性使用效益的土地上进行。地块本身所具有的特征将对开发费用的大小产生直接的影响。因此，在开发的过程中也尽可能地避开那些不易于开发的土地地块。在具备良好的自然条件和区位优势的地区内，土地的价值不仅体现在农业方面，其在城市用地方面同样具有较高的价值。因此，在位于城市边缘地区进行的郊外开发的选址对象也多集中于优良的农业用地之上（Goodall，1972：188）。

(7) 风险性投资

针对城市边缘地区所进行的开发也被视为是一种具有投机性的风险行为。土地所有者对因开发所形成的市场需求充满了期待。他们在对自己所拥有的土地进行评估时，比任何一个开发业者都给出了较高的主观性评估结果，并在此基础上以收取相应的开发收益为动力，而积极地促成土地开发项目的顺利实现。也正因为如此，开发业者绕过了一些原本应该进行开发的土地，采取了不连续的蛙跳式开发模式。城市地区的增长率越高，在郊区住房市场中进行相关项目开发的开发业者就会越多，最终导致非连续性且无序选址开发的项目数量也越来越多（Goodall，1972：188）。

在土地开发方面，几乎所有的土地所有者都期待首先从与现有建筑用地相邻的地块开始进行开发。由此，土地所有者便可更好地坐享因交通设施的临近性和各种城市服务的便利性等地理区位优势所带来的收益，从而达到土地市场价格或租金价格最大化的目的。无论从哪方面来看，这种郊区化的开发模式要么是在用地性质尚具有可变性和个人偏好尚不明确的情况下实现的，要么是在购买者和开发业者之间信息不对称或不完整的状况下实现的，因此这一城市蔓延扩张的现象最终只能导致不连续的蛙跳式开发的形成（Goodall，1972：188）。

（8）公共服务的扩展

政府和其他公共部门所实行的一系列旨在促进地区间竞争的失衡化政策也在一定程度上助长了城市蔓延扩张的势头。有时政府出于抑制小汽车交通出行的目的，相较于道路使用费而言更倾向于征收城市停车费，但是这一措施其实并不会给利用小汽车所进行的远距离出行造成多大的影响，反而在一定程度上推动了远距离出行方式的发展势头。因此，可以说公共服务的扩展也在一定程度上促进了某些郊外地区的开发（Goodall，1972：189）。

3. 弊端

城市蔓延给社会、经济和环境等多方面带来了诸多不利的影响。蔓延式的发展模式将进一步刺激一些非效率性的基础设施和服务需求的增长，由此诱发资源浪费现象的发生。此外，城市蔓延还有可能导致人们出行时间的增加和出行距离的延长。由此，也将会使公共交通的便利性大为降低，客流不断流失，而对单独式出行的交通方式（个人小汽车出行等）的依存度越来越大。这种“小汽车出行过剩”的现象必将带来污染公害、交通拥挤、社会群体间的相互排斥与隔阂，以及稀缺能源过度消费等负面效应的增加。当城市居民在面临各种城市病问题袭来时，出于本能意愿地也将向远离城市的郊外地区迁移。这一连串的连锁反应，最终也将导致城市中心地区土地价格的跌落和地方税收的急剧减少。与此同时，城市蔓延还有可能引发准城市化地区土地价格的持续上涨，进而加快刺激了农业用地向城市用地转换的进程。高昂的交通出行成本和土地价格必将导致开发费用的上涨。

因城市蔓延而产生的成本费用主要可归纳为以下几个方面（Anthony，2004：376；Carruthers，2002：1960；Judd and Swanstrom，2002：321；Goodall，1972：196～199；Rosenberg，1999：646～648；Nelson，et al.，2004：424）。

（1）因服务和资本优化所产生的直接费用

有关服务的直接费用是最容易为人们所认知和接受的一种因城市蔓延而产生的成本费用。在这里，直接费用主要包括为应对超出现有供给设施的规模或承载能力的开发需求而亟须进行改建或扩容的上下水道、道路、污水处理及其他城市基础设施。过去，城市建成区的扩张规模和速度大都遵循“按需扩张”的原则，因此，与之有关的成本费用的预算和支出都能够控制在较为合理的范围之内。而这种无限制的城市蔓延式扩张则容易导致成本费用的急剧上涨。

(2) 难以量化的费用和非排斥的舒适性

如果城市政府一味地放任和追求"摊大饼"式的城市蔓延，那么其一方面不仅要为此负担由此而产生的直接性的资本投资；另一方面，还要承担因开发而使城市社区内的普通市民在使用相应的物质性资源和基础设施等方面所受到的各种影响而产生的费用。此外，因城市蔓延导致农地、湿地、开放空间及公园绿地等空间性资源的消失而产生的各种经济费用和负面影响最终也转嫁给了整个城市地区，并由全体市民埋单。虽然人们很难对这种社会性的成本费用进行精确的量化计算，但各种自然和社会资源却不得不由此而受到来自城市蔓延的直接影响，并使周边的共同体背上了沉重的资源成本的包袱。

(3) 因费用的反复投入所产生的影响

城市蔓延在改变某些物理性景观的同时，也对区域社会内固有的社会经济模式产生着深远的影响。特别是，由此产生的郊区化现象不仅导致人们的出行距离渐长，也使以市中心地区为对象进行的经济性投资活动出现了显著减少。也正是这种影响的存在和逐渐发酵，最终催生了整个社会成本费用反复投入现象的发生。这种成本费用反复投入现象主要体现在以下三个方面：①为阻止市中心的进一步衰退及维持所在地区居民的生活水平而亟须采取的再投资或补助性措施；②为治理与之相关的大气污染问题，以及对由此而产生的各种呼吸道疾病所进行的健康医疗保健等所需投入的财政性资金；③为缩减出行距离和抑制小汽车出行，而不得不加大对公共交通的投资力度等。居住在郊区的人们不仅要忍受不断被拉长的通勤时间和严重的交通拥挤问题，更是要承担由此而导致的生产效率下降，所产生的高昂的生活和社会成本费用。

三、管理政策的发展

美国作为郊区化现象出现最早的国家，首先意识到了城市无序蔓延的严重性，并不断探索和制定了一系列行之有效的成长管理政策。

美国的成长管理计划大体历经了以下四次浪潮的洗礼（Weitz，1999：268～269）。

1. 第一次浪潮

第一次浪潮是指自最早制定和实行成长管理政策的夏威夷地区于1961年颁布《土地利用法》开始，到1976年所谓"寂静革命"（quiet revolution）结束这一时期。

自20世纪60年代初开始，美国许多城市和行政区（country）开始采取并实行了一系列成长管理管控措施（Anthony，2004：377）。其中，夏威夷州（Hawaii）早在1961年就制定并实施了《土地利用法》（Land Use Law），并赋予了州土地利用委员会（State Land Use Commission）主管和决策州内一切新开发项目的土地选址、利用和期限等权限。由此，夏威夷州的《土地利用法》也被视为首部以州为主体而制定和推行的与成长管理相关的法律（Anthony，2004：378）。

直到20世纪70年代以前，有关土地利用管控的问题几乎都被视为是一种地方性事务。州政府往往通过赋予各级地方政府一定的规划和土地利用管制权力，或准许其通过一定具有强制性的警察力量的方式来保障土地利用管控政策的顺利实施。然而，到了20世纪60年代末，这种以地方为主的管控方法和"寂静革命"一并开始产生了变化。在一些经济发展较快或城市化水平较高的州，具有投票权的选举人对地方政府在有关城市开发的模式、速度及期限等方面是否具有较强的管理能力表现出极大的关注。由此，由选举人所选出的领导人和政治家们也不得不开始面对与城市蔓延有关的环境破坏等问题。到了70年代后期，已有9个州将某些特定领域和功能［加利福尼亚州（California）、马萨诸塞州（Massachusetts）、新泽西州（New Jersey）、纽约州（New York）及北卡罗来纳州（North Carolina）］或全部有关规划和规划执行［佛罗里达州（Florida）、夏威夷州（Hawaii）、俄勒冈州（Oregon）及佛蒙特州（Vermont）］的开发管控决策权由地方政府收归州政府管理，以矫正过去由各地方政府所做出的偏离政策轨道的开发决策，并在这一过程中重新对州政府所扮演的角色和利益构成进行重新定义。此外，还有其他30余个州也将部分有关特殊景观的管控权利由地方政府收归州（State）政府部门所有。这一时期被称为是成长管理政策的"第一次浪潮"（first wave）（Nelson and Moore，1996：241）。

2. 第二次浪潮

自20世纪70年代末到80年代初，许多州政府都开始对某一区域乃至整个州范围内所推行的成长管理和环境保护计划进行援助和支持。由此，自佛罗里达州（Florida）于1985年公布的成长计划开始，到特拉华州（Delaware）、缅因州（Maine）、罗德岛州（Rhode Island）及佛蒙特州（Vermont）等于1988年通过的成长管理法案为止的这段时期被视为"第二次浪潮"。

在20世纪80年代后半期，从某种意义上来看，州政府被认为是当时经济发展和财政收入增加的最大受益者，州一层级的利益和实力得到了长足的发展。在这一过程中，州政府也越来越意识到通过对土地利用和开发规划进行合理的优化整合，就能够获取更大的经济性和财政性收益。由此，也掀起了有关成长管理的"第二次浪潮"（second wave）。在部分州［曾参与过第一次浪潮的佛罗里达州（Florida）和佛蒙特州（Vermont）］中，通过在较大范围内对过去的相关法案进行大幅度修改和调整，进一步巩固和扩大了州政府在地方土地利用规划方面所发挥的作用和拥有的权限（Nelson and Moore，1996：241）。在其他一些州，则主要以将有关土地利用规划和执行的一系列地方性管控要素收归州级政府部门的方式进行。这些州主要包括佐治亚州（Georgia）、缅因州（Maine）、马里兰州（Maryland）、罗德岛州（Rhode Island）及华盛顿州（Washington）等。与前一次相比，第二次浪潮具有所指向的各项目标更为均衡化的特征，其在注重环境保护的同时，也更加注重成长的效率性（Nelson and Moore，1996：242）。

3. 第三次浪潮

第三次浪潮指的是，自1989年佐治亚州（Georgia）通过相关法案到1997年的这段时期。自20世纪80年代末到90年代初，许多州都开始在各自所在的州全境内推行成长管理政策的法案化作业（Anthony，2004：382）。其中，华盛顿州（Washington）还根据《成长管理法案》（Growth Management Act，1990）制定并施行了被称为“城市成长边界需求”的一系列政策措施。后来，这一成长边界政策在许多州得到了广泛的认可和推广（Daniels，2001：272～273）。

4. 第四次浪潮

第四次浪潮指的是自1998年开始推行所谓的“精明成长”政策至今的时期。截至2001年，至少有11个州已制定并通过了覆盖全州范围的成长管理法案，此外，在其他数个州也制定了相当于州级（Sub-State）的管理法案（Carruthers，2002：1959）。在美国，自1961年夏威夷（Hawaii）首次制定以州为单位的成长管理计划以来，其概念和内容都得到了长足的发展，特别是自1998年以来，“精明成长计划”（smart growth programs）得到了相当广泛的认可和推广（Weitz，1999）。

第二节 方法策略

有关城市蔓延现象的解决方案可从精明增长、新城市主义及政府改革三方面进行观察和分析（Judd and Swanstrom，2002：322）。

一、精明增长

1. 意义

“精明增长”（smart growth）一词最早出现于美国马里兰州（Maryland）所

制定并颁布的《邻里保护与精明增长法案》中（Neighborhood Conservation and Smart Growth Act，1997）（Daniels，2001：274）。美国为应对日益加剧的城市扩张蔓延问题，联邦政府于1999年发表了精明增长法令（Smart Growth Initiative），该法案也受到了美国中央财政的支持（Anthony，2004：376）。

有关精明增长的概念，在美国率先提出精明增长蓝图的奥斯汀市（Austin）将其定义为“是为改善社区和区域社会环境，促进经济发展和环境保护，并试图重塑城市和郊区的发展模式而做出的一种努力”（Miller and Hoel，2002：4～5）。精明增长的目标主要包括以下几点：一是向公众提供多样化的交通方式和住房选择的机会；二是提供并营造绿地空间，以提高区域社会的吸引力；三是采用混合用途开发式的发展模式；四是在城市内部进行新建筑的规划和设计时，要努力达到与现有环境间的和谐统一（Miller and Hoel，2002：5）。

精明增长策略的拥护者们坚信，通过更加高效的土地利用模式和更加优化的交通规划方案，完全可以有效达到减少和遏制城市无序蔓延的理想效果。由此，精明增长作为应对城市蔓延问题的一种策略方案登上了历史的舞台（Miller and Hoel，2002：4）。当因城市的无序扩张而引起的负面影响超过由此而带来的正面收益时，不仅会消耗大量的社会成本，还会直接对人们的生活质量造成严重的威胁（Downs，2001：2）。精明增长正是为努力消除这一负面影响而提出的一种有效的解决方案（Filion，2003：50～51）。

精明增长策略的拥护者们还指出虽然在必要的时候城市的空间范围应有所扩张，但与此同时，也应该积极采取措施改善衰退地区的面貌，提高环境质量，降低能源消费量，提高交通系统的利用效率，优化城市规划和设计水平，加强对新建城市基础设施有关费用和需求的评估工作，促进以保护农业、农村及开放空间为目的的平衡增长（balanced growth）或品质开发（quality development）等（Judd and Swanstrom，2002：322）。精明增长策略一方面不仅能够为开发业者、环境保护主义者、政府公务员、普通市民及金融业者等各方所接受；另一方面，其还能有效吸收城市在扩张和蔓延过程中的有益因素并形成共同发展的平台，促进城市向更加健康有序的方向发展。精明增长策略的目的并非是一种完全“一刀切”式的抑制城市扩张和增长的方法，而是在推动合理增长的同时，努力达成促进城市社区间的融合，保护生态环境并提高城市的经济活力。

2. 基本原则

精明增长是一项通过反作用的方式，以有效应对城市内部密度过低、土地利用方式过于单一且僵硬化，以及过度依赖小汽车出行等城市无序蔓延问题而提出的策略方案。由此，可以将精明增长视为是一种在提高土地利用效率的基础上控制城市无序扩张，营造紧凑式城市空间，促进公共交通和环保型交通方式的利用，提高居民的生活质量，降低环境破坏，减轻城市基础设施负担，促进城乡协调发展的可持续的发展模式（Filion，2003：49～50）。

国际城市管理协会（ICMA：International City/County Management Association）提出了以下十项有关精明增长的基本原则（이상호，2005：4～5）。

第一，复合土地利用；

第二，有效利用紧凑型建筑物的设计优点；

第三，提供多样化的住房机会和选择；

第四，营造可步行出行的城市社区环境；

第五，培育极具区域性特征的个性化和吸引力的城市社区；

第六，对开放空间、绿地、自然景观，以及具有高度敏感性的环境区域进行保护；

第七，强化对现有城市社区的直接性开发；

第八，提供多样化的交通方式选择途径；

第九，推进具有可预测性、公平性及成本效益性的发展决策；

第十，在发展的过程中，要促进城市社区和相关的利害关系当事人之间形成合作关系，提高公众的参与水平。

3. 阻碍因素

精明增长作为一种理论与实践紧密结合的政策性策略，在实际应用的过程中，也存在着诸多的问题。这些问题主要可归纳为以下几个方面（조철주，2006：48～50）。

1）因开发而引起的收益和成本的再分配

精明增长政策的实施将会对城市郊区的农业用地的所有者造成一定程度的财产价值损失，与此同时，反而会给持有原本已被废弃的市中心土地的所有者带来一定的收益。由此可以看出，因其而形成的获益集团的成员与因城市蔓延而形成的获益集团的成员完全不同。

2）由基层地方政府向上层政府进行的权力转移

在美国，土地利用管控从传统上来看属于基层地方政府所拥有的一项管理权限。但是，精明增长原则的实现，需要从更加宏观的地理空间角度出发来加以推进。由此，其结果必将是由基层地方政府向上层政府进行权力的转移。

3）对高密度开发的反感

美国人有偏好郊区低密度住宅和生活方式的传统性倾向。因此，对于一般的美国民众而言，他们一时间很难接受旨在追求高密度、紧凑式开发的精明成长政策。

4）住房价格的上涨

由于这一政策主要是针对市中心地区进行高密度、紧凑式的开发，极有可能造成住房价格的上涨，从而引发住房短缺等房地产问题。此外，为保护郊区的绿地环境而限制开发的行为，虽然有助于提高城市的空间密度，但却也进一步推动了住房价格的上升。

5）无法达到降低交通拥挤程度的目的

一般而言，随着居民收入的增长，小汽车的保有量也会随之增加，从而引发交通拥挤现象。精明增长政策仅通过促进公共交通发展的方式很难抑制小汽车保有量不断增加的现状，从而也就很难从根本上逆转交通拥挤现象日益严重的趋势。

6）开发业者的损失加重

以市区改造为指向的精明增长政策需要开发业者投入大量的资金费用，从而有可能造成开发项目赤字的危险局面。在开发业者眼中，相较于郊区的开发而言，市区改造更会是一个有可能使其背上沉重包袱的项目计划。

7）农地所有者的收益减少

对于郊区的农地所有者而言，精明增长政策的实施也就意味着他们手中所持有的农业用地价格的跌落。

8）区域规划的作用增强

在美国，很多人都对通过州级层面所制定的单一性的总体规划来进行"一刀切"式的土地管控政策持批评的态度。因此，在实际的操作过程中，相较于由州政府或地区委员会等直接介入的方式而言，大多数政府部门更多地倾向于通过由开发业者、土地所有者及地方政府三者在地方层级形成相互合作的关系来进行的传统式开发方式。

二、新城市主义

1. 意义

在美国，被称为"新城市主义"（new urbanism）或"新传统主义规划"（neotraditional planning）的城市设计运动是为应对和解决城市内存在的低密度和小汽车依赖型的土地开发模式而提出的一种全新的政策方案（Ellis，2002：261）。

新城市主义者们（New Urbanists）虽然也支持将区域土地利用规划等纳入到精明增长政策的范围之内，但他们往往更加关注怎样对城市进行设计和对建筑物进行建设才能更好地实现区域社会的再生和降低对小汽车出行的依赖性等问题。因此，他们一方面主张每一项建筑设计方案都应与周边环境实现无缝链接和相互融合；另一方面，通过设计规范（design codes）还可以有效促进邻里社区、区域及空间走廊地区的经济健康和和谐进步。此外，城市建筑物和公众聚集的场所也被视为是有效促进社区融合和民主主义文化的重要途径（Judd and Swanstrom，2002：322）。

简而言之，新城市主义作为一种规划和设计原理，其主张并努力试图将现在以小汽车为导向的美国城市重新回归到之前的城市开发模式和状态（이상호，2005：5）。

2. 基本原理

（1）基本方向

于1994年成立的美国新城市主义协会（the Congress for the New Urbanism，CNU）在其所发表的创立宪章中提出：新城市主义旨在摆脱城市中心地区的衰落、种族和收入不断增长的差距、环境的恶化、农田和野生生态的丧失，以及对社会传统建筑的侵蚀等。有关新城市主义的解决手段几乎都以重塑城市的物理性空间为主要导向。虽然新城市主义者也意识到仅依靠物理性的解决方案难以解决社会和经济问题，但他们也认为如果没有一个紧密且相互支持的物理性结构作为支撑的话，有关经济活力、社区稳定和环境健康的话题也就无从谈起。

在美国新城市主义协会所提出的27项原则中，特别强调邻里社区、区域及空间走廊作为城市开发所必不可少的构成元素的重要性。新城市主义者们还主张“应努力遏制并消除住房分化现象，抑制大型的郊区购物中心和高速公路的建设，以及防止在邻里社区以外的其他地区扩张式蔓延等现象的发生”（Judd and Swanstrom，2002：330）。

新城市主义协会所发表的宪章中对有关新城市主义的各项原则进行了明确的阐述。其主要内容可归纳为以下几个方面（Ellis，2002：262；Judd and Swanstrom，2002：330）。

1）紧凑式开发

出于对农业用地和环境敏感地区进行保护的目的，应实施相应的紧凑式开发（compact development）政策。这一原则与之前一味追求在更广范围的空间内进行单一用途指向型的城市开发模式完全相左。

2）多样化（功能复合）

新城市主义者们反对针对具有相似性的住宅进行单一刻板的精细化设计和开发。新城市主义旨在通过营造在住房类型、土地利用及建筑密度等方面营造更具多样化的宜居型社区，以实现有助于促进容纳不同家庭规模、文化和收入等各阶层人群和谐共居的邻里住房建设的复合式开发的展开。

3）环保型交通

新城市主义的拥护者们认为，像在城市中普遍存在的大型购物中心配套建设大型停车空间这样的规划设计和建筑方式，在相当大程度上诱发并极大提高了整个社会对小汽车的依赖程度。据此，新城市主义者们大都主张应采取必要的政策性措施严格限制或禁止这一规划设计和建筑行为的发生。取而代之，应在可步行到达的居住用地附近的道路两侧或广场周围建设适宜步行的购物空间和场所。他们还主张应通过一切可能的方法和手段，在道路两侧修建自行车专用道路和步行道，并努力提升公共交通出行的便利程度。

4）社区核心型环境

小汽车作为一种出行方式，已经成为人们在现代生活中离不开的一种必需品。但是它在为我们的生活带来便利的同时，也造成了城市区域的割裂和邻里社区的分化等负面效应。因此，有必要在邻里社区内通过减少机动车道路和修建交通环岛（traffic circles）等交通静化设施，以达到降低机动车交通流量的目的。

5）城市设施个性化

有关城市设施个性化的原则主要包括以下几点：一是城市在空间结构化方面应具有划分明确的中心与边界；二是应在建筑设计方面体现出对该地区所独有的历史和文化特色的尊重；三是对公共建筑物和公众聚集场所进行优化设计和合理的选址布局；四是注重对建筑物、街道的设计规划，以及对建筑类型的优化选择，从而努力塑造使人们能够产生归属感和凝聚力的城市形态；五是积极推进旨在恢复市中心活力的填充式开发（infill development）。

（2）设计方针

需要对城市郊外地区进行怎样的设计才能够达到防止郊外地区的衰退和遏制无序开发的目的呢？为找到回答这一问题的答案，美国《新闻周刊》（Newsweek）杂志在对前期所进行的一系列新城市主义运动进行梳理的基础上，从中总结出了以下 15 条有关新城市主义的经验教训（Judd and Swanstrom，2002：329～330）。

第一，放弃广阔的绿地空间（在面临住宅区规模不断扩大的情形时，这一旨在营造适宜步行化社区环境的目标最终只能以失败告终）；

第二，位于住宅区附近的街角商店（corner store）的再生（应提供并满足人们在步行范围内购买部分生活必需品的需求）；

第三，缩减道路的宽度（强制降低机动车的通行速度）；

第四，防止出现死胡同或断头路（cul—de—sac）（道路应与可预测范围内的线路保持连接和畅通）；

第五，边界的划定（在划定边界前后具有相当明显的差别性）；

第六，车库的隐蔽性（特别是那些从外面看上去锈迹斑驳、已生颓相的车库大门）；

第七，各种不同居住类型间的混合（邻里之间茶余饭后的家常话成为一项主要的休闲活动等，住宅之间的距离相对较近）；

第八，在城市道路两侧种植树木（道路绿茵化）；

第九，赋予那些具有悠久历史的购物中心或商业街以新的生命（使其重新成为辐射周边邻里地区的核心）；

第十，实现以公共交通为导向的城市规划（是否有能够积极引导人们摆脱小汽车的困扰，继而选择公交或轨道交通出行的妙招?）；

第十一，职住一体化（即便企业或公司并不愿意继续留在市中心地区，至少也要将其在市内的办事处、事务所等办公场所与社区进行统一规划和整合）；

第十二，对市中心地区进行规划和改造（规划建设能够代表城市地理性中心功能的广场或绿地空间）；

第十三，缩减停车空间（将停车空间改造成为能够为人们提供生活便利的小型复印店或比萨饼店）；

第十四，节约照明用电（减少或减弱不必要的光源，使用小型的节能灯具等）；

第十五，对绿化带的设置问题进行思考（将各绿化带之间串联起来）。

三、管理体系的优化与提升

有关解决城市蔓延问题的最后一个方面可从大都市管理体系的优化与提升的角度来进行观察和分析。有关这一问题，大都市改革的拥护者们往往热衷于从消除大城市地区的政府碎化（governmental fragmentation）的角度出发来找寻答案。他们认为如果没有区域性政府（regional government）的存在，也就无从解决存在于郊区或城市内部的一系列棘手的城市问题。大都市政府的大部分努力虽然最终都以失败而告终，但最近以来，其往往通过与周边郊区的地方政府进行合作的方式，不断提高向郊区提供服务的水平和质量（Judd and Swanstrom，2002：322）。

城市成长管理体系作为一项旨在对城市增长的比率、数量及地理性格局进行控制或产生一定影响而采取的规划设计手段，其包含了在公共部门中经常使用的法律、行政手段、规划方法及财政手段等多种要素（Gleeson，et al.，1975：1）。这些要素虽然不能形成一个统一的体系，但在做出开发决策的同时，能够通过相应的运作方式和过程，形成一个统一的有机体（Gleesson，et al.，1975：1）。

随着人们对城市成长和扩张的认识逐渐深入和增强，各种具有针对性的管理活动也在各级政府间逐渐展开（Gleesson，et al.，1975：1）。推动成长管理体系得以确立的诱因主要包括对不断增长的公共服务成本的控制、生活质量的日益提高，以及对物理环境的保护等（Gleesson，et al.，1975：1）。

第三节　管理方法

成长管理的工具主要可分为控制工具、公共服务的使用、地方政府的财政资金扩充，以及政府支出四大范畴（Smith，1993：47）。

一、控制工具

控制是指地方政府为达到成长管理的各种目的而采取的一种具有强制力量的措施。控制工具（regulatory tools）虽然主要以分区制（zoning）为主，但除此之外，还包括了土地细分规则（subdivision regulation）和环境法规（environmental codes）等（Smith，1993：47）。

1. 分区制

（1）意义

分区制（zoning）作为一项最具支配性的控制形态，虽然早在成长管理策略之前就得到了广泛的应用，但其也被视为是实现成长管理目标的一项有效手段。

地方政府所采取的一系列与分区制有关的措施具有多重的目的性。一般地，实施分区制的主要目的在于通过提升和优化与居民生活息息相关的医疗保健、安全及福利等方面的发展水平，以促进土地用途的合理性划分和增强区域社会的同质性。此外，通过对分区制进行合理的运用，一方面可以有效限制对特殊区域的开发、提高其他区域的开发密度、促进土地的混合利用；另一方面也可以达到对具有环境敏感性和农业生产性的土地进行保护的目的。由此可以看出，通过实行分区制，可以在一定程度上满足人们对于终止或限制在城市社区中所进行的一系列增长行为的合理化诉求（Smith，1993：47～48）。

在实际操作过程中，分区制主要依据多种技术手段，通过降低、增加及转让开发密度等措施，以实现既定的各项政策目标。其中，规划发展单元（PUD：Planned Unit Development）作为分区制中最具代表性的一种技术手段，其在土地区块设计方面表现出较强的灵活性特征（Smith，1993：47）。

（2）开发权转让制

1）意义

开发权转让制（Transfer of Development Right，TDR）也被称为开发权

转移制，是指将开发权从土地所有权中分离出来并在市场中进行流通和交易的一种方法。这一制度规定，在法律所规定的限制保护区域内的土地所有者可以将自己所拥有的开发权转让或出售给其他法律允许开发区域内的土地所有者，以实现这一区域的高密度开发。

开发权转让制度是指通过对因出于对历史建筑物或农地及自然环境进行保护的目的，而受到开发限制的土地进行利益反哺或反向偿还的方式，将指定容积和实际容积之间的差值部分视为未使用的开发权，并允许其转让或出卖给其他可开发土地使用的一种官方认可的制度。

2）制度导入

从理论的角度来看，开发权转让制是在维系城市保护和发展之间相互均衡关系方面最为行之有效的手段之一。开发权转让制度自 1968 年在纽约市被首次采用之后，至今已在美国 25 个州得到了推广和应用（김재익，2004：85）。在韩国，虽然尚未引入这一制度，但其作为一种强有力的成长管理工具，受到了各界的广泛关注。

3）施行程序

开发权转让制主要可通过以下程序施行（이정전，1997：437～438；김재익외，2004：84）：

首先，政府在划定一定的规划区域后，要以这一区域为对象制定相应的土地利用规划。在这一规划中，主要应包括对开发行为做出限制性规范的保护区域（conservation zone）和具有一定的潜在开发能力并允许进行开发的开发区域（transfer zone）。

其次，在保护区域内，都必须制定并实施各种旨在抑制开发行为的控制性法案，并依据相关法案的规定，向丧失所有土地开发权的土地所有者赋予在开发区域内相应的土地开发权利，并签发经过官方认可的土地授予证书。

再次，对于开发区域而言，应首先划定土地利用密度的最高上限值。此时，只有具有相应开发权的人才被准许进行超出上限值以上的土地开发行为。

最后，如个人有超出密度上限值进行开发的意愿或提出相应的申请，应允许其从位于保护区域内的土地所有者那里获取或购入相应的开发权证书，并进行相应的开发。

4）评价

制约开发权转让制推广和应用的诱因主要有交易市场的萧条、难以形成统一的发展权买卖价格、相关制度具有复杂性的特征、转让区域内居民的抵制，以及固有的私有财产保护条件的制约等。

发展权转让制在现实的操作过程中，也会遇到诸如在审批过程中时间和费用成本消费过高等问题（김재익외，2004：85）。

(3) 规划发展单元

规划发展单元（PUD：Planned Unit Development）是指将某一区域内的地块视为一个统一的规划单元，开发者与部门当局之间经过一系列协商过程，对符合该地块特征的设计标准进行确定之后，通过制定最为优化的方案和建立高效的审批制度以促进保护与开发和谐统一的一项重要的制度（김기호，2002：423）。

一般而言，要以所形成的规划单元为对象进行开发的开发业者首先应制定相应的开发规划方案，并经过召开听证会或接受开发影响评估调查等一系列严格的制度性程序，最后由地方政府对其进行审批及备案后，方能正式认定由政府所最新审批通过的开发规划来代替之前已失效作废的相关土地利用规划（김기호，2002：423）。

这一制度具有推动并形成创造性、灵活性和经济性开发的优点。但与此同时，我们也必须看到，其还具有审批和实施时间过长，且无法完全保证协商结果一定朝着环保式开发的方向发展等缺点（김기호，2002：426～427）。

2. 土地细分规则

土地细分规则（subdivision regulation）是指在将生地[①]（raw land）转换为建筑用地（building sites）的过程中，为实现对土地进行开发、划分和交易的目的，而对开发业者所提交的土地细分方案进行规范和审批的一项制度性措施（Green，1968：445）。

制定和施行土地细分规则的目的在于，通过依据事先所制定的规则标准所做出最终的审批决策，由此既确保了所需公共基础设施的建设任务，又可实现对规划项目区域内的设计情况进行有效的管控（Green，1968：445）。

在美国，之所以开发业者们在施行某一土地开发项目时，都会提供相对多样化的城市基础设施建设和公共服务，主要是因为法律规定地方政府只能够限于将土地划分和交易的资格赋予那些能够充分提供相应公共服务的开发业者们。由此可以看出，美国的土地细分规则在为郊外地区提供完善的公共服务，以及营造舒适的居住环境方面做出了相当大的贡献（김재익 외，2004：183～184）。

3. 环境法规

在美国，虽然成长管理制度最初的重心都放在了环境问题之上，而随着时间的推移和客观条件的不断变化，其所关注的领域范围也得到了相当大的扩展。具体来看，于20世纪70年代在人们对环境和自然资源问题的关心和讨论之中孕育而生的成长管理制度，在进入到80年代和90年代后，其所关注的领域也逐渐扩展到生活质量（quality of life）等与市民生活息息相关的议题之上。

---

① 指完成土地征用，未经开发、不可直接作为建筑用地的农用地或荒地等土地。

对于环境的关注主要体现在对农用地、山林地和湿地的保护，以及城市开发和城市地区开发与农村地区之间的彼此分离和脱节等。在这一基础上，人们也开始对为满足并促进日益增长的物质需求而面向社会所提供的住房及经济发展政策等方面给予更多的关注，并制定出了不同于 70 年代的新的成长管理策略。由此，自 20 世纪 90 年代开始，保护自然资源的必要性和创造就业及经济发展等合理需求之间的平衡关系也开始面临着严峻的挑战（DeGrove and Metzger，1993：5）。

二、公共服务供给

1. 意义

公共服务供给（public service provision）是指，旨在通过对服务供给成本较高的地区采取一定的限制开发措施，以使后续所将要进行的新开发项目能够在最大程度上节省或降低公共服务费用的一项制度设计。公共服务供给的目的在于对现有和将来可能供给的服务范围进行定义和区分，并通过限制或禁止开发的方式，以实现公共服务的有效供给。

在公共服务供给范畴中，经常加以使用的方法主要有城市服务边界（urban service boundaries）和积分许可制（point-based permit system），除此之外，还包括人口上限制（population caps）和建筑许可延期制（building permit moratoria）等较为极端的手段。城市服务边界主要通过基础设施建设来划定所要提供公共服务的边界，并对边界范围内的开发行为和活动进行限制。积分许可制是指开发业者通过累计分数的方式，以获取相应土地地块的开发权。所累计分数的多少主要取决于是否提供相应必要的基础设施以及可使用性等因素。积分许可制中，最具代表性的事例当属佛罗里达州曾于 1985 年在其全州范围内执行的同步成长（concurrency）式的发展政策，该政策规定在对所指定的区域进行开发之前必须达到并满足相应的服务积分标准。人口上限（population caps）制和建筑许可延期制作为临时性措施手段，分别主要通过控制社区的常住人口总量和延期审批建筑物建设申请等方式，以解决因基础设施短缺而引起的供需失衡等问题（Smith，1993：48）。

2. 类型

众多学者基于不同的现实状况和认知水平提出了各种不同的控制方法。在这里，我们主要以美国现行的公共设施需求、成长阶段、成长边界及成长率等四大类成长管理计划为中心进行探讨和分析（Kelly，1993：43～71）。

(1) 合理的公共设施需求

1）意义

在许多城市，当出现公共设施不足或难以利用的状况时，政府往往会采取停止对开发项目进行审批等管制措施（Kelly，1993：45）。合理公共设施需求制（adequate public facilities requirement）作为一种可对成长和发展区位产生直接性影响的管理手段，其主要是指当出现可使用的公共设施不足的状况时，应在确保新开发项目的同时，为周边具备合理公共设施条件的地区提供一系列旨在保障其成长和发展的鼓励政策（incentives）。

2）导入

在美国的佛罗里达州，这一制度被统称为同步成长规范（concurrency requirement），并于 1985 年通过了《地方政府总体规划和土地开发管控法案》（Local Government Planning and Land Development Regulation Act），使其成为一项正式的法律法规（김현주，2005：130）。在韩国，基础设施负担区域制度和开发密度管理区域制度作为基础设施联动制的两种具体的表现形式，正在得到逐步的实施和落实。

3）评价

合理公共设施需求制这一概念虽然内容简单且较为明确，但在执行过程中却显得并不轻松（김재익외，2004：147）。特别是，要想对所能进行预测的开发项目具体需要建设哪些种类的公共设施，建设的数量是多少，以及应选址在哪里进行建设等问题进行协商和决策，都是具有相当难度的课题任务。合理公共设施需求制作为一项成长管理工具，应与土地利用规划等相关规划在形成密切的连贯性的基础上，努力实现具有长期性和总括性的分析与研究过程，以保障制度的有效执行。

（2）成长阶段计划

成长阶段计划（growth phasing program）是对新开发项目的布局选址和建设时间等进行有效管控的一种手段。其通常会针对公共设施使用的可行性等制定相应的标准并作出决策（Kelly，1993：48）。

成长阶段计划虽然与公共设施标准的设定有着相似之处，但两者之间也存在着许多差异。无论从哪一方面来看，前者较后者而言更易于为人们所理解和接受，也更具有可操作性。依据合理公共设施管控措施的相关规定，如果开发活动不对每一项公共设施所产生的影响进行细致的研究和分析的话，也就无法对在特定区域内所进行的开发进行最终的决策。成长阶段计划的真实目的在于遏制城市无序扩张和蔓延，并试图努力阻止城市形态向不利的方向发生变化，以及由此而使人们对其产生负面的认识（Kelly，193：52）。

这一计划主要通过对分阶段提供基础设施的功能性状况进行开发与否来决策的方式，对达到基础设施充足供给状态时对成长和发展所造成的延迟效应的大小进行衡量和判定（김현주，2005：130）。

(3) 城市成长边界

1) 意义

城市成长边界（urban growth boundary）是指为了对城市的成长和发展作出限制，而在城市周边所划定的一种边界线（Kelly，1993：53）。城市成长边界是对可用于城市开发的建设土地和其他农村土地进行明确区分的一项具有较高技术性的解决方法。换言之，所谓城市成长边界就是对城市可成长和发展的空间范围进行控制，并在城市与农村地区之间划定并标示出的一条明显的分界线。一般而言，在成长界限以内可进行高密度的城市开发活动，而在界限之外则必须维持作为农村土地所固有的特征。

成长边界的目的在于，通过对农村地区和城市地区进行明确区分，使之形成相互保护的状态，从而有效控制城市开发所引起的城市规模无序扩张及其向农村地区渐进式蔓延现象的发生。此外，通过划定成长边界的方式，也为未来城市开发区域的发展指明了方向。

有关城市成长边界的划定应首先通过正式的发展规划对参与其中的各利害关系当事人所期望达成的发展模式（发展类型和区位选址等）进行了解和确认；其次，应对将来人口增长的趋势进行预测；再次，应对承载人口增长所产生需求的土地规模进行预测；最后，应根据在以上各步骤中所得出的结果进行成长边界的划定工作。

2) 引入

城市成长边界或城市服务区域边界（urban service area boundary）于1958年在美国肯塔基州列克星敦市（Lexington，Kentucky）首次提出并应用（Ding，et al.，1993：53)。1973年，俄勒冈州（Oregon）首次通过州法，要求所有的城市都要在城市总体规划中划定城市成长边界，并于1977年划定了相当于城市成长边界的大都市服务区域（Metropolitan Service District)。类似的法律于1989年在华盛顿州（Washington）也通过了立法决议。基于此，美国规划协会（APA）于1997年提出各州都应制定与之类似的法律，以保障规划和区域改革的顺利进行（Ding et al.，1993：53)。美国规划协会指出，“城市应该建立城市成长边界以推动紧凑、连续的空间发展模式，以便使城市发展能够得到更有效的公共服务，保持和保护公共开放空间，农业用地和环境敏感的地区”(Ding et al.，1993：53)。

3) 评价

城市成长边界的确立需要城市持有一个相当具有自我中心主义的态度或相当大的预测量。由于人口增长将随着时间的推移而产生相应的变化，要想对一定时期内为满足增长所需要的土地量进行预测是一件十分困难的事情。在实际操作的过程中，这一方法通常与其他技术方法一起加以运用。

城市成长边界本身存在着可支付住房（affordable housing）的供给有限，以及制约城市的合理扩张（constrained sprawl）两大缺点（Daniels，2001：273）。此外，城市成长边界主要通过采取一系列手段和措施来对可用于建筑物施工建设的土地供给量进行限制，由此容易诱发土地和住房价格的上升。对边界以内的区域范围进行很好的城市设计不仅有助于促进人性化发展、保护绿地空间、提升和优化公共交通，以及推进步行导向型城市的建设，也使在边界内居住和生活更具有吸引力。

（4）增长率计划

虽然其他的各种计划也可以作为管控增长率的手段来加以运用，但增长率计划本身也被视为是一项管控增长率的有效手段，并可直接加以灵活地运用。每年提出一定比率的增长率计划，并仅限于在这一范围内进行开发的一种方式。此时，增长率主要针对建筑面积或建筑物的住户数来标示相应的增长率计划（김재익 외，2004：148）。

增长率分配制度（rate allocation system）作为以最近出现增长率急剧增加现象的区域为中心进行成长管制的一项手段，其主要通过抑制新近出现的开发项目和活动，以防出现住房价格下跌的问题，从而实现保护财产价值的目的。

三、财政收入

1. 意义

随着城市社区所受到的来自各方面财政压力的不断扩大，开发业者和地方政府对其所应支出的开发费用的公共负担比率等相关问题的关注程度也与日俱增。在推进新开发项目的过程中，虽然在是否必须由社区来承担这一问题上尚未有一个明确的共识和答案，但在一些社区中，也正在努力尝试减轻开发业者的部分相应负担。例如，开发影响费（impact fees）中有关道路、供排水、学校、安全及消防设施等公共服务费用的一定份额需由居民家庭或其他相关单位来予以承担。地方政府为了达到获取用以提供相应公共服务的财政资金的目的，往往会采取划定某些特定区域的方式，对其进行专门评估并征收相应的使用影响费。这种扩大财政收入的方式不仅针对新近进行的开发活动，也适用于现有的其他开发项目（Smith，1993：49）。

2. 类型

（1）开发影响费

1）意义

为提供能满足持续增长所需的各项公共服务以及扩充财政收入的来源渠道，许多地方政府都会要求土地开发业者通过将这一费用内部化的方式，就其在土地开发过程中对公共设施和服务所可能造成的影响程度缴纳一定的影响费(impact fees)，以便使政府能够筹措充分的公共服务及公共设施建设资金(Rosenberg，1999：642)。影响费是指地方政府为降低在地地开发过程中因公共设施建设所产生的公共资产成本而征收的货币化费用（monetary charges）(Rosenberg，1999：649)。

2）目的

开发影响费（development impact fees）这一政策设计的目的在于，将原本由公共部门负担的、用于新建公共基础设施及所提供相应公共服务而产生的资本费用中的一部分，适度地转嫁给民间部门，以减轻政府公共部门的财政负担。在许多城市，通常是将用于修建供排水系统、街道和路灯照明，以及公园和绿地空间等的费用中的一部分作为影响费转由建筑业者和开发业者承担(Clarke and Evans，1999：281)。

3）基准

大部分的开发影响费都面临着一定的法律问题，法院往往会要求所征缴的影响费用和所提供的公共设施之间应具有一定的逻辑性联系。而作为一种逻辑性的联系，其被归纳总结为以下几项理性联系的基准（rational nexus standards）(Clarke and Evans，1999：283)。

第一，应对影响非负担金制度进行合理化设计，以使其能够在最大限度上满足区域内的各种公共服务需求。

第二，在基础设施的服务对象并非为单一主体者的地区，所产生的费用应按照该设施所提供的相关服务的供给比例进行合理分摊。

第三，基础设施应成为以改善公共服务为导向的地方性总体规划的核心要素。

第四，在除了一般性的税收以外还需要通过征收影响负担金用以扩充基础设施建设所需财政资金的地区，应防止使已承担纳税责任的项目主体人背负双重的行政费用负担现象的发生。

第五，在使用影响负担金之前，应将其与一般性的财政收入严格区分开来，且在使用的过程中应严格按照既定的目的和期限（一般为5～6年）进行使用。

4）评价

为了推进开发影响费政策的有效施行，就需要具备合理的影响费用核算方法和利用频率、新开发项目的扩散效应测定方法等与之相关的专业知识和技术。此外，在施行开发影响费政策的过程中，因开发市场条件的不断变化，将会在开发者和消费者之间产生费用转移的非公平性问题，以及低收入阶层被排挤的现象。基于此，亟须政府部门制定并采取应对相关问题的解决措施

(김재익, 2004：82)。

（2）开发业者费用负担制

1）意义

随着增长和发展的不断深入和扩大，不仅提高了民众的付税率，公共服务水平也出现了日益低下的趋势。基于这一情形，让提供增长原因的原因者来承担相应费用的呼声越来越高，并得到了越来越广泛的支持。依据现有的地块区划制度的规定，开发区域以内基础设施理应需由开发业者负责修建并承担相应的费用；而开发业者费用负担制度更是在此基础上规定开发业者也应负责承担开发区域外部有关的公共设施建设费用。这一制度要求开发业者必须承担与开发区域相连接的道路建设、自开发区域引出并与外部管网相连接的雨水和污水管渠建设、相邻交叉路口等交通信号灯的设置，以及所在学区内学校相关设施的延伸或改扩建等有关的开发费用（김재익 외，2004：150）。

2）施行方法

从历史上来看，美国的城市大都利用费用分担的方法（cost sharing approach）来扩充建设各项基础设施的财政资金。大部分城市通过发行债券的方式取代原有的先行支付的方式使纳税人承担相应的建设费用。无论如何，在过去数十年的岁月中，城市政策都在朝着新增基础设施费用由新迁入的市民承担的方向转变。在现实中，该费用主要通过向房地产开发商征收土地使用费（land-use extraction）的形式间接进行支付。

影响费（extraction）的缴纳主要包括基础设施的实物供给（in-kind provision of infrastructure）和现金支付（cash payments）两种方式。前者主要是开发业者在推进开发项目的过程中需要负责修建道路、供排水、公园、学校等基础设施的一项制度。这种实物供给（in-kind provision）的方式仅适用于在开发项目区域范围之内（on-site）进行，而有时开发业者也会被要求在项目区域范围以外进行相关的基础设施作业。在这种情况下，往往可以通过直接缴纳相应的开发影响费（impact fees）这一现金支付的方式来达到扩充财政资金的目的（Brueckner，1997：384）。

3）评价

这一制度的实施不仅容易引发住宅价格的上涨，而且还有可能导致加重低收入阶层住房紧张的负面影响。由此，招致了人们不少的批判。持批评态度的人们认为，费用负担制其本质就是一项对低收入阶层产生排斥效应的间接性差别政策（김재익 외，2004：151）。

四、政府支出

政府支出的方法正在各州出现应用普遍化的趋势。这一方法主要包括土地购置、土地征用，以及出台与之相关的减轻纳税负担和税收鼓励政策等。一般地，可基于建立土地银行、建设城市绿带或开放空间，以及保护环境敏感区域等目的进行土地购置。在公共或民间私营部门的支持下所进行的土地信托（land trusts）活动也逐渐增多并活跃起来。政府也出台了一系列旨在保护和维持现有农业用地的使用状况，并抑制农业用地向城市建设用地过度转变现象发生的土地税收鼓励政策（land incentives）。此外，为促进某一特定区域投资时也可施行一定的税收优惠政策（Smith，1993：49）。

第四节　韩国的管理政策

一、政策手段

1. 分区制

在韩国，现行分区制中的大部分内容都可作为成长管理工作来直接加以利用。

（1）用途地域

在国土利用方面，用途地域主要被划分为城市、管理、农林和自然环境保护四大地域（《国土规划和利用相关法》第36条第1项）。其中，城市地域又被划分为居住、商业、工业和绿地地域，在此基础上还可对各个地域进行细化区分（《国土规划和利用相关法》第36条第1项第1号）。

管理地域是在废止了原来准城市地域和准农林地域两分法的基础上，将其融合并重新划分为保护管理、生产管理及规划管理地域等（《国土规划和利用相关法》第36条第1项第2号）。保护管理地域是指，在综合考虑保护的必要性或与周边用途地域之间所存在的相互关系的基础上，难以明确归类划分为自然环境保护地域范围内的相关地域。生产管理地域是指为发展农林渔业，在综合考虑指定管理的必要性或与周边用途之间所存在的相互关系的基础上，难以明确归类划分为农林地域范围内的相关地域。规划管理地域是指，在综合考虑到划为城市地域的备选用地的可能性及对环境进行保护的基础上，为限制土地的开发和利用，有必要进行体系性和规划性管理的地域。

（2）用途地区

用土地区是指，在城市管理和规划层面通过适当加强或放宽与土地利用及建筑物的用途、建筑覆盖率、容积率及建筑物高度等方面有关的用途地域限制，以达到提高用途地域功能、提升城市环境景观和安全的目的（《国土规划和利用相关法》第2条第16号）。用途地区被划分为12个地区，并在必要时可进行进一步的详细划分。

用途地区的划定范围可扩大至非城市区域。与城市成长管理有关，且有可能会被划定为用途地区的范围也具有一定的多样性。例如，为保护自然景观或维持景致而设立的自然景观地区，为保护生态系统而设立的生态系统保护地区，以及出于限制危害设施的选址布局而设立的特定用途限制地区等旨在促进成长管理而划定的多种不同形式的用途地区。

(3) 用途区域

用途区域是指在城市管理和规划层面，通过适当加强或放宽与土地利用及建筑物的用途、建筑覆盖率、容积率及建筑物高度等方面有关的用途地域和用途地区限制，以达到防止城市建成区无序蔓延扩张、谋求土地利用的规划性和战略连续性，以及对土地利用进行有效调整和管理的目的（《国土规划和利用相关法》第 2 条第 17 号）。用途区域的划定范围主要可分为以下四种类型(정환용，2006：273～277)。

1）开发限制区域

a）划定目的

开发限制区域（或称为“绿带”）这一概念主要是基于防止城市特色丧失、保障和提高城市土地及设施利用的经济性水平、防止带状型开发模式的形成、保障提供可易于接近的娱乐休闲设施、应对大气污染、保护环境，以及防止农业用地的损毁和破坏等目的发展而来的（Ratcliffe，1978：60）。在《开发限制区域的划定及管理相关特别法》中将开发限制区域的划定目的规定为通过抑制并预防城市的无序蔓延扩张，以及对城市周边的自然景观进行保护的方式，以确保全体市民能够享有健康的生活环境，以及在国防部长官提出需从国防安保层面对城市开发作出限制性的要求并获得通过时可进行区域划定（《国土规划及利用相关法》第 38 条第 1 项）。

b）制度的发展

“绿带”作为一种最早起源于英国的城市规划思想，其也是一项重要的技术方法。霍华德（E. Howard）将环状绿化带作为其所提出的田园城市（Garden City）空间结构的核心要素之一。这也是绿带这一概念被首次引入到城市规划理论体系中。1939 年，英国制定了首部《绿带法》，以法律的形式保护城市周围的大片地区，限制城市用地的过度膨胀。后来，艾伯克隆（P. Abercrombie）在该法的基础上拟定了“大伦敦计划”（Greater London Plan：1944），提出了在城市周围划定多层绿带环。在韩国，政府制定并颁布的《城市规划法》（1971 年）中明确了一系列可对开发限制区域进行划定的立法措施，并于当年对首都圈一带进行了区域划定。2000 年，制定并颁布了《开发限制区域的划定及管理相关特别法》，其中对行为许可等与管理有关的事项进行了详细的规定。

c）区域的管理

在韩国，为了进一步对开发限制区域进行全面且有效的管理，所在管辖区域的市长或道知事应制定以五年为单位的“开发限制区域管理规划”（以下简称“管理规划”），并须经建设交通部长官的批准方能通过（《开发限制区域的划定及管理相关特别法》第10条第1项）。当需要在开发限制区域内进行建筑物的建造、工作物的设置、土地形态和性质的变更、土地面积的划分或推进城市规划项目建设时，须首先获得所在管辖区域的市长或郡守的许可方能进行。

d）症结及改善方案

因开发限制区域的划定而产生的问题主要有以下几点：一是可能会造成区域内居民与其他区域居民间的收入差距的进一步扩大；二是区域内外的土地价格产生相对差异性；三是促使限制区域内的居民向城市内地区迁移现象的发生；四是不在地主（外居房东）的大量出现；五是地方财政困境加剧；六是相较于居民福利而言，更容易造成行政救济的局面等。由此，城市政府在面临上述情形时，应制定并采取开发权的公有化、开发损失补偿，以及对划定效果进行调查评估等积极的改善方案来加以应对。

在学术界针对“绿带政策”存在着两种完全相左的见解。一种持批判性态度的见解认为，绿地政策在绿地围城的同时，不仅在住房和就业市场方面容易抑制最基本的刚性需求的增长，而且也会在许多城市造成过度抑制和严重阻碍城市外围周边地区开发所需土地的有效供给；另一种与此相反的见解则认为，绿带本身并不具备如此强大的抑制效力，因此城市政策的重心必须放在市中心再开发之上（Ratcliffe and Stubbs，1996：133）。

2）城市自然公园区域

a）划定目的

市长或道知事当出于保护城市的自然环境和景观，以及向市民提供娱乐和休憩空间的目的，认定有必要须对有关自然植被完好的山地采取开发限制措施时，可通过城市管理规划方面的一系列有效手段将该区域划定或变更为城市自然公园区域（《国土规划和利用相关法》第38条第2项）。

b）划定标准

有关城市自然公园区域的划定及变更标准的制定应在对所在城市的人口、产业、交通和土地利用等社会经济条件，以及地形、景观等自然环境条件进行充分把握和综合考量的基础上展开（《城市公园及绿地等相关法》第26条）。

c）行为限制

在这一区域内不得施行建筑物的建造和用途变更，以及工作物的设置等开发行为和相关的城市规划项目。但是，在获得所在地区的市长或郡守的许可的情况下，可进行上述限制性行为活动（《城市公园及绿地等相关法》第 87 条）。

3）建成区调整区域

a）划定目的

人口和产业不断地向城市地区的急剧聚集最终导致了城市过密化和向城市郊外地区无序蔓延（urban sprawl）现象的发生。这种城市蔓延现象不仅易于催生一些城市基础设施（如道路和上下水道等）并不完备，以及尚未发展成熟的城市建成区域的形成，而且也难以确保并促进城市发展的健康有序进行。因此，针对这一区域有必要在一定时期内采取相应的措施以防止该区域演变成为城市化区域。基于此，以此为目的而划定的区域也被称为建成区调整区域。

b）区域的划定

当建设交通部长官或相关行政部门的首要负责人出于对防止城市建成区域及周边区域发生无序演变而成为城市化区域，以及为谋求并推动更具规划性和阶段性的规划的考虑，而认定并提出有必要在未来 5～20 年内保留进一步将该区域开发成为城市化区域时，可通过城市管理规划方面的一系列有效手段将该区域划定或变更为建成区调整区域（《国土规划及利用相关法》第 39 条第 1 项；《施行令》第 31 条第 1 项）。在这一情形下，建设交通部长官应在对当年城市规划区域内的人口动态、土地利用状况及产业发展现况等因素进行综合考虑和充分的研究分析后，对限制该区域演变为城市建成区域的保留期限作出合理的规定（《国土规划及利用相关法施行令》第 31 条第 2 项）。

c）划定管理

建成区调整区域的划定主要用于无序城市化发展倾向较为明显的大城市及其周边地区。

4）水资源保护区域

a）划定管理

当建设交通部长官或相关行政部门的首要负责人出于保护和培育水产资源的考虑，而提出相关保护要求时，可通过城市管理规划方面的一系列有效手段，将必要的公有水面或与其相邻的土地划定或变更为水资源保护区域（《国土规划和利用相关法》第 40 条）。

b）行为限制

在这一区域内，除国防上或公益上不可避免的情况以外，不得实施违反划定目的的开发行为。但是，尚未在划定目的中作出限制的行为，可在获得所在区域的市长或郡守的许可后进行相关的活动（《国土规划和利用相关法》第 82 条；《施行令》第 90 条及第 91 条）。

2. 地区单元规划制度

(1) 意义

所谓地区单元规划主要是旨在对城市内一定区域的土地进行合理化利用和积极对城市功能、美观及环境进行有效维护和管理的一项以微观和局部单元为对象进行的详细性规划。其主要通过对城市规划相关内容进一步具体化，并制定与土地利用、城市基础设施及建筑物等有关的一体化综合规划等手段，以达到合理引导和有效管理城市建设工作的目的。

(2) 区分

地区单元规划可分为第 1 种地区单元规划和第 2 种地区单元规划。第 1 种地区单元规划主要是旨在促进土地利用的合理化和具体化程度、提升城市或农林渔业的生产功能，以及改进城市美观和保护环境而制定的一项规划。第 2 种地区单元规划主要是旨在对开发振兴地区进行具有系统性和规划性的开发与管理，而通过放宽对用途地域内建筑物以外相关设施的用途、种类及规模等方面的限制性措施或放宽对建筑覆盖率和容积率的限制等手段而制定的一项规划（《国土规划和利用相关法》第 49 条）。

3. 基础设施连动制

(1) 意义

基础设施连动制是指，针对因进行开发项目而使得基础设施的容量负荷加重，并导致城市非健康发展及无序建设现象的发生，遵循原因者及受益者负担原则对开发利益进行返还，从而更为合理地向全社会提供基础设施的一种手段(정환용，2006：398～399)。

如果要想实现城市的健康有序发展，就必须在对城市空间综合性规划的目标和构想具有全面了解和把握的基础上，提前准备并制定好涵盖土地利用、交通、环境及基础设施等各部门领域的总体性城市规划。但是，直到目前为止，国土利用管理体系在面临那些脱离城市规划对象范围之外的管理区域时，只要满足一定的条件标准，就可以在不考虑基础设施本身的容量承载能力的基础上自由地进行开发行为和活动。此外，在这些区域内，可通过施行单体开发项目的方式来消除所应承担的基础设施费用，从而导致“搭便车”式的无序建设和开发问题的发生。

为消除并防止以上这类问题的再次发生，政府在因开发而有必要增建基础设施的区域内引入并实施了两种主要的措施手段：一种是以由开发行为者承担修建相应的基础设施为许可审批条件的基础设施负担区域制；另外一种是积极引导开发者在不超出基础设施容量范围的基础上进行开发活动的开发密度管理区域制。由此可以看出，基础设施连动制本身是一个涵盖了上述两大制度的综合性概念。

(2) 开发密度管理区域

市长或郡守可在因居住、商业或工业区域内所展开的开发行为而可能出现基础设施的处理、供给或承载能力不足状况的地区中选取不宜修建基础设施的区域划定为开发密度管理区域(《国土规划和利用相关法》第66条第1项)。

当市长或郡守要对开发密度管理区域的范围进行划定或变更时,需将有关区域的名称、区域的范围,以及建筑覆盖率或容积率的强化范围等内容报送地方城市规划委员会进行审议(《国土规划和利用相关法》第66条第3项),并将相关内容进行通报和公示(《国土规划和利用相关法》第66条第4项)。

(3) 基础设施负担金的征收及使用

因建造建筑物等行为而需对基础设施进行修建、维护或改建时,可依法征收相应的基础设施负担金(《国土规划和利用相关法》第67条第1项)。

基础设施负担金主要以建筑物的总建筑面积超过200平方米的建筑行为为主要征收对象(《基础设施负担金相关法》第5条),并由建设交通部长官(可委任市长、郡守、区厅长等代行)负责征收或课赋工作(《基础设施负担金相关法》第3条、第24条)。

所征收的基础设施负担金中的30%上缴归国家所有,其余70%归地方政府所有(《基础设施负担金相关法》第4条)。所征收的基础设施负担金应用于修建基础设施或提供必要的用地保障(《基础设施负担金相关法》第5条)。

4. 开发许可制

(1) 意义

所谓开发许可制可定义为“当在可用于开发的土地具备一定的开发条件的情况下,通过解除开发禁止限制的方式对提出开发要求的申请人给予开发行为许可的一种制度”。需要注意的是,开发许可制只针对那些尚未划定为绝对禁止开发区域范围的可开发区域内的土地。更具体地讲,其仅适用于可开发区域内尚未进行任何开发项目的土地。开发许可制以具备一定申请标准为前提条件,通过依据相关法令所规定的程序来进行“许可”或“不许可”的判定来加以灵活运用(류해웅,2001)。

这一制度为防止在城市规划区域范围内进行无序开发及引导规划性发展而需要对地块形状、土地的性质采取一系列变更或建造等开发行为时,通过预先获取开发许可的方式以求对无序开发的行为进行有效管制。

(2) 制定背景

在采纳并推行用途地域制度的韩国,一直在实行的过程中坚持在城市和非城市地区内只要不违反所用用途区域的划定目的就可给予开发许可的建筑自由原则。从某一角度来看，这一原则本身也是一种即便在不符合上层规划标准或在环境及景观规划方面存在问题的项目，只要不违反相关法令法规的规定，就应给予审批许可的羁束裁量行为。虽然从根本上来看，有关无序开发的问题主要是由规划的不完善以及在准农林区域进行各种开发行为所造成的，但近年来，地方政府负责人在明知该项目在实际的运营和操作过程中可能会造成无序开发后果的情况下，依旧给予许可审批的问题也越来越多。为了消除并解决这一问题，在施行开发许可制的过程中，也已将原来的羁束裁量行为转变为了自由裁量行为，即在审批的过程中，应对规划（建筑或开发规划）的合理性、是否具备相应的基础设施条件，以及与周边环境的协调性等因素进行综合考虑和全面分析的基础上，再对开发行为作出许可、不许可或有条件许可等最终的裁决结论。

制定并实施开发许可制的必要性主要体现在以下几个方面（류해웅，2001）。

1）用途地域制相关功能的补充和完善

一般来说，只要不违背用途的划定目的，用途地域制度就容许全面的土地开发与利用。然而，为了合理土地管理，偶尔会呈现出有时间差的开发或开发限制。一般而言，在不被相关土地用途划定目的的前提下就可以对其进行开发和利用。但是在现实操作的过程中，为了对土地进行有效管理，到开发真正完成之时会形成一个时间差。

2）谋求具有规划性的土地开发和土地利用

通过对用途地域、地区及区域等进行区分划定的方式所形成的有关土地的规划性利用其本身具有一定的局限性。此外，非依循开发项目所进行的开发行为活动也应确保实现有计划的土地利用。

3）谋求生态、环保型开发

无论是在城市化地区与非城市化地区之间，还是在保护用途区域与开发用途区域之间，都需要在开发用途方面具备一项可实现生态、环保型开发的制度性装置。

4）实现基础设施的配套完善与整备开发

一般而言，城市规划区域范围内的土地开发是在以基础设施建设为平台的城市规划之上逐步形成并实现的。但是，在非城市化地区，往往在基础设施尚不完善的状态下就进行一系列的土地开发活动，并最终导致无序开发问题的发生。因此，在开发的过程中，也需要具备一项以基础设施的建设为前提或可推进同步开发的制度性装置用以实现基础设施的配套完善与整备开发。

（3）许可对象与标准

在城市规划区域内，非为已通过审批的城市规划项目，而要进行以下所列行为（以下简称“开发行为”）中的任意一项时，应在事前首先获得所在地区的特别市市长、广域市市长、市长或郡守的许可（以下简称“开发行为许可”）后方能进行。

第一，建造建筑物或设置工作物；

第二，对土地的形状或性质进行变更（用以农业耕种目的除外）；

第三，土矿石开采作业；

第四，在城市区域内进行的土地划分；

第五，在绿地区域、管理区域或自然环境保护区域内堆积物品超过一个月以上的行为等；

除依据相关法律法规的规定而无法施行的城市规划项目以外，如果开发行为者所提交的开发行为许可的申请没有与城市规划的有关内容有相违背之处，所在地区的市长或郡守应对所申请的开发行为予以许可通过（《国土规划和利用相关法》第 49 条第 2 项）。

市长或郡守在针对以下所列事项时，依据三年以内由地方城市规划委员会审议并施行的地方条例的有关规定，对开发行为许可进行管制，但此项权利只能使用一次（《国土规划和利用相关法》第 49 条第 2 项）。

第一，有必要对绿地进行保护的区域；

第二，因开发行为的进行而可能使周边的环境景观等遭受较大污染或损失时；

第三，因城市规划区域的重新划分和整编，且相关城市规划内容尚在拟定时，而可能致使开发行为许可的标准出现重大变动的区域。

二、首都圈管理

1. 政策的展开

为缓解并防止人口进一步向首都圈地区[①]过度集中现象的发生，自 20 世纪 60 年代中期以来政府部门制定并实施了一系列多样化的政策措施（정환용，2006：554～555）。依据内容的不同，可将首都圈管理政策的展开过程分为以下三个阶段进行探讨和分析。

1）初始成长期（1964～1975 年）

在首都圈形成和发展的初期，相较于从广域化的角度去处理首都圈问题而言，政府及相关部门将更多的重心放在了解决所面临的各种突如其来的现实性任务之上。这一时期所出台的政策主要有《防止大都市人口集中政策》（1964 年，

---

① 译者注：在韩国，所谓的首都圈地区是指首尔特别市及其周边的京畿道和仁川广域市三地的统称。首都圈的面积仅占韩国国土总面积的 11.8%（11745 平方千米），但却聚集居住了全国约 49.4%（2520 万）的人口。

建设部)、《首都圈人口集中控制方案》(1969 年，青瓦台)、《大都市人口疏散政策》(1973 年，经济规划院) 及《人口疏散规划》(1975 年，首尔市政府) 等。

2) 全面推进期 (1976～1988 年)

在形成并具备一系列旨在促进首都圈发展的具有广域化意义的制度性条件的基础上，首都圈的管理工作也正式进入了全面推进首都圈政策的新时期。这一时期所出台的政策主要有《首都圈人口再分配基本规划》(1976 年)、《首都圈整备规划法》(1982 年) 及《首都圈整备基本规划》(1984 年)。但是，到了后期，因举办汉城亚运会 (1986 年) 和汉城奥运会 (1988 年) 需要，采取了相应的管制宽松政策，由此最终导致未能达到所预期的政策效果。

3) 方向调整期 (1989 年至今)

为进一步促进首都圈地区的均衡发展，1990 年，中央政府成立了一个名为“区域均衡发展规划团”的部门机构，其主要负责对政府现行的各种政策进行分析研究，并适时向政府提交有关首都圈政策的总体发展方向。在此基础上，政府于 1994 年对《首都圈整备规划法》进行了全面的修订，并于 1997 年制定了《第 2 次首都圈整备规划》。最近以来，政府在对《第 4 次国土综合规划》的修订、仁川新机场的启用、开发限制区域的解除，以及公共机关向地方迁移等国家均衡发展政策进行综合考量和全面分析的基础上，制定并施行了第 3 次首都圈整备规划 (2006～2020 年)。

2. 整备规划

(1) 制定程序

首都圈整备计划主要由建设交通部长官在听取并汇总中央行政机关的首要负责人、首尔特别市市长、广域市市长或道知事所提出的各项意见的基础上主持推进相关的制定工作 (《首都圈整备规划法》第 4 条第 1 项)。已制定并形成的规划案须经首都圈整备规划委员会审议，并获得国务会议和总统的认可和同意后，再交由建设交通部长官进行最终的决策 (《首都圈整备规划法》第 4 条第 2 项)。最终决定通过的首都圈整备规划相关内容应在政府官方公报中予以公布。当需要对规划内容进行修订时，须重新经过各审议程序，并予以公告。

(2) 规划内容

在以维持控制向首都圈集中的基本基调和提高竞争力为政策目标的第 2 次首都圈整备规划 (1997～2011 年) 中，提出要构建以四条轴线为发展核心的多核心分散型空间结构。在该规划中，更是提出要将首尔—仁川轴线打造成为国际交流中心、安山—牙山轴线发展成为产业带和物流基地、坡州—抱川轴线发展成为朝鲜半岛南北交流和经济合作的桥头堡、利川—加平轴线发展成为自给自足的田园城市和综合旅游观光区等适合自身发展特点的开发整备目标。此外，该规划还提出要以发达国家现行建设标准来构建首都圈广域交通网络，并通过扩充完善有利于推进国际交流与合作的相关配套设施等途径，不断提升和强化自身的竞争力。

3. 管理手段

（1）圈域的划分及政策手段

在首都圈整备规划中，主要将首都圈划分为过密抑制、成长管理及自然保护三类圈域，以此加强对首都圈内的人口和产业的有效管理（《首都圈整备规划法》第6条第1项）。其中，过密抑制圈域是指针对已经出现人口和产业过度集中现象或有可能出现过度集中倾向，且切实需要进行转移或整备的地区；成长管理圈域是指积极吸引从过密抑制圈域内迁出人口和产业，且切实需要对产业布局和城市开发进行适度管理的地区；自然保护圈域是指需对汉江水系的水质及江边绿地等自然环境进行保护的地区。

此外，为了有效加强对首都圈地区的整备管理工作，还以大学和工厂等为对象制定了专门的总量制度、以大型建筑物为对象制定了过密负担金制、以大规模的开发项目为对象制定了相关的管制措施和广域基础设施配套修建费用负担制等管控性政策。

（2）总量制度

为了减少并进一步降低工厂、学校等容易造成人口集中的设施在首都圈内的过度集中的程度，建设交通部长官可针对该类设施的新建及增建而产生的总量制定相应的规定，并对超出规范标准的新建及增建行为做出限制（《首都圈整备规划法》第18条第1项）。

1）工厂总量管理

建设交通部长官每3年须通过首都圈整备委员会的审议对各市和道的工厂建筑的总量做出规定（《首都圈整备规划法施行令》第22条地2项），在此基础上，市长或道知事应在所划定的总量范围内制定各年度的指标分配计划，并提交建设交通部长官予以审批（《首都圈整备规划法施行令》第22条第4项）。市长或道知事在充分考虑所管辖区域内各不同市、郡、区的实际情况的基础上，可在年度指标分配计划的范围内向各地区分配相应的工厂建筑总量指标（《首都圈整备规划法施行令》第22条第5项）。

2）学校总量管理

在有关学校总量管理方面，对于普通高等院校及师范类大学等在原有招生计划的基础上所增加的入学人数超过50人以上，且提出相关建设申请时，须由建设交通部长官根据首都圈整备委员会的审议结果进行最终决策。此外，也对其他高等专科院校以及仅设有研究生院的高等院校的招生限额做出了相应的规定（《首都圈整备规划法施行令》第 24 条）。

（3）过密负担金制度

过密负担金是指，对那些需要在所划定的过密抑制圈域的范围内建造或修建商务（营业）用建筑、销售用建筑及公共建筑等的行为人征收相应额度负担金的一项制度（《首都圈整备规划法》第 12 条第 1 项）。

一般地，负担金按照建筑费用总额的 10%为标准进行征收，但也可根据各地的实际情况进行灵活变动，最低可调整为 5%（《首都圈整备规划法》第 14 条第 1 项）。所征收负担金总额的 50%应上缴中央政府作为均衡发展专项财政资金，其余金额则归所在市或道所有（《首都圈整备规划法》第 16 条）。

（4）大规模开发项目管控制度

相关政府行政部门的首要负责人需在首都圈内进行大规模开发项目或授权许可时，应将有关的开发规划提交至首都圈整备规划委员会进行审议，并与建设交通部长官就有关议题进行协商或获取其的许可同意（《首都圈整备规划法》第 19 条第 1 项）。

相关政府行政部门的首要负责人需在首都圈内进行大规模开发项目或授权许可时，应以人口、交通及环境影响评估等为基础，制定并提交一份旨在防止人口集中、交通和环境污染的方案和有关广域性基础设施修建计划（《首都圈整备规划法》第 19 条第 2 项）。在这里，所谓广域性的基础设施是指，大规模开发项目地区与周边城市之间进行联系互动的交通设施、环境污染控制设施、废弃物处理设施、依据用水供给规划而修建的供排水设施，以及其他一些有必要进行修建和整备的基础设施（《首都圈整备规划法施行令》第 25 条第 1 项）。有关广域性基础设施建设的内容须经首都圈整备委员会审议并通过后，可要求相关大规模开发项目的行为人承担相应的开发责任（《首都圈整备规划法》第 20 条）。

参考文献

김기호，(2002)，“계획단위개발,” 대한국토도시계획학회 편，《도시개발론》，(서울：보성각)，422～427.

김재익 외 5인，(2004)，《도시성장관리：정책과 수단》，(서울：형설).

김현주，(2005)， “수도권 성장관리와 수도권 발전전략”，도시정보 (279) 및 주택도시 (85)：128～143.

류해웅，(2001)，《개발허가제의 도입에 관한 연구》，(안양：국토연구원).

이상호，(2005)，“도시성장관리와 도시경쟁력,” 도시정보 (279) 및 주택도시 (85)：2～15.

이정전，(1997)，《토지경제론》，(서울：박영사).

정환용，(2006)，《도시계획학원론》，(서울：박영사)．

조철주，(2006)，"미국의 스마트성장 출현배경과 운용실태"，국토 (2006. 9)：42～51.

Altshuler，A.，(1981)，*The Urban Transportation System* (Cambridge，Mass，：The MIT Press)．

Anthony，J.，(2004)，"Do state growth management regulations reduce sprawl?，" *Urban Affair Review*，39；3 (Jan. 2004)：376～397.

Brueckner，J.，(2000)，"Urban sprawl：diagnosis and remedies，" *International Regional Science Review*，23；2 (2000)：160～171.

Carruthers，J.，(2002)，"The impacts of state growth management programmes：A comparative analysis，" *Urban Studies*，39；11 (2002)：1959～1982.

Carruthers，J. and Ulfarssaon，G.，(2002)，"Fragmentation and sprawl：Evidence from interregional analysis，" *Growth and Change*，33 (summer 2002)：321～340.

Chinitz，B.，(1990)，"Growth management，" *Journal of the American Planning Association*，56；1 (winter1990)：3～8.

Clarke，W. and Evans，J.，(1999)，"Development impact fees and the acquisition of infrastructure，" *Journal of Urban Affairs*，21；3 (1999)：281～288.

Daniels，T.，(2001)，" Smart growth：A new american approach to regional planning，" Planning Practice & Research，16；3/4 (2001)：271～279.

Dawkins，C. and Nelson，A.，(2002)，"Urban containment policies and housing prices：an international comparison with implications for future research，" *Land Use Policy*. 19 (2002)：1～12.

DeGrove，J. and Metzger，P.，(1993)，"Growth management and the integrated role of state，regional and local government，" Stein，J.，(ed.)，*Growth Management：The planning challenge of the* 1990*s* (London：Sage)，3～17.

Ding，C. and Knaap，G. and Hopkins，L.，(1999)，"Managing urban growth with urban growth boundaries：A theoretical analysis，" *Journal of Urban Economics*，46 (1999)：53～68.

Downs，A.，(1994)，*New Visions for Metropolitan America* (Washington，D. C.：The Brookings Institution)．

——，(2000)，"How America's cities are growing：The big picture，" Wassmer，R.，(ed.) *Reading in Urban Economics* (Mass.：Black well)，107～117.

Eaton，J. and Eckstein，Z.，(1997)，"Cities and growth：Theory and evidence from France and Japan." *Regional Science and Urban Economics*，27 (1997)：443～474.

Ellis，C.，(2002)，"The new urbanism：critiques and rebuttals，" *Journal of Urban Design*，7；3 (2002)：261～291.

Feiock，R.，(1994)，"The political economy of growth management，" *American Polities Quartely*，22；2 (April 1994)：208～219.

Filion，F.，(2003)，"Towards smart growth? The difficult implementation of alternatives to urban dispersion，" *Canadian journal of Urban Research*，16；1 (2003)：48～70.

Gleeson, M. , et al. , (1975), *Urban Growth Management Systems*, *Planning advisory Service Report nos*. 309～310 (Chicago: ASPO) .

Goodall, B. , (1972), *The Economics of Urban Areas* (Oxford: Pergamon) .

Green, Jr. , P. , (1968), "Land subdivision," Goodman, W. and Freund, E. , (eds.), *Principles and Practice of Urban Planning* (Washington, D. C. : ICMA), 443～484.

Judd, D. and Swanstrom, T. , (2002), *City Politics: Private Power and Public Policy* (N. Y. : Longman) .

Kelly, E. , (1993), *Managing Community Growth* (Westport, Connecticut: Praeger) .

Lopez, R, and Hynes, H. , (2003), "Sprawl in the 1990s: Measurement, distribution, and trends," *Urban Affairs Review*, 38; 3 (jan. 2003): 325～355.

Nelson, A. and Moore, T. , (1996), "Assessing growth management policy implementation," *Land Use Policy*," 13; 4 (1996): 421～259.

Nelson, et al. , (2004), "Urban containment and central-city revitalization," *Journal of the American Planning Association*, 70; 4 (2004): 411～425.

Ratcliffe, J. , (1978), *An Introduction to Town and Country Planning* (London: Hutchinson) .

Ratcliffe, J. and Stubbs, M. , (1996), "*Urban Planning and Real Estate Development* (London: UCL Press) .

Rosenberg, N. , (1999), "Development impact fees: Is limited cost internalization actually smart growth?," *Environmental Affairs*, 30 (1999): 641～688.

Smith, M. , (1993), "Evolution and conflict in growth management," Stein, J. , (ed.), *Growth Management: The planning challenge of the* 1990*s* (London: Sage), 44～57.

Wasserman, M. , (2000), " Urban sprawl," *Regional Review*, 10; 1 (2000): 9～17.

Weitz, J. , (1999), "From quiet revolution to smart growth: State growth management program, 1960 to 1999," *Journal of Planning Literature*, 14; 2 (november 1999): 267～338.

第十章

开发管理

第一节 概 要

一、意义

1. 概念

一般地，可以将所谓的城市开发（urban development）视为是一种旨在能动应对动态的城市环境和不断发生变化的客观条件而在规划方面所做出的努力(정환용，2006：353～354)。当我们站在不同的角度去看待开发[①]这一概念时，也会产生不同的理解。从经济性的层面来看，开发是指为了让土地更具有可利用性或更具有效率性而采取的一种行为，即是一种创造附加价值的行为。此外，开发也被视为是依据土地与财产的市场价格以及地租等市场信号所进行的交易和投资行为。从物理性的层面来看，开发往往意味着对土地或建筑物的物理性使用或对现有使用密度进行变更。

在城市地区实施的项目大致可分为城市规划项目和非城市规划项目。城市规划项目作为一项旨在推进城市管理规划的项目，主要包括城市规划设施项目、城市开发项目，以及城市与居住环境整备项目等（《国土规划及利用相关

① 译者注："开发"一词与"发展"在英语中虽同为"development"，但一般地，在城市管理学领域中，"开发"和"发展"在用语使用上有着一定的区别。所谓"开发"主要用于描述那些物理性的、具体性的及微观性的事物或理论；而所谓"发展"则更多地用于描述那些更为综合性的、抽象性的及宏观性的事物或理论。在本章中，也将基于这一原则对"开发"和"发展"两种词汇加以区分使用。但必须指出的是，在与城市有关的多个学科领域中经常出现混用的状况，因此这也有待在未来的相关研究中对词汇定义和相关用语体系进行明确的规范。

法》，第 2 条第 11 号）。非城市规划项目是指依据特别法而进行规划建设的住宅区、商业区、工业园区及其他一些农村开发项目等。

在《国土规划及利用相关法》中将城市开发项目视为是旨在推进城市管理规划的城市规划项目的重要组成部分之一（《国土规划及利用相关法》，第 2 条第 11 号），并在《城市开发法》中将其定义为一项旨在城市开发地区的范围内规划建设具有居住、商业、产业、流通、情报通信、生态、文化及福利功能的地块或城市区域而推进实施的项目（《城市开发法》，第 2 条第 1 项第 2 号）。

2. 开发的问题

与城市开发相关的一般性课题可从经济的效率性、社会的公平性、政治的民主性，以及开发与环境间的和谐发展等方面进行探讨和分析（정환용，2006：354）。

首先，在经济的效率性层面上，应该着重对“在能够充分提供地价合理且质优的城市用地的情况下，是否可以将地价上升等负面效应降低到最小化的程度”这一问题进行深入的研究分析。

其次，在社会的公平性层面上，应该对“是否会因开发行为而引发社会公平性”这一问题进行思考。由此，在这里也应着重对“是否对开发利益进行了合理的分配”这一问题进行深入的探讨和研究。

再次，在政治的民主性层面上，应将重点放在“开发是否反映了居民的诉求”及“开发是否提供了参与机会”等问题上。

最后，在涉及开发与环境间的和谐发展层面时，应着重强调“在避免因开发对环境产生破坏的同时，怎样确保在与各项开发规划紧密联系的基础上实现环境保护与长期开发方向及战略之间的相互融合发展”这一问题的重要性。

二、开发的过程

1. 开发阶段

城市开发自开始到结束可以被描述为一系列表征或阶段连续进行的过程。这一开发过程可分为预备开发活动、开发执行及设施管理三大阶段来进行观察和分析（Knox，1994：184～187；정환용，2006：358～359）。

（1）*预备开发活动*

在预备开发活动中，主要应着重对地块的选择、项目规划的概念化，以及已概念化了的项目规划的妥当性等问题进行充分的把握和分析。

在地块选择阶段应对区位、规模、土地购置费、公共设施和服务的可用性、邻里周边土地的使用者对项目规划的反应等事项进行充分的考虑和调研。

在项目规划的概念化阶段中，则主要围绕“以怎样的方式去进行何种形态的开发”这一问题而展开的相关规划内容的具体化作业。

在进行妥当性分析时，通常会通过所有权、公共过程、项目规划的可行性和发展前景研究、物理性条件及市场条件五种方法来对其进行检验分析。不同的个人或社会利益集团对土地具有各不相同的权利。因此，开发业者在对土地进行开发活动的过程中，应充分通过合理、合法的途径从其他个人或社会利益集团手中获取相应的权利或尊重相应权利的使用。当遇到拥有开发潜质的土地地块的所有者不愿意或不打算出让土地时，可采取相应的强制性购置措施以保证获取相应的土地地块。公共过程通常与项目规划的审批许可有着直接的联系，因此需要对各种建筑规范的有关内容进行充分的讨论和分析。民间私营部门主导进行的开发活动应对项目规划进行发展前景研究（viability study），以对是否有充分把握创造并获取因超出预期成本的预期收益部分所产生较为理想的收益率回报等问题进行决策。应对所提出的开发方案在相应地块上的可行性和实用性等问题进行明确。此外，在进行开发活动之前，也要对市场条件（market conditions）进行充分的论证和分析。

（2）开发执行

在预备阶段的各项工作结束后，就进入到执行阶段。在这一阶段主要包括财政活动、市场营销活动、设计和建筑活动等。

首先，财政作为一种增强他人对项目规划妥当性信心的一种有效手段，其主要考虑相较于投资成本而言可能获得的收益，以谋求必要的资金筹集方案。

其次，市场营销作为一项在开发执行阶段中越来越重要的行为活动，其主要通过开发业者向人们宣传已开发土地使用的可行性。

最后，在设计和建筑阶段中需要进行一系列土木、建筑及造景等具体的施工活动，因此这些作业的速度与进度就显得至关重要。建造的过程自土地所有者和建筑家与建设业者之间达成共识并签署合同的那一刻起开始计算，其最为主要的考虑事项包括成本费用和完工时间等。

（3）设施管理

所有者非以自住或其他自用为目的而进行的开发活动一般都会在建造完工后，用于销售或租赁。但在现实中，往往在开发活动结束之前，所有者就开始为争取吸引到更多的承租者或购置者而进行着种种努力。当开发用地被用于租赁时，开发业者一方面会对承租者进行管理并征收相应的租金，以便于其开展维护和管理工作；另一方面其还会负责对项目计划进行更新和管理，并与新的所有者进行市场交易行为。这也被称为设施管理阶段。在实质的开发活动结束以后，须经过销售、处置及占有等步骤后整个开发过程才算真正结束。

2. 开发规划过程

在《城市开发法》中所提到的城市开发规划的制定及施行程序应针对所划

定的开发区域制定相应的开发规划，并施行相应的开发项目作业（정환용，2006：360～371）。

（1）开发区域的划定

所谓城市开发区域是指为施行城市开发项目或事业而划定并予以公示的区域（《城市开发法》第2条第1项第1号）。主持并主导城市开发区域划定工作的负责人主要有特别市市长、广域市市长、道知事及交通部长官等（《城市开发法》第2条第1号；第3条第1号）。

建设交通部长官、市长或道知事需对城市开发区域进行划定，或市长、郡守或区厅长提出相关开发区域的划定申请时，须召开由市民及有关专家参加的听证会听取相应的意见或建议，听证会上所提及的各种合理化意见或建议，应予以采纳并在相关划定工作中有所体现（《城市开发法》第7条第1项）。

负责相关划定工作的决策者在对开发区域的范围进行或定或变更时，应在与相关行政部门的主要负责人进行商议后，提请中央城市规划委员会或市、道级城市规划委员会予以审议批准（《城市开发法》第8条）。

（2）开发规划的制定

负责相关划定工作的决策者在对开发区域进行划定时，应针对该开发区域制定相应的城市开发项目规划（以下简称“开发规划”）（《城市开发法》第4条第1项）。

开发规划主要由开发规划书和其他相关的图纸及附件资料等构成（《业务指南》第10条第2项）。在开发规划书中应包含开发区域的名称、位置和面积；区域划定的目的及项目实施的时间；项目实施人；人口、土地利用、交通管理、环境保护、各类设施规划、资金筹集规划等内容（《城市开发法》第5条第1项）。

（3）开发项目的实施

城市开发项目的实施者（以下简称“实施者”）由负责相关划定工作的决策者来进行指定并予以确认（《城市开发法》第1条；第14条）。欲成为实施者的个人或组织需向所在地区的市长、郡守或区厅长提交项目实施者指定申请，并交由负责相关划定工作的决策者进行确认。但当决策者本身为相关城市开发项目的直接参与者时并不适用于以上实施申请程序（《城市开发法施行令》第15条第1项）。

施行者应负责制定相关城市开发项目的实施规划。在这一规划中应包含地区单元规划，并应严格遵守地区单位规划制定的相关标准进行（《城市开发法》第17条第1项；第28条第2项）。一方面，通过在所有的城市开发区域内制定地区单元规划，为营造舒适的城市环境打下坚实的基础；另一方面，通过在项目竣工后依据已制定的地区单元规划的相关内容对该区域进行管理，不仅维持了既定规划的开发密度，也为日后形成过密开发提供了保障。

第二节 开发方式

城市开发方式根据指标的不同可有多种分类方法。按照开发主体的不同可分为以公共部门为主导的公营开发、以民间私营部门为主导的私营开发及公私合作开发三种。按照土地取得方式的不同可分为全面收购（公营开发项目、地基建造项目）和混合方式（土地再开发、住宅再开发）两种。按照处置方式的不同可分为出售转移方式和租赁方式两种。

从土地所有权的层面来看，可将土地开发方式分为土地所有者直接开发和土地所有权者将使用权转让给开发者进行开发的租赁开发两种开发方式。前者中最具代表性的方法有换地方式，而后者中最具代表性的方法有征用及使用方式和信托开发方式等。《城市开发法》规定有关城市开发项目的实施方式应在征用及使用方式、换地方式或以上两者混合的方式中进行适当的选择，并以相对富有弹性的方式推进运营工作（《城市开发法》第 20 条）。

一、换地方式

1. 意义

（1）概念

所谓通过换地方式进行的城市开发项目（以下简称“换地开发”）意指过去曾在韩国施行过的土地规划整理事业。一般地，可将换地开发视为根据土地利用规划，将已进行无序开发或尚未进行开发的土地进行区划整理，并通过配套建设基础设施等方式为将其转换成为更具使用价值的土地而在规划方面所做出的一种努力（정환용，2006：379～384）。

换地开发是指当以提升土地地块的效用性或对公共设施进行整备为目的而需要对土地进行置换、划分及区划调整，对土地等级（类别）或形状和性质进行变更，对公共设施进行修建及变更，抑或是当需要进行城市开发项目作业对象区域的地价明显高于临近周边区域，且难以实施征用或使用方式时所采取的一种城市开发项目实施方式（《城市开发法》施行令 第 32 条第 1 项第 1 号）。

（2）特征

换地是指在项目实施之前并不对已存在的权利关系加以任何变更，且在对各土地的自然条件和使用状况进行充分考虑和分析的基础上，将现存权利关系转嫁并应用于新划定或形成的土地地块之上的一种行为。这种行为也被称为土地规划调整（land readjustment）。

之所以将换地开发作为城市开发的一项重要工具加以利用的主要原因是其具有以下几点执行上的优势（Larsson，1997：142；Sorensen，2000：225～226）。

第一，作为一种将项目土地整合为单一所有形式的方法，相较于其他方法而言，其更具有低成本高效率的优势。

第二，在与地方政府部门进行协商方面，所有者协会是最为合适的协商对象。

第三，相较于财政资金相对不足的城市政府而言，协会更有能力解决财政等在执行上所存在的各种难题。

第四，这一方法通过建立与现有规划相区别的新式结构从而形成更为优化合理的规划方案。此外，通过规划还可进一步完善公共设施配套，从而改善整个土地的使用条件。

第五，这一方法主要按照开发利益（development gain）的可用性原则在各所有者之间进行分配，因此其被看做是一种较为公平的方法。

第六，一般地，与渐进式的开发方式有所不同的是，新式规划是一种完全有可能实现高效快速执行的方法。由于几乎不会对原土地所有者的所有权做出任何大的变更或调整，相较于其他开发方式而言，因受到来自于原土地所有者的抵制而产生的影响要小得多，从而更容易在短时间内推进项目的开发进程。

第七，在这一方法中不仅能够使土地所有者充分发挥关键性的作用，也能够充分调动所有者的利益和资源。

第八，现有土地的所有者出于维护自身财产的目的，也会对现有社会环境进行积极的保护。

不同的利益关系当事者所处立场的不同对该方法所具有优势的认识也有所差异。从土地所有者的立场来看，虽然由分配而获得的土地地块有所减小，但土地的相对实际价值得到了很大的提升，因此也对该方法表示出支持的态度。从规划部门的立场来看，由于通过该方法可提供所需的公共设施用地和基础设施用地，也较为青睐于采用该方法（Sorensen，2000：219）。

(3) *历史背景*

近代意义上的换地开发的起源最早可以追溯到由时任德国法兰克福市（Frankfrut）市长阿迪克斯（Adickes）在1891年主持制定并予以实施的《分级建筑法令》[又名《阿迪科斯法》(Lex Adickes)]。正如该法案在提案说明中所提到的一样，制定该法案的目的在于“清除并结束有碍于具有合理性城市开发的土地无序划分的状态，从而合理有效地解决住房问题”。

这一法案的影响也扩散到了世界上其他国家和地区。在欧洲，法国、意大利及瑞典等国受其影响，制定并颁布了相关的法律法规。另外，亚洲的韩国、日本、中国台湾、印度，以及澳大利亚的部分地区也相继采纳了该法案的有关内容。在北美，加拿大的部分城市制定并已经开始实施相关的法律内容，而在美国的部分自治州也正积极立法，制定切合各自地区实际情况的法令法案（Larsson，1997：142）。

在韩国，于1961年制定的《城市规划法》的第3章第2节中对有关土地区划整理等相关内容做出了规定，1966年又单独立法并颁布实施了《土地区划整理项目法》，但2000年又将有关内容重新纳入到了新制定的《城市开发法》当中，原法也随之被废止。

2. 开发过程

换地开发主要可分为换地规划的制定与审批许可、项目施行及换地处置等三个阶段来加以推进。

（1）规划制定及审批许可

当施行者要通过换地方式对城市开发项目的全部或部分进行开发作业时，须制定包括相应的换地设计、换地明细、清算对象土地明细、留用地或保留地明细等内容的换地规划（《城市开发法》第27条第1项）。

施行者在制定换地规划时，所提出的换地方式应获得拥有该区域面积至少2/3以上的土地所有者的认可，并征得超过半数以上土地所有者的同意方能通过（《城市开发法》第4条第3项）。

当由施行者代替政府部门直接制定相关换地规划时，须得到所在地区市长、郡守或区厅长的确认和认可（《城市开发法》第28条第1项）。

（2）项目实施

在项目实施阶段，为了促进项目的顺利进行，在必要时可划定相应的换地预留地，并对施行地区内的相应设施进行拆迁作业及推进宅基地开发项目。因换地预留地的划定、使用或终止对收益进行分配处置而导致土地无法继续使用或不再具有收益性时，直到发布换地处置公告之日之前，均应由相应的实施者负责管理工作（《城市开发法》第38条第1项）。

（3）换地处置

所谓换地处置是指，施行者依据换地规划的相关内容完成开发项目以后，应对原有土地和新保有的土地进行交付作业，并对隶属于原有土地的相关权利进行交接。

实施者在工程完工后，应及时予以公告，并在14日以内向社会公众开放，并提供查询和阅览相关工程文件的服务工作（《城市开发法》第39条第1项）。

实施者在经受社会公众评议并积极采取相应的改进措施后，应对开发项目工程进行首位作业，并提出竣工验收申请（《城市开发法》第 39 条第 3 项）。在竣工验收期间，施行者应在 60 日以内进行相应的换地处置作业（《城市开发法》第 39 项第 4 条；施行令，第 55 条）。

3. 症结与改善方案

土地区划整理的症结主要表现为以下六大问题：一是所容许的开发利益过大；二是在开发利益分配方面存在着非合理性；三是土地所有者的负担过重；四是一定规模以下的土地所有者很难从中获取相应的收益；五是无法充分地反映出土地所有者的意见或建议；六是在项目通过审批后，项目规划和换地规划之间依旧存在相互脱钩、分立的问题等（황명찬，1985：372～375）。

为改善和解决以上这些问题，应从强化对城市规划的监督、加强与地区规划间的联系、促进责任分担与换地间的合理化、制度运营的合理化，以及强化技术保障和人力培训等多方面入手，谋求最为优化的解决方案（황명찬，1985：376～379）。

二、征用及使用方式

1. 意义

（1）概念

公共项目的主体为推进公益项目而需取得相应的公共用地的方法主要有两种：一种是官方征用，该方法主要依据合同所形成的选择性购买及由此而产生的相应的权力来进行；另一种是在中间环节介入征用程序后，在裁决之前依据相应的协议来取得相应的公共用地。在这里，官方征用是指因出于公益项目的需要或其他福利行政管理的目的，而依据并通过法律的相关效力对他人特定的某些财产权（所有权外的其他权利）进行强制性征收的一种方式（정환용，2006：375～379）。

（2）征用者及被征用者

征用权的主体——征用者无论是国家、公共团体或个人均可以成为公益项目的发起者和执行者。施行者可对城市开发项目所需的土地进行征收和使用。但是，当项目施行者本身为获得相应认可的土地所有者、协会或民间法人时，应至少购入项目所在区域内占土地总面积 2/3 以上的土地，并征得超过半数以上土地所有者的同意方能进行（《城市开发法》第 21 条第 1 项）。

征用权的客体——被征用者主要是指土地所有者及其相关关系人。官方征用的标的物作为一种财产权形式，主要包括土地所有权、所有权以外的其他与土地有关的权利，以及土地附着物的所有权等。在处理有关土地的征用或使用问题时，应遵循《公益项目用土地等的取得及补偿相关法》的相关法律规定（《城市开发法》第21条第2项）。

(3) 公益项目的范围

可取得或使用相应土地等资源的公益项目主要包括城市基础设施建设项目、公共部门以租赁或转让为目的而推行的宅基地和住房建设项目。国防和军事相关项目等（《公益项目用土地等的取得及补偿相关法》第4条）。

(4) 取得或使用方式

取得或使用的方式主要可分为协议和征用两种。前者主要是一种在进入征用方式各项程序以前通过与土地所有者及其相关关系人之间进行协商并达成共识而取得土地的一种方式。

2. 依据协议而进行的取得或使用方式

(1) 土地及建筑相关调查报告的制定

当项目实施者通过协议的方式取得或使用土地时，应制定相应的土地调查报告及建筑调查报告，并应由土地所有者及其相关关系人对有关内容予以确认后，进行签字盖章（《公益项目用土地等的取得及补偿相关法》第14条）。

土地及建筑相关调查报告的制定是发起者（实施者）对所要征用或使用的土地地块及建筑物等相关内容进行确认所必须通过的一道程序。在这一程序过程中，需要对作为征用标的物的土地或建筑物的内容、数量及面积等相关实施内容予以确认。在发起者（实施者）拟定完成并签字盖章后，再由土地所有者及相关关系人予以确认并签字盖章。

(2) 补偿规划的制定及查阅

项目实施者在制定土地调查报告和建筑物调查报告时应将记载有公益事业概要、土地调查及建筑物调查报告、补偿的时期、方法及程序等内容的补偿规划方案在全国性的各大主要新闻报刊上予以公示，并应同时向土地所有者及相关关系人通报。但是，当土地所有者及其相关关系人的总人数在20人以下时，可省略该公示程序（《公益项目用土地等的取得及补偿相关法》第15条第1项）。

土地所有者或相关关系人对公示内容或所通报的土地调查报告及建筑物调查报告的相关内容存在异议时，可在查阅期内以书面的方式向项目实施者提出异议申请（《公益项目用土地等的取得及补偿相关法》第16条第3项），项目实施者对异议内容表示认可时，应采取相应措施予以矫正或改进（《公益项目用土地等的取得及补偿相关法》第4项）。

(3) 协议

项目实施者与土地所有者及其相关关系人在补偿问题上应开诚布公地进行协议协商工作。当双方就协议内容达成共识时，项目实施者应与土地所有者及其相关关系人签订相关的协议合同（《公益项目用土地等的取得及补偿相关法》第 17 条）。

协议是指发起者（实施者）为取得或解除所需征用土地的相关权利，而通过与土地所有者及其相关关系人进行商讨的方式所达成的一种共识。当发起者（实施者）与土地所有者及其相关关系人之间就协议内容达成共识时，发起者（实施者）在征得土地所有者及其相关关系人的同意或公证人的公证后，可向所在地区的土地征用委员会提出协议成立确认申请。当发起者（实施者）与土地所有者及其相关关系人之间就协议内容获得确认时，也就意味着土地征收程序就此终结，征用的效力开始显现。

3. 依据征用而进行的取得或使用

土地的征用或使用程序主要分为项目的许可审批、土地及建筑物调查报告的拟定、协议、裁决和调解四大阶段。

（1）项目的核定

项目的核定是指当发起者（实施者）要对土地进行征收及使用时，应由建设交通部长官对该项目为公益项目进行核定和确认（《公益项目用土地等的取得及补偿相关法》第 20 条）。发起者（实施者）应将项目核定申请书提交给市长或道知事，并由市长或道知事转送提交至建设交通部长官。建设交通部长官应会同分管长官或土地所辖地区的市长或道知事就相关内容进行协商，并在听取中央土地征用委员会相关意见后对该项目进行核定（《公益项目用土地等的取得及补偿相关法》第 21 条）。

（2）协议的程序

项目实施者在获得项目核定审批后，还应经过土地及建筑物调查报告拟定、补偿规划的公示、通报及查阅、补偿金额的核价，以及与土地所有者及其相关关系人进行协商等程序（《公益项目用土地等的取得及补偿相关法》第 26 条）。此时，可引入并采用依据协议而进行的取得或使用的各项程序（《公益项目用土地等的取得及补偿相关法》第 26 条第 1 项）。

（3）裁决和调解

裁决作为土地征用程序中的最后一个阶段，其主要是在相关当事方之间未能就有关内容达成协议或协商无法进行时，在由发起者（实施者）提出相关的裁决申请后，土地征用委员会对相关征用土地的区域范围、损失补偿额度及征用期限等做出仲裁决定。

调解主要是在土地征用委员会做出最终裁决前的审议过程阶段，发起者（实施者）和土地所有者及其相关关系人在有关内容上相互做出让步，以不通过最终裁决的方式来达到征用土地的目的。

三、开发信托

1. 意义

(1) 概念

所谓土地信托是指委托人——即土地所有权人（受益人）将土地信托于受托人，由受托人根据信托目的的不同，通过信托银行对土地进行管理、处置或开发的一项制度（대한국토·도시계획학회，1997：568）。具体来看，土地信托中的土地所有权人（委托人）将土地信托于信托公司（受托人），并以受托人的名义对土地所有权进行转移和信托登记。受托人根据信托合同所规定的信托目的的不同，筹集所需资金对土地进行管理、处置及开发，并将由此而产生的开发收益作为红利分配（信托分配）给委托人。当信托合同结束时，受托人须再将信托财产返还给受托人（대한국토·도시계획학회，1997：45～47）。

一方面，民间土地所有权人往往由于信息和资金不足等原因而易于导致土地开发效率低下等问题的产生；另一方面，由公共部门或组织所主导的土地开发也在利害关系的复杂性和社会正义方面暴露出多种问题（국토개발연구원，1997：567）。开发信托正是为了弥补和解决这两者之间所存在各种问题和矛盾而引入的一种全新的开发方式。

(2) 特征

土地信托制度具有以下几大特征（대한국토·도시계획학회，1997：571～572）：

1) 所有权的信托式转移

根据所达成的有关信托协议，委托人（土地所有权人）向受托人（信托银行）所转交或信托的土地所有权期限结束时，所有权应归还原所有权人或相应的购买人所有。

2) 由信托银行来负责项目运营

受托人（信托银行）负责执行项目规划的立案、居中协调建设方及金融机构间的利益关系并努力促成协议的达成、办理许可审批业务、协助招租和拟定租赁条件、建筑物的维护与管理等。

3) 依据项目的实际效果进行的业绩分红

信托银行不仅在操作房地产项目方面有着丰富的经验和技术积累，而且还具有较高的专业知识水平和信用力，因此企业完全有能力实现土地信托相关项目的有效运营。此外，因管理运营而产生的收益也将以信托分红的形式分配给土地所有权人。

4）信托财产的独立性

在信托期间，由于土地所有权已转入信托银行名下，原土地所有者的债权人无法对相应的土地采取强制性的执行措施，这也使得将土地作为独立财产进行管理成为可能。

5）资金的可流动性

当在信托期间需要资金时，可通过转让或抵押担保收益权证书等方式进行借贷，以实现资金周转。

6）具有一定的诚信保障

由更具公信力的受托人来进行销售或租赁工作，能让实际需求者在交易的过程中更为放心，从而更好地实现相关信托土地或建筑物的交易和使用。

2. 类型

土地信托开发可根据信托目的或运营方式的不同进行进一步的细分化作业（정희남 · 최수，1996：64；대한국토 · 도시계획학회，1997：568；허재영，1993：243～244）。

在土地作为宅基地进行开发后，土地信托可依据信托运营方式的不同，分为维持原有的宅基地状态供应和在建筑物建成后进行宅基地和建筑物的一并供应两类。

土地信托按照信托目的的不同，可分为出售型和租赁型两类。出售型往往在提升土地或建筑物的附加价值的基础上对其直接进行销售处理。租赁型则是在提升土地或建筑物附加价值的基础上，并不直接进行销售，而是通过招租的方式进行对外租赁，以期实现土地的有效利用。

在此基础上，我们将信托目的和运营方式两者相结合就形成了建筑物租赁型、地皮租赁型、建筑物出售型及宅基地出售型等四种细分类型。

3. 项目的实施

（1）委托实施

实施者可在具有国家、地方自治团体或政府投资机构委托的前提下，进行与港湾、铁路及其他城市基础设施等公共设施建设，以及与垦殖公共水域等有关的开发作业（《城市开发法》第 12 条第 1 项）。此外，实施者还可将基础调查、土地收购业务、损失赔偿业务以及涉及居民搬迁事宜等一系列旨在推进城市开发项目的相关作业委托给的地方政府或政府投资机构代行（《城市开发法》第 12 条第 2 项）。

当开发者将开发项目中的部分内容进行委托作业时，要与国家、地方政府或政府投资机构就委托项目实施的地点；委托项目的种类、规模、资金额度及工程设计的标准；委托项目实施期限；委托项目所需费用的支付方式及资金管理等事项进行协商并签订相应的委托协定（《城市开发法》第 20 条第 2 项）。

（2）委托开发

实施者在获得负责相关划定工作的负责人的审批后，可依据《信托业法》的相关规定，与信托公司签订信托合同，以保障并促进开发项目的顺利实施（《城市开发法》第 12 条第 4 项）。

4. 房地产投资信托

（1）意义

房地产投资信托（REITs：Real Estate Investment Trusts）制度是指将从众多的投资者那里筹集到的资金用于房地产投资，并将日后从已投资的房地产中所获取的投资收益作为红利分配给投资者的一种制度。

房地产投资信托本身具有多种特征。一方面，其不仅为小额投资者创造了进入房地产投资市场的机会，还通过向缺乏资金流动性或周转能力的投资者发行收益证券和引入赎购制度等方式推出了股票、债券等具有高度流动性的金融商品；另一方面，其还能通过针对不同的房地产对象进行分散投资的方法，大大降低了投资者的投资风险。

（2）开发方式

利用房地产投资信托的方式所推进的土地开发主要通过以下两种方式进行：一种是土地所有权人以实物出资的形式将土地直接信托于房地产投资信托公司，并由房地产投资信托公司对以实物出资的形式所获取的土地进行直接开发的一种方式；另一种是成立一个旨在进行房地产开发的合伙联盟，在由土地所有权人提供土地，房地产投资信托公司提供资金的方式进行开发后，再依据各自所持有的股份份额对利润收益进行分配的方式。在后一种方式中，土地所有权人与房地产投资信托公司往往会就日后对股份转换（交换）的有关事宜进行协商并拟定相应的转换计划。这一方式也被称为“伞形合伙制（Umbrella Partnership REITs）”的房地产信托投资开发方式（이태교，2001：151～152）。

第三节　再　开　发

一、意义

1. 概念

有关再开发的概念，从广义的角度来看，其往往被看做是“为使城市区域范围内既有的、且处于静态中的物理性环境满足并适应于处于动态中的社会经

济等客观条件的不断变化，继而保持并推进城市成长和发展的一个过程”；而从较为现实的狭义角度来看，其则被视为是“对物理性的城市空间进行改善的一种手段”(정환용，2006：404)。基于此，城市再开发可以被定义为是在市场(market) 作用无法充分发挥的地方，由政府通过直接或间接介入的方式，力图对城市在经济、社会和物理性层面上所出现的衰退现象进行扭转和改变的一个过程 (EGUE，1996：207)。由此可以看出，在进行再开发的过程中，应着重强调和重视公共部门介入城市再开发的必要性和所应担负的社会责任感。

对城市再开发的诉求主要基于以下两个方面：一是城市在发展的过程中，为了进一步刺激经济活动，往往会提出一系列与扩大产业活动区域及确保土地利用的有效性和交通的便利性有关的诉求；二是在城市快速发展的大背景下，人们对于缓解城市过密和改善日趋衰退的居住和生活环境的诉求 (정환용，2006：404)。前者作为一种经济性诉求，在美国多强调从这一诉求出发推进城市再开发；而后者则作为一种具有社会福利性质的诉求，在欧洲得到了普遍的重视和发展。

从更为现实和实际的角度来看，可将再开发事业的目的归纳为优化城市结构、提高土地利用的效率化水平、整备城市基础设施、整备居住环境及更新城市功能等五个方面。在城市内部中心地区不仅密集分布着众多低标准的建筑物，且土地利用呈现出无序混乱的局面，城市基础设施也因年久失修而老化不堪，大都处于尚未整备的状态。为了有效应对以上这些具有高度复杂性的城市问题，就需要努力通过提高土地利用的效率化水平、整备基础设施等具有系统性的城市结构优化的方式来加以解决。此外，在通过对已开发地区内现存的老旧、劣质，以及通过非法形式进行私搭乱建而形成的住房进行维修整备的同时，还应针对已经形成的无序混乱的土地利用系统进行整合优化等，从而为市民营造良好的居住和生活环境。这也突显了城市再开发事业本身所具有的重要意义。在城市再开发的过程中，应通过努力构建坚实的经济基础和储备充足的经济能量来确保城市的各项功能始终保持较强的竞争力状态，以期最终达到激活城市功能、促进城市发展的目的。

2. 重要性

城市再开发可以被视为是，随着围绕城市所展开的一系列经济、社会及政治条件的变化而产生的诸多问题及新需求所做出的一种反应 (Healey，et al.，1992：3～8)。

(1) 经济脉络

最初在制造业领域中发生的由机器式的大规模生产（福特主义的生产过程）向以电子技术为依托而形成的更具灵活性和消费者导向型生产过程的转变

也对城市本身所具有的各种空间性和社会性关系产生了重大而又深远的影响。发达工业化国家的各工业城市一直谋求在与其他国家相互竞争和形成新的生产关系的条件背景下进行更为合理化的发展。然而，一方面，由此而产生的生产过剩和工人失业问题使那些具有传统生产技术和悠久历史的老工业基地开始表现出衰退或被遗弃的态势；另一方面，随着电子工学、尖端技术及生产性服务等新的经济增长规模的不断扩大，企业也在试图寻找合适的地理空间区位，以创造新的经济活动机会。基于此，我们可以看出，福特主义生产模式很容易引发资产贬值和生产过剩问题。而城市再开发政策可以很好地提升作为后福特主义（post-Fordism）背景下生产地和消费地的城市形象。

以上所发生的这些变化潜移默化地渗透到人们的日常生活当中，不断改变着人们的家庭经济和生存机会，并对原先所建立起来的旧式生活方式和企业关系产生着冲击和瓦解的作用。这些变化不仅为整个社会创造出了更多的机会，也深刻改变着人和企业周围的物理环境。在这一背景下，相较于临近工业区的居住区而言，人们更愿意选择居住在远离工业区且更为舒适的生活空间环境之中。而作为企业而言，也试图要从到处充满已被遗弃的厂房或店铺的地区环境中逃脱出来。这一倾向或趋势的出现不仅为个人和企业提供了新的发展机遇，也为城市内邻里地区的再开发活动的展开创造了条件 。最终，曾经一度丧失投资机遇和地位的邻里地区（价值衰减的地区）和通过新式的生产和消费关系而建立起来且处于上升成长阶段的地区（被重新定位的地区）之间的竞争关系开始显现出来。

此外，城市本身也处于一个需要不断地在地区、国家乃至世界范围内努力争取并创造出各种经济机会的空间环境之中。在这一大背景之下，城市的品质（主要包括物理性、社会性、文化性基础设施与环境性资产等）在发展过程中与生产要素（主要包括资金与产品质量、与成品终端生产的接近性、用地与建筑物的质量和成本费用等）具有同等重要的地位，并成为新的竞争要素发挥着至关重要的作用。这种城市间的竞争也在全球性的空间范围内有所体现，城市所拥有的精英人才作为具有骨干作用的活动家在世界经济中为争取并确保各自城市获得更多的投资机会而不断努力着。

(2) 社会背景

采取对经济进行重组或其他综合性的方法而逐步推进的社会组织结构的变化对城市重建（city rebuilding）活动的展开具有重要的意义。这主要体现在以下两个方面：

一是生活方式呈现出后现代式的差异化特征。全球同质化（global homogenization）与个人及组织团体的差异化相互有机地结合到了一起。随着可支配收收入的不断增加，越来越多的人一方面不仅开始追求休闲活动和丰富的生活体验乐趣，也开始追求和享受文化利益所带来的愉悦感；另一方面，也开始努力追求并提高环境设施的承载力和环境质量水平，组建了各种施压团体组织。在这种情况下，人们对在城市地区内实现地方多样性的需求也大大增加了。由此而产生的差异化现象也逐渐在各个方面显现出来。从经济性的层面来看，这种差异化现象为建设和完善得以体现个性化生活方式的品质所在（雅皮士[①]式的生活环境、以健康生活为指向的新住居工程）的邻里社区环境和基础设施提供了较大的市场机会；从社会性的层面来看，某一社会集团（群体）为了保持并维护自身所具有的生活方式和生活环境，通常会采取与其他社会集团（群体）可以保持距离或分立的方式来保持并维护自身所具有的生活方式和生活环境；从文化性的层面来看，在过去人们更多地将城市仅看做一个相互间具有紧密联系的统一实体，而现在人们则更注重将城市拆分为一系列要素、规划工程、地租及近邻等多种元素去进行细致入微的探索和研究。后现代式的城市形象正在逐渐代替过去功能性过于集成化、划一化的城市形象。

二是较为重大的社会变革往往都会引起收入差距的持续增大。政府福利政策的缩减，以及现有工业经济和家庭经济的衰退，往往都会伴随出现贫困阶层聚集居住的邻里社区的出现。而这些社区大都面临着公共交通出行机会减少、基础设施老化落后且供应不足、住房年久失修且缺乏管理等问题。如果在这一邻里环境中长期聚集居住，将会导致贫困阶层自我封闭问题的出现。这些大都源于旧有制度关系及空间结构的瓦解，也正因如此，他们被迫阻断并丧失了与一切经济机会、社会供给及政治影响之间的联系通道。

现有的绝大部分城市政策大都注重并强调从经济性层面进行再开发的重要性。从理论上来看，如果按照所规划的既定程序进行发展的话，那么社会所有阶层都会成为经济发展的受益者。但是，在现实中我们却很难发现经济利益扩散至贫困阶层或者说贫困阶层共享经济发展成果的相关证据。而与此恰恰相反的是，在城市内部富有的城市居民与贫困阶层居民之间的差距却出现与日扩大的倾向和趋势。在城市的部分地区，贫困阶层生活的邻里社区往往被视为是对其他邻里社区的一种潜在的危险性因素。而这种将贫困阶层生活的邻里社区进行隔离的做法进一步加剧了城市内部业已存在并日益加剧的社会差距。这种城市群内部的社会性和空间性的差距化现象也促使人们不得不去面对并思考一个更为深刻的问题——谁将会在城市重建的过程中获得利益呢?

① 译者注：雅皮士（yuppie）：是美国人根据嬉皮士（hippies）仿造的一个新词，但与嬉皮士这类“都市中失败的年轻人”不同的是，他们被看做是“年轻的都市专业工作者”。他们属于西方国家中年轻能干有上进心的一类人，一般受过高等教育，具有较高的知识水平和技能，大都从事律师、医生、建筑师等高收入工作，且工作勤奋，事业成功，追求物质享受。

(3) 政治背景

伴随着经济性和社会性变革的快速推进，城市政府治理也开始出现激剧的变化。有关民营化的政策方案进一步刺激了与城市服务及其行为活动有关的公共部门与民间私营部门之间新的供给模式和新型关系的产生。学者哈维(D. Harvey) 曾指出，城市政府治理的方式和途径正由原来的管理型组织形态向企业式组织形态转变。与此同时，对土地和房地产开发的管制措施也逐渐减少，而在过去这些管制措施也曾经作为市场过程中的一项有益的基准和准绳发挥了积极的正面作用。这一变化的目的在于，要在经济开发、土地与房地产开发，以及由中央政府直接出台新的政策方案（Urban Development Corporation，Enterprise Zones，City Grant 等）等培育并促进并行开发（parallel development）模式方面限制地方政府的权限和作用。

通过实施以上这些新的政策方案，城市也可以获得由中央政府拨发的政府补助金或享有其他相应的实物性援助和支持，由此促使政府关系开始发生根本性的变化。实际上，政府政策不仅只局限于实施经济和社会项目，其还通过推行各种城市政策方案，积极促进对城市的制度性构架进行优化整合。

据此，从政治性脉络的角度来看，一方面，民间私营部门已经成为用以引导政府与市场间形成新型合作伙伴关系的城市重建项目的核心力量，并发挥着举足轻重的重要作用；另一方面，中央与地方政府为了充分发挥各自在城市再开发上的作用和影响，也展开了激烈的竞争。

3. 类型

(1) 渐进式再开发和综合性再开发

再开发根据推进方法的不同可分为渐进式再开发[①]和综合性再开发两类(정환용，2006：406～407)。

渐进式再开发（piecemeal redevelopment）是指依靠个体所有权人循序渐进地推进再开发项目的一种方式。由于其可以以小额资金的方式进行运作，在实际操作过程中具有易于推动和执行的特征。不仅如此，由于其主要根据不同土地的所有权模式来有针对性地进行再开发作业，可以很好地在再开发项目区域内避免因强拆而引发的一系列复杂的政治、社会及法律问题。此外，渐进式的再开发方式还注重并坚持对具有历史性、建筑性和美学性的建筑物进行保护的原则，不仅维护了城市所特有的形象特征，也维系住了城市历史的延续性。渐进式再开发所面临的主要问题在于，怎样才能很好地将汽车时代到来之前所修建的老式道路和人们对现代化的机动车道路日益增长的需求进行有机的优化

① 译者注：或称为“零碎重建”。

整合。到目前为止，较为行之有效的方法是将历史上遗留下来的老式道路按照步行者空间的标准，改造成为禁止车辆进入或停留的无车区域。此外，较为切实可行的方案还有引入单向通行制或修建迂回式道路等。

综合性再开发（comprehensive redevelopment）是在对可接近性（通达性）和环境进行综合考虑的基础上，为达到对发生在市中心区域的各种活动进行一体化统合规划和管理的目的，而以整个地区为对象进行总体性规划的一种再开发方式。

(2) 全面、修复、保护式再开发

针对再开发所存在的问题而提出的各种解决方法主要可分为全面式再开发、修复式再开发及保护式再开发三类。

全面式再开发（redevelopment）是指，当城市设施整体上都处于陈旧老化、年久失修的状态下时，在需要对恶劣的现实环境及设施进行彻底的拆除和改造，并进行新设施修建和新功能塑造的地区进行的一种再开发方式（以下内容정환용，2006：407）。由此可以看出，全面式再开发具有以整个地区为对象进行全面的破除、拆迁和重建的特征。这种再开发方式的优点在于，其在推进的过程中大量融入了全新的建筑方法、建筑基准及设计理念，从而能够在最大程度上对土地利用、用地面积及开发密度等进行优化和调整。而这一再开发方式本身存在着一定的缺点，即在再开发过程中，往往可以以设施陈旧老化等为理由，对具有悠久历史和文化特色的区域进行完全的拆除和破坏，并在此基础上修建完全不同性质的设施，由此一来，不仅破坏了城市形象，也打破了市民对城市的身份认同感。

修复式再开发（rehabilitation）是指当仅存在单纯表面形态上的衰退状态时，仅通过采取局部性恢复措施就可以使原本从整体上看上去处于衰退状态的设施或建筑重新回到正常化状态或水平的一种再开发方式。由此，可以将修复式再开发视为一种相较于既定的各项基准而言，更加注重对处于恶劣的条件或状态进行改善的方法。这一方法主要通过维护、修复及调整适应等手段来保障建筑物的结构完整和功能优化。恢复性措施主要包括对建筑物进行修补和改善、补修或新建卫生设施、公共部门提供并修建的各类公共设施、自发进行的清洁清扫或外立面涂装作业等。基于此，可以看出，相较于全面式再开发而言，修复式再开发是一种在大大减轻经济负担的同时，又能够对传统的城市环境和城市功能进行有效维护作业的一种开发方式。

保护式再开发（conservation）主要适用于城市设施或建筑物等虽已处于陈旧老化、年久失修的状态，但更亟须对城市衰退地区采取优先保护措施进行保护，且应继续维持现有开发水平的区域。在这些区域，主要应对分区制、最低居住标准，以及公共设施维护等的施行和贯彻情况进行长期且严格的管控。在这里，为了对相应的区域进行物理性改善，需要同时采取适当的局部拆迁和恢复性措施。保护式再开发主要适用于位于市中心地区具有保护良好的建筑物或设施的区域，或具有历史性及文化性保护价值的建筑物或设施较多且集中分布的区域等。

(3) 自力再开发和协作再开发

再开发事业依据自力单独推进与否可分为自力再开发和协同再开发两类(정환용，2006：407～408)。

自力再开发是指，地方政府作为再开发项目的施行者，承担建设公共设施和提供行政资源的任务，而住房则由居民自建的形式进行运营管理的一种再开发方式。具体来看，这一方法主要采用区划整理的方法，通过实施管理处置规划的程序，由居民在换地所得的土地上自行修建住宅，而与此同时，地方政府则主要负责进行公共投资。

协同再开发是指由项目区域内的权利人——房屋及土地的所有权人组成一定的协议联盟，并在具备了法定施行人的资格后，自主进行住房再开发的一种方式。项目实施作业所需的资金和施工可由具备承包商资质或共同项目施行人资格的住宅建筑商来负责提供，并在与协议联盟成员的权利人进行合作的过程中，对区划整理技法中的权力变换方法加以灵活运用。有关住宅建筑商所提供的资金问题主要通过将在与协议联盟成员进行分配后的剩余设施以储备设施的名义进行出售或通过签订相关协议的方式，以抵押或偿还实物（产权等）的方式来加以解决。到目前为止，大部分的住房在开发项目均采用了这一方式。

4. 整备规划

整备规划的制定与实施主要分为四大阶段步骤依序进行。首先是旨在设定整备事业的基本方向为目的，以城市整体为对象制定整备总体规划；其次，在下一阶段中主要以具体的整备区域为对象制定相应的整备规划；再次，在第三阶段中主要针对项目的实施制定相应的项目实施规划，以协助所选定的项目人推进实施具体的整备项目，待项目实施结束后，依照管理处置规划对已实施项目采取相应的处理措施后即标志着整个整备项目的结束；最后，在项目结束后，还需依据再整备促进规划促进再整备促进项目的实施。

(1) 整备总体规划

特别市市长、广域市市长或一般市市长（以下统称为“市长”）应每十年制定一次“城市—居住环境整备总体规划”（以下简称“总体规划”）。但是，由总统令所指定的相关小规模的市可不进行制定相应的总体规划（《城市与居住环境整备法》，第31条第1项）。

当市长需要对基本规划进行制定或变更时，应向居民公开并提供相关内容的公共查阅服务，公开期不得少于14日。在征求并听取所在地区地方议会的建议后，应须经过所在地地方城市规划委员会的审议，并做出相应的裁定（《城市与居住环境整备法》第3条第2项）。一般市市长在制定完成总体规划后，应获得道知事的审核批准。道知事在审核批准的过程中，应在与相关行政部门的首要负责人进行充分协商的基础上，提交地方城市规划委员会进行审议（《城市与居住环境整备法》第3条第3项及第4项）。市长在制定完成总体规划后，应及时在地方政府的新闻公报中予以公示，并向建设交通部长官进行报告（《城市与居住环境整备法》第3条第5项及第6项）。

市长应每五年对总体规划进行妥当性审查，并应在《总体规划》中有所体现（《城市与居住环境整备法》第3条第2项）。

（2）整备规划

市长或郡守应在总体规划所规定的合理范围内，针对符合老化陈旧或由此出现质量问题的建筑物集中等相关条件的区域为对象制定相应的整备规划（《城市与居住环境整备法》第4条第1项）。

市长或郡守在制定完成整备规划后，应向居民公开并提供相关内容的公共查阅服务，公开期不得少于14日。在征求并听取所在地区地方议会的建议后，应将有关意见内容一并提交于广域市市长或道知事，以申请划定为整备区域。当需对整备规划的内容进行变更时，应重新经过以上各程序的审议，并提交划定变更申请（《城市与居住环境整备法》第4条第1项）。

当广域市市长或道知事需对整备区域进行划定或变更时，应首先通过地方城市规划委员会的审议后方能进行最终划定或变更划定（《城市与居住环境整备法》第4条第2项）。当广域市市长或道知事完成对相关整备区域的划定或变更划定作业时，应将包含整备规划在内的划定或变更划定的内容在所在地地方政府的新闻公报中予以公示，并在通过召开居民听证会等程序后，向建设交通部长官提交并报告划定或变更划定的相关内容（《城市与居住环境整备法》第4条第3项）。

（3）整备项目实施

整备项目包括在整备区域内对基础设施进行整备作业，以及与住宅等建筑物的修缮或新建相关的居住环境改善项目、住宅再开发项目、住宅重建项目（亦包括整备区域以外所实施的项目）及城市环境项目等（《城市与居住环境整备法》第2条第2号）。

（4）再整备促进规划

为了对以城市中处于相对落后或衰退的区域为对象所进行的一系列旨在改善居住环境、扩充基础设施，以及恢复城市功能为目的的整备项目进行全面性规划使之形成系统化、效率化运作，往往依据再整备促进规划实施相应的再整备促进项目。与依据《城市及居住环境整备法》所推进的整备项目相较而言，该制度以促进广域区间开发、维护项目的公共性、确保基础设施的效率性运营，以及简化规划制定和实施程序作为其主要目的，并在此基础上形成了《城市再整备促进特别法》。

所谓再整备促进规划是指，为促进再整备促进地区内相关再整备促进项目朝着更具规划性和系统性的方向发展，针对土地利用和基础设施建设而实施的一项规划措施（《城市再整备促进特别法》第2条第3号）。

再整备促进地区的划定应由广域市市长或道知事根据由市长、郡守或区厅长所提交的申请内容与有关行政部门的首要负责人进行协商，并提请广域市或道一级的城市规划委员会（或城市整备委员会）进行审议（《城市再整备促进特别法》第4条、第5条）。再整备促进地区按照特征的不同可划分为居住地型和中心地型两类。居住地型主要是指老化陈旧或由此出现质量问题的住房及建筑物集中分布，且有必要对居住环境进行改善和对基础设施进行整备的地区；中心地型主要是指有必要对土地的利用效率进行提升和对市中心或副中心的城市功能进行恢复改善的区域。例如，商业区域、工业区域或轨道交通站点周边区域、地铁车站，以及主干道路的交叉路口等（《城市再整备促进特别法》第2条第1号）。

市长、郡守或区厅长应以再整备促进地区为对象制定相应的再整备促进规划，并经过向居民提供公开查阅服务、听取地方议会的审议建议以及召开听证会等程序后，向广域市市长或道知事提交相关的决定申请（《城市再整备促进特别法》第9条）。有关再整备促进规划的决定程序与再整备促进地区的划定程序相同（《城市再整备促进特别法》第12条）。

再整备促进项目主要包括在再整备促进地区内所施行的再整备项目、城市开发项目、市场整备项目及城市规划设施项目等（《城市再整备促进特别法》第2条第2号）。

二、市中心再开发

1. 市中心的衰退

(1) 意义

市中心地区的经济停滞和衰退是西方国家各城市当前所面临的最为严峻的问题之一（정환용，2006：426）。市中心地区不仅在维护和确保城市的整体形象方面发挥着重要的作用，其同样对于城市经济方面具有重要的意义。基于此，可以看出，对于一座城市而言，对市中心地区进行重建并由此而使之重新走向复兴发展的道路具有相当程度的重要性和必要性。

时至今日，各城市政府虽然一直在持续推进各种不同的再开发项目，但依旧无法打破市中心地区面临着日益严峻的经济问题这一困境局面；不仅如此，市中心地区也越来越被人们视为是一个生活不便、衰落破败和充满危险的城市地区。由此可以看出，处于这一时期的城市市中心地区主要会表现出经济性的停滞、物理性的衰退，以及一系列的社会性病理特征等。

（2）原因

自工业化以来，市中心地区就成为了最能够反映经济多元化水平的资本投资的核心高地。这一经济活动伴随着因郊区化而产生的人口急剧增长现象而得到了进一步的强化，而由此所增加的交通基础设施和移动量也成为最具代表性的城市功能之一。在工业化时代，非常注重和强化单一中心型城市形态的发展，而在这一城市形态中随着市中心区区域乃至整个城市的规模不断地向外扩张延伸，便逐渐形成了所谓的大都市圈。但是，随着城市人口的急剧增长，新增加的人口所集聚生活的地方成为主要的中心据点，随着据点数量和规模的不断扩大，最终导致了对维持与市中心地区之间进行相互连接的系统所进行的开发逐渐陷入了困境。在这种情况下，如果再不对用以联系郊外地区的个人交通方式加以推动和发展的话，那么传统的城市市中心地区也将陷入不可持续发展的境地。富有的高收入人群开始追求更加舒适和宽敞的生活空间和更加随意和便利的私人交通所带来的移动性享受。也正因为如此，在市中心及其周边地区展开的几乎所有的主要经济开发活动都面临着区位优势逐步丧失和经济活动环境恶化的严峻问题。在工业革命的初期，市中心不仅一直保持并发挥着所在城市地区的繁荣地和政治心脏的作用，而且随着该地区制造活动的日益增多，制造业也呈现出多元化发展的繁盛景象。但是，随着经济开始朝着更加专业化和分工化方向的不断深入发展，各种经济活动也开始寻找更加适合自身发展的区位布局，由此开启了地理空间分散布局的大幕（Thurstaim-Goodwin and Batty，2001：253～254）。

造成市中心地区衰退的主要原因可以从中心地自身的功能作用和能力的减退，以及由此而引发的原市中心居住者向低密度的郊外地区“逃离”现象这两方面进行观察和分析（Downs，1994：60；Home，1982：4）。市中心地区的人口减少和就业萎缩现象主要是在人们越来越向往迁居至更适合居住和生活的理想之所这一社会趋势长期不断发展的大背景下形成并发生的。在这里，这种所谓的社会趋势包含了居民实际收入的不断增长、小汽车保有量的持续增加、在低密度居住区域内生活的意愿与日增强，以及上层社会经济和种族区分的层面出发对邻里社区进行隔离的倾向越来越明显等。在这一大的环境背景下，计算机和电子通信技术的迅速普及和制造业劳动者比重的快速下降都使区位的自由选择成为可能，从而也为各种活动在市中心以外地区进行选址布局创造了机会和条件。

2. 再开发策略

市中心地区的恢复与振兴作为一个本身充满复杂性的问题，人们对其的见解与认知也都朝着不同的方向发展开来。即便如此，几乎所有有关市中心地区恢复与振兴的理论都将核心焦点放在了转变工具和转变战略上。在这一过程中，主要由政府或城市社区来担当开发主体；而有关市中心地区恢复与振兴的转变策略则主要从经济性层面和社会性层面出发进行观察和分析（Ross and Leigh，2000：369）。

（1）开发主体

1）政府

在学术界，学者们对政府在促进市中心地区的恢复与振兴方面所发挥的作用这一问题上的认识尚存在着较大的分歧（Ross and Leigh，2000：369～370）。学者波特（M. Porter）认为，来自政府的支持和援助固然重要，但政府的作为应仅局限于去营造一个适合开展各项经济活动的企业环境等方面。此外，波特还指出，从得失的角度来看，政府所颁布并施行的一系列直接性的管制措施或补助政策必定会带来“失”远大于“得”的结果。由此，他主张当政府在促进市中心地区的恢复与振兴的过程中，应以比较优势策略为基础，充分发挥其在提供财政补贴、训练、税收及奖励基金等方面的巨大优势，并对自身的行为活动做出严格的限制。

其他学者们也都对政府介入市中心再开发事业持肯定的态度。亨利（C. Henry）认为，城市内部具有一定资质的本地企业与政府之间所缔结的长期合约不仅具有某种特殊的意义，其也在促进和维持各种资源和人口长期稳定地保持“流入”（inflow）状态方面发挥着积极的作用。由此，他也认定这种特殊的合约关系将会为促进社会和经济的开发，以及进一步扩大劳动力市场机会提供一个良好的发展平台。费恩斯坦与格雷（S. Fainstein and M. Gray）认为，如果在没有政府介入的情况下进行市中心经济开发，则将引发贫困问题的持续产生和发酵。此外，他们还主张政府应在合理的范围内向居民提供住房、教育及关于日常生活的各种公共服务，以使每一个居民都能分享到经济开发所带来的实惠和成果。

2）社区

在市中心地区开发的过程中，根据政府介入的深度和广度的不同，政府的行为活动也可有大有小，具有相当的灵活性。因此，相较于政府行为而言，社区（community）本身往往被视为是推动市中心地区恢复和振兴最为重要的力量（Ross and Leigh，2000：370～371）。克鲁姆霍尔兹（N. Krumholz）曾指出，社区的行为活动在再开发项目能否获得广泛支持这一问题上起着至关重要的作用。社区作为城市社会中最为基层的组织体在培养和树立邻里精神、原则和自主性方面发挥着不可替代的作用，其还能够在城市基础设施和政府公共服务方面起到良好的改善效果。波特（M. Porter）则认为，社区基层 组织作为市中心开发过程中最为重要的构成要素之一，在有关市中心地区恢复和振兴的任何规划中都是不可取代的。但是，由于民间私营部门本身在进行行为活动的过程中，大都具有目标混乱或相互排斥的缺点，只有社区在与民间私营企业相互合作时，其在市中心再开发过程中所扮演角色的效力才能得到最大的发挥。基于此，社区与当地企业之间可以共同构建一张企业关系网络（business networks）。在这一网络中，社区基层组织一方面向当地企业提供一定的财政支持，并积极联系和引导居民在当地企业进行就业；另一方面还将一部分必要的再开发项目交由当地企业进行开发与管理，并帮助企业改善现有区位条件或重新确定合理的布局空间。对于波特所提出的主张，哈利森和格拉斯梅尔（B. Harrison and A. Glasmeier）则认为社区的这一作用固然重要，但却又过于狭义。他们主张社区基层组织还应在吸引新企业入驻及提供合理的企业空间等方面发挥更大的作用。

学者们大都对将政府支持和邻里社区活动两者之间进行相互结合的方式给予了肯定的回应，并提出了一系列正面且积极的建议（Ross and Leigh，2000：370）。克鲁姆霍尔兹（N. Krumholz）指出，综合性的邻里社区恢复和振兴策略应将邻里社区组织或相应的社区开发机构视为首要要素，并由城市政府向该组织提供一定的财政性支持。实际上，仅依靠社区基层组织的力量和努力是远远不够的，这往往需要更具综合性的长远策略的支持。此时，对中央和地方政府强化责任度和参与度的呼声也越来越高。

（2）开发方向

有关市中心地区的恢复和振兴策略一直是一个充满争议的问题（Ross and Leigh，2000：370～371）。一种观点认为，应将策略目标的重心放在经济开发之上；另一种观点则认为，策略目标的重心应该更加倾向于解决社会问题和服务问题。此外，还有一部分人主张只有将以上两种策略方式结合起来同时使用，才能在最大程度上实现市中心地区的恢复与振兴。

作为第一种观点的拥护者，波特（M. Porter）认为应该将能否提供就业机会视为是一切以改善处于消极或不振状态的社区现有的价值、意识及居民个人能力为目的而设计的规划方案在实际操作过程中能否成功的核心指标。波特还认为，市中心地区本身具有处于或临近商业中心和交通中心的优势区位（战略性区位）、与本土企业组织有着天然的亲近性和接近性、在区域消费市场中尚存有较大的需求空间（自身的市场需求）和较多的潜在劳动力（人力资源）等天然的竞争优势，因此问题的关键在于要将这些潜在的竞争优势付诸实施并形成强大的经济竞争优势（Porter，2000：281～283；Nunn，2001：160）。这种优势（advantages）也会与自身所产生的劣势（disadvantages）发生相互抵消的局面。亨利（C. Henry）曾指出，市中心地区所存在的主要劣势在于：容易受到土地、资本和劳动力资源的制约；犯罪率居高不下；现有交通基础设施不合理；居民中固有反企业的情绪和意识；等等。

罗宾逊-巴恩斯（C. Robinson-Barnes）曾指出，在推进市中心地区恢复和振兴的过程中，相较于经济性而言，应优先考虑该地区居民的社会性需求。她认为应首先向生活在市中心地区的居民们提供能够充分满足其个人及家庭正常生活的收入保障，从而积蓄并激发出来自于民众的情感和力量。这也是解决经济开发问题的根本所在。为了进一步满足民众日益增长的物质文化需求，并不断提高他们的生产积极性，应通过职业培训以及积极探索校企合作等行之有效的方式和途径来解决开发中遇到的各种问题。

（3）策略内容

再开发策略在实践的过程中，无论城市的规模大小都具有一定的相似性。在美国主要城市中普遍采用的市中心地区再开发策略往往与城市设计和土地利用等密切相关，并与财政策略相结合形成了一体化策略。其中，最为主要的再开发策略有以下几点：①步行化（pedestrianization）；②室内购物中心（indoor shopping centers）；③历史的保存与保护（historic preservation）；④滨水空间的开发（waterfront development）；⑤写字楼开发（office development）；⑥特色活动的策源地（special activity generators）；⑦交通改善（transportation enhancement）；等等（Robertson，1995：430～434）。

越来越多的研究表明，在后现代主义城市发展的过程中正通过城市再开发策略加大对观光、文化和娱乐消费的接纳力和融合力（Turner，2002：533）。观光旅游发展策略为城市中心（down town）提高在空间上的经济性和劳动生产率赋予了新的契机。从城市经济发展的角度来看，正如同制造业活动让位于信息技术产业和服务业活动一样，城市应尽可能地在最大限度上满足专业人才、观光客、会展人员及其他访客等具有相当可支配收入能力的中高收入阶层群体对市中心的空间功能提出的新需求（Turner，2002：534）。

在与土地利用有着密切相关性的各项经济活动中，可创造较为可观的资产效益的经济活动主要包括酒店住宿业、饮食业，以及与文化、历史和美学等有关的产业。早在美国住房与城市发展部（Dept. of Housing and Urban Development）于2001年所发表的题为“重塑21世纪的城市”（Reinventing Cities for the 21st Century）的报告书中就对这一开发策略进行过详细的论述。该报告指出，在20世纪90年代，在美国城市中占据新的就业增长排名前五位的行业部门分类中“饮食类”（Eating and Drinking）的比重正在逐渐增大。在许多城市中，这一行业不仅扮演着盘活购物和娱乐空间、重振城市中心及复兴历史文化的重要角色，而且也在推动住宅和商务办公楼宇建设方面发挥着积极的作用。此外，该报告提出，为了进一步促进城市市中心地区的恢复与振兴，应将开发策略的重心放在努力将市中心地区打造成为“24小时‘不夜城’”、“充满历史文化气息的名城”及“观光客旅游的‘终点’式目的地”等方面（Turner，2002：535）。

三、居住地再开发

1. 意义

居住地再开发的主要目的在于，预防或改善老化陈旧或由此出现质量问题的住房及居住地的环境进一步恶化。在对居住环境进行改善方面包括土地的有效利用、交通系统的整备，以及公共服务的合理配置和供给三项细化目标（하성규，1991：555）。

2. 不良居住地的类型

在城市建成区范围内因低收入阶层人群集中居住而形成的不良居住地主要可分为贫民窟和违章居留地两类。

贫民窟（slum）主要是指，虽为合法建造的永久性建筑，却因住房条件已处于老化陈旧、年久失修、空间狭小以及分布过密等标准水平以下状态，且随着时间的推移出现进一步衰败倾向的不良居住地区域（Yap，1998：554）。由此可以看出，贫民窟地区是无法应对和适应城市中不断变化的经济、社会及生态环境的发展而形成的历史产物。

违章居留地（squatter settlement）是指，住房的建设者及居住者未经许可，以非常规方法在本不属于自己的土地上建造棚户而形成的棚户居住群落。这些居住者本身不具有对占用土地及所建房屋的所有权及其他相关权利，因此很难长久地保有土地，更不会对住房进行相应的投资，房屋普遍存在着严重的质量问题和安全隐患。此外，由于政府公共部门往往将其定性为非法占地进行私搭乱建的棚户居住区，并不提供最基本的城市基础设施和公共服务，而仅靠居民自身的力量又难以进行道路、排水、下水道管网等基础设施建设，该地区的生活和卫生条件令人担忧（Yap，1998：554）。

3. 再开发项目

居住地再开发项目主要可分为居住环境改善项目、住宅再开发项目及住宅重建项目等。

（1）居住环境改善

居住环境改善项目是指，以城市低收入人群集中居住的地区为对象，在基础设施严重落后以及老化陈旧或由此出现质量问题的建筑物过度集中分布的区域内所施行的一项以改善居住环境为目的的再开发项目（《城市及居住环境整备法》第 2 条第 2 号第 1 目）。

在快速城市化的过程中，在城市无序向外蔓延扩张的趋势背景下不仅处于郊区的城市外围地带开始逐渐形成贫民窟地区，在城市内部也以市中心为圆心开始形成大面积的老化陈旧或由此出现质量问题的住宅集中分布的不良居住地带。这也是绝大部分城市曾经面临过或者正在面临的现实性问题。恶劣的居住环境不仅单一地体现在严重缺乏各种公共设施的问题上，就连保障最为基本的生活居住功能的条件也不具备，由此也将引发一连串严重的社会经济问题。基于此，为尽快解决以上这些问题，政府制定并推行了居住环境改善项目。

(2) 住宅再开发项目

住宅再开发项目是指，将城市内老化陈旧、居住不便的住房密集分布，且道路、供排水等基础设施落后的区域划定为再开发区域，通过整备建设道路、供排水管网及公园等公共设施，以及拆旧建新等旨在改善居住环境的方式所推行的一项城市规划项目。

住宅再开发项目是指，在基础设施落后和陈旧老化及由此出现质量问题的建筑物集中分布的区域内，以改善居住环境为目的而推行的一项再开发项目（《城市及居住环境整备法》第 2 条第 2 号第 2 目）。

(3) 住宅重建项目

住宅重建项目是指，在基础设施建设良好，但已处于陈旧老化状态及由此出现质量问题的建筑物集中分布的区域内，以改善居住环境为目的而推行的一项再开发项目（《城市及居住环境整备法》第 2 条第 2 号第 3 目）。有关重建的法理依据主要源于《住宅建设促进法》和《集合建筑所有管理相关法》等法律条文。《住宅建设促进法》第 3 条将“重建”定义为是“在拆除现有住宅后，在原有土地地基上进行新住宅建设的行为”。这一定义明显区别于《城市再开发法》中对“再开发”的定义以及《建筑法》中对“改建”的定义。《集合建筑所有与管理相关法》规定：建筑物建成后，仅当需对因年久老化或其他原因而造成的损害进行修复或管理的费用超过建筑物本身的建设费用时；抑或是当因建筑周边土地利用现状发生变化或其他原因而需要对建筑物进行重建所产生的经济效益超过重建所需的建设费用时，方能对建筑物进行重建作业。

在《住宅建设促进法》中将重建项目的特征归纳为：一方面，个人或民间部门自发地结成合作联盟以推进项目的顺利进行；另一方面，公共部门则通过许可审批等方式在整个过程中发挥着管控或支持和助推项目实施的的作用。最近以来，随着相关政策对以城市内存在的大规模的低层住宅小区为对象实施重建的限制逐步宽松化，人们对重建的关注程度也随之上升。此外，随着土地价格的不断升高、住宅用地供应不足及城市空间结构的不断变化等因素的影响，不仅对公共住房进行重建的需求越来越大，对独立式住宅进行重建的呼声也越来越高。

四、再开发政策

1. 政策手段

(1) 英国

在英国，为促进和保障城市再开发政策的有效执行，政府通常以制定法律法规、制定政府财政支出和税收政策，以及包括组建新的部门机构在内的行政组织改革等三种主要的介入形式对再开发过程进行有效的调节和控制（Couch，1990：137）。

1）通过制定法律法规的方式进行介入

自20世纪80年代以来，伴随着英国政府对城市各种工程项目所进行的公共投资力度的不断增大，政府也陆续出台了一系列旨在提高民间私营部门作用发挥的新的法规措施。英国政府于1980年制定并出台了首部以新法规措施为主要内容的正式法案——《地方政府、规划与土地法》（Local Government Planning and Land Act），并在这部法案的指导原则下成立了城市开发公司（Urban Development Corporations），设立了企业区（Enterprise Zones）（Roverts，2000：30～31）。

2）政府财政支出与税收政策

自20世纪80年代开始推行并设立的企业区主要通过放宽行政限制、提供特殊政策及减免财政负担等方式，以促进工业及商业活动的发展，改善其经济环境。企业区每一期的划定有效期为10年，在此期间区内的企业可自动享受税收减免政策和其他各类开发优惠措施（Couch，1990：155）。

3）部门机构的设立

自20世纪90年代初开始，英国的再开发政策由原来的自由放任式的财产主导策略开始向新型的再开发策略过渡并逐步展开。这一新型的再开发策略非常重视并强调社区的参与、合作伙伴关系的建立，以及项目的一体化发展等，其中最具代表性的有“城市竞赛”（City Challenge）、“单项再开发预算”（Single Regeneration Budget）和“英格兰合作组织”（English Partnership）等（Adair，et al.，2003：1068）。

城市竞争（City Challenge）政策的颁布与实施意味着整个城市政策由20世纪80年代的集权式、民间私营部门为主导的财产指向式（property-led）及扩散式（trickle down）等方式向90年代的地方导向型、公共主导型及社会指向型的方向发展。相较于前者根据项目或提案的不同，提供一对一式激励政策的方式不同，后者更加注重强调融合式的区域导向型策略和综合性的政策方法。与此同时，其作为一项旨在提供再开发方案并进行相应管理的全新的制度性机制，构建并实现了由地方行政部门、民间私营部门及地方社区共同体所构建的三角合作伙伴关系。在城市竞争（City Challenge）的过程中，根据竞争的激烈程度和实际情况的不同，可提供适当的小额度财政支持。在是否对所选定的区域继续给予财政支持这一问题上做出决定时，大都会以所提供的就业岗位和培训场所、政府部门职能的转变与能力的提升，以及对本地社区共同体的能力赋予等作为评价指标做出相应的判断（Davudi，1995）。这一政策的主要目的在于，努力促进区域内各利害关系当事方之间形成长期稳定、成功的合作伙伴关系（Oc and Tiesdell，1997）。

为了寻求推出一项较城市竞争而言更具广泛影响力的新政策，英国政府于1994年制定并颁布了单项再开发预算（Single Regeneration Budget）政策。在这一政策中，财政支持根据再开发方案的长短期任务与标准的不同，在资金和时间层面上具有更高的灵活性特征。这一制度更青睐于对那些具有更广泛合作伙伴关系和创新性手段或方法的再开发方案给予奖励和支持。在这一制度性机制中，地方行政部门更善于从当地的实际层面出发，积极发挥主导作，用努力促进更具多元化职能的利害关系当事方之间的协调发展。这一协力合作式的政策制定方法也是该制度性机制所具有的特征之一（Adair，A.，et al.，1999：2033）。

为了有效推动区域或地区内与土地及资产等有关的再开发活动，英国政府以英格兰全境为对象，于1993年设立了名为“英格兰合作组织”（English Partnership）的政府机构。该机构设立的初衷和主要目的在于促进经济增长、增加就业机会，以及改善和提升环境质量等（Couch and Dennemann，2000：139；Adair，A.，et al.，1999：2034）。

（2）美国

美国实施的是另一种基于税收的再开发政策。美国的税收措施主要由四大层面构建而成。首先是基于联邦层面设立并进行运作的“授权区”（Empowerment Zones）；其次是基于州层面设立并进行运作的“企业区”（Enterprise Zones）；再次是在城市层面上通常采用的“税收增值筹资”（Tax Incremental Financing）的融资方式；最后是在邻里及地区层面上组建的“商业改良区”（Business Improvement Districts）（McGreal，et al.，2002：1822～1823）。

1）授权区和企业区

企业区（Enterprise Zones）是由当时在里根（Reagan）政府内任职的肯普

(J. Kemp) 所提出的一项有关市中心地区再开发的构想。而实际上，早在此之前，英国的撒切尔（Thatcher）政府早已颁布并实施过这一政策（Shutt，2000：261）。在克林顿（Clinton）政府时期，则对原先由共和党政府所废除的"企业区法案"（Enterprises Zones Bill）进行修改后，以授权区及企业共同体政策（Empowerment Zones and Enterprising Communities Policy）的名义重新予以颁布并实施（Shutt，2000：261）。

于1993年立法通过的"授权区"（Empowerment Zones）政策作为一项对地方政府及州政府进行授权划定，且涵盖经济开发、人力开发、社区开发及实物开发等各个方面的合作式开发活动，被视为一项具有重要战略性意义的规划手段（Shutt，2000：261～262）。所划定的授权区的城市地区人口数应在20万以内，农村地区人口数应在3万以下。此外，所划定的任何区域内都应具备低于正常水平的财产、失业或其他普遍性的衰退现象或特征（Shutt，2000：262）。

被划为授权区的地区可在10年期内获得由联邦政府提供的总计1000万美元的财政资金用于推进以下列各项目为前提进行的再开发活动（Shutt，2000：262）。

a）社会服务补助（social services grants）

第一，儿童虐待的预防及治疗；

第二，实现自力（培训和创业）；

第三，实现并维持自我恢复与振兴（社区开发和经济开发）；

第四，提供紧急避难或救助场所；

第五，对以家庭为单位展开的项目或活动提供必要的支持；

第六，向儿童保护机构提供必要的支持和援助。

b）就业信用

通过税收信用的方式以保障就业者的工资支付。

c）税收减免设施证券

赋予州及各级地方政府发行证券的权力，并可将证券资金中95%的份额用于向授权区提供相应的设施建设（如房地产、土地及基础设施等）。

2）税收增值筹资（TIF：tax incremental financing）

税收增值筹资是将划定区域内的财产税的增加部分用以改善特定区域的设施条件和环境面貌而进行资金分配的一项政策措施。需要指出的是，TIF并不是一项附加课税，其从根本上来说是一个有关怎样合理使用税金的分配性问题。该政策从1952年起在加利福尼亚州（California）投入运作，到目前为止这一概念已经扩展至全美40余个州。

税收增值筹资制度作为一项城市政府为改善当地的基础设施面貌和促进经

济发展而用以提供财政资金支持的经济开发机制，正得到越来越广泛的应用和好评（McGreal，et al.，2002：1820）。在划定为TIF的区域或地区内，企业开发业者也可将公共资金作为民间信贷的资金来源来加以使用（Turner，2002：535）。

3）社区开发项目

在城市市中心地区进行的绝大部分邻里开发往往都将重心放在了恢复与重振市中心的经济活力之上。与此同时，也有部分邻里开发活动的重点直指恢复与重振市中心的社会活力。社区开发方法（community development approach）可以被视为是为社区成员提供各种机会、满足相互之间的需求，以及促进情感维系与相互支持的一个过程（Herbson and Bolland，1998：455）。

但是也有对此持批评意见的观点指出，这一社区开发项目（Community Development Programs）中各项目标的实现需要经历一个相当长久的过程，而最为理想的项目状态是通过引起社会结构的变化，使居民依靠自己的意志和力量去推动社会开发项目向前发展。但在现实中，不仅缺乏长时间维系项目进行的技术和资源，而且以短期收益为追求目标的企业也会因此丧失对开发项目的关注与耐心（Herbson and Bolland，1998：457～458）。

2. 文化与再开发

（1）重要性

最近以来，人们越来越关注并强调艺术与文化政策作为城市恢复与振兴手段的重要性。艺术及文化政策有关的再开发策略被视为是创造更具活力和生命力的城市的一项重要手段（Daelow，1996）。自20世纪80年代初以来，在众多有关城市再开发的文献中都提及并认识到了城市文化的重要性（Robins，1995：45）。基于此，在欧洲及北美地区，越来越多的城市政府和城市开发机构都将与艺术和文化相关的建议或提案视为城市再开发的重要工具并加以应用（Griffiths，1995：253）。

对作为城市再开发手段之一的文化机构（cultural institutions）进行必要的扩充和提升，其本身具有以下五方面重要的意义（Storm，2002：9～10）。

一是，一般来说，那些对城市经济的健康发展表现出极大的关注，并对城市再开发表示大力支持的人们也大都热衷于文化活动，并极力支持与文化相关事业的发展。

二是，文化机构的建立与生存需要有大量且稳定的客源，而积极营造一个更加安全和舒适的城市环境正是吸引客源的重要保障。

三是，文化机构的扩充仰赖于来访者及观光客的数量。因此，文化机构也十分在意和关注作为城市整体而言对来访者或观光客的吸引力等问题。

四是，文化机构的扩充和提升有时也依赖于志愿者活动及服务的可用性。因此，在出现衰退问题的邻里区域内很难有能力确保相关文化机构的进驻和生存。

五是，相当一部分具有一定资本能力的个人或企业都热衷于为自己的家乡做出一定的贡献。他们往往在时机成熟时将资本或企业整体迁入自己家乡的所在地。而这对于迁出地的地方文化组织而言，无疑也就意味着丧失了重要的后援力量。

基于此，可以看出文化机构的扩充和发展可以带来吸引更多的来访者和观光客、吸纳并提供更多的志愿者活动和服务，以及提供更具可操作性的资源动员能力等积极效果，从而提升整个城市的成长和发展潜能。

(2) 背景

虽然在论及城市政府将文化策略视为城市开发及再开发的一项重要手段并加以广泛使用的理由时，往往能够感受到其所具有的复杂性特征，但依旧可以从最近以来在政治、文化及经济等方面产生的变化中找寻到一定的答案(Wansborough and Mageean，2000：182～183)。

首先，从政治性的层面来看，基于新自由主义的思维方式，时至今日所施行的由中央政府集中进行的文化供给和投资方式已经开始逐渐向以地方政府为主导的方向转变。

其次，随着后现代主义审美观的兴起，与之相关的文化性消费和需求的种类也发生了变化。因此，城市政府在推动大众文化兴起的同时，还必须能够满足其他各种不同阶层（如对传统文化艺术兴趣不高的群体等）的文化需求。

最后，是在经济开发和区域营销层面上所体现出的艺术的重要性。城市政府往往借助并通过形象重塑的过程将自身所固有的艺术和文化生活特色与其他城市的形象特征区别开来，以此来吸引投资者的目光。

(3) 政策方向

文化通过多种手段和方式的变换，为推动城市地区的物理性、经济性及社会性的再开发活动发挥着巨大的积极作用。由此，其也被城市政府视为一项文化再开发的有效方法而加以广泛的应用。为了充分发挥城市文化在城市再开发过程中的积极作用，应遵循以下几点基本原则（Wansborough and Mageean，2000：184～185)。

第一，通过加强对艺术与文化活动的消费有助于吸引非文化性设施的使用者由此而创造并进行其他各类经济活动。

第二，文化消费的时间结构并不仅只局限于正常的工作日模式。换言之，文化活动可以充分运用夜间经济（evening economy）的概念，并以此为基础进行灵活发展。这也体现了将城市打造成为“24 小时的不夜城”（24-hour city)

对于城市再开发而言所具有的重要意义。

第三，随着文化活动在时间和数量规模上的不断扩大，文化作为驱动区域内社会经济发展的强大引擎，有助于提高社会各阶层民众的物质生活和精神生活水平。文化的繁荣与发展带动了区域内土地混合利用模式的发展，也促进了土地用途向文化用地的方向转换，从而最终形成城市内独具特色的文化园区（cultural quarters）。

第四，文化能够为动漫产业项目等提供各种丰富的灵感和资讯信息，从而打造更具活力的城市地区。在城市内的公共空间、广场及公园等地举办的各类活动除了其本身所具有的意义以外，也为举办相关活动的城市空间注入了新的活力。这一方法主要是将文化与建筑环境相融合，从而创造出更具特色的城市空间。

第五，也是最为重要的一点是，在创造城市形象的过程中，文化也应被视为与空间、道路、广场等一样具有相同地位的城市公共领域的主要构成元素之一。为了努力创造并维护一个健康且充满活力的公共领域的形成与发展，文化就应该充分发挥自身优势，通过创新开发、环境改善规划，以及大众艺术等形式和手段积极地在城市设计的过程中发挥自身的影响和作用。

第四节　新城开发

一、意义

1. 概念

所谓新城（new town），从广义的层面来看意指“依据规划所开发形成的新的居住地”；而从狭义的层面来看意指“新近或重新开发而形成的独立的城市”。城主要是依据城市总体规划的相关内容，针对所能容纳的所有社区单位为对象而集中进行规划建设的大规模的聚落式区域，因此从城市发展的角度来看，这一构想具有十分重要的意义。相较于渐进式和局部性的开发而言，这种以区域内所有社区单位为对象所进行的全局性城市开发更有利于营造良好的城市环境。

新城建设作为20世纪最重要的规划运动之一，最早发源于英国，特别是城市规划师霍华德（E. Howard）所提出的有关“田园城市”[①] 的设想被视为当代城市规划理论体系中“新城”概念的发端。

---

① 在其于1898年所著的《明日：一条真正通向改革的和平道路》（Tomorrow：A Peaceful Path to Real Reform）一书又于1902年以《明日的田园城市》（Garden Cities of Tomorrow）为书名重新出版后，“田园城市”这一概念才被人们所广泛熟知和推广。

2. 目的

建设新城的目的可以归纳为促进大城市的疏散（metropolitan decentralization）[①]、实现城市复兴（urban revitalization）、推动区域开发（regional development）、打造自力型城市（self containment）[②]及推进均衡型社会建设（social balance）五大类（Cordon，1977：85）。

建设新城的意义在于，通过缓解大城市人口和产业过于集中所引起的拥挤和无序发展等问题，从而营造健康舒适的城市环境。换言之，新城开发不仅可以防止产生城市人口和产业过密化等问题，以此推动城市走向复兴的道路，而且通过在原本开发强度较低的郊区或农村地区进行新城建设也赋予了它们增强发展活力，提升吸引力的区域开发目标。与此同时，有建议指出还应该将创建和谐统一的社会均衡型社区作为新城建设的重要目的之一。在大城市中，由于人们在大多数情况下都不得不采取角色分离式的方式进行彼此间的接触，由此阻碍并大大降低了人与人之间相互见面的机会。大城市本身所具有的空间距离上的“巨型化”和人际关系上的“非人性化”特征注定会带给生活在其中的人们一种孤独、寂寞、乏味的城市生活。而通过规划所建设的新城则与此有着相当大的区别。一方面，由于新城的规模往往较小，为促进人与人之间实现更为紧密的人性化交流和参与提供了可能性；另一方面，由于新城在建设之初就已经将不同的社会、经济和伦理共同体按照适当的比例进行了合理的规划和布局，从而能够有力地促进并最终实现社会的均衡发展（Alonso，1970：39～53）。

3. 推广

(1) 国外

在英国所进行的新城建设根据每一个历史时期的侧重点和特征的不同，主要可分为三代新城。第一代新城的开发继承了田园城市规划的思路和经验，并根据提出将人口和产业由过密地区向外疏散和转移方案的巴罗（Barlow）报告书的相关内容，在以伦敦为代表的主要大城市的周边地区开发并建设低密度的新城。在1947～1949年的三年内共划定并建设了以哈罗（Harlow）为代表的8个新城市（Clapson，1999：282）。第二代新城的建设充分考虑到了大城市内日益严重的人口过密问题。为了实现对大城市人口的有效疏解，第二代新城的规划密度较第一代有所提高。在现实中，有关第二代新城的设想仅付诸实践过一次，即仅在苏格兰地区建设了一个名为卡博努德（Cumbernauld）的新城市

① 译者注：在其他专业文献中也译为“大城市的去中心化”。

② 译者注：在其他专业文献中也译为“自足型城市”。

(Clapson，1999：282)。第三代新城主要是在20世纪60年代末到70年代所划定并建设的6个新城市。在对这些城市进行规划和建设的过程中，充分融合了前两代新城的优点，在继续继承田园城市规划理念的基础上，建设具有核心枢纽功能的独立型城市。但从城市规模的层面上来看，其明显要远大于前两代的新城规模。密尔顿凯因斯（Milton Keynes）是第三代新城中最具代表性的城市之一（Thomas，1980：190）。

（2）韩国

在韩国，真正意义上的新城建设始于20世纪60年代。这一时期的新城建设被视为是为推进工业腹地型城市开发和缓解首都圈人口过密两大政策目标而采取的一项策略性结果（신정철·김상조，1998：24）。韩国于1962年建成了国内首个工业腹地型城市——蔚山市；而在1968年，作为首尔市再开发战略重要一环的城南市的建成则标志着首都圈人口过密疏散政策的正式启动。

在20世纪70年代，随着工业化政策的不断推进，韩国国内建设了多个工业腹地型城市。龟尾市、昌原市及丽川市等都是这一时期建设的工业腹地型新城。此外，为了承接因产业转移而由首尔地区外迁的众多中小型工厂及各类有害设施，还为此在首尔市近郊地区专门建设了新的工业腹地型新城——安山市。到了20世纪80年代，为了解决首尔市内因人口过度集中而引发的住房问题，不仅在首尔市内建成了一批以居住用地为主的城市新区（高德洞、开浦洞、木洞及上溪洞等①），还在首尔市周边地区建设了众多以大规模宅地开发为主要目的的新城（日山、盆堂、坪村、中洞及山本等）。此外，还建成了以政府部门集中办公为主要功能的行政都市——果川市。近些年来，正在首尔市周边的华城、板桥、坡州、金浦、水原及扬州等地进行新城的开发与建设。

在《第4次国土综合规划》（2000～2020）中，一方面提出要推动城市建设向具有先进水平的复合型城市开发的方向发展；另一方面指出当出于应对大城市开发需求突增局面的需要，而在不可避免地需要进行新城开发时，应建设以大城市成长管理型为导向的新城；当出于打造产业园区或产业地带的需要，而进行新城开发时，应建设以产业政策实践型为导向的新城；当出于打造国际性对外开放枢纽的需要，而进行新城开发时，应建设以国际性对外开放枢纽型为导向的新城；当出于重启并推动朝鲜半岛南北交流合作的需要，而进行新城开发时，应建设以南北交流合作型为导向的新城；此外，还应随着社会客观条件的变化，建设相应的功能型城市或多功能复合型城市（如健康-福利型城市、

① 译者注：在韩国，“洞”是指行政区域的区及自治市的下级行政区域。每个行政洞设有“洞事务所”，作为上级地方政府的派出机构，负责处理日常的行政业务。“洞”在城市中相当于我国行政区划中所谓的“街道”。

终生学习-文化型城市、商业-休闲娱乐型城市、信息交流枢纽型城市及简短技术枢纽型城市等）(대한민국정부，2000：55)。

自“参与政府”[①] 开始，中央政府一直在推动企业型城市、革新型城市及行政复合型城市三种类型的新城规划与建设（정환용，2006：449～450，467～475）。企业型城市是指为促进产业的区位布局和经济活动的发展，而以民间私营企业为主体建设的具有自给自足式的综合性功能的城市（《企业城市开发特别法》第 2 条第 1 号）。革新城市是指以首都圈内承接由首都迁入的政府公共部门和机构的城市为对象，以打造区域革新枢纽功能和充分发挥国家均衡发展作用为目的而建设的城市。行政中心复合型城市是指通过承接并迁入一批中央行政部门或所属机构，进而形成以行政功能为中心的复合城市为目标而全新兴建的城市（《燕岐—公州地区行政中心复合城市建设特别法》[②] 第 2 条第 1 号）。

二、开发过程

在韩国，并没有特别针对新城市开发进行单独立法，而主要是根据《住宅用地开发促进法》来实现并保障用地供给。有关新城市的住宅用地开发主要分为住宅用地开发预选地区的划定、住宅用地开发规划的制定，以及住宅用地开发等三个阶段逐步推进。

1. 预选地区的划定

所谓住宅用地预选地区是指，在《国土规划及利用相关法》所规定的城市区域及其周边区域中，由建设交通部长官划定并予以公示的地区（以下简称“预选地区”）（《住宅用地开发促进法》，第 2 条第 3 号）。

建设交通部长官可依据在《住宅建设促进法》的基础上制定的住宅建设综合规划中有关住宅供求规划的相关内容，将所需的区域划定为用以进行大规模集中式住宅用地开发的预选地区（《住宅用地开发促进法》第 3 条第 1 项）。此外，住房用地开发项目的实施者可向建设交通部长官提交有关预选地区的划定方案（《住宅用地开发促进法》第 3 条之第 2 款，第 1 项）。

---

① 译者注：2003 年 2 月，韩国第 16 任总统卢武铉（2003～2008 年在任）在就职演说中，首次提出了建立“参与型政府”的新概念。因此，卢武铉政府也被称为“参与政府”。

② 译者注：在卢武铉政府执政时期，提出为使韩国经济均衡发展，将政府机关迁往韩国的中部地区，并建立一座新的行政首都。2003 年 12 月，韩国国会通过了《新行政首都特别法》，决定将韩国政府机关从首尔迁往韩国中部地区。2004 年 4 月，该法案正式开始施行，并将忠清南道的燕岐郡、公州市和忠清北道的清原郡的一部分土地合并为世宗市。2005 年 3 月 2 日，韩国国会投票通过了《燕岐—公州地区行政中心复合城市建设特别法》。根据这项特别法，除了青瓦台总统府、国会、大法院和外交通商部等主要部门以外，韩国政府其他部门都将迁移到中部的燕岐—公州地区。

2. 开发规划

住宅用地开发项目的实施者（以下简称“实施者”）应拟定相应的住宅用地开发规划（以下简称“开发规划”），并报由建设交通部长官进行核定审批。当需要对已核准的开发规划的内容进行变更时，与以上程序相同（《住宅用地开发促进法》第 8 条第 1 项）。当实施者需拟定相关的开发规划时，应在事前就有关内容与所在地区的市长或郡守进行协商或听取其建议，与此同时所在地区的市长或郡守应在自收到申请之日起 30 日内根据实施者所提交的内容提出相应的意见或建议（《住宅用地开发促进法施行令》第 7 条第 1 项）。

3. 实施规划

实施者应拟定相应的住宅用地开发项目实施规划（以下简称“实施规划”），并报由建设交通部长官进行核定审批。当需要对已核准的开发规划的内容进行变更时，与以上程序相同（《住宅用地开发促进法》第 9 条第 1 项）。

4. 开发项目的实施

住宅用地开发项目由建设交通部长官从国家与地方自治团体、韩国国土公社与大韩住宅公社、依据地方公企业法而建立的地方公社、公共施行者与住宅建设实施者等以共同出资的形式而设立的法人中指定相应的实施者进行项目开发（《住宅用地开发促进法》第 7 条第 1 项）。

三、科技园区

1. 意义

近些年来，地方政府为将本地区或城市打造成为以推动科技研发与创新为导向的尖端科学技术的中心地，往往会以科学园区（science park）、研究园区（research park）、创新中心（innovation centre）及科技城（technopolis）等形式和名义开发并建设相应的高新技术产业园区（Monck，et al.，1988：62～63）。其中，科学园区是指以大学等高等教育机构或研究所与具有公共性质背景的运营商共同合作为主要方式，以培育和促进知识型企业的形成和成长为主要目的和内容而设计并建设的一类高新技术产业区域。科学园区主要在向区域内的企业提供技术转移等方面发挥着积极的管理和示范作用。创新中心是指为具有新技术或新理念的创业者或小型企业提供可实现成果转化所需的设施条件而进行的一项小规模的开发项目。从某种意义上来讲，研究园区仅从事具有示范或实验性质的生产活动，而不进行其他任何的制造业生产（Monck，et al.，1988：63）。科技城（technopolis）最早起源于日本，是以促进区域经济开发而建立的集学术研究、生产及居住功能于一体的尖端科技园区。

尖端产业是一种以科学技术为基础的研发密集型，科学基础型（science-based）和系统指向型（system oriented）的高成长产业（Malecki，1991：174～176）。此外，必须指出的是，尖端产业虽然是一种集资源与知识密集、高附加值、系统综合等优势于一体的高成长产业，但其也具有产品寿命短等缺点。尖端技术主要包括生命（bio-tech.）、材料（materials）、空间（space tech.）、核技术（nuclear tech.）、信息技术（informational tech.）等。但从推动在相关产业部门中的应用性和融合性、提高生产依存性、降低节约费用成本、提升社会实用性、提升效益性及竞争性等角度来看，信息技术（informational technology）在尖端产业中的波及效果最为明显（OECD，1988：35～36）。

2. 建设动机

尖端产业之所以会引起越来越广泛的公众关注，主要是由于一方面其可为社会提供为数众多的就业岗位；另一方面，其本身所具有的高度的竞争性和创新性特征，也使其成为孕育经济发展的温床（seedbed）。由此，政府部门也大都寄希望于通过发展尖端产业，促进就业和增加居民收入，从而达到提升整个区域形象和吸引力的目的。政府部门也以此为基础和目标来制定有关尖端产业发展的扶持政策（Markusen，1983：18）。

以新城开发的新型模式而形成的技术密集型城市的建设动机或目的大体可归纳为再工业化（reindustrialisation）、区域开发（regional development）及创造协同效应（creation of synergy）三个方面（Castells and Hall，1994：222～224）。

3. 类型

尖端产业根据区域空间的不同可分为新技术产业复合体、科学城、科技园区、科技城及创新型大都市五大类（Castells and Hall，1994：10～11）。在这里，我们主要对这五种类型中具有新城性质的四类进行探讨和分析。

（1）新技术—产业复合体

在新技术—产业复合体（new techno-industrial complexes）的形成和发展过程中，虽然政府或以大学为代表的高等教育机构发挥着重要的作用，但这一尖端产业区域类型却是在事前未经慎重规划的情况下自然形成的。即便如此，在新技术—产业复合体成长和发展的过程中，与之有关的各部门和机构（公共及民间私营部门）都将关注的目光放在其他地区与之类似的成功案例上，并努力从中效仿和学习成功的经验和做法，以推动本地区产业复合体向更加成熟的方向发展。这一以创新型环境为平台而建设的尖端企业复合体类型与R&D及制造业等有着密切的联系。这一类型的代表性区域有位于美国旧金山的硅谷（Silicon Valley）和波士顿的128公路（Route 128）等。

(2) 科学城

严格来说，科学城（science cities）作为一类从事科学研究的复合体（scientific research complexes），其本身与制造业在空间上并不存在直接的关联性。其主要是人力和物力资源集中融入到科学环境当中，通过入驻科学城内的各科研院所之间的相互合作，以提高科学研究的价值和业绩成果转化的水平。这一类型的代表性区域有俄罗斯的西伯利亚科学城（Academgorodok）、日本的筑波（Tsukuba）和关西（Kansai），以及韩国的大德等。

(3) 科技园区

创建科技园区（technology parks）的主要目的在于吸引能够通过提供大量就业岗位和技术，进而最终带动居民收入和地区经济发展的尖端制造业企业的集中入驻。在这一过程中，虽然也注重对制造业的R&D功能进行拓展，但其主要还在于强调制造功能的重要性。政府部门虽然在有关技术园区的设计和开发等方面发挥着主要的作用，但从技术园区开发业者的立场来看，技术园区的建立有助于吸引工业部门中正处于高成长阶段的企业的投资，从而引导其形成新的增长据点并发挥应有的功能。这一类型的代表性区域有中国台湾地区的新竹（Hsinchu）、法国的索菲亚—安提波利斯（Sophia-Antipolis）及英国的剑桥工业园（Cambridge）等。

(4) 科技城（technopolis）

科技城作为促进区域开发和产业扩散的一项重要手段，最早起源于日本。科技城在努力将尖端技术产业培育成战略性产业的同时，还努力谋求实现均衡化的区域发展目标。

参考文献

대한국토・도시계획학회，(1997)，《도시의 계획과 관리》，(서울：보성각)．

대한민국정부，(2000)，제4차 국토종합개발계획 (2000～2020)，(서울：대한민국정부)．

이태교，(2001)，《토지정책론》，(서울：법문사)．

정환용，(2006)，《도시계획학원론》，(서울：박영사)．

정희남・최수，(1996)，《토지신탁 활성화 방안연구》，(안양：대광서림)．

하성규，(1991)，《주택정책론》，(서울：박영사)．

한국토지신탁，(1997)，《부동산신탁의 이론과 실무》，(서울：한국토지신탁)．

황명찬，(1985)，《주택정책론》，(서울：경영문화원)．

허재영，(1993)，《토지정책론》，(서울：박영사)．

Adair，A.，Berry，J.，McGreal，S.，Deddis，B.，and Hirst，S.，(1999)，" Evaluation of investors behaviour in urban regeneration," *Urban Studies*, 36; 12 (1999): 2031～2045.

Adair, A., Berry, J., and McGreal, S., (2003), "Financing property's contribution to regeneration," *Urban Studies*, 40; 5/6 (2003): 1065～1080.

Alonso, W., (1970), "What are New Towns for?," *Urban Studies*, 8; 13 (1970): 37～55.

Castells, M. and Hall, P., (1994), *Technopolis of the World* (London: Routledge).

Clapson, M, (1999), "Technology, social change and the planning of a post-industrial city: A case study of Milton Keynes," Goodman, D. and Chant, D., (eds.), *European Cities and Technology* (London: Routledge), 279～300.

Corden, C., (1997), *Planning Cities: New Towns in Britain and America* (Beverly Hills: Sage).

Couch, C., (1990), *Urban Renewal* (Hampshire: Macmillan).

Couch, C. and Dennemann, A., (2000), "*Urban regeneration and sustainable development in Britain*," *Cities*, 17; 2 (2000): 137～147.

Davudi, S., (1995), "*City challenge: The three-way partnership*," *Planning Practice & Research*, 10; 3/4 (Aug-nov 1995)" 333～344.

Darlow, A, (1996), "Cultural policy and urban sustainability: Making a missing link?," *Planning Practice & Research*, 11; 3 (August 1996): 291～301.

Downs, A., (1994), *New Vision for Metropolitan American* (Washington, D.C.: The Brookings Institution).

EGUE (Expert Group on the Urban Environment), (1996), *European Sustainable Cities*, (Brussel: European Commission).

Griffiths, R., (1995), "Cultural strategies and new models of urban intervention," *Cites*, 12; 4 (1995): 253～265.

Hannigan, j., (1995), " The postmodern city: A new urbanization?," *Current Sociology* (Trend Report), 43; 1 (Summer 1995): 150～205.

Healey, P. et al., (1992), "Rebuilding the city," Healey, P. et al., (eds.), *Rebuilding the city* (London: E & FN Spon), 3～13.

Herbison, L., and Bolland, J., (1998), *The Urban Web* (Chicago: Nelson-hall).

Home, R., (1982), *Inner City Regeneration* (London: E & FN Spon).

Knox, P., (1994), *Urbanization* (Englewood Cliffs, N.J.: Prentice-Hall).

Larsson, G., (1997), "Land adjustment: A tool for urban development," *Habitat International* 21; 2 (1997): 141～152.

McGreal, S., Berry, J., Lloyd, G., and McCarthy, J., (2002), "Tax based mechanism in urban regeneration: Dublin and Chicago models," *Urban Studies*, 39; 10 (200): 1819～1831.

Monck, C., Porter, R., Quimtas, P. and Storey, D., (1998), *Science Parks and the Growth of High Technology Firms* (London: Croom Helm).

Nunn, S., (2001), " Planning for inner-city retail development," *Journal of the American*

Planning Association, 67; 2 (spring 2001): 159~172.

Oc, T. and Tiesdell, S. , (1997), " The death and life of City Challenge: The potential for lasting impacts in a limited-life urban, " *Planning Practice & Research*, 12; 4 (Nov1997): 367~381.

OECD, (1998), *New Technologies in the 1990s: A Socio-Economics Strategy* (Paris: OECD) .

Porter, Michael E. , (2000), " The competitive advantage of the inner city," LeGates, R. and Stout, F. , (eds.), (2000), *The City Reader* (London: Routledge), 278~291.

Porter, J. , and Moore, B. , (2000), "UK enterprise zones and the attraction of in world investment," *Urban Studies*, 37; 8 (2000): 1279~1312.

Roberts, P. , (2000), "The evolution, definition and purpose of urban regeneration," Roberts, Peter and Sykes, Hugh, (eds.), *Urban Regeneration: A Handbook* (London: Sage), 9~36.

Robertson, K. , (1995), "Downtown redevelopment strategies in the United States," *Journal of the American Planning Association*, 61; 4 (Autumn, 1995): 429~437.

Ross, C. and Leigh, N. , (2000), "Planning, urban revitalization, and the inner city: an exploration of structural racism," *Journal of Planning Literature*, 14; 3 (Feb. 2000): 367~380.

Shutt, J. (2000), "Lessons from America in the 1990s," Roberts, P. and Sykes, H. , (eds.), *Urban Regeneration* (London: Sage), 257~280.

Sorensen, A. , (2000), "Land readjustment and metropolitan growth: An examination of suburban and development and urban sprawl in the Tokyo metropolitan," *Progress in Planning*, 53 (2000): 3~21.

Storm, E. , (2002), "Converting pork into porcelain," *Urban Affairs Review*, 38; 1 (Sept. 2002): 3~21.

Thomas, W. , (1980), "Aims and achievement of British New Towns I," IFGP Working Party on New Towns, ed. , *New Towns in National Development* (Milton Keynes, UK: Open Univ.), 189~192.

Thurstain-Goodwin, M. and Batty, M. , (2001), " The sustainable town centre," Layard, A. , Davoudi, S. , and Batty, S, (eds.), *Planning for Sustainable Future* (London: Spon Press), 253~268.

Turner, R. , (2002), " The politics of design and development in the postmodern downtown," *Journal of Urban affairs*, 24; 5 (2002): 533~548.

Wansborough, M. and Mageean, A. , (2000), " The role of urban design in cultural regeneration," *Journal of Urban Design*, 5; 2 (2000): 181~197.

Yap, K. , (1998), Squatter settlements, Viet, W. , (ed.), *The Encyclopedia of Housing* (London: Sage), 554~556.

第四篇

经营管理

第十一章

公共服务管理

第一节　概　　要

一、意义

1. 概念

公共服务作为旨在以促进和维护共同体的利益为目的，而向社会及公民提供产品和服务的一种方式，是社会大众在日常生活中不可缺少的有机组成部分。但是，这一概念中所指的服务并不仅特指那些由政府或公共部门所提供的服务，由于某些由民间私营部门所提供的服务也具有消费上的非竞争性和非排他性的特征，此类服务也可被视为公共服务的一部分。基于此，我们可以将公共服务定义为是由国家及地方政府等公共部门负责供给，或由其他任何性质的供给主体出于保障和提高社会公共利益等目的所提供的一类服务（이용우·배용수，2000：19；조정제，1990：49）。

在对公共服务的公共性进行探讨时，应以以下五个方面作为衡量和评判的标准（Haque，2001：66～67）。

第一，决定公共服务的公共性的传统式标准当属公私部门之间的区分程度。尽管公私部门之间的界线有时较为模糊不清，但一般来说，公共服务的公共性特征主要表现为公平性、开放性、平等性、代表性、垄断性、复合性，以及长期且广泛的社会影响性等。

第二，公共服务的公共性取决于服务接受者的组成成分，即意味着公共服务所涉及的服务接受者的范围越广，其公共性也就越高。

第三，公共部门在社会中所扮演的角色性质也是决定公共性的主要因素之一，即意味着公共服务所能发挥的作用和效力越为广泛和集中，由此所产生的社会性影响也就会越大。这也是公共服务所具有的公共性扩大的一种体现。

第四，所具有的公共责任的程度也是衡量公共服务的公共性的标准之一。①

第五，公共性的核心标准在于公共信任。公共服务的主体需具备信用性、领导力及反应性等才能赢得民众的信任。

2. 分类

根据不同的划分标准，公共服务可以划分为多种不同的种类。在这里，我们将以公共物品的性质、社会性职能、服务受益的范围及公益性等为标准对公共服务的分类进行探讨和分析（박수영，2002：440～444）。

（1）按公共物品的性质分

从消费的竞争性和排他性的观点出发，可对产品与服务进行进一步细分。相较于具有排他性和竞争性的私人物品而言，纯公共物品则具有非排他性和非竞争性的特征。此外，还有一类物品虽然是公共的或是可以共用的，且在具有一定排他性（不充分的排他性）的产品与消费之间也存在着竞争性关系，但却不具备完全排他性特征的服务形态。我们称之为准公共物品（조정제，1990：50～51）。

美国学者萨瓦斯（E. Savas）依据将竞争性和消费这两种标准之间相互组合的不同，对公共服务的种类进行了区分和排列（조정제，1990：51～53）。

纯公共物品或集体物品（collective goods）包括国防、警察、传染病预防、环境保护、灯塔等。

作为公共池塘资源（common-pool goods）的准公共物品包括海洋鱼类资源、稀缺的自然资源及环境污染等。这类产品和服务虽然既不具备排他性也难以征收相应的费用，但作为一项个人可享用的私益物品，往往很容易产生过度消费的问题，因此需要政府对这类产品和服务进行必要的规范和管控。

可收费物品（tool goods）主要指那些没有竞争性，且可进行共同消费但却容易产生排他性的产品或服务。主要包括供给设施（电力、燃气、供排水等）、使用设施（国立公园、收费道路等）、俱乐部物品（club goods）、地方公共物品及公共补贴物品等。其中，俱乐部物品作为一种在难以对各个人的消费量进行有效控制的情况下，而对参与消费活动的机会进行有效限制的产品和服务，主要包括游泳、公寓、停车场、高尔夫、信息交换会员制等。地方公共物品是指仅向特定区域内的居民提供相应的纯公共物品，而一旦从该区域内迁出，则将会对其产生排他性（被排除在受益范围之内）的一类公共产品和服

① 译者注：保障公共责任性的途径包括议会咨询、司法审核、民意满意度调查及媒体监督等。

务。例如，卫生驱虫防疫类服务等。公共补贴物品主要是指由政府向社会成员所提供的，保障其享有最低标准的、必不可少的一类产品和服务。在现实生活中，由政府向生活困难的救济对象群体提供的一系列政府援助行为就属于公共补贴物品。

（2）按社会性职能分

公共服务依据社会性职能的不同，可划分为日常性服务、保护性服务、发展性服务及社会最低保障标准服务四类范畴（박수영，2002：442～443）。

日常性服务是指居民在日常生活中所使用的各种服务。其主要是基于使用者收费原则或受益者负担原则，而向需求对象提供的一项个体性服务。与我们的日常生活息息相关的供排水系统的维护与管理、垃圾废弃物的回收与处理，以及道路交通等均属此类。

保护性服务主要是指那些能够对面临或处于诸如火灾、暴力、传染疾病及自然灾害等危险状况中的生命和财产进行保护，并充分发挥维持公共秩序等职能的一类服务。警察、消防、各类执法作业、洪水管控及卫生检查等均属此类。

发展性服务是指那些有助于挖掘和提升在身体健康、智力发展及精神等层面的个人潜能的一类服务。教育、图书馆、公园、文化娱乐设施等均属此类。

社会最低保障标准服务是指以保障生活困难的低收入阶层居民的最低生活水平而提供的一类服务。这一类公共服务的特点在于其可通过发挥自身较强的经济性再分配职能，向特定的受益者提供相应的公共服务。公共补贴、公民保健、医疗保障、住房保障、就业培训及公共住房等均属此类。

（3）按服务的受益范围分

依据服务所涉及的受益范围和投入费用的不同，可划分为相联品和受益品两类（박수영，2002：443）。

公有品（joint goods）是指可供所有市民共同使用，且可起到衔接城市活动和城市功能作用的一类公共服务。道路、供排水、警察及消防等均属此类。

有益品（merit goods）是指那些主要以增进个体利益为目的，有选择性地提供的一类公共服务。学校、医院、博物馆、图书馆及其他一系列具有社会福利性质的服务均属此类。

（4）按公共性的性质分

根据公共服务的公共性的不同，可划分为保护性、共有性、个体性、经营性服务四类范畴（박수영，2002：443～444）。

保护性服务是指那些能够为面临或处于各种危险状况中的生命和财产提供保护的一类公共服务。消防、警察、垃圾废弃物处理、食品卫生检查及计量检查等均属此类。

共有性服务是指以增进市民的利益为目的，而以全体市民为对象所提供的一类公共服务。道路、城市整备、就业规划、城市美观的维护、各种便利设施等均属此类。

个体性服务是指以满足公众的个体需求为目的，而直接以个人为对象所提供的一类公共服务。这类服务往往通过提高高收入群体的费用负担向低收入的贫困群体提供相应的社会性利益和服务，因此其也会带来收入均等化的效果。教育、儿童保护、老弱者保护等均属此类。

经营性服务是指可确保一定的企业性质或经营收益性的一类公共服务。供排水、交通、住宅用地开发、住宅建设及旅游开发等均属此类。

二、逻辑方法

1. 传统式的方法

有关公共服务供给管理的传统式观点大都基于福利主义的理论逻辑。福利主义（welfarism）的主要特征在于实行以国家负责直接提供教育、医疗保健、住房、个体化的社会服务等公共服务方式为主的服务供给管理（Bailey，2001：337）。这类公共服务大都是在凯恩斯式（Keynesian-style）的政策和计划选择的基础上所形成的一种合作式的介入方式，以此试图努力实现最大程度上的完全就业状态。一方面，国家基于家长式和保护性的立场，从经济方面入手对贫困阶层和弱势群体给予援助与支持；另一方面，国家出于促进经济发展和繁荣的需要，往往会采取一系列旨在对总体需求进行有效管理的政策措施（Bailey，2001：337）。

有关产品与服务生产方面的几个具有争论性的基本问题主要是：市场是否存在市场失灵；应怎样对产品与服务进行规划和集体决策；相较于个别性的交易过程而言，公共供给在达成特定的社会性目标等方面是否更为有效；等等。政府介入产品与服务的生产和供给中的道德性基础主要是出于对平等（equity）、公平（fairness）和正义（justice）的考虑。在有关产品和服务的生产方面，政府行为的正当性主要是建立在市场无法有效地对产量和生产范围进行合理的调节（市场失灵）这一基本观点之上的（Walsh，1995：4）。

2. 后福利主义

时至今日，有关公共服务的供给管理正由过去政府直接供给的方式向引入市场体系的方向转变。这一现象也是随着后福利议程（post-welfare agenda）、后福特主义（post-fordism）及由政府统治向政府治理的转变（a shift from government to governance）等针对公共服务供给管理的新方法的出现而产生的（Bailey，2001：336）。相较于过去依靠单一化、阶层化、标准化官僚制式的生产技术而进行的服务生产而言，这些新的逻辑方法更注重强调向贴近消费者需求的微观化、企业化的网络组织结构支配的方向转变（Bailey，2001：336）。

最近以来，以管制松绑化、民营化和自由化为指向的所谓市场力量的胜利和国家政策向新的方向发展这一趋势的不断深化，公共服务（public service）也随之向企业化的方向转变（Haque，2001：65）。以上这些针对公共部门所进行的一系列改革的主要目的在于，克服公共部门自身所存在的非效率性问题、压缩垄断的空间和地位、降低财政赤字、放松贸易保护、精简公共开支、减少补贴、增加创收、扩大竞争、鼓励外商投资、提高服务质量和提高消费者的满意度水平等（Haque，2001：66）。

主张通过运用市场机制以促进公共服务的管理水平的人们认为，市场机制的有效发挥能够在一定程度上克服市场失灵这一难题。但是问题的关键在于在现实操作的过程中，很难对在公共部门中负责具体执行工作的公务员的动机和业绩进行有效的监督和管理。由于市场缺乏相应的鼓励刺激政策，政府部门也就不可避免地陷入非效率性的状态。对政府部门持批评态度的人们指出，公务员在面临诸如节约费用成本、提高生产性以及为旨在实现经济的合理化发展而采取技术手段的可行性等问题上往往会采取回避或无视的态度，甚至根本不对其进行研究和进一步的实质性开发。除此之外，政府部门的公务员们往往会认为这一转变的过程不仅复杂，还将会消耗大量的成本费用。从另一个角度来看，如果能够实现对在公共部门中负责具体执行工作的公务员们的业绩成果等进行有效监督，并引入相应的补偿和惩戒机制的话，那么缺乏鼓励刺激政策一说也就不再成为一个问题（Walsh，1995：29）。

作为地方治理重要内容之一的新公共管理运动的主要特征在于，将市场机制引入公共服务组织的运作中来，即实行公共服务的市场化。在市场化（marketisation）最初的模式中就已经引入了针对公共服务而展开的竞争性投标。自20世纪80年代后期以来，虽然竞争性投标的方式得到了广泛的扩展，但在公共服务管理层面最激烈的变化莫过于民营化的快速推进和发展。由此，我们可以将在公共服务管理方面所产生的变化主要归纳为不断由民间私营部门引入先进的管理方法，以及加强对公共服务领域内相关市场机制的开发与推广两大趋势（Walsh，1995：xi～xiv）。

三、供给模型

福利主义和后福利主义的主要特征可归纳为以下两大模型（Bailey，2001：344～346）。

1. 一般性模型

在图 11-1 中，单元格 1 表示政府/公共福利的纯模型，即国家政府通过税收和其他方式直接资助并为使用者提供免费服务。在单元格 2 中，政府仍直接提供服务，但为使用者或其他私人机构提供资助。单元格 3 代表政府所扮演的角色和发挥的作用开始从原来的一般性供给者开始向管理者的方向转变。单元格 4 代表委托式福利国家（指不存在福利政府的福利社会），即政府通过立法强制个人支付福利服务并规定私人部门提供服务。强制性医疗保险就属于单元格 4 所表示的福利类型。这其中，单元格 1 主要体现了福利主义（welfarism），而后福利主义（post-welfarism）则包括了其余三类单元格的元素（Bailey，2001：344）。

		财源：公共	财源：私营
生产	公共	1	2
生产	私营	3	4

图 11-1　提供福利与财政的一般模型

资料来源：Bailey，2001：344

在单元格 2 中，当生产费完全通过征收消费者使用费（user charge）的方式来进行筹措，并在支付的过程中表现出任意性时，那么也就没有必要再由公共部门来负责剩余部分的服务供给。经济学家们认为，要想使公共部门与民间私营部门之间的交易行为变为现实，并允许民间私营企业进入公共服务供给市场，就必须首先弄清楚法律上的垄断性障碍（自由化），此时“民营化”不失为一种值得推荐的有效手段。

如果当某些行为活动和单元格 1 中存在的其他行为活动出现同时供给状况时，或是很难从技术的层面对两类不同的行为活动进行区分时，抑或是在民间私营部门提供相应供给服务的情况下，依然采纳并维持公共部门可同时提供相应供给服务的决定时，那么此时这些行为活动均应处于单元格 2 中。举例来说，诸如信息交易服务等与之类似的公共服务大都由民间私营部门来负责提供，但即便如此，在由地方政府所建立的图书馆等具有公共性质的机构中依然被允许提供类似的公共服务。这主要是由于对于公共图书馆而言，其不但拥有具备专业化知识的人才队伍，而且还具备配套完善的服务设施，更重要的是其也希望通过此将自己的业务范围覆盖到该服务领域内（Bailey，2001：344～345）。

单元格 3 中最具代表性情形主要有以下两种：一种是政府通过购买私营机构提供的服务，从而将其转移支付给消费者个人；另一种是政府通过合同外包的形式，使私营部门成为服务的供给者。在第一种情形中，由于通过这种购买行为往往能够反映出个人的诉求和支付意识，必然有助于改善和提高分配的效率性；而在第二种情形中，公共部门内部依旧会残存有影响服务的质量和数量的一系列行政决策性因素，因此在这一情形中在分配的效率性方面所起到的改善和提高作用是十分有限的。换言之，在这一情形中，并没有将消费者放在最优先和最重要的位置上来加以考虑。通过单元格 3 和单元格 4 两种模式的混合使用，可以有效促进和提高消费者的主动权。而与此同时，消费者所负担的部分也随着供给者之间竞争关系的展开而有所减轻（Bailey，2001：344）。

在单元格 4 中，最具代表性的当属美国涵盖 15 万左右人口规模的社区居民协会（RCAs：Residential Community Associations）和拥有几千名人口规模的商业促进区（BIDs：Business Improvement Districts）等具有民间政府性质的组织。RCAs 和 BIDs 作为具有协商性质的民间财产所有人组织主要通过多数表决的方式向所在区域提供额外的都市型服务（municipal-style services），并向成员征收相应的会费或财产基本税金等（Bailey，2001：345）。

在图 11-1 中，从各类公共服务的供给层面入手对相互不同的合同形式进行区分是失败的。在单元格 3 中，有必要对作为购买者的政府和作为供给者的民间私营公司加以明确的区分。由此，也就出现了对地方政府内部的购买者—供给者进行明确区分化的诉求（Bailey，2001：345）。

2. 地方政府模型

在图 11-2 中，单元格 1 中地方政府直接提供服务，没有在购买者和供给者之间做区分或分离。在单元格 4 中，服务供给是合同外包给民间私营生产者（理想的状态是通过竞争的方式取得相应的外包权），并且由地方政府来进行购买。在单元格 2 中，服务供给以合同内包的形式进行，地方政府通过与地方企业进行竞争的方式来赢取相应的服务合同。单元格 2 和单元格 4 都包含了对购买者—供给者分离的详细描述（Biley，2001：346）。

		购买者：是	购买者：不是
供给者	是	1	2
供给者	不是	3	4

图 11-2　区分购买者与供给者的地方政府模型

资料来源：Bailey，2001：345

购买者—供给者的分离将服务的供给分配职能从战略的职责中区分出来。其虽然在供给方之间制造了可竞争性，但却没能够促成购买者之间形成竞争关系。由此看来，其虽然具有改善和提高效率的可能性，但由于在此时，购买者们所做出的某种决定往往会在服务使用者的选择行为上有着较为明显而又强烈的反映，并不会对改善和提高分配的效率性有所帮助。通过将购买者和供给者进行区分的方式，最终同时实现并增强了战略意义上的集权化和通过自我管理而形成的功能性单元的分权化模式，这也是后官僚制统治的显著特征之一。在大部分情况下，分权化的功能性单元所需的预算都要受到来自于中央政府的严格管理和控制，因此与其说是一种真正意义上的自律行为，倒不如说是一种受限的自律性的表现（Bailey，2001：346）。

单元格 3 表现为服务的供给责任转移到地方政府之外，即意味着与由非地方政府公共部门所形成的服务供给有着密切的相关性。中央政府应将过去由地方政府负责提供的服务转交给地方政府以外的公共部门组织。这种准自治政府组织（quasi-autonomous non-governmental organization：quangos）的形式可在国家、地区及地方等多个层面上进行扩展和操作。从地方的层面来看，虽然这些准自治政府组织仅是具有独立性或自我管理式的地方机构，但其同样具有使用公共资金的权利和履行公共职能的义务（Bailey，2001：346）。

第二节　供给类型

一、意义

1. 概念

公共服务的供给体系是由必要性认识和判断、有关供给的政策决策、规划和资金筹集、设施设置、服务生产和消费、使用费的征收、设施的运营，以及评估和反馈等一系列步骤所串联起来的一个完整的过程（이용우·배용수，2000：22）。在这里，服务供给主要包含以下四个方面的内容：①某些产品和服务由政府公共部门负责供给，而某些产品和服务则交由民间私营部门负责；②针对某些民间私营行为活动进行管控，并采取不同的管制类型和程度；③所筹集的资金额度和收取的方法（税金或使用者付费等多种形式）；④使用者对所提供的产品和服务的质与量的标准等方面的群体性选择（Stein，1992：5）。

与城市产品和服务的供给有关的种种问题大致可归纳为财政平衡（fiscal equivalence）和责任性（accountability）两大类。在第一类问题中，从个人的立场来看，大都期望达到“支出多少就收入多少，收入多少则支出多少”的理想状态。而在现实中，由于财政平衡的缺失，不仅不能从中获取任何收益，还将产生许多不必要的额外费用，进而使整个区域社会的利益蒙受损失。在第二类问题中，所谓责任性指的是选举及被选举产生的政府公务人员的行为活动和其所在选区的选民之间所具有的一种联系。如果选民没有机会对他们所关心的事物和选择发出自己的声音和意见的话，那么公众也将被迫从该地区迁往其他地区，从而导致城市乃至整个地区的资源基础严重流失（Stein，1992：6）。

虽然城市政府在面临到底是应该遵循纯公共物品的概念来供给相应的公共物品还是应该将其视为混合物品来加以供给这一问题时，只能根据相应的政治性决策来进行判断。但是无论在何种情形下，从资源分配的角度来看，其均具有各自的优缺点。具体来看，从公共物品的角度来看，虽然与费用成本负担并无关系，且能够从中获取等量消费所带来的收益，但是却在费用最小化问题上存在着一定的问题。不仅如此，如果不能对公共物品进行较为准确的社会性需求预测的话，则会出现供给过剩的问题，进而也就很难实现资源的效率性分配。从另一个角度来看，如果更加注重强调具有私人物品性质的元素在供给中的地位和作用，虽然会出现供给量过小的问题，但也可以防止资源过度浪费现象的发生。

2. 区分

公共服务的供给类型可依照服务传递体系或供给主体、公私合作的形式，以及城市政府的经营方式等不同的标准进行分类。美国学者萨瓦斯（E. Savas）以服务的消费者、生产者及提供者之间相互结合方式的差异度为标准，将公共服务的供给方式划分为政府服务、政府出售、政府间协议、合同外包、特许经营（franching）、政府补助、凭单制（voucher）、自由市场、志愿服务（自发式服务）和自我服务十种类型（조정제，1990：65～67）。但是在这一分类中，虽然对服务的供给类型进行了较为多元化的体系性划分，但却将依据公营企业所形成的服务供给类型排除在外，这也是这一分类方式的局限性所在。

在此，我们将公共服务的供给类型划分为公共供给、私人供给及公私合作供给三大类，并进行探讨和分析。

二、公共供给

1. 直接供给

政府服务是指政府通过政府工作人员（公务员）直接提供和传递服务的一种方式。在这一方式中，政府同时扮演并履行着服务的生产者和供给者的双重角色。在韩国，城市政府的直接供给主要是由一般行政机构、事业所及地方直营企业等组成并负责具体的执行作业（이용우·배용수，2000：26～28）。

(1) 一般行政机构

城市政府为达到促进城市发展和提高市民生活水平的目的，以内部（居民、企业、相关利害关系当事人等）和外部（公务员、议会等）客源、上级和下级行政机关，以及其他相关机构（特赦的行政部门等）为对象，依据有关条例设置相应的行政机构，以实现公共服务的生产和供给。由于城市政府相关行政机构的组建可从自身的实际情况出发，在总统令所指定的范围之内依据有关的地方条例进行裁定，各城市之间都会有所不同。

(2) 事业所

事业所是地方政府为有效推进特定行政业务的执行效率，在必要时可在总统令所规定的基础之上，依据所在地地方政府的地方条例进行设置。此外，当仅需要对地方政府的行政业务进行处理作业时，可依据有关地方条例，在地方政府的定员范围之内设立相应的事业所。根据业务的性质或业务量等具体情况，从业务执行的效率性的角度出发，确实需要另设机构进行办公或需要进行现场办公时，可设立相应的事业所（《地方自治法》第105条；《施行令》第40条第1项目）。

事业所的种类虽然较为复杂多样，但主要有：为向城市或地区居民提供文化发展性服务而兴建的图书馆、文化会馆、体育设施以及公园等；为提供社会福利性服务而设立的福利馆及其他社会福利设施等；为提供环境服务而修建的上下水道及废弃物处理设施等。

(3) 地方直营企业

地方直营企业是由地方政府全额出资，按照政府行政机构的形式进行组织，并由政府公务人员直接负责经营和管理的一类公营企业。其主要依循每年由地方议会所裁决并颁布的地方公营企业特别会计预算的有关内容进行运营工作。由地方直营企业所提供的公共服务中，最具代表性的当属地方自来水公司的设立和运营。此外，还有与各类公共服务相关的公营开发项目和区域开发基金等。

由地方直营企业负责提供的各类公共服务还可根据实际需要，通过一般财政对资金不足的部分进行补充，从而充分满足当地居民的实际需求。由此可以看出，其具有能够在最大程度上保障和维护公共性的优点。但我们也必须看到，这类供给模式也具有一定的缺点，主要体现为以下两个方面：一是由于地方直营企业主要通过政府工作人员直接经营和管理的方式进行运作，很容易将官僚式的思维方式渗入到企业的经营管理当中；二是在企业中频繁进行的人员移动和岗位变动，很难确保相关业务的持续有效开展和专业化水平。此外，相较于私营企业而言，地方公营企业所收取的各项费用都较为低廉，因此很容易产生财政结构不稳定等问题。特别是当需要对城市开发等较大规模的项目进行直接经营和管理时，就很容易因资本、技术以及专业化知识和能力不足等问题严重制约经营管理工作的有效开展。

2. 间接供给

有关城市政府在公共服务方面所进行的间接供给主要是指依据《地方公营企业法》及相关条例，由以公共法人的形式所设立的地方公营公司负责公共服务供给的一种方式。地方公营公司由地方政府负责出资建立，并给予相应的财政和行政支持，与此同时，地方政府作为参与企业经营活动的法人主体，通常采取间接经营的方式来实现和完成公共服务的供给。此外，该类型的地方公营公司作为法律意义上的独立主体可将销售收入或委托金等用以充当日常经营和管理费用，因此其完全具备了独立于地方政府之外的财政结构体系，公司所属职员也并非为政府公务人员（이용우·배용수，2000：28）。

3. 城市间的协议供给

城市间的协议供给类型可分为协定和合同两种方式。协定是指为更好地向协定区域范围内的居民传递和提供相应的公共服务，而由各方共同制定供给规划并进行融资的一种方式。合同是指某一城市为了向本市居民提供某一特定的服务，而向其他城市支付一定的费用委托其进行生产的一种方式。在协定方式中，相关各城市政府均同时扮演着供给者和生产者的角色；而在合同方式中，某一城市仅扮演供给者的角色，而另一城市则仅扮演生产者的角色。

从某一角度来看，城市间的协定供给可带来避免重复投资、专业化知识的可持续性运用，以及责任的转移和分散等积极效应。但从另一角度来看，其也有可能因为服务生产的中断，而致使地方政府陷入在面临特殊情况或非常时期时无法实现有效供给的困境。不仅如此，随着某些城市机能的缺失及流失，也会引发市民的反弹等问题（이용우·배용수，2000：30～31）。

在美国，城市间的协议供给作为主要应用于污水处理、废弃物处理、图书馆、教导所、警察及消防等需要通过大规模建设城市基础设施方能实现的一种有效供给方式正得到越来越广泛的应用。特别值得一提的是，一些规模较小的地方政府往往能够通过这一方式降低在建筑费、设施投资费及管理费等方面的财政支出，有效减轻了地方政府的财政负担。在韩国，各地方政府也正通过这一方式积极推进污水处理厂、废弃物填埋场及焚化场等共建共用设施的建设和使用。但是个别地方政府在采用这一协议供给方式时，仅是为了解决设施选址困难的问题，由此这一方式也就被局限地应用于环境基础设施的建设和使用上，从而也被视为是一种补充式的供给方式（이용우·배용수，2000：31）。

三、民间私人供给

1. 民营化

(1) 意义

狭义上的民营化(privatization)主要指公营企业的股份出售给个人或民间私营企业；而广义上的民营化则是指公共服务的供给职能向民间私营领域的转移(배용수，2000：163～164)。由此可以看出，民营化的意义在于通过对公营企业的资产进行交易或股份进行出售等方式，以实现活跃经济活动和为公共部门注入民间活力的目的。民营化的推进既意味着所有权由政府所有向民间私人所有的转移，也意味着市场结构开始由垄断向竞争的方向转换。

通过民营化不仅可以提升效率，实现构建“小政府”的目标，还可以形成以消费者为主的服务供给体系。但与此同时，也有反对的意见指出这往往也容易导致催生垄断性公营企业、拉升消费者价格、削弱资本市场及诱发市场失灵等问题的产生(윤성식，1998：438～448)。

(2) 类型

所谓民营化的概念，不仅包含对公营企业进行出售交易的公营企业的民营化现象，也包括将各种政府行政组织内的行政职能和活动等行政性服务向民间进行移交或转让等。后者中包含了多种民营化的方法，如凭单制(vouchers)、以合同为基础而形成的有关行政服务向民间的转移、以权限的转让或交易为主要方式的行政服务向民间的转移、民间参与而形成的行政服务竞争，以及赋予民间代理行政服务的权利等(윤성식，1998：474)。其中，当属以合同或民间委托的形式推进的民营化模式最具代表性(조정제，1990：100)。

(3) 民间委托

1) 意义

民间委托也称合同外包(contracting out)，是指政府部门为实现产品和服务的有效供给而与民间私营企业或非营利组织签订相关合同，委托其提供相应的产品或服务的一种方式。在这一服务供给方式中，民间私营部门主要扮演服务生产者的角色，而政府则主要扮演服务供给者的角色，并向生产者提供相应的费用支出。在相关的法律条文中，则将其定义为将法律所规定的政府行政机构的相关业务中的一部分转交并委托给非地方政府的法人团体及其相应的机构或个人，同时赋予其相应的责任并在其名义之下运作相关的业务(《关于行政权限的委任及委托的规定》第2条第3号)。

2) 委托领域

可进行民间委托的业务领域包括在行政机关所属业务范围内的调查、检查、鉴定及管理等业务中，与民众的权利和义务等并无直接关系的、以纯粹的事实行为为主要内容的业务；相较于公益性，更需要进一步强化和提升效率性的业务；具有特殊的专业化知识和技术性要求的业务；与国民生活息息相关的其他纯粹性的行政业务等（关于行政权限的委任及委托的规定，第11条）。

以合同为基础可向民间转移的行政服务包括车辆维护、道路维修和维护、应急处置服务、建筑物保洁、物业安保维护、垃圾处理、单位食堂的运营、图书馆的运营、广电设施的管理及会计业务等（윤성식，1998：487）。

3）受托机构的选定标准

当需要对民间委托业务的受托对象进行选定时，应在对人力和组织结构、财政承担能力、设施和装备、技术保有程度、责任感和公信力、区域间的均衡分布等因素进行充分考虑的基础上选定相应的受托机构（同规定，第12条第1项）。

（4）凭单制

凭单制是指，政府向特定受益者发放某种相当于现金性质的优惠券，以使他们能够从民间私营团体或个人那里获取相应的产品或服务。由此可以看出，所谓凭单（voucher），即是一种标有现金金额数目的有权券书（윤성식，1998：478）。

在凭单制中，最具代表性的事例当属美国的食品券（food stamp）制度。食品券是指政府向符合一定条件的低收入阶层人群发放的一种标有现金额度的有价券书，以使他们能够在一般性的商业网点中购买该福利制度许可范围内的相应食品。出售食品的商店可以将食品券存入自己的银行账户中，银行再将这些食品券返还给政府以换取相应等额的现金。向低收入者发放以购买食品为内容的食品券，主要是出于解决低收入阶层人群营养不良问题的考虑。由于政府很难直接向低收入阶层人群提供相应的实物物资（食品），这一新的福利政策的引入也有助于破解政府在这一方面所面临的难题（윤성식，1998：478～479）。

凭单制的优势在于，其能够充分调动民间私营部门所具有的效率性和积极性优势以保障政府政策的有效落实，与此同时，通过民间私营部门之间的竞争以达到提高服务质量的目的。但该制度也存在凭单被滥用于政策目的以外的其他用途等问题（윤성식，1998：479～480）。

（5）以权限转让或出售为主要形式的行政服务的民间转移

政府从最初开始就将行政服务的供给权限转让给民间私营部门，或是政府通过向民间私营部门出售相应的行政设施等方式，以使其在不受政府干预的情况下提供相应的行政服务。

在以权限转让为主要方式的民间转移方面，最具代表性的事例当属有关社

会间接资本的建设。例如，在建设收费道路时，政府将道路建设和后期运营的权限转让给民间私营部门，与此同时，民间私营部门则不会以提供行政服务为理由向政府要求相应的建设和运营费用，而是通过征收道路使用费的方式向道路使用者直接收取相应的建设和运营费用。政府则可通过使用相应的民间资本直接向市民提供道路服务（윤성식，1998：497～498）。在以出售为主要形式的行政服务向民间转移方面，较为有代表性的例子有政府将机场设施等出售给民间私营部门进行运营和管理等。

（6）民间参与而形成的行政服务竞争

这一类型的方法主要是在现有的以公共部门所主导的行政服务的基础上，允许民间私营部门参与到该领域内，并通过居民选择的方式，引导政府公共部门和民间私营部门之间形成竞争的关系（윤성식，1998：503）。

较为典型的例子有，英国向民间私营部门开放了部分邮政快递领域（express mail）的业务等。通过将邮政快递领域的部分业务向民间开放的方式，为仅拥有小额资本的民间私营企业也提供了参与邮政快递业的机会，从而更进一步促进公共部门和民间私营部门之间的竞争。除此之外，这一类型还多用于垃圾处理、电力供应及医疗服务等领域。

（7）赋予民间私营部门代理行政服务的权利

赋予民间私营部门代理行政服务的权利是指，当政府所提供的公共服务无法满足社会需求时，政府赋予民间私营部门在提供相应的行政服务后，再向政府部门提出支付相应费用的权限。这一制度不仅意味着赋予了民众对行政服务供给主体的选择权，也是防止和保护民众免受垄断危害的一项有效手段（윤성식，1998：506）。

2. 吸引民间资本

（1）意义

吸引民间资本是指，国家或地方政府为了促进公共设施的建设效率，可将部分或全部的建设资金的任务交由民间私营部门，并在法律或合同所规定的范围之内赋予他们对公共设施的管理权和收益权。吸引民间资本一方面不仅可以充实公共设施的建设资金，还可以通过有效运用民间部门所掌握的一系列先进的技术手段，克服公共部门自身所具有的非效率性问题；另一方面也为民间私营企业提供了良好的投资机会。

（2）方式

吸引民间资本的方式主要是根据民间私营部门和公共部门之间所达成的相关合同协议而最终决定的。公私部门之间所达成的合同的具体内容主要取决于民间私营部门的参与标准、项目风险的分担比例、民间责任和自律程度、资本投资的比率和标准、合同期限，以及与设施使用者的关系等因素。

促进和吸引民间资本投资的主要模式有 BTO，BOO，BOT，ROT，BLT，DBOT 等（裴龙洙，2000：265）。BTO（Build-Transfer-Operate，即建设-转让-经营）是指某一设施在由民间私营部门建设完成（竣工）后，该设施的所有权直接归属于政府部门所有，而授予民间私营部门以一定期限的特许专营权的一种模式。BOO（Build-Own-Operate，即建设-拥有-经营）是指某一设施在由民间私营部门建设完成（竣工）后，该设施的所有权归民间私营部门所有的一种模式。BOT（Build-Own-Transfer，即建设-经营-转让）是指某一设施在由民间私营部门建设完成（竣工）后，政府对民间私营部门对该设施所具有的所有权给予认证，待到期满后再将设施所有权收归政府部门所有的一种模式①。ROT（Rehabilitate-Own-Transfer，即修复-经营-转让）是指在一定期限内，某一项目的所有权归民间私营部门所有，并由其负责对现有设施进行再开发或修复后，进行经营和管理工作，待到期满后再将设施所有权收归政府部门所有的一种模式。BLT（Build-Lease-Transfer，即建设-租赁-转让）是指在设施建设完成后，在一定期限内租赁给第三方进行使用或经营，待到期满后再将设施所有权收归政府部门所有的一种模式。

在积极推进和实施有关吸引民间资本项目等方法的同时，还应对项目实施主体的资金筹集方式等问题进行充分的考虑。最近以来，在有关吸引民间资本项目方面，一种被称为项目融资（project financing）的全新的资金筹集方式正越来越受到人们的关注。项目融资是指贷款人向特定项目提供贷款协议融资，并以该项目所产生的现金流量或项目资产作为附属担保物的一种融资类型。项目融资大多引入并采用 BOT 模式进行。在 BOT 模式中，主要由业主、建设业者、享有运营权的合作投资者等共同联合成立相应的全责公司后，通过对该项目进行妥当性分析后拟定相应的工程计划并筹集必要的资金，从而进行施工作业。在这一过程中，其主要依据与发包单位（公共部门）所签订的相关转让协议对已完工项目内的各种设施进行运营和管理，并对融资款项的本金、利息和股份的投资份额进行合理的分配和利益回收。最后，在合同到期后，再将相关基础设施的所有权出让给发包人或发包单位——政府。

（3）吸引民间资本的相关制度

在韩国，对民间资本开放并吸引民间资本投资的主要公共设施包括与各类生产活动有关的基础设施、为提高所在地区相关设施的运营效率或使用者的便利化程度而修建的相关设施，以及以提升国民生活质量为目的而修建的相关设

① 译者注：在民间私营部门享有特许专营权的有效期限内可准许其通过向用户收取费用或出售产品等方式以清偿贷款、回收投资并赚取利润。

施等（《社会基础设施民间投资法》，第 2 条第 1 号）。

政府应依据事先制定的“民间投资项目基本规划”的有关内容，由主管部门对该年度的项目对象予以选定，并制定相应的“民间投资设施项目基本规划”（《社会基础设施民间投资法》，第 10 条）。有意进行民间投资项目的相关项目实施人在依据设施项目基本规划拟定并提交相关的项目规划后，由主管部门对所提交的规划进行调查和评估，从而选定相应的协商对象人，并通过对项目实施条件进行协商后签订相应的实施协定，从而正式选定最终的项目实施人（《社会基础设施民间投资法》第 13 条）。项目实施人应依据已由主管部门审批通过的项目实施规划进行项目的实施工作（《社会基础设施民间投资法》第15 条）。

由民间投资项目而形成或建成的土地及社会基础设施应依据相关实施协定的具体内容进行管理和运营（《社会基础设施民间投资法》第 24 条）。

四、公私合作供给

1. 意义

最近以来，许多国家大都寻求通过公私合作、共同生产及第三部门投资开发的方式，以实现提升政府公共部门的工作效率、强化竞争能力及克服公共部门在财政资金筹集方面所存在的局限性的目的。时至今日，地方政府应该摒弃过去垄断式的服务供给方式，并积极发挥自身的催化和促进作用，积极推进公共、民间及非正式社会部门之间的统一整合，从而寻求破解区域共同体问题的新途径。

从这一角度来看，在地方管理方面也有必要引入这一包括地方政府在内的，由多数区域主体共同参与的新型管理方式。因此，在对地方进行管理的过程中，无论是地方政府还是当地居民、本地企业、地方大学及社区团体等其他大多数的区域主体参与者们，一方面要充分承担和发挥各自所具有的责任和作用；另一方面则要在一定的领域内开展并实现协同合作。

正是由于有如此多元化的区域主体参与到地方管理工作中来，才使得公共服务供给体系由原来地方政府垄断的方式逐渐向多元化的方向转变。在现实中也可以看出，有关服务供给的方式也正由地方政府直接供给向由企业供给或授权、协议，以及第三部门等多个民间私营部门共同参与的多元化的方向发展。

2. 第三部门供给的方式

第三部门是指通过由地方政府和民间私营企业共同参与的方式而实现公共服务供给的一种形态（主要包括股份公司、财团法人、社团法人、公益信托及合作社等）。

为了构建更加高效的地方管理体系，地方政府应首先对各个服务供给主体所应进行的活动或服务进行充分的考虑和把握，从而形成符合各主体特点和优势的角色分担体系，或通过构建更为高效的管理模式对现行的服务供给方式进行优化调整。特别要指出的是，随着行政管理与民众之间的关系向横向（水平）合作乃至伙伴关系的方向逐步深入发展，地方政府也应该在角色扮演和作用发挥方式方面相应地进行调整和优化。由此，也出现了多种新型的政府作用执行方式：具有创造力和创新精神的行为活动；民间私营部门与公共部门之间的新型合作方式；通过民营化、民间委托及外包等形式而进行的政府作用结构的调整；等等。基于此，为了进一步提升地方政府的生产效率，地方政府应将那些与自身的本质性作用不相符合的、且无助于提高生产效率的活动，以及单纯的反复性作业业务等外包给其他民间私营部门或第三方部门。

此外，在对有关道路和交通设施、公害预防及环境保护设施、文化和教育设施、福利和医疗设施、公园、绿地、体育及娱乐休闲设施等方面的地方行政管理需求量急剧增加的情况下，应一方面努力克服地方政府在财政能力方面的局限性问题；另一方面积极推进公私共同出资项目并组建由公私联合出资发起的地方公营企业，以达到引入并灵活运用各类民间私营部门的资本、技术和经营管理能力的目的。与此同时，以第三部门的形式组建而成的地方公营企业不仅可以将民间所特有的活力引入到公共服务供给过程中，还有助于提高项目运营的自律性和灵活性。由此可以看出，地方政府一方面应在现有的基础上进一步积极寻求推动公私共同出资项目的有效途径；另一方面应努力构建相关的制度性机制，以达到进一步提高和吸引民间私营部门参与的目的。

在韩国，在推进《地方公营企业法》所规定的各类项目的过程中，可依据所在地区具体情况的不同，采取第三部门的方式（公私合作）进行公共服务供给（第79条之第2款）。第三部门的方式主要可分为地方公营企业型和私法人型的第三部门两大类。前者主要是指在必要的情况下，民间资本所占据或持有的资本金（股本）始终保持在50%以内，以保障企业依旧按照公营企业的性质进行运营和管理的一类第三部门供给方式。后者则主要是指由地方政府占据或持有50%以下的资本金（股本），从而依据《商法》的有关规定，与民间私营部门共同组建形成相应的股份公司，或依据《民法》的有关规定设立相应的财团法人并进行运营和管理的一类第三部门供给方式（이용우·배용수，2000：30）。

3. 市民共同生产

（1）意义

市民共同生产（citizen coproduction）是指，由作为正式生产者的公共部门和作为消费生产者的普通市民共同进行公共服务生产作业的一种公共服务供给方式。所谓公共生产，其实质是引入并借用了作为公共服务的直接受益者和消费者的市民直接参与服务生产活动的“消费者供给”（consumer production）这一概念。

随着共同生产活动的不断深入，市民也由过去单纯的消费者身份逐渐开始扮演起公共服务生产者的角色。由此，市民也开始逐渐参与到与服务生产过程有关的各种主要的决策过程中来。通过运用这一公共生产模式，一方面可以节省大量的费用成本，从而提高公共服务供给的效率性水平；另一方面也为市民和城市政府提供了相互之间进行接触沟通的机会，从而有助于提升城市行政管理的透明化和信任感水平。

在对市民共同生产的范围进行划定时，主要取决于所谓的共同生产是仅限定于通过公共部门与普通市民之间直接性的合作关系而形成的一系列行为活动，还是涵盖了市民独立所进行的其他一系列行为活动。基于以上划分标准的不同，可对市民共同生产的范围进行多样化的划定。从与公共部门的关系的角度来看，市民共同生产的范围的划定往往与是否进行了直接性的合作等并无关系，而是直接表现出越来越将与公共部门生产同一产品或服务的市民行为均视为共同生产的倾向，这其中不仅包括积极的市民行为也包括了消极的市民行为。一般而言，市民共同生产的范围主要包括除第三部门以追求利润为根本目的而参与的生产活动以外的其他立足于共同体精神而进行的各种市民自发形成的行为活动。具体来看，主要包括为促进社区发展而自发组建的各种市民团体，努力推进垃圾和废弃物分类排放等行为活动。

(2) 特性

公共生产通过构建公共部门与民间私营部门之间的合作式的分工关系，从而达成实现各项公共服务行为活动的目标。地方政府通过与民间私营部门共同生产公共服务的方式，一方面不仅可以充分利用民间私营部门所具有的各种人力和资金优势，从而有效抑制地方政府自身的人力和财政规模的过度膨胀；另一方面还可以灵活运用民间私营部门所具有的高度的专业化技能和生产技法，从而提供更加优质的公共服务。特别需要指出的是，由于共同生产是基于居民参与的原理而提出的，其作为一项有利于提高地方行政管理业绩的战略性政策正越来越受到更加广泛的重视和认可。

在共同生产过程中可以加以灵活运用的民间性资源有志愿者（义工）、专业技术人才、民间资本（各类捐赠款项等）、民间社会团体及组织、相关的设施和设备、专业化的装备或技术等。

最近以来，作为地方政府共同生产的合作伙伴之一的非政府组织（NGO）越来越受到人们的关注。首先，非政府机构作为市民们自发、自律、自治地进行运营管理的纯民间性组织，其完全独立于公共部门之外，且能够代表民意及时向公共部门传达市民的意见和立场，甚至有时也会向公共部门施加一定的压力；其次，非政府机构作为有能力克服市场失灵和政府失灵的"第三方方案"，其重要性也逐渐突显出来；最后，非政府机构作为依据与政府或市场完全不同的理念和原理而进行运营和管理的机构，其不仅可以有效克服政府和市场自身所具有的局限性等缺点，还可以通过与政府形成具有紧密联系的合作伙伴关系的方式构建新型的服务供给模式。

(3) 类型

共同生产可分为个体式、集团式及集体式共同生产等几大类（이달곤，2004：100～101）。

1）个体式共同生产

个体式共同生产是指从个人的层面所进行的一类共同生产。在这一类共同生产模式中，由于产品和服务的受益范围无法摆脱或超出个体的范围，临界重叠的领域也变得相当地狭小。个体式共同生产还可依据服务性质的不同，更进一步细分为以下两种类型。

一是义务型共同生产（captured coproduction）。这类共同生产属于无形服务供给，如达到一定上学年龄的公民应接受义务教育、相应福利服务的受益或帮扶对象应对由正规生产者所提供的产品或服务进行消费等。

二是自发型共同生产。市民为了达到自我消费的目的，而积极参与生产活动的一类共同生产方式。例如，自发地对垃圾和废弃物进行清理、交通信号装置出现故障时向有关部门进行通报等直接性的服务供给过程，以此提高个人或社会集体的利益。

2）集团式共同生产

集团式共同生产是指，由为数众多的市民组建成立一定的集团组织，并积极地参与该集团组织的一系列行为活动，从而在地方政府与市民集团组织之间形成正式的调解渠道和机制。在集团式共同生产方式中，最具代表性的事例当属邻里守望小组（neighbourhood watch group）[①]，其主要通过将个人意志集合凝聚成为集体力量，以此不断提高和改善公共防范服务的质量和水平。

3）集体式共同生产

集体式共同生产是指，因生产某种产品和服务而产生的利益可供全体共同体成员共同享有的一类共同生产方式。由此，我们可以将其视为一种集体消费

① 译者注：所谓邻里守望，主要指的是一种社区治安的手段，由社区居民自发组成守望组，通过相互守望、看管的方式，提高社区治安防控水平。在其他专业书籍或文献中它也被译为"邻里监督小组"或"社区联防小组"等。

品（collective goods），这也是集体式共同生产所具有的特征之一。集体消费品一方面很难实现仅向特定的部分市民进行分配和供给的局面；另一方面某一集团或组织对其的使用也不会对其他集团或组织进行消费产生任何障碍。由此可以看出，集体消费品其实质就是一种公共品。在现实生活中，可通过集体式共同生产的方式，提供从垃圾和废弃物分类回收制度、自律交通秩序管理等实质性的层面到政府与市民之间信任感的形成与增进等心理性层面的多元化的集体消费品。

第三节　供给设施

一、意义

1. 概念

城市设施不仅指代城市基础设施（urban infrastructure），也是社会间接资本（social overhead capital）的重要组成部分。因此，基础设施（infrastructure）也被称为社会间接资本（social overhead capital），这也意味着在有关道路、电信通信、教育、健康、政府设施及设施体系建设等方面所投入的资本为经济发展打下了坚实的基础。时至今日，所谓基础设施的概念几乎涵盖了现代工业社会中所有得以维持公营和私营部门发展的支撑体系（support system）（Perry，1995：6）。

在韩国，在《国土规划及利用相关法》中，将城市设施划分为城市基础设施和城市规划设施两类。城市基础设施是指，依据城市规划的有关政策决策而修建的设施（《国土规划及利用相关法》第2条第6号）。其中，依据城市管理规划的有关决策而修建的设施称为城市规划设施（《国土规划及利用相关法》第2条第7号）。在这里，城市规划设施作为构成城市日常生活和社会经济活动的物理性基础的公共设施，不仅与社会间接资本共同支撑着各种生产活动和经济活动的有序进行，而且也在营造舒适的城市环境方面发挥着重要的作用（신동진・진영효，1996：15）。

一般而言，基础设施不仅具有提高生产效率和降低生产费用的作用，其往往还与居民收入的增加有着一定的正相关性（World Bank，1994：2～3）。具体来看，城市设施作为构成城市日常生活和社会经济活动的物理性基础的公共设施，不仅与社会间接资本共同支撑着各种生产活动和经济活动的有序进行，而且也在营造舒适的城市环境方面发挥着重要的作用（신동진・진영효，1996：15；계기석・변홍수，1998：17；양지청，1998：32）。

基础设施体系（infrastructure system）主要由起点（origin）、终点（destination）及供配网络（distribution network）三大要素构成（Felbinger，1995：104）。其中，所谓起点，是指生产或产生某种所需的物资或服务的场所；所谓终点，是指将某种物资或服务转换成为其他形式加以利用或需对其进行废弃物处理的场所；所谓供配网络，是指从物资或服务所产生的场所开始一直到其被进行转换或处理的场所为止进行串联贯通的网格化形式。由此可以看出，在基础设施体系中，应相应地进行设计、建设、联结、供配、消费、管理等作业（Felbinger，1995：104）。

2. 分类

城市设施根据不同的标准可分为多种类型。具体来看，主要可依据服务的基础性、服务供给的义务性、物理性配置结构、服务的集散体系、设施使用的可排他性、非竞争性的设施使用及对周边地区的负面影响等标准进行分类（대한국토·도시계획학회，1988：26～28）。

在服务的基础性标准中，主要可将城市设施分为两类。一类是在城市形成与发展的过程中所必不可少的城市设施，称之为基本型设施（如道路、垃圾处理场等）；另一类是仅为提高市民的生活质量和水平而修建的城市设施，称之为舒适型设施（如图书馆、公园等）。

在服务供给的义务性标准中，主要依据所提供服务是义务性还是选择性的不同，可划分为义务性设施（如消防局、警察局等）和选择性设施（如体育场、幼儿园等）两类。

依据物理性配置结构的不同，可分为点型（如邮电局、图书馆等）、线型（如供排水、电力供应等）及面型（如自然公园等）三类。

依据服务的集散体系的不同，可分为在设施所在位置进行的服务供给（如学校、医院）、需求发生地内的服务传递设施（如垃圾回收、邮件快递等），以及以区域单位为供给对象修建的服务设施（如污水处理厂、污染防控中心等）。

依据设施使用的可排他性的不同，主要分为可排他性设施（如铁路、学校等）和非可排他性设施（如道路、河流等）。

根据非竞争性设施使用的不同，可分为竞争性设施（如供水系统、停车场等）和非竞争性设施（如道路、防灾设施等）等。

根据对周边地区所产生的负面影响大小的不同，可分为厌恶性设施（如公墓、排泄物处理场等）和非厌恶性设施（如公园、学校等）。

3. 课题

城市设施体系在有关管理和供给方面都存在着较为严峻的问题。这些问题主要包括因社会经济和城市空间重组而引起的人们在对设施需求方面的变化、对老化陈旧和管理滞后的设施网络发起的各种挑战、构建更具环保性和可持续发展能力的设施网络的紧迫性、投资费用和成本的持续上涨、公共财政支出方面所受到的制约越来越大，以及民间私营部门介入设施开发过程的力度逐渐增大等（Marvin and Graham，1993）。

从目前的情况来看，导致城市基础设施相关管理工作被疏忽的原因主要有以下几点（Felibinger，1995：105）。

首先，为了对城市基础设施进行全面管理所应支付的市场价格很低。有关管理的问题并非一日所致，究其原因还在于忽视了财政在整个过程中的重要性，最终日积月累所造成的结果。

其次，相当多的基础设施系统都位于地下等远离人们视线的地方。也正因为如此，只要这些设施系统尚处于正常运转的过程之中，人们就会假定其不存在任何问题。在过去尚未出现现代化的新技术手段（如在下水管道设施中安装录像记录仪等装置）和非破坏性的检测方法之前，曾很难对基础设施进行细致且严格的监测。

再次，即便相关基础设施管理已被纳入到规划的范围之内，但如果其仍旧处于面临财政方面巨大压力的情形下时，往往只能待到基础设施体系被迫停滞运转之时才能获得相应的财政援助。

最后，传统观点往往将基础设施网络的构建和管理工作视为一项由土木工学等具有相关专业化知识的人员所进行的具有垄断性的活动领域。因此，很少从另一个角度去思考与基础设施有关的政治性或财政性问题。

基于以上这些原因，我们必须对与城市基础设施的供给和管理有关的几个问题进行深入的思考和分析（정환용，2006：386～387）。

1）物理性条件

时至今日，在发展已久的基础设施管理方面各种问题逐渐突显出来。时间的推移和年代的转换虽然并不能成为一个问题，但随之而产生的衰退、新需求的压力以及日益消沉的物理性环境等都大大刺激了有关城市基础设施方面所潜在的各种不安因素的增长。随着基础设施使用周期和寿命的延长，在维修和保养方面所需投入的财政性支出会相对逐渐降低。因此，许多城市往往错误地认为可以永久性地使用这些固有的基础设施。但是，从现实的角度来看并非如此。基于对现实的认识，人们也开始寻求采用新的方式或方法对城市基础设施进行更为有效的供给和管理。由此，在这一领域内逐渐开始出现了一些新的方式或方法，如适度化价格政策的制定和执行、维护与交替规划的合理性、新技术手段的开发、新管理方式的运用及制度结构的优化等。

2）环境

人们在环境对城市生活的影响方面所表现出来的关注正逐渐转换成城市基

础设施的供给者和管理者们所必须承担的新压力和新责任。由此，与之相关的一系列现行标准也变得不再适用。例如，现今市民们对与供排水系统有关的处理作业提出了更高的要求，对道路交通所产生的噪声和污染等现象也不再采取忍让的态度等。为了进一步提高基础设施的建设和管理标准，在有关解决日益增长的财政支出等需求方面也面临着诸如应该由谁来支付，以及怎样筹集财政资金等问题。

3）资本与土地费用

通货膨胀和高昂的资本费用也是城市基础设施在供给和管理上所面临的主要问题之一。对使用周期或寿命较长的设施所进行的投资，往往在资本费用升高时会出现一定的问题。一般而言，从公共部门的立场来看，均认为大部分的根本性基础设施都应由其自身来负责提供，只有这样才能保证城市生活在经济和社会等各个层面上长期保持可持续发展的态势。也正是出于这一观念，公共部门自身不可避免地需要经历一次革新的历程。在土地价格较为昂贵的城市里，如果要对新的基础设施进行改善和供给的话，尚且在有关土地的取得和补偿方面存在着诸多的障碍性因素。社区居民针对有关土地的使用，特别是土地征收等而发起的抵制行为是一个具有相当普遍性的问题。

4）公共财政支出的制约

在现实中，对以修建和管理基础设施为目的而支出的公共财政或公债的抵制并不少见。由此，一方面催生寻求通过民间资金来解决部分费用负担方案的产生；另一方面也使人们更多地将焦点放在了通过对有关城市基础设施进行财政投入和支出而所能获取的收益之上。由此，对基础设施进行有效利用和制定更为合理的价格政策等的呼声也越来越高。

5）均衡

最后，即便是在城市地区内“富人”（haves）与“穷人”（have-nots）之间贫富差距日益增大的经济环境下，对维护城市基础设施的公平性的氛围和关注程度依旧高涨。此外，在有关基础设施投资的长期性和与其他多种环境问题的关联性等方面，当代人与后代人之间的均衡性问题也同样具有本质上的重要性意义。

二、设施规划

1. 规划过程

设施规划的基本原理在于在优先的财政资源条件下，提供具有较长使用周期和寿命的主要公共设施。基于此，有效的设施规划应包含规划、财政及项目规划三大方面的内容（Levy，1997：170～183）。

（1）规划方面

在规划方面，当对社区的偏好选择进行确认和设定相应的目标时，总是存在一定的侧重点。在这里，要想让城市社区会对自己的未来做出怎样的选择这一问题描绘出一定的蓝图，就要首先对人口和经济进行合理的预测。由此，应将最终的需求预测结果与现在的基础设施进行比较，从而更好地对所需改善或补充的内容进行把握和分析。

（2）财政方面

用以进行设施规划的资本预算的过程具有相当高的复杂性。正如对资本需求进行预测一样，在对未来收益进行预测方面也充满了诸多的不确定性因素。在收益分析（revenue analysis）方面，其往往将各种不同的收益来源进行合理的规整和分类。在对未来收益进行预测方面，人口与经济预测也发挥着相当重要的作用。此外，在这一过程中，还应对中央政府所给予的各种援助和补贴的资金规模进行合理的预测。除了收益分析以外，在支出分析（expenditure analysis）方面，也需要对各种与支出有关的资料进行规整和分类。

（3）项目规划方面

城市设施规划也应依照一般性的规划过程，制定并执行相应的规划内容。设施规划大体可划分为规划目标和相关条件的设定、整备规划的制定及项目评估三大阶段（尾岛俊雄，1990：224～227）。在规划目标和相关条件的设定阶段，应对与上层规划有关的规划内容进行细致的探讨和分析，并以当地居民的需求为出发点，在综合考虑城市区位特征的基础上对城市设施的整备或建设目标进行设定。

在整备规划阶段，其主要由需求假定、设施体系规划、设施规划、建设规划及项目经营规划等构成。需求假定是指设定一定的目标年限，并以基点年度的城市结构、基本单位及服务区域范围的设定等为依据对设施规划的需求量进行设定。设施体系规划作为以上层及其相关规划之间具有某种相互关联性为前提而形成的一系列以制定综合性设施供给体系为目标的过程。其中，以主要设施为对象进行的空间配置、区位调整、设施间的网络化作业等至关重要。在设施规划中，主要是对与目标、条件、需求及体系规划等相符合的方法进行选定，并对设施的容量、结构及配置等做出相应的规定。在项目经营规划中，其要点在于应由经营主体负责对城市设施进行适当的运营和管理作业。

在对规划的妥当性进行评估时，应对环境保护效应的提升、在财政方面所产生的影响和社会开发的效应、对当地居民所产生的收益和负担等问题着重考虑和探讨。

2. 设施的设置与管理

（1）设施设置与管理的相关决策

当需要设置相应的城市基础设施时，应预先从城市管理规划的角度出发，对该设施的种类、名称、位置及规模等内容进行决策和确认。但上述规定并不适用于需要综合考虑用途区域和基础设施的特征并由签发总统令的形式进行特别选定的区域（《国土规划及利用相关法》第43条第1项）。

（2）设施用地的认购

1）意义

在现实中，很多城市规划设施在设置的过程中往往面临着因地方政府财政不足等原因而导致无法按既定计划推进或工程长期停滞的状况。为了解决这一问题，政府制定并导入了城市规划设施决策失效机制，并对相应的认购权予以认证。认购权作为一项针对受到相关规划控制的土地进行损失赔付的选择性措施，其允许向管理者提出土地购买请求，并对相应的权利予以认证和保障。

为了进一步加大力度解决在城市规划设施相关工程方面存在的长期停滞和未执行等问题，建设交通部还颁布了多项与之有关的措施和规定，主要包括对城市规划设施的全面复核、赋予私有土地地块相应的认购权并制定相应的认购方法、有关城市规划设施分阶段执行规划的普遍化原则、对未认购的城市规划设施采取放宽建筑限制的措施、针对长期停滞和未执行的城市规划设施采取相应的失效机制等（대한국토·도시계획학회，2001：3）。

2）认购权人与申请对象

在已被划定为城市规划设施用地的土地中，土地等级为“垈”级[①]的土地（包括该土地内的建筑物及其他附着物）的所有人自城市规划设施相关决定公示之日起10年内依旧不施行相关城市规划设施项目作业时（正处于实施规划核议阶段或相当于此程序的情况除外），可对该土地提出认购申请（《国土规划及利用相关法》第47条第1项）。

3）认购程序

土地所有人可连同附有相关文件向市长或郡守提出相应的土地购买申请（《国土规划及利用相关法》第47条第1项）。市长或郡守应在收到申请日起2年内对允许购买与否做出相应的决定，并及时向土地所有权人进行通告。已通过决定允许进行认购的土地应自决定通知下达日起2年内进行认购（《国土规划及利用相关法》第47条第6项）。

4）款项支付的方法

当市长或郡守对提出认购申请的土地进行购买时，应以现金的方式支付相

---

① 译者注：所谓土地地目，是指为对土地的现状、性质及使用目的等进行区分标识而赋予不同的土地地块的名称。其中，“垈”是“垈地”一词的简称，主要是指可用于进行住宅、商业建筑物等建设使用的一类土地。

应的款项。但是，当土地所有人提出其他需求时，以及该土地为……或非业务用土地，其认购金额已超出了原有的既定价格时，金额的超出部分可通过发行城市规划设施债券的方式予以支付（《国土规划及利用相关法》第 47 条第 2 项）。有关认购土地的购买价格、购买程序等，当在《国土规划及利用相关法》中未对有关认购土地的购买价格及程序等做出特别规定时，可依照《为促进公益项目之土地等的取得及补偿相关法》的相关规定予以执行（《国土规划及利用相关法》第 47 条第 4 项）。

（3）设施相关决定的失效

城市规划设施相关决定自公示日起超过 20 年还未实施相应的与设施设置有关的城市规划设施作业时，该决定自公示日起达到第 20 年有效期限的第二天起可视为正式失效（《国土规划及利用相关法》第 48 条第 1 项）。

3. 项目实施

城市规划设施项目主要包括对城市规划设施进行设置、整备或维护改良等一系列的作业内容（《国土规划及利用相关法》第 3 条第 10 项）。城市规划设施项目主要可分为分阶段执行规划的拟定、实施规划的制定与认可，以及项目的施行三个阶段依次进行。

（1）分阶段执行规划的拟定

1）规划拟定的程序

特别市市长、广域市市长、一般市市长或郡守（以下简称“市长或郡守”）应在城市规划设施相关决定正式实施并发挥效力之日起的 2 年内对分阶段执行规划的相关内容进行制定（《国土规划及利用相关法》第 85 条第 1 项）。由建设交通部长官或道知事直接负责立项进行城市管理规划时，应由建设交通部长官或道知事负责拟定相应的分阶段执行规划，并将其传交给项目所在地区的市长或郡守（《国土规划及利用相关法》第 85 条第 2 项）。市长或郡守在制定完成或收到相应的分阶段执行规划时，地方政府应在其所公开发行的政府公报上予以公告（《国土规划及利用相关法》第 85 条第 4 项）。

2）规划内容与制定方法

在分阶段执行规划中，应包括项目实施的对象及概要、开发手段、按财政自给来源分类的投资规划、补偿规划及筹融资规划等。在制定分阶段执行规划时，一般将其分为第 1 阶段执行规划和第 2 阶段执行规划，分别予以制定。其中，3 年以内要予以施行的城市规划设施项目应纳入第 1 阶段执行规划内，而 3 年以后予以施行的城市规划设施项目应纳入第 2 阶段执行规划内（《国土规划及利用相关法》第 85 条第 3 项）。

（2）项目的施行

1）施行人

除本法或其他法律中所特别规定的情形以外，市长或郡守应负责对管辖区域内相应城市规划设施项目的施行工作（《国土规划及利用相关法》第 86 条第 1 项）。当城市规划设施项目牵涉两个以上的特别市、广域市、一般市或郡的管辖区域进行施行时，相关地区的市长或郡守应通过协商的方式决定出最终的施行人人选（《国土规划及利用相关法》第 86 条第 2 项）。但是，当在各方未能就此达成协议的情况下，可由道知事（各方均隶属于同一道管辖时）或建设交通部长官（各方分属于不同的道管辖时）负责选定相应的实施人并予以公告（《国土规划及利用相关法》第 86 条第 3 项）。

当建设交通部长官从国家规划的层面出发，认为该城市规划设施项目有进行建设的必要性时，在听取项目相关地区的市长或郡守的意见后，可直接负责推动或施行该城市规划设施项目。此外，当道知事从广域城市规划的层面出发，认为该城市规划设施项目有进行建设的必要性时，在听取项目相关地区的市长或郡守的意见后，可直接负责推动或施行该城市规划设施项目（《国土规划及利用相关法》第 86 条第 4 项）。

2）实施规划的制定与认可程序

城市规划设施项目的实施人为促进城市规划设施的有效进行，且认为有实施之必要性时，可将项目实施对象区域划分为两个以上的不同区域分别进行有关项目的实施作业（《国土规划及利用相关法》第 87 条）。实施人应负责制定完成与城市规划设施项目有关的实施规划（《国土规划及利用相关法》第 88 条第 1 项）。实施人（建设交通部长官及市长、道知事除外）所制定完成的实施规划应获得相应市长或道知事的认可（《国土规划及利用相关法》第 88 条第 2 项）。

3）土地等的征用与使用

项目的实施人为促进有关项目的顺利进行，且认为有实施之必要性时，可向登记处或其他相关行政机关的首要负责人提出免费查阅有关文件资料、获取有关的副本或底本资料等请求（《国土规划及利用相关法》第 93 条）。此外，实施人有权在城市规划区域的范围内对与城市规划设施项目有关，且有必要获取的相应的土地、建筑物，以及该土地之上的其他附着物及相应的权利（所有权除外）进行征用、使用（《国土规划及利用相关法》第 95 条第 1 项）或临时性使用（《国土规划及利用相关法》第 95 条第 2 项）。当城市规划设施项目所需使用的土地为城市规划区域内的国有或公有土地时，其不得出于城市管理规划相关规定以外的其他目的进行买卖或转让（《国土规划及利用相关法》第 97 条第 1 项），如出现有违反此规定的行为则被视为无效行为（《国土规划及利用相关法》第 97 条第 2 项）。

4）项目的竣工

实施人（建设交通部长官及市长、道知事除外）在有关项目完工之时，应在完工之日起的 7 日内连同相关的文件一并提交至所在地区的市长或道知事，以接受相关的竣工验收（《国土规划及利用相关法》第 98 条第 1 项）。市长或道知事在收到相关的工程完工报告书后，应及时进行竣工验收工作，当竣工验收结果确认为已按照相关实施规划得以完工时，应向实施人颁发相应的竣工验收凭证，并对工程完工的相关内容进行公示（《法》第 98 条第 3 项）。

参 考 文 献

대한국토·도시계획학회，(2001)，《도시의 계획과 관리》，(서울：집문당)．

박수영，(2002)，《도시행정론》，(서울：박영사)．

배용수，(2000)，《지방자치경영론》，(서울：법문사)．

신동진·진영효，(1996)，“도시계획시설의 설치 및 관리 개선방안에 관한 연구”，국토연구원 96—38，(안양：국토연구원)．

윤성식，(1998)，《공기업론》，(서울：박영사).

이달곤，(2004)，《지방정부론》，(서울：박영사).

이용우·배용수，(2000)，“21세기 도시경영의 과제와 전략”，국토연구원 2000—8，(안양：국토연구원).

정환용，(2006)，《도시계획학원론》，(서울：박영사).

조정제，(1990)，《도시경영》，(서울：법문사).

尾岛俊雄 외 3인，(대광서림 편집부역)，(1990)，《도시환경》，신건축학대계 9 (서울：대광서림).

Bailey，S.，(2001)，“Cities and services：a post-welfarist analysis，” Paddison，R.，(ed.)，*Handbook of Urban Studies* (London：Sage)，336～350.

Felbinger，C.，(1995)，“Conditions of confusion and conflict：rethinking the infrastructure-economic development linkage，” Perry，D. (ed.)，*Building the Public City* (London：Sage)．103～137.

Haque，M.，(2001)，“The diminishing publicness of public service under the current mode of governance，” *Public Administration Review*，61；1 (Jan./Feb. 2001)．65～82.

Levy，J.，(1997)，*Contemporary Urban Planning* (N. J.：Prentice-hall)．

Marvin，S. and Graham，S.，(1993)，“*Utility networks and urban planning*，” *Planning Practice & Research*，8；4 (Dec. 1993)：6～14.

Perry，D.，(1995)，“Building the public city：an introduction，” Perrt，D.，(ed.)，*Building the Public City* (London：Sage)，1～20.

Stein，R.，(1992)，*Urban Alternative* (Pittsburgh，PA：Univ. of Pittsburgh Press)．

Walsh，K.，(1995)，*Public Services and Market Mechanisms* (Hampshire：Macmillan)．

World Bank，(1994)，World Development Report 1994：*Infrastructure for Development* (Oxford：Oxford Univ. Press)．

第 十 二 章

营销管理

第一节 概 要

一、意义

1. 概念

城市营销（city marketing）作为一种商品，其主要通过对城市形象进行挖掘与开发，并提高其所蕴涵的价值，从而提升整个城市的竞争力水平。虽然无论是直接参与城市营销的人还是专门研究城市学的学者们也仅止步于将城市看做是单纯地为企业开展活动而形成的一种环境，但是，从另一个角度来看，在资本主义社会中，城市本身也像其他产品一样形成商品化，需要进行包装、广告及营销等（Short and Kim，1998：59）。

城市营销是将被称为“城市”的这一区域视为营销的对象来看待。在区域（Place）这一概念中，积淀了与空间区位紧密相连的记忆（tradition）、感情（sentiment）和身份认同感（identification）（Corcoran，2002：49）。

营销（marketing）是指为迎合并满足特定目标消费人群的需求或期望而对商品进行设计和策划的一系列过程的总称。如果我们将其与区域这一概念相结合，则营销一方面包含了在被称为市场的区域范围内进行交易的意义；另一方面也包含了要迎合消费者的购买心理，从而采取更符合消费者消费心理特点的商品设计和行销模式（Griffiths，1998：41）。美国营销学会则将区域营销（place marketing）定义为是为使目标顾客对某些与特定区域有关的产品和服务产生正面且积极的态度和行动而进行设计的一类市场营销方式（서구원·배상승，2005：47）。

2. 目的

区域一方面深刻影响并左右着人们在福利、机遇及生活方式上所做出的各种选择；另一方面其也在人们形成集体意识和记忆方面做出了一定的贡献，从而逐渐成为具有强烈感情和文化色彩的象征。最近以来，在区域营销方面越来越注重通过打造具有各自区域特点，生产并提供能够满足各方需求的区域性产品，以达到吸引外来居民的入住、观光客的到访、投资者的投资，以及政府的支持与援助的目的。在经济全球化的趋势下，随着以经济发展为目的而在各区域间所展开的竞争日益白热化，区域产品（place products）的质量也具有了越来越重要的意义（Bramwill，1998：35）。

区域营销（place marketing）在有关城市管理和城市政策方面所发挥的作用正受到越来越多的重视和认可，并成为这方面的代表性手段之一。区域营销必须依靠多个具有各自不同目的的公共机构的共同努力和推动方能实现，因此其本身包含了具有多样化的实务性的内容。

城市营销的目的主要在于不断提升自身的竞争力、吸引内部和外部投资、强化城市形象，以及改善市民福利等内容。为了达到以上目的，作为负责对城市进行营销工作的人员——所谓的“城市营销者”（city marketeer）们也将积极清除那些容易对已有或具有潜在性的市民、投资者及访问客等造成模糊不清，甚至具有负面性的城市形象，重新树立并打造更具正面性的全新的城市形象作为自身行动的首要目标（Short and Kim，1998：58～59）。城市形象的改善不仅可以通过经济成长的方式，还可以通过各种市场营销活动来实现。由此，可以将城市营销定义为是旨在实现相关城市地区的社会和经济效益最大化的目标，而使城市活动尽可能接近并满足目标消费者需求的一个过程（Ashworth and Voogd，1988：68）。

城市营销不仅能够反映现代经济优化调整的整个过程，还有力推动新城市企业主义的兴起和发展，因此，其作为提升城市竞争力的一项重要手段正越来越受到人们的广泛关注和普遍青睐（Paddison，1993：340）。不仅如此，在这一过程中，人们也越来越认识到区域营销的重要性，并将其视为由公共部门和民间私营部门通过协作的方式所形成的地方经济发展及城市再开发策略的核心要素之一（Wilkinson，1992：174）。

3. 兴起的背景

城市营销自 20 世纪 70 年代开始在以美国为中心的主要西方发达国家中得到了快速的发展（Thornley，1996：192）。在城市营销的过程中，为了进一步加大并吸引对城市的投资力度，市场和城市行政管理都一直努力致力于提高企业的竞争排序和积极对外展示自身的正面形象。城市营销作为一项城市推动主义战略（civic boosterism），具体表现为公私部门之间在某些方面所进行的各种合作[①]。

城市营销主要是在围绕城市所产生的各种主客观条件的变化中应运而生的。有关城市营销兴起的背景可从日趋激烈的城市间的竞争关系和城市产业结构的变化过程等方面出发进行探讨和分析。

（1）城市间竞争的激化

在全球化不断深入发展的大背景下，其对提高城市市长们的企业型意识和企业家精神发挥着不可替代的重要性作用。特别是随着经济全球化、因生产与投资不断增加而在地理位置上所产生的移动性的扩张、跨国企业力量的不断壮大等因素而形成的具有竞争性的世界格局下，越来越多的市场经济的主导者和政治领导者逐渐认识到具有合理性的政策方案对于吸引资本投资方面所具有的必要性和重要性。

虽然在城市之间各自所选择的经济发展战略多少有所差异，但必须看到，绝大多数城市所制定的政策均是基于努力引导城市向企业型政府治理模式的方向转变为目的而形成的。基于此，可以看出不同城市所选择的经济发展战略之间具有高度相似性的特征，即大都致力于推动和创建区域营销（marketing of place）（Hubbard and Hall，1998：6）。

（2）产业结构的变化

随着全球化竞争的加剧和自 20 世纪 70 年代中后期以来以石油为导向的经济危机的全面爆发，以钢铁、汽车制造、纺织及化学制品为代表的旧式工业地带的各类产业也随之开始出现衰退的迹象。在这一大的环境背景下，面临新产业战略选择的西方先进国家的各工业城市也开始逐渐意识到制定并推动新的增长型政策的重要性和必要性。这些城市大都普遍面临着投资外流的严峻局面，因此新当选的地方政治领导人为了重振地区经济，除了通过竞争大力吸引投资以外，几乎别无他路可循。不仅如此，最近以来，即便是在各经济主导产业中占有较高份额且拥有众多劳动力资源的美国阳光地带各城市（sunbelt cities）[②]中，也大都积极制定并推动各种新的城市发展政策，以促进区域经济的持续发

① 译者注：城市推动主义主要是指，地方政府通过吸引内部投资和私人资本的方式来发展当地经济的一种尝试。在其他文献中也被称为城市企业家化或市民振兴主义等。

② 译者注：在美国所谓的阳光地带，一般是指北纬 37°以南的地区，大致范围包括西起太平洋沿岸的加利福尼亚州，东到大西洋的北卡罗来纳州，北至密西西比河中游，南到墨西哥湾沿岸。此外，还包括整个西太平洋沿岸和整个落基山地区的城市。自 20 世纪 60～70 年代以来，随着墨西哥湾沿岸地区“石油热”的掀起，该地区的经济迅速崛起，美国工业的布局也由原来集中于东北部地区向阳光地带地区扩散。位于该地区的城市基础设施完善，工业和高科技产业发达，与之配套的服务和信息产业也迅速发展。由此，其也成为美国当时最具代表性的区域开发案例之一。

展。此外，诸如伦敦、纽约和东京等发展最具成功性的“世界城市”（world cities）也都积极致力于通过环境改善、房地产开发，以及与文化振兴（cultural boosterism）相结合等企业型政策（entrepreneurial policy），以提高并占据世界经济支配中心的有利位置。时至今日，几乎所有的发达国家均普遍采用了这一企业型政策，不仅如此，其中所蕴涵的企业型意识和企业家精神也开始逐渐向具有保守倾向的城市地区渗透和蔓延开来（Hubbard and Hall，1998：5～6）。

制造业部门所呈现出的衰退趋势正成为各发达资本主义国家所普遍存在的一种社会现象。而在这些国家的主要工业城市里可以看到，虽然工业部门逐渐衰退，但仍旧遗存有不少年代久远的工厂和工业企业。因此，这些城市也大都经历着产业转移所带来的阵痛（Ward，1998：187）。而由此所引发的就业大幅下降的颓势也给社会福利和城市财政税收等方面带来了严重的负面影响。基于这一严峻的现实局面，城市的政治领导者们越来越意识到必须通过找寻新的经济发展动力的方式才能填补因产业衰退所造成的市场空白和社会经济创伤。从制造业本身布局和选址的长期发展趋势的角度来看，城市或地区能为新建工厂等提供相应机会的可能性大大降低。因此，大部分城市也致力于将自身定位于面向后工业社会的服务型中心地。而作为城市或地区而言，就必须通过大力吸引投资者和访问客等市场营销战略，方能实现以上这一规划目标（Ward，1998：187）。

二、区域所面临的主要挑战

在信息化社会来临的今天，区域发展所面临的挑战主要可归纳为以下几个方面（Kotler，et al.，1993：312～317）。

1. 随着全球经济、政治和技术环境的变化，区域的风险与日俱增

在过去，区域内的居民曾经期望他们所在的城市或地区能够保留当地工商业的特色。但是，随着通信、交通和信息系统的不断进步，产业的流动性也得到了前所未有的增强。这些都进一步促进了产品、服务、技术和资本的跨国流动，并极大地缩小了时空距离。基于此，作为一个区域而言，也无法再期望留住所有的主要工商业活动。它们必须放弃那些正在萎缩或缺乏竞争力的行业，代之以全新的、附加值更高的产业。问题的根本在于，外在力量快速且常常出乎意料地发生变化，进而改变区域的命运，而产业周期、贸易政策及波动的国家货币又增加了这些不确定性，这就不难理解为何区域是在一个动荡的外部环境下运行的了。

2. 城市的成长和变化使区域的风险骤增

随着城市规模的不断扩大，各种城市问题也接踵而至，由此便会引发城

市向郊区扩散现象的出现。随着这一城市郊区化现象的发展，不仅人口开始大规模地向郊外地区迁移，各种工作和就业机会也开始逐步向郊外地区转移。当在城市中心地区开始出现低收入阶层的集聚现象，且又因公共服务成本过高而无法从上级政府部门获得相应的财政资金时，城市就必须依靠自身的财政资源，减少服务和用于维持其固有环境的财政支出。由此也将会导致城市基础设施恶化、服务差距拉大等情形的出现，并呈螺旋式上升的趋势。最终也将使市中心地区深陷生活质量每况愈下的衰退的经济和就业环境中而苦苦挣扎。

3. 在吸引资源方面的竞争性不断增加

面对不断出现的新课题和新挑战，区域往往会采取增设各种专门的经济发展机构的方法，即设立规划、筹资、营销、旅游和出口等专门性机构来提升区域应对挑战的能力。这些机构用公共资金在本地和海外做广告，派遣推销使者。但不久它们就会发现，从现实的角度来看，过多的区域销售者（place sellers）涌向数量非常有限的区域购买者（place buyers），从而导致有关区域销售的供给处于过剩状态。

一般而言，区域购买者拥有越来越多的关于区域的信息——包括非常成熟和有用的区域评级、不动产中介、顾问咨询和新的软件。它们对每个区域推销者在商务成本、优惠政策和生活质量方面所提供的各种优惠进行仔细比较。在这一情形下，竞争将只会在未来变得更为激化。

4. 地方性资源在区域竞争中的重要性作用显著增加

趋势和力量就像国家一样，会双向同时拉动商业活动的发展。“全球化思维、本地化行动”（think globally，act locally）代表新的范例。它表明：实业的开展必须既要在愿景及其运作中秉持国际化的视野，又要在商业实务和市场差别化中保持本地化的意识。这种范式首先需要理解它们已有或会有的、其他人所需要和想要的；其次要阐述这些优势以扩大所选的受众。区域所具有的真正的或潜在的资源基础是各地不同要素的组合。

第二节 营销规划

一、意义

战略性的区域营销（strategic place marketing）主要由规划团队、营销因素及目标市场分析等部分构成（图 12-1）。

图 12-1 区域营销层级

资料来源：Kotler，et al. 1993：19

(1) 规划团队的组成

战略性区域营销最先的任务是组织一个由居民、企业和城市及区域政府官员组成的规划团队（planning group）。这个规划团队要确保在描绘区域未来蓝图的过程中公私合作及满足所有利益相关者需求的重要性。

规划团队掌管三重任务：第一，必须说清和判定社区的状况、主要问题及其产生的原因；第二，必须在对社区价值、资源和机遇进行真实评估的基础之上描绘并提出一个能够解决社区问题的长期愿景；第三，必须制定一个在投资和转型上分阶段的长期行动规划（Kotler，et al.，1993：18）。

(2) 营销要素

长期的解决方案应改进存在于每个社区的四大营销要点（marketing factors）：第一，必须确保提供基本的服务、维护好基础设施以使居民、企业和外来访问客的需求均获得一定的满足并给出积极满意的回应；第二，可能需要新的吸引物来提高生活水平以延续当前企业和民众的支持；第三，需要透过一个生动的区域形象和宣传项目来传递其得以改善的状况和提升的生活品质；第四，必须取得居民、城市或区域的领导者以及现有各类机构的支持，以使当地能友善而热情地吸引新企业、投资者及外来访问客（Kotler，et al.，1993：18～20）。

（3）目标市场

这四个营销要素，最终分析起来，就是通过吸引和满足五个潜在的目标市场（商品和服务提供者、公司总部和区域代表处、外来投资和出口市场、旅游和接待业，以及新移民）来获得成功的。区域的命运依赖于公共和私人部门的合作——政府单位、企业、志愿者和民间组织，以及营销机构的团队协作。不同于纯粹的商务和商品营销，区域营销要求公共和私人机构、利益团体和居民的积极支持（Kotler，et al.，1993：20）。

二、目标市场分析

1. 目标市场的构成

每个区域（place）都将访问客、居民和从业者、工商业，以及出口市场等作为自己试图尝试吸引的四大目标客户市场（Kotler，et al.，1993：23～32）。

1）访问客

旅游市场（visitor market）包括两大群体：商务和非商务访问者。商务访问客（business visitor）主要是为出席某商务会议、考察某项选址前来购物或以推销某物为目的而来到某地的访客；非商务性访问客（non-business visitors）则包括以观光旅游为目的的观光客（visitors）和以探亲访友为目的的旅行者（travelers）。无论出于何种目的而到访的每一位访问客都要在食宿、当地产品，以及其他商品和服务上进行消费。这些消费对地方收入、就业和商业税收起到多重的效果。此外，大多数区域还通过建立旅游和会展机构（tourism and convention bureaus）以吸引游客。

2）居民与从业者

第二重要的目标市场是居民和从业者。在那些劳动密集型产业集中的区域，由于所需的劳动力人口比重较高，这些区域都努力试图吸引和留住社区的年轻人口；而在另一些区域，则可能希望试图增加非熟练劳动力的数量。当城市开始去吸引特别的居民或从业者时，它们必须提出适当的鼓励性条件或政策。例如，对于年轻家庭而言，其往往将学校和公共安全作为其选择定居地的主要因素。

3）企业与产业

对商业、工业和经济投资的吸引形成了第三类目标市场。区域会特别去吸引那些新的商务活动和产业，从而为居民提供就业机会，增加收入。在过去，城市或区域大都对建立并扩大钢铁和汽车工业等“烟囱产业”（smokestack industries）表现出极大的关心。而在今天，这些城市或区域则对吸引银行、尖端高科技企业等“清洁产业”（clean industries）表现出了更高的兴趣和热情。

4）出口市场

第四种目标市场是出口。某一城市或区域应具备能够为其他地区、居民和企业提供所需购买的各种商品或服务的能力。每个城市或区域必须鼓励本地商业扩展市场，从本地市场向国内甚至国外市场销售产品。

2. 目标市场的选择方法

区域购买者在对区域进行选择时都要对所存在的一系列因素进行考虑和分析。无论选择决策的特定类型如何，有一些要素是由所有区域进行共同选择和决策，并共同所有的。区域购买者都要经历问题的认识、信息搜寻、选项评估、购买决策和购后行为五个购买阶段（Kotler，et al.，1993：46～59）。

1）问题的认识（problem recognition）

购买的过程始于人们对一个问题、一种需求或一个机会的认识。为了有效地进行区域营销，区域营销者必须对多个问题进行考虑。例如，哪些人与区域购买决策有关，他们各自的购买者角色是什么，各类决策者所用的评判标准是怎样的，对某一特定区域选择决策的发端、影响因素和决策的典型模式是怎样的等。这些问题的答案都会有助于区域营销者选择有效的信息和媒体，并在恰当的时间传递给合适的群体。

2）信息搜寻（information search）

区域营销者的主要兴趣在于购买者所咨询的信息的主要来源，以及各类信息对随后的区域决策的相关影响。有关购买者的信息来源主要可分为个人来源（家庭成员、朋友、邻里及熟人等）、商业来源（广告、推销者及旅行社等）、公共来源（大众传媒、区域评介组织及相关领域的专业人士等）、经验来源（实地访问）四大类。这些信息来源的相关影响因区域决策类型和购买者个人偏好的不同而有所差异。一般而言，一方面，购买者从商业渠道获得的有关区域的信息量最大；另一方面，最可靠的信息则来自个人渠道。在对购买决策的影响中，每个来源起着不同的作用。商业渠道通常负责提供信息，公共和个人来源则扮演着证实信息合法性和真实性的角色。

3）备选方案评估（evaluation of alternatives）

在完成以上各步骤后，我们所面临的问题是购买者如何组织信息并形成最终的选择的呢？事实上，在所有的购买情形中，没有一个可供所有甚至一个购买者使用的简单而单一的评估程序。大多数购买者评估程序的模型都将购买者形成产品判断的过程看做是有意义的且以理性为基础的活动。

4）购买决策（purchase decision）

在评估阶段，购买者在备选区域中形成了个人偏好，并开始倾向于选择某个特定的区域。尽管如此，在购买意向和购买决定之间仍存在两个干扰因素。

第一个因素是他人的态度，对于特定地方的他人的态度会影响购买可能性；第二个因素是在购买的过程中，因意外情况的发生而导致购买意向的改变、推迟甚至放弃。

5）购后行为（postpurchase behavior）

在购买并完成区域选择行为后，购买者必然会体验到某种程度的满意或不满意。购买的满意度是基于购买者的期望与对该区域的实际感知度的接近程度而做出的一种判断。如果达不到购买者的期待值，购买者则会感到某种程度的失望。而与之相反，如果某一区域给购买者所带来的体验超出期待值，则购买者会感到相当程度的满意。购买者对一个区域的满意与否会影响其后续行动。满意度较高的购买者再选该地的可能性更大。满意度较高的购买者更有可能向他人称赞或推荐该地。正如市场营销者所说的那样："我们最好的广告是满意的顾客"（Our best advertisement is a satisfied customer）。而未能达到期待效果且表现出某种程度不满的购买者则与之相反。因此，营销者必须采取相应合理的措施和步骤以最大程度上降低购买者的购后不满意程度。

3. 主要行为者

有关上述这些目标市场的区域营销活动主要由国家、地区和当地等各个层面上的个人和组织来共同达成。

国家层面上的行为者（national actors）包括政府的领导者，以及各部门首要负责人等；地区层面上的行为者（regional actors）包括统筹地区经济发展的相关机构、负责整个地区旅游观光事务的部门，以及政府公务人员等（Kotler，et al.，1993：40）；当地层面上的行为者（local level actors）则包括当地的公共部门和民间私营部门的行为者等（Kotler，et al.，1993：41）。当商业变得不景气时，最为敏感的民间私营部门会最早感受到这种压力的存在。但责任往往由市长、城镇管理者、被委任的官员或其他公共行政人员来承担。公共部门行为者(public sector actors)需要一个规划部门或经济发展机构去谋划区域营销策略和规划。在某些情况下，民间私营部门同样可以发挥一定的领导能力。民间私营部门的行为者（private sector actors）主要包括民间私营企业的法人、地方的工商业联合会组织、各类金融机构及贸易协会等（Kotler，et al.，1993：41）。

三、规划过程

战略性营销规划的过程大致都要经历区域评估、远景和目标、战略制定、行动规划、实施和控制五大阶段（Kotler，et al.，1993：81～98）。

1. 区域评估

引领社区未来方向的团队所面对的首要任务就是明确社区的现状及其原因。用来完成这项工作的工具被称为区域评估（place audit）。这是一种针对区域经济和人口特征所进行的系统性测试，并继而完成对区域优势与机遇威胁的分析，从而为整个区域构建具有潜在吸引力的未来打下坚实的基础（Kotler, et al.，1993：81～90）。

1）对区域经济和人口特征进行构建和确认

对一个区域的评估必须以有关地区经济和人口特征的准确信息为基础。这些信息可以帮助我们回答一系列问题：当该区域需要吸引新居民时，社区应提供什么样的"宜居性（livability）价值"；当该区域吸引外来访问客时，提供的是什么样的"可访问性（visitability）价值"；当该区域要吸引商业和投资时，又提供什么样的"投资性（investibility）价值"；等等。

2）对区域的主要竞争对手进行识别和确认

每一个区域都要在各个不同的竞争领域内找出主要的竞争者。在这里，我们可以将竞争者划分为在大多数情况下均能够胜出的优势竞争者（superior competitors）、有一半胜出机会的一般竞争者（peer competitors），以及在大多数情况下都会遭遇失败的弱势竞争者（weak competitors）等。社区的核心问题在于如何提高对于同级别竞争者的胜算，并找出在较长的周期内赶超上一级竞争者的方法。

3）认清重大的发展趋势和方向

对可能影响区域发展的主要趋势进行预测。社区在自身建设和发展的过程中，要对中央政府所给予的财政支持、与环境有关的力量的介入与法规的制定，以及全球性的发展和变化趋势等给予特别的关注。

4）分析区域的优势和劣势

根据特定的区域购买者的需要，一个区域需要找出由自身特征所呈现出的主要优势、次要优势、中性因素、次要劣势或主要劣势等。一个区域的竞争地位反映在两类条件上：一是通常超越当地影响范围的外部势力；二是特定的区域行动可能有能力影响到的当地特征。

5）对区域所面临的机遇和威胁进行识别和确认

下一步是认清特定区域的机遇和威胁。对一个区域而言，优势、劣势是内部的，而机遇和威胁则来自外部。基于此，我们将区域的机遇定义为是为一个区域采取行动提供的平台，而区域具有通过这一行动获取竞争优势的绝佳机会。

6）确立主要问题

SWOT 分析允许战略规划者就重要问题进行识别和管理。可以就这些与焦点问题（issues）有关的信息进行公开辩论，允许社区参与听证和探讨。

2. 设立愿景和目标

通过进行 SWOT 分析和问题分析，战略规划者即对社区情况有了一个综合的认识。规划者需要将这些项目分出轻重缓急，并对符合资源约束条件的项目进行投资（Kotler，et al.，1993：90）。

愿景发展要求规划者征询市民的意见，即在未来若干年后，他们想要自己的社区变成什么样子（Kotler，et al.，1993：91）。提出两种或更多的备选愿景并加以讨论也是十分重要的。每种愿景都是风险和希望并存。

3. 制定战略

（1）行动的内容

一旦规划小组明确了愿景、目标和目的，他们就能够进一步识别和选择实现目标的战略。针对每一个可能的战略，规划小组都必须提出下面两个问题：我们拥有什么优势能使我们成功实施该战略？我们有无成功实现该策略所需的资源？（Kotler，et al.，1993：94～95）。

（2）区域营销攻略

区域越来越多地依靠四大战略来吸引访问客和居民，建立产业基地，并增加出口。这些战略包括形象营销、吸引物营销、基础设施营销和人员营销（Kotler，et al.，1993：33）。

1）形象营销

在形象战略中，区域雇用一家广告机构或公共关系公司（PR）为本地确定、发展和传播一个强有力的正面形象，它通常是三种战略中费用最低的，因为区域不需要投入费用以增加吸引力或改善基础，而仅需向他人传播一些有特色的东西即可实现既定目标（Kotler，et al.，1993：33）。

形象战略的成本和效果依赖于区域当前的形象和真实品质。一个区域可以找出以下自己所属的六种形象之一的情形（Kotler，et al.，1993：35～36）。

a）正面形象（positive image）

一些城市、区域和国家都拥有着一定的正面形象。每个区域都存在着某种缺陷，作为居住地或商务区并不总是吸引每个人，但它们对其他人都能形成正面印象。它们不需做出太大的改变以丰富自身形象或传递给更多的目标群体 。

b）弱势形象（weak image）

有些地区名不见经传，可能是太小，或缺乏吸引力，或从来不做广告宣传。如果它们想要更多地为人所知，它们需要培育自身的吸引力并积极展开自我宣传。

c）负面形象（negative image）

许多区域深陷负面形象之苦。底特律（Detroit）被称为是美国的“谋杀之都”（murder capital），而迈阿密（Miami）则被人们冠以“罪恶之都”（vice capital）的恶名。如果有可能的话，这些地区都想尽最大努力限制自身的这一负面形象的传播。它们更愿少些新闻关注而非更多报道；它们希望在自己的内部找到某种宝物可以提供一个掩盖不良过去的、重新创造新形象的契机。

d）混合形象（mixed image）

大多数的区域均以一个包含正面和负面因素的混合体的形象展现在世人面前。华盛顿特区（Washington，D. C.）是一个美丽的城市，但它爆发式增长的犯罪率越来越显现出要赶超底特律（Detroit）的趋势。一般而言，有混合形象的区域在创立形象的活动中要特别强调正面因素而避开负面情况。

e）矛盾形象（contradictory image）

一些区域的特征在不同的人群的心目中所具有的形象也有所不同，表现出一种矛盾的区域形象。有些人认为匹兹堡（Pittsburgh）是个被严重污染的城市，这主要是因为它拥有大量的煤炭和钢铁工业；而与此同时，另外一些人则认为它是一个空气清洁、赢得褒奖的城市。在这里，战略性的挑战是着重强调正面因素使人们最终放弃心目中负面的、不再真实的形象。

f）过度诱人的形象（overly attractive image）

有些区域如果过多自我营销可能反而会出现弄巧成拙的状况，而被责之为过度吸引。例如，为了治理交通拥堵、学校人满为患、水污染和其他一系列与发展成本相关的问题，一个被称为“限制增长”（Citizens for Limited Growth）的市民组织正在试图阻止移入圣地亚哥（San Diego）的人潮。

2）吸引物营销

提升形象不足以保证一个区域的繁荣。一个区域需要用独具本区域特色的吸引物去满足居民需求，吸引（attractions）外来者。有些区域有幸拥有自然吸引物。其他地方，有的得益于显赫的历史建筑，有的则坐拥世界知名的建筑物（Kotler，et al.，1993：37）。在今天，许多城市正在寻求新的亮点，如建造全新的运动场等体育设施、巨大的会展中心、将闹市中心辟为步行区（pedestrian mall），以及举办各类节庆活动等（Kotler，et al.，1993：39）。

3）基础设施营销

显然，形象和吸引物都不足以回答为何一个地方能得以发展这一重要的问题。它们不能弥补或掩盖一个区域的缺陷。究其根本，要想实现真正意义上的发展必须借力于基础设施（infrastructure）的建设与完善。在一个城市或区域内，必须具备良好的交通条件、充分且成本低廉的能源供给、先进的教育设施和资源、安全的环境、充分的娱乐设施和休闲空间、便利的住宿和餐饮设施等(Kotler，et al.，1993：39)。

4）人员营销

对于一个区域而言，第四种市场营销战略是包括多种形式的人员（people）营销。例如，某些区域会努力吸引退休者移居该地，有的区域则试图吸引更多的科学人才的入住，而另一些地区则积极推行一系列旨在吸引专业劳动技术人才的营销战略（Kotler，et al.，1993：39～40)。

(3）区域提升战略

区域营销就是通过规划一个区域来满足其目标客户（Kotler，et al.，1993：99)。在这里，将针对一个区域为了改善其生活环境（livability)、投资环境（investibility）和旅游环境（visitability）而做的种种投资做出评估。我们将此视为一个由四个部分组成的过程：第一，一个区域需要一个完美的规划来提升它的吸引力并进一步发展其美学质量和艺术价值（区域要有特色)；第二，区域需要发展并维护其基础设施，使得人和物品都能以与自然环境相容的方式方便流通（区域作为一个物质的环境)；第三，一个区域必须提供高质量的基本服务来满足商业机构和公众的需要（区域作为一个服务提供者)；第四，区域需要一系列的景点来满足市民和游客（区域作为一个娱乐场所）（Kotler，et al.，1993：100～122)。

1）城市规划设计

目前的城市设计方法强调的是怎样使城市现有的物质及民族的特性达到环境上的相容，以及怎样对区域历史遗存进行再生与复兴。上述考量需要规划者能够高瞻远瞩、承前启后，同时能够认识到区域特色是该地留住当地原有企业以及吸引新的投资项目的一项重要资产。

2）基础设施改善

如果说城市设计为一个区域提供了发展的框架或轮廓，那么基础设施就是使该框架成为可能的重要环节。尽管有着良好设计和维护的基础设施未必能保证一个社区的增长，但是如果没有好的基础设施建设，城市就多了一项负债。为了维持生活品质和促进经济产出效率，一个区域——对于这方面的重视，丝毫不亚于一个国家——必须对其基础设施体系进行良好的规划和维护。

3）基础性公共服务

在城市或区域所提供的多种公共服务中也包括了与治安、消防、文化、教育及医疗等有关的必不可少的基础性公共服务。

4）旅游吸引物

"旅游吸引物"（attractions）这一术语主要来形容一个区域吸引市民、新定居者、观光者，以及企业和投资者的所有物质性特色和事物性项目。按旅游吸引物的标准，区域可以被分为以下几类：没有旅游吸引物（no attraction）、单一旅游吸引物（single attraction）、少数旅游吸引物（a few attractions），以及多数旅游吸引物（many attractions）等。大多数的小城镇都属于第一类，它们没有任何可以吸引新定居者、观光者或企业的旅游吸引物。一些城市的确有少量吸引物足以吸引参观者来观光，但却留不住他们——哪怕只是一天而已。少数城市，如巴黎、维也纳、纽约、旧金山等拥有丰富的旅游吸引物。这些地区都不需要再去创造旅游吸引物来招揽游客。它们所面临的问题是如何为源源不断而来的游客和商务游客提供良好的基础设施和服务。

尽管一个地区无法改变当地的天气或自然地貌，但是可以创造旅游吸引物。许多地区都为当地运动队、会议和其他活动而建造了体育场，当然还建造了节庆市场和滨水饭店、酒店宾馆、高尔夫球场及其他娱乐设施等。

(4) 区域形象设计

有关战略性的形象管理可归纳为以下五个问题：是什么决定了一个区域的形象；如何测评一个区域的形象；该遵循哪些原则来设计一个区域的形象；该使用什么工具来传播这种形象；如何改变一种负面形象（Kotler, et al., 1993: 141～161）。

1) 区域形象的决定因素

一个区域的形象可以定义为人们对这个区域的信念、观点和印象的总和（sum）。形象（images）是对与区域相关的联想与大量信息的一种提炼（essentialize）。它们都出于一个朴素的想法，即希望把关于这个地方大量的信息归纳为一个简单的想法。

战略性形象管理（strategic image management）是一个不间断的过程，在此过程中，人们首先研究这个地方在受众中的各种形象；然后，对其特定形象和在人口统计意义上的受众进行细分和锁定，进而对区域目标利益进行定位（positioning），或是巩固已有的形象，或是创建新的形象；继而把这种形象传递给目标受众。

2) 区域形象的测评

规划者分两个步骤评估一个区域的形象：第一步，他们选择一个目标受众（target audience）。目标受众能够很容易地在一般性的共同特征、利害关系或感知上被识别。第二步，测试目标受众对相关形象属性的看法。

a) 选择目标受众

评估一个区域形象的第一步是选择其感兴趣的受众群体（audience segment）。受众主要可细分为居民、访问客、工厂、公司总部、企业家、投资者，以及来自于海外的外国消费者七大类。

b）测试受众对形象的看法

有多种方法可以被用来测试这些看法。在这里我们主要以下列三种为中心展开探讨和分析。

第一种是熟悉度—喜爱度测量法（familiarity-favorability measurement）。首先要明确目标受众对这个区域熟悉程度，并且要知道他们对它的喜爱程度。为了构建熟悉度这一维度，受访者必须在已被划分的喜爱度等级中进行选择。由此而获取的记录信息可以反映受众对一个区域的了解程度。第二种是语义区分法（semantic differential）。在这一方法中，市场研究员必须对一个区域形象的内涵进行进一步的深入研究。由此，研究者在对区域进行选定时，会首先按照不同的项目类别分别建立一套相关的维度体系并做出相应的标示，最终通过综合评估的方式得出最终的结果。第三种是评估图法（evaluative maps）。关于市民如何看待一个城市或区域，有一种将其视觉印象图示化的测评方法。通过这一方法来采访各个城市的居民对城市不同地区的看法与感受。人们在被问及对城市不同地区的看法时的回答结果将如实地被反映和标记在地图上，其中将人们的回答按照从最喜欢的地区到最不喜欢的地区进行纬度划分，并用不同的颜色表示不同的结果。

3）区域形象设计的指导原则

一旦规划者了解了这个区域目前的形象，它们就可以对区域未来所适宜的形象进行精心设计。一个形象只有具备了真实性、可信性和简单性的特征，才能称得上是一个适合每一个目标群体的有效的区域形象。

4）形象传播工具

区域形象制定者可利用三种工具实施有效的区域形象计划：一是广告语、主题和定位；二是视觉符号；三是事件和行动。每种媒介都有其方法和作用。

a）广告语、主题和定位

一般而言，形象制定者会设计一句广告语以适应某一特定活动的需要，而一句成功的广告语（slogan）还会在许多活动中被持续使用。广告语是一个意味深长的短语，它展示了一个区域的整体形象。广告语在激起激情、动力和创新上十分有效。

与只采用一句概括性标语不同的另一种标语设计方法是，针对不同受众群体细分主题（themes），有的放失地实施特色的营销计划。最有效的主题总是多面的，灵活的，而且它一定是真实的。新西兰自称“20 世纪 90 年代的环境终点站”（Environmental destination of the 1990s），让游客们感到破坏这种他们所喜爱的美景是多么的可憎。目前，该国正在积极推动生态旅游的发展，强调只欣赏景色不破坏环境。部分城市或地区的广告语见表 12-1。

表 12-1 部分城市或地区的广告语

城市或地区	广告语
西班牙（Spain）	阳光普照（Everything under the sun）
宾夕法尼亚（Pennsylvania）	美国之源（America starts here）
底特律（Detroit）	复兴之城（Renaissance city）
波士顿（Boston）	两百年之都（Bicentennial city）
魁北克（Quebec）	感觉如此不同（It feels so different）

资料来源：Kotler，et al.，1993：152

还有一种工具是形象定位（image positioning），即某地在某一类事务或活动方面对于其自身在区域内、国内及国际范围内所处地位的认识，或某地在与其他区域就某一特定场地功能或吸引力强度进行替代性分析时对于其自身竞争力强弱和地位优劣势的判断。表 12-2 展示了一些形象定位的例子。

表 12-2 形象定位陈述事例

城市、地区或国家	形象定位
丹佛（Denver）	落基山脉地区的经济、商业、运输和金融中心
西雅图（Seattle）	太平洋西北部的中心——和加利福尼亚并驾齐驱
迈阿密（Miami）	美国南部的金融之都
柏林（Berlin）	新欧洲之都
西班牙（Spain）	欧洲冉冉升起的新星
哥斯达黎加（Costa Rica）	拉美最稳定的民主国家
新汉普郡（New Hampshire）	敢与麻省（Massachusetts）争高下
泰国（Thailand）	远东的旅游天堂

资料来源：Kotler，et al.，1993：153

b）视觉符号（visual symbols）

视觉符号在区域营销中发挥着重要的作用。一些地标性建筑已经永久地被烙印在大众的脑海中了，如巴黎的埃菲尔铁塔（Eiffel Towel）、伦敦的大笨钟（Big Ben）及莫斯科的红场（Red Square）等。一个成功的视觉标志（visual image）要能够增强一种形象。

c）事件和行动（events and deeds）

大多数形象展示活动都借助吸引人的口号、广告和录像来进行。但形象同样可以通过一些事件和行动被人们所接受。

5）区域负面形象的修复

a）从负面形象中寻找正面的因素

一个办法是承认问题的存在，并把问题转化为优势。多年来，明尼苏达（Minnesota）始终让人觉得那里冷得无法接受，一直给人以“寒冷之州”（cold weather state）的印象。由于冬天太过漫长，每年都会有很多人离开明尼苏达，他们一般会选择住到亚利桑那或加利福尼亚去。近年来，明尼苏达州为了解决这一问题，通过多种途径和方式大大改善了整个城市冬天的生活状况。在明尼苏达州最大的城市明尼阿波利斯（Minneapolis），不仅依靠冬季开展了很多旅游活动，而且还为闹市区的行人制作了很多保暖设备。圣保罗（St. Paul）的冬日狂欢节也一改过去的陈腐，展现出新的魅力。

b）偶像营销

另一个转变不良形象的方法就是偶像（icons）营销。仅以苏联（Soviet Union）为例，在过去，前苏联都以巨大、封闭的“监狱”般的国家形象震惊着世人。直到戈尔巴乔夫（M. Gorbachev）进入人们的视野，这种印象才有所改变。在成功上台之后，他便成了新派的苏联国际社会的偶像。凭着形象管理的成功，戈尔巴乔夫依靠其“温和的人格”（warm personality）为他的国家创建了一个新的公众形象。

c）去除负面因素

形象提升战略常被人们视为解决区域问题的包治百病的仙丹或是药到病除的灵药。领导者在被抱怨或追责该地的商业或旅游业大不如前时，总是先想到要为这个地区树立一个新的形象。但在大多数情况下，如果不首先下大气力对其根深蒂固的内在问题进行彻底解决的话，这些手段将毫无效果。

4. 制定行动规划

区域营销者必须整合出一个专门的行动计划用以实施战略。计划要列出特定的人员必须在年内特定时间所采取的行动。行动规划必须列出每个行动步骤及四个附加部分——谁来负责、行动规划如何实施、需要多少经费、预期何时完成计划等（Kotler，et al.，1993：95）。

5. 营销计划的实施与控制

计划只有得到了有效的实施才有价值可言。规划小组需要定期碰头，对照目标评估社区的进展情况。每个社区都应像企业那样发布一个年度报告，在强调它们当年取得成就的同时也要讨论其未能达到目标的失败之处。社区的年度报告应该广泛向公众分发。居民和企业可就报告结果进行讨论并向政府官员施压以保持社区实现长期目标的驱动力（Kotler，et al.，1993：97～98）。

（1）区域形象与信息传播

作为区域形象的传播者必须弄清并解决以下几个问题：目标受众是谁；哪些可以产生广泛影响的工具可利用；有哪些主要的广告媒体渠道可以加以利用，它们各自具有怎样的特征；在选择某一具体广告媒体工具时应遵循哪些标准；广告信息应该如何计时；如何设计营销组合；如何来评估传播效果；怎样处理相互冲突的媒体信息来源和相应的消息；等等（Kotler，et al.，1993：162～190）。

1）弄清目标受众及其需求的行为

在选择媒体和所要传达的信息之前，首先要做的是弄清楚目标受众是谁。下一步就是要将区域营销者想要引出的目标受众的目标行为有形化。

2）选择有广泛影响力的工具

区域营销者可以选择有广泛影响力的工具进行目标市场营销。主要工具包括：广告（advertising）、直销（direct marketing）、促销（sales promotion）、公共关系（PR，Public Relations）和个人销售（personal selling）。

广告是一种被支付的、非个人化的展示工具，用来推广某一确定的赞助者的观念、产品和服务。这样，通过某一确定的城市或区域对被印载的平面媒体（杂志、报纸、广告栏）或广播时段（电视、电台）的购买，就形成了广告。在直销方面，主要包括直邮（direct mail）和电子订购（如电话预购）等传统的直营手段。在促销方面则包括了一系列旨在说服购买者成功购入某一产品或服务的短期优惠政策等内容。公共关系（PR）是指通过获得公众媒体宣传的有利支持，努力构建组织与公众的良好关系，树立良好的公众形象，消化处理不利的谣言、报道和事件，防止其进一步扩散。主要的公关手段包括媒体公关、事件报道及游说。

3）选择广告媒体

选择有效的媒体渠道和工具是一项艰巨的任务。做出选择的第一步是要为主要的媒体工具分配广告预算。必须要评估这些工具在传递可达性、频率及影响方面的能力。

4）选择特定的媒体渠道

对于区域的规划人员来说，第二步的措施就是在众多的媒体渠道（media vehicles）中选择最有效，能够达到预期效果的特定渠道。媒体策划人员还需要考量不同杂志的可信度、在业界的地位、地理或者专业的覆盖率、制版质量、编辑风气、交货期和心理影响等。首要评价因素——普及度（reach），是用来测量信息通过某种媒体可以被多少人接受。有些信息在持续的对特定群体发布后会产生很好的效果，那就是我们要提到的第二个评价要素——频率（frequency）。第三个评价要素就是影响度（impact）。影响度具体反映在特定的媒体如何有效地把信息传达给目标群体。

5）选择特定的媒体投放时机

在媒体选择上需要关心的第三个要素就是时机了。这既是一个宏观问题，也是一个微观问题。从宏观层面上来说，时机可以是一个周期的时间或是一季的时间。其他的问题更多地反映在微观层面，一般是短期广告。在媒体投放时机的选择上需要考虑以下三种因素。第一是观众周转率（audience turnover）。这个测量主要关注两个周期间目标观众更换的比率。周转率越高，持续性效果也就越好。第二是观众反应频率（behavior frequency）。这个测量主要关注一年内目标顾客群中有多少人被影响，然后采取一定的措施。反映频率越高，持续性效果也就越好。第三，遗忘率（forgetting rate）也是需要关注的一个方面。一般来说，观众的印象越淡，那广告宣传活动持续的时间就应该越长。

6）评估媒体结果

评估调查能够帮助媒体规划人员明确宣传推广过程中的一些劣势或不足。他们可以看到信息是否被传送到了特定的人群？他们是否能够理解这些信息并且认为这是可信的？这些信息是否在特定的时间足够频繁地被传达？是否还需要花费更多？媒体项目组需要经常来评估和测量宣传效应和投入产出的效果。测量广告的效果可以反映出广告是否达到很好的沟通效果。

7）协调冲突的媒体资源和信息

在理论上，一个区域总是只愿意宣传它的正面形象，而隐瞒诸如贫民窟、流浪汉，以及粗暴对待少数民族等负面形象。然而，媒体的视角是很难被控制的。在许多情况下，一个区域会发现它会陷入一些负面报道的尴尬中。一个区域应该如何对待这些负面影响呢？一般有漠视（ignore）、积极回应（counter-attack）及积极解决问题（solve the problems）三种处理方法。许多时候取决于负面效应有多严重或传播面有多广，或者是否可以挽回负面影响。如果形势尚未发展到十分严重的地步，公众知晓的信息也有限，并且尚且可以挽回一定影响的话，那可以完全忽视这样的负面事件；如果负面事件不是非常严重，虽然已经广泛传播了，但是还是很容易挽回影响，那可以采用积极回应的办法；如果事态严重，又被公众知晓，而且恶劣影响一时无法挽回，那只能采取长期的措施来应对。

（2）管理组织

城市营销本身是一个将好的营销理念进行现实转化的一项组织性的过程。正如城市管理一样，杰出的城市营销也必须要有系统性的组织能力（organizing capacity）。从某一角度来看，这种组织能力的作用各主要体现在对城市内外部各种关系的变化进行预测并及时地采取相应的对策做出一定的反应。构建良好的组织能力的要素主要包括以下七个方面（Berg and Braun，1999：995～997）。

1）行政组织

支撑组织能力的首位要素当属制度性架构及其架构内多元化的公共部门的行为者们所各自发挥的作用。组织能力本身超出了行政管理调解的职能和能力的范围。因此，正如同现有的地方行政机构和城市政府间所形成的相对稳定的运营环境一样，行政组织的形成和运营自然成为构建良好的组织能力过程中理所当然的第一步。

2）策略性的关系网络

在城市社会的动态性变化日益复杂化的今天，策略性的关系网络作为一项有效的应对手段的重要性越发显著。随着现代社会不断朝着更加复杂化、动态化和多元化的方向发展，不同的公私行为者也开始考虑并试图构建一种相互作用的新模式。从这一角度来看，策略性的关系网络作为行政组织的有效补充手段具有重要的意义。

3）领导力

处于核心地位的关键人物和行政管理机构所具有的领导力和企业精神有助于城市政策的成功形成和实现。处于核心地位的关键人物和组织结构所具有的领导力集中体现在相关人员所付出的努力之上。从策略性的关系网络的观点来看，其能够更好地促进合作式网络关系的形成，因而领导力发挥着无可替代的重要作用。

4）发展愿景与策略

发展愿景与策略有助于对城市政策的各个层面（社会、经济、环境、交通等）进行系统性的整合，从而形成具有一致性的策略和目标。因此，其对于构建良好的组织能力来说也具有至关重要的作用。制定并形成相应的发展策略是促进不同层面之间的相互融合和防止分歧发生的前提条件。明确的发展远景和经过深思熟虑而形成的策略方针是保障组织能力得以不断创新和进步的原动力所在。

5）空间与经济条件

在城市经济方面所充满的机遇与威胁为合作的形成和进一步展开提供了逻辑基础。空间与经济条件不仅在组织能力形成的过程中扮演着重要的角色，在促进策略性网络内形成合作式关系方面也发挥着重要的作用。此外，由于处于竞争环境中的各公私部门行为者之间很难达成较为充分的网络化合作状态，在保障和组织针对相关利益群体和目标群体之间形成有效的网络化合作方面也发挥着重要的作用。

6）政治支持

政府支持，即来自于地方政治圈（地方政府或地方政治人物），或来自于更高的政府层级（跨国、国家或地区政府当局）的支持。这些无论是来自更高的政府层级，还是来自地方议会或地区议会的地方政治人物在政治上所给予的支持都可视为是促进组织能力得以创造和发挥的有利条件。这种来自政治上的支持有助于在地方层面上形成更为积极的合作关系。从这一角度来看，在有关政策问题与解决方案方面的合理性体现和沟通往往总是扮演着非常重要的角色。由此，上层政府给予地方管理者的财政性援助也就成为组织能力得以创造和发挥的又一重要的前提条件。

7）社会支持

即便是大城市在其可持续发展方面拥有某一项相当具有价值的市场营销政策，如果没有来自利益相关者或利益支持者的支持的话，其也会因此而丧失得以使其成功实施的机会。由此可以看出，自政策的起始阶段开始就必须树立健全的交流与沟通策略，以此推动组织能力的充分发挥。

第三节　营销战略

一、手段方法

1. 展开

（1）英国

在英国，一般传统意义上的区域营销主要仅是各开发机构及公共部门所能涉及的领域。在20世纪70年代末及80年代初之前，主要是由新城开发公司（New Town Development Corporations）、英格兰工业区及其他区域开发机构或部门以特定的城市或区域为对象，主导并积极介入到相应的区域性营销过程。在这一时期，这些开发机构及公共部门在开发新城或绿化带（绿地）布局的过程中大都将关注的焦点放在了创造与众不同的城市或区域特色之上，并通过具有形象推广活动经验的各机构及部门之间的合作，重点对城市内所遗存的工业等部门进行了包装和提升。

自20世纪80年代末及90年代初开始，区域营销在类型区分和方式方法等方面都开始产生变化。各种与之相关的形象提案（image initiatives）也逐渐成为城市再开发和经济开发的核心要素之一。这种转变的产生正是以城市为平台所进行的一系列区域营销所取得的结果。与之前相较而言，所涉及的参与主体范围也逐渐扩展到地方机构、城市开发公司，以及公私联合等更为广泛的部门或机构。不仅如此，其中有相当多的部门或机构还对重新包装城市形象及其出售感兴趣。它们试图脱离只考虑既定区位的现实，而将基于城市的优势、劣势、机会和威胁分析提出的有系统性的营销战略之一的形象宣传与经济开发项目进行有机的结合（Wilkinson，1992：175）。

（2）美国

运用区域发展的战略性营销规划经历了三个阶段。第一阶段以追逐“烟囱工业”（smokestack chasing）为主要内容。这始于20世纪30年代南部各州的努力。它们以“更佳的商业气候”为卖点吸引北方的商业、工厂及投资。它们发掘了低成本生产（least cost production）的优势——廉价劳动力和土地、低税收及公共财政资金来吸引新兴产业和投资。在以后的 40 年中，集中于商业吸引力的区域竞争在目标、方法、原理及营销信息方面几乎都没有变化。区域（places）把自己定为买方市场，几乎不受美国以外的世界发生的变化的影响。它们的任务是接触买家，发现买家的需求，将不同的激励因素包装成一份具有竞争性的交易，然后完成销售（Kotler，et al.，1993：77～78）。

在 20 世纪 70 年代和 80 年代，区域营销进入到第二个阶段，即目标营销（target marketing）阶段。代替追逐单一目标——吸引商业，区域营销目标转向多元化——保留（retention）现有企业、创办新企业（start-ups）、开展旅游（tourism）、促进出口（export promotion）和对外投资（foreign investment）。在美国经济不断发生变化，竞争日趋激烈的情况下，区域改变了营销方法，从"非胜即败"（hit-or-miss）的旧式理念转向基于竞争分析和市场定位的更加精巧的战略。区域学会了细分市场和买者，并根据研究和分析将其产品和服务用于不同的客户。区域推销者（place sellers）从铺货式的大规模营销（mass marketing）转向针对性营销——强调满足特定客户需求的独特产品（specialized marketing）。区域也更强调维护和支持内部市场和资源——区域自有商业、工业、企业家、新产品和公共资源（大学、研究单位及金融机构等）（Kotler，et al.，1993：78）。

自进入 20 世纪 90 年代后，区域营销正在迈向第三阶段——对产品开发（product development）和竞争利基（competitive niche）的思考阶段。针对目标产业，它们试图使自己成为具有特别竞争优势的与众不同的地区。它们正在发展那些能够为目标客户创造价值的特定的产品和服务。在追求一些相关产业的集聚的同时，它们也投资发展一系列多样化的产业。它们进行人力资源培育，以使当地居民在高科技的信息社会里有效地发挥作用。而且它们也投资建设功能良好的基础设施，为相关企业提供良好的环境，以促进产业集群的发展，也为企业的投资组合（portfolio）和多元化发展提供资金支持。（Kotler，et al.，1993：78）。

2. 后工业城市的营销

(1) 显现

自 20 世纪 70 年代后期起，波士顿（Boston City）在时任市长怀特（K. White）的主导下开始树立并推广一系列城市营销活动。这些城市营销活动主要通过向访问客和观光客宣传波士顿市所具有的商业优势和独具一格的文化魅力，从而致力于打造"新波士顿"（New Boston）的新城市形象，以实现其打造国际化城市的目标。几乎与此同时，这一时期有关后工业城市的广告运动也拉开了帷幕，其中最具代表性的当属于 1977 年在纽约发起的一场名为"我爱纽约”（I ♥ New York）的营销运动。严格来说，其并非是一场真正意义上的城市营销运动，而是在当时的背景下所发起的一场拯救经济危机的运动，其在挽救纽约市濒临破产的过程中发挥了重要的作用。其也作为一个经典案例向我们展示了在公众眼中被视为声誉不佳的衰退地区是怎样凭借着广告宣传和营销运动而为自身树立和打造积极的正面形象的（Ward，1998：191）。

相较于在美国所广泛兴起的新思维式的营销运动而言，在英国人们更多地愿意从有关工业衰退而产生的“宿命论”和对企业主义的同情的角度出发去理解和推动城市营销运动。英国的格拉斯哥一直以荒凉、肮脏和暴力的形象展示在人们的面前，为了改变城市形象，该市自1983年起开始推广新的城市形象，开启了格拉斯哥历史上区域营销的新时代。格拉斯哥在进行城市营销的过程中，提出了不同于“I ♥ New York”的形象提升运动——所谓的“Glasgow's Miles Better”。在这一宣传广告语中通过巧妙地融入了两种不同的意涵（smiles better/miles better），向世人传递了该市更为积极、乐观的城市形象。不仅如此，格拉斯哥市还在该市这一城市宣传语中巧妙地将城市名称Glasgow中的字母“o”用当时最为流行且广受青睐的动漫主人公的形象来加以代替，并积极在首都伦敦的公交、出租、地铁等公共场所，以及面向全国发行的报纸和国际性杂志上进行广泛的行销式宣传。格拉斯哥市通过以上这些在城市营销方面所做出的努力，不仅使其的广告营销战略大获成功，更是将这种广告效应传播到了英国全境，甚至覆盖了整个欧洲大陆（Ward，1998：192）。

（2）物理性形态与营销

然而，仅将工作停留在营销方面还是远远不够的。城市应在其动人的言词和良好的形象的背后，通过一定的建筑景观、公共空间及各种活动场所等真实存在的物理性形态向世人们展现其所重新构建（re-invented）的城市新形象。但是也必须看到，这种在城市物理景观上所发挥出来的再造效果也仅能局限于部分地区。例如，从闪亮焕发、吸人眼球的现代化办公建筑、美丽的滨海港口及热闹非凡的节庆市场出发，只需走出几个街区就能够发现一个正处于工业衰退期的城市所内藏的另一个面孔和诸多的问题。为此，在进行城市营销的过程中，为了避免让那些处于衰败中的后工业化的城市空间使到访者原本愉悦的心情突然转为失望或消沉，城市有关部门应在安全及环卫等方面扩充必要的人力，以从其他方面弥补或提高因城市物理性环境的滞后所造成的问题或麻烦（Ward，1998：193）。

上述的各种物理性变化应被视为用以引导后续措施及政策的“旗舰”（flagship）或首要阶段（first step）。为了达到最佳的城市营销效果，在这一首要阶段中想方设法给世人留下较为深刻的印象或记忆是至关重要的。最为经典的案例之一当属地处伦敦码头区（London Dockland）的金丝雀码头（Canary

Wharf)。该地区在20世纪80～90年代的十余年时间里，通过一系列规划和开发项目已经成功转型成为伦敦最为著名的金融区之一。该规划将其定义并打造为地处伦敦市中心地区（City of London）最具广泛辐射范围和吸引力的金融中心，并在规划方案中将建设伦敦第一高楼视为整个规划方案的核心。如今站在这一由不锈钢钢架结构和全玻璃幕墙建造而成的大厦顶上几乎可以远眺欣赏伦敦大部分地区的景色（Ward，1998：193）。

（3）特色活动与城市营销

引人入胜且值得一看的区域看点，以及独具特色的动漫形象是后工业城市在城市营销中必不可少的成功要素之一。从广义的角度来看，通过举办或推广这些独具特色的活动，不仅能够激活现有投资的活力，还能够达到进一步促进城市物理性开发的目的。此外，媒体也往往对这些独具特色的城市活动表现出格外的关注，通过媒体的宣传可进一步达到改变大众印象和提升城市形象的效果。由此，城市或区域都对承办或举办各种国内外活动表现出了极大的关心并做着各种努力（Ward，1998：202）。从短期来看，城市或区域间针对特色活动而形成的竞争局面有进一步激化的趋势。在英国，在有关后工业化城市营销方面较为有代表性的特色活动当属举办园艺节（garden festival）。这项最初以促进第二次世界大战后破坏区域的重建和再开发为目的而兴起的节庆活动最早起源于第二次世界大战后的德国，而今在荷兰等地则受到广泛的青睐和采纳。在英国则将这项节庆活动与促进后工业化城市的再开发事业有机地结合到了一起。在英国，这一每两年举办一次的节庆活动，在1984～1992年已先后在利物浦（Liverpool）、格拉斯哥（Glasgow）及盖茨黑德（Gateshead，位于纽卡斯尔附近）等地举办。从市场营销的角度来看，通过举办节庆活动可以带来游客数量增加、广泛的新闻媒体报道和宣传，以及促进落后地区长期开发等积极效应（Ward，1998：203）。

（4）体育与城市营销

近来，人们对与文化的提升有着密切关系且并驾齐驱的体育活动的关注度日趋提高。从地方的角度来看，相较于传统的高雅文化（high culture），举办一场体育赛事或活动不仅更具有可行性，也更贴近大众化的立场。这一论断主要是基于以下两点而提出的：一是在许多城市如要举办一系列成本较高的节庆或会展活动往往需要面临高昂的财政开支和更为激烈的区域竞争环境；二是如能通过举办体育赛事或体育活动而为该地区提供更多的就业机会的话，那么无疑将有助于为该地区城市企业主义的深入发展奠定广泛的政治性基础（Ward，1998：204）。

在美国，从提升城市竞争力的角度来看，一个城市或区域吸引或保有一支具有主力优势的体育比赛队伍更能使其在竞争的过程中处于更加有利的地位。

通过组建并保有体育比赛队伍，不仅有利于吸引以体育迷为主的为数众多的观光客，还能够通过电视转播等方式达到宣传城市形象的理想效果（Ward，1998：204～205）。

二、策略的类型

有关城市营销的策略主要可分为宣传与广告、节庆与其他活动、城市设计三大范畴进行探讨和分析（Griffiths，1998：45～53）。

1. 振兴策略：宣传与广告

（1）意义

自城市企业主义发展之初起，宣传与广告运动就成为城市营销中主要要素之一。有关营销理论的各种工具和机制性建设大都借用于商业等方面，而与之相关的各种策略方法也在岁月的洗礼中得以沉淀和凝练。这一不断得到升华的凝练性主要体现在通过选取和利用各种宣传材料和广告媒介向对此感兴趣的受众传递更为精准的广告信息，从而形成以受众对象为核心的目标化体系（Griffiths，1998：45）。

广告（advertising）有时也被视为一套旨在强化特定概念的“魔法体系”，通过它可对处于支配地位的群体的形象进行构建、强化及复制。此外，广告也被视为传统意义上的地方经济开发战略的主要构成要素之一。城市在制定好具有吸引力的奖励政策并选取符合自身特点的愿景形象后，就可以展开一系列旨在针对特定目标群体进行信息传递的宣传和广告运动（Short and Kim，1998：61）。

（2）策略内容

在区域振兴主义的实践过程中有一场名为“向未来前进·飞跃”的主题运动。在这一运动中，区域被反复地描述为一种通往未来的象征，如“通向明天的脚步”（stepping toward tomorrow）、“复兴进行中”（undergoing renaissance）及“塑造未来”（shaping the future）等。

在区域振兴主义中，另一类主题运动大都与区域为企业发展所提供的区位布局优势等内容有关。在我们所经常见到的包含大量广告语和图片内容的宣传材料中，城市大都以“国家级的‘中心（center）’”、“首都或首府（capital）”、“区域经济重要的‘门户（gateway）’”及“高速道路及铁路网络，抑或是信息通信基础设施‘完善具备（well-connected）’”等形象出现在世人面前。随着城市的腹地逐步转向进行开发并开始承担城市的一系列核心功能时，capital（首都、首府、之都）这一词汇也开始被广泛使用。例如，在英国，格拉斯哥宣传为“欧洲文化之都”（Cultural Capital of Europe），利兹市开发公司（Leeds

Development Corporation）则将其所在的利兹市宣传为“英格兰北部的首都”（Capital of North of England）；在美国，波士顿被宣传为“新英格兰地区的经济、文化和政治首府”（economic，cultural and governmental capital of New England），亚特兰大则自诩是“东南部的企业之都”（business capital of the southeast）等（Ward，1998：211）。

此外，还有一类主题通常与城市或区域居民的生活质量（如修养与休闲娱乐的机会或宜居性等）、低廉的生活成本、居民所具有的特性［如“企业精神”（spirit of enterprise）、或“我能行”（can do）的地域文化］等有关（Griffiths，1998：46～47）。

除了以上各主题运动之外，在区域振兴的实践过程以及宣传资料中还有一些反复使用的工具和方法。例如，将具有代表性的文化人物或其他具有正面价值的形象融入到城市或区域当中，有时甚至可以借用相关的内容对某一场所或地区进行更名作业。在英国，针对那些具有悠久历史的郡均依据其不同的历史和文化特征在观光地图上以其所独有的传统性符号予以标记。例如，像库克船长村（Captain Cook Country）和勃朗特村（Brontë Country）就是通过这一方式为人们所熟知的。类似的过程在城市中也可以被发掘出来。在钢铁工业衰退的队伍中得以转型为以观光、教育和尖端医疗为主要产业的后工业化城市的代表之一的匹兹堡市（Pittsburgh）的领导者们在彻底摘掉了“煤炭山”（Coal Hill）的城市污名的同时，还以被称为“华盛顿山”（Mount Washingotn）的新城市形象重新展示在人们的面前（Griffiths，1998：47）。

（3）*广告语的宣传技巧*

对于后工业化城市而言，在拟定广告宣传用语进行营销的过程中应把握好以下几个技巧：头韵法（Atlanta Advantage）、双重含义（Glasgow’s Miles Better 和 Glasgow's smile better）、反复（Manchester the Positive City for Business）、韵律（Turning the Tide on Merseyside）、话语幽默（Pittsburgh To Go）、隐喻（Birmingham：The Big Heart of England）等（Ward，1998：210）。

最明了直接且易于模仿的经典案例当属纽约市所设计的“我爱 X”（I ♥ X）这一宣传形象。但是这种过于进行模仿的趋势却大大缩减了在营销过程中强调“差别化”的重要性作用。在许多后工业化城市中，营销者们（marketeer）总是努力试图将其所独有的地域特色进行整合形成强有力的营销力量。在各种有关产业振兴的方案中，大都主张要重视大众产业经济的重要性，并应根据其特点进行布局和规划。具体而言，即企业活动或观光行为等也应随着全球化和“无根性”（rootless）趋势的深入发展，区域的差异化（place distinctiveness）也将成为潜在的定位点（anchor point）。城市区域所具有的历史文化正为我们提供了一种更为便利的途径和方法。对历史古迹和文化遗产等进行遗产规划（heritage projects）是其中一项主要的作业方法，与过去相比其能够向我们传递更为精准的信息和情报。墨西塞德郡开发公司（Merseyside Development Corporation）在对阿尔伯特码头（Albert Dock in Liverpool）进行再开发规划的同时，打出了“最古老的港口”（Vintage Port）的宣传广告语。通过这一方式，利物浦市一举打破了原有“充满政治性和工业性问题”的负面形象，重新树立了“具有悠久文化历史之都”的崭新形象。当利物浦市以“最古老的港口”的形象展示在世人面前时，随着时间的推移而得到不断的提升和改良的过程更能够满足投资者的投资需求和投资欲望（Ward，1998：210）。

强调差别化（distinctiveness）的另一种方法是在对特定区域进行定义时，有选择性地对历史文化来加以利用。纽卡斯尔市（Newcastle）在 1990 年所推行的城市形象运动中便采用了这一方法。该市将船舶、涡轮机、电灯、啤酒等具有鲜明旧时代工业特征的标志视为城市的历史骄傲和起点，并打出了“成功的传奇故事绝不仅停留在过去”（success story doesn't end in past）的形象宣传语。为了证明这一点的真实性，在宣传材料中还一一罗列了出身于该市并已在流行前线、音乐、体育运动及演艺圈等各个领域中获得成功的名人。在最后还以“新时代、新风尚、新纽卡斯尔”（New Era，New Attitude，Newcastle）作为整个形象宣传的结束语，令人印象深刻（Ward，1998：210）。

表 12-3 罗列了 1994～1995 年美国各主流企业杂志或旅行杂志上所刊登的主要城市的形象广告宣传语。这些形象广告宣传语按其所强调的内容大致可分为“企业”和“生活质量”两大类。以强调吸引企业入驻为主要目的的城市形象宣传广告语中大都向企业展示了其自身所具有的良好的营商和经济环境；而以强调生活质量为主要目的的城市形象宣传广告语中则主要通过向观光客和居民展示自身所拥有的自然环境景观、历史文化传统、娱乐休闲设施，以及阳光、大海、探险，甚至于通过历史形象的比喻来宣传自身的魅力所在（Short and Kim，1998：61）。

表 12-3 城市广告语的宣传

分类	城市	形象宣传广告语
企业	亚特兰大（Atlanta，GA）	为全球企业打造的战略性区位
	巴尔的摩（Baltimore，MD）	更多的服务，更广的选择
	芝加哥（Chicago，IL）	万物之核心
	达拉斯（Dallas，TX）	为企业量身打造的城市
	费尔法克斯（Fairfax，VA）	21 世纪的首选着陆点
	堪萨斯（Kansas，MO）	美国的智能之都
	洛杉矶（Los Angeles，CA）	未来之都
	纽约（New York，NY）	无眠的企业之都
	孟菲斯（Memphis，TN）	美国物流的中心：世界的门户
	圣何塞（San Jose，CA）	硅谷首府

续表

分类	城市	形象宣传广告语
生活质量	大西洋城（Atlantic city，NJ）	美国最好的游乐场所
	丹佛（Denver，CO）	文化与环境的冒险
	汉普顿（Hampton，VA）	从海洋到星空
	纳什维尔（Nashville，TN）	音乐之城
	奥兰多（Orlando，FL）	太阳与情趣
	索尔兹伯里（Salisbury，NC）	充满过去的今日之地
	圣达菲（Santa Fe，NM）	充满传统生机之地
	圣安东尼奥（San Antonio，TX）	被记忆的城市

资料来源：Short and Kim，1998：62

2. 活动策略：节庆及城市看点

毫无疑问，企业式的区域营销的兴起开启了以城市为主要营销看点的新时代，而正处于发展期的城市节庆经济则尚需依靠国家政策的大力扶持和积极推动。城市节庆活动迅速发展所带来的效应之一是活动类型日益丰富且多样化（Griffiths，1998：48）。

节庆依据自身特点的不同可分为多种不同的类型，其中，舒斯特（J. Schuster）将其分为六种类型并进行了探讨和分析（Griffiths，1998：49）。

第一种类型是城市看点（spectacle）规模较大，而却仅为一次性的场景或场面，使其具有相当程度的参与局限性。在这一类型中，大多数观光客只能作为被动的受众者直接或通过电视转播等间接地进行观赏或体验。这一节庆类型虽然在城市本身吸引大量的观光客方面成效显著，但站在对外展示城市的共同体文化和地区生活特色方面所具有的价值微乎其微。奥林匹克运动会（Olympic Games）、足球世界杯（World Cup Games）及世界博览会（Expo）等均属于此类节庆活动。

第二种类型是典礼或仪式（rituals）等深深根植于当地传统历史文化之中，且定期举行的官方或正式的行为活动。这一类型的节庆活动所具有的主要特点在于，典礼或仪式的主要构成要素的内容并不能由主办方或参与者的主观意志来决定。这一类的节庆活动有塞维利亚（Seville）的复活节圣周游行（holy week processions）等。

第三种类型主要是指各种艺术活动项目（artistic events programme）。此类项目虽然可以在活动的数量及参与的层次上形成较大规模的节庆活动，但其能够动员的居民数量和接纳访问客的社会性能力却较为有限，如爱丁堡艺术节（Edinburgh Festival）这样以媒体或行为艺术为平台的活动项目均属于此类。

第四种类型是戛纳电影节（Cannes Film Festival）及法兰克福图书展（Frankfurt Book Fair）等以贸易展销为主要内容的商品交易会（trade fair）。这一类型节庆活动主要致力于为与电影等商业文化产品有关的制作商、制片商、出版商及发行商等打造一个互相彼此进行交流与合作的平台，并从中充分发挥市场的作用。虽然在活动举办期间，一系列的展示或观览等活动也向普通的民众开放，但其活动的核心受众或人物并非普通的民众，而是更具国际化和专业化水准的业内人士。

第五种类型是以参与性活动（如风筝节、气球放飞活动、游戏活动等）为主要内容的大众型集会（popular fair），像艺术节庆活动等大中型集会在最初可能只会举办一次或偶尔举行，但在获得巨大的成功后也会每年或隔年定期举办，以形成常态化。

第六种类型被称为市民大众节庆（popular citizen's festivals），相较于之前所实施的一系列旨在针对城市以外的访问客或观光客为对象的营销手段而言，这一类型的节庆活动主要致力于推动公民社会的形成和提高社会的自我修复能力。这一类型的节庆活动的主要参与者均由当地各社区的居民组成，并通过彼此之间的相互协同与配合共同举办一系列的游行庆祝或街头表演活动等。

相较于其他的区域营销手段而言，节庆活动存在较高的风险负担性。在节庆活动中所需要呈现出的主要的城市看点（spectacles）大都需要建立在体育场馆、展会空间及交通设施等城市实质的基础设施之上，因此这些也向城市的基础设施建设提出了更高的要求，从而抬高了举办节庆活动的成本。由此，如果没有来自中央政府的财政资金等方面的援助，组织者就只能另寻其他更具风险性和难以预测性的资金援助的途径（广播权转让、商业券销售及入场券销售等）。在现实中，许多节庆活动都很难在财政收支方面实现预期所制定的乐观目标（Griffiths，1998：50）。此外，在愈趋饱和的节庆市场仅通过对参与者、游客、大众媒体或社群参与度等单纯的直观性指标来对相应活动所投入的资源（资金、时间等）价值进行衡量的话，往往并不会得到理想的结论（Griffiths，1998：50）。

3. 景观策略：城市设计和区域营销

区域营销与各类形象重塑化的策略曾一度仅局限于各种形象宣传和节庆表演活动的范围之内。但是从更为宏观的角度来看，区域营销与形象的重塑化策略有时也与营造新的城市景观等方面有着相当程度的关联性。在现实中，众多事例都表明对“旗舰建筑”（flagship buildings）的投资要远高于一般性的建筑物。在这里，所谓的旗舰建筑是指那些通过发挥自身所具有的休闲娱乐和消费等核心功能，从而能够极大地促进城市经济增长或转型的建筑设施。例如，博物馆、美术馆及大剧院等以高雅文化艺术为载体的建筑均属此类。这种基于旗舰建筑及工程学项目的方式所构建的城市形象大都通过在市内建造建筑物（如日本大阪市）、桥梁（如荷兰鹿特丹市）、信号塔（如西班牙巴塞罗那市）等来进行展现。其中，建设和开发摩天大厦（skyscraper office tower）的方式是城市在构建城市形象方面使用最为广泛的一种有效手段，其也是一个城市跻身国际化大都市俱乐部的重要途径（Griffiths，1998：51）。

对于那些具有特殊的工业化传统或浓重的政治性色彩的区域而言，通常会采取对特定场所进行更名和重新包装等形象指向型的城市景观策略对该区域的城市形象进行重新的整合和建构。许多城市都将那些一度被废弃的工业地区打造成如唐人街、珠宝一条街（jewellery quarters）及高级城市社区（gentrified urban village）等著名的休闲娱乐或居住场所，此外，政府也开始关注与大众艺术创作（moch-ceremonial arches）及开放空间的重塑等相关的城市景观美化项目在城市形象改善方面所发挥的积极作用，并开始提供各种公共资金支持。

近来，人们越来越注重从后现代城市分析的角度出发对城市景观的主题化（theming）问题进行探讨和分析。人们关注的焦点大都放在了怎样将过去所存在的城市形态通过重新架构的方式形成一整套设计组合，以及怎样将这一整套新的设计组合巧妙地融入现代化的城市景观当中等问题之上。在这里，节庆市场（festival market-place）是使用最为广泛的一项手段。节庆市场这一概念最早源于美国的波士顿市（Boston）针对其滨海地区历史文化建筑（Faneuil Hall）附近的昆西市场（Quincy Market）及巴尔的摩（Baltimore）内港而提出的一项港口开发方案（Harborplace scheme）。而随着这一概念在波士顿大获成功之后，也逐渐开始向北美和欧洲的大部分地区扩散（Griffiths，1998：51）。这类节庆市场也具有较为严格的标准化规范：首先，一般而言，节庆市场应设置在具有历史文化特征（如码头港口等滨海区域）的地区内，使其尽可能地靠近大众化的观光旅游场所（如水族馆等）；其次，为了能更好地体现城市特色，进一步将人们对城市的感知变现为消费行为，相较于普通的大众化生活必需品而言，应大力推出并培育以土特产品、观光纪念品、特色美食等为中心的小规模租赁式商铺的形成和发展；最后，还应在节庆市场周围开展一系列丰富多彩的街头娱乐项目（如民间艺术表演、风笛等音乐展演及哑剧表演等）。节庆市场所具有的这一标准化的规范模式不仅提升了城市生活的品位、进一步丰富了市民的文化生活，也体现了城市自身所内含的感性色彩与充满经济机遇的理性色彩之间进行充分结合的城市设计理念（Griffiths，1998：52）。

除了举办节庆市场以外，还有一种较为可行的方法是像美国的匹兹堡（Pittsburgh）、克里夫兰（Cleveland）、波士顿（Boston），以及欧洲的伯明翰（Birmingham）、富兰克林（Frankfurt）和斯图加特（Stuttgart）等城市那样在城市内部建设艺术或文化专区。这一过程主要是对城市内的剧场、大剧院、美术馆及博物馆等高雅艺术场所进行新建或翻修，并相应地引进一批高档酒吧和餐厅等配套设施。与节庆市场不同，在这类文化专区中并不存在零售式的交易活动。相较于节庆市场主要面向中产阶层的观光客提供各种娱乐休闲活动的形式不同，艺术和文化专区主要定位于面向专业和经营管理层等高层人士，因此在营销的过程中要明确地向目标客户传递其本身所具有的文化性价值这一信息（Griffiths，1998：52）。

在以上两种主题化概念相互结合的基础上形成了一种新的主题化概念——消费指向型的前卫空间（front spaces）概念。在这一概念中，最具代表性的当属当今很多城市都积极引入并努力推广的“不夜城”（24 hour city）的新观念。打造不夜城主要可以吸引那些追求现代都市感的观光客或访问客。在这一主题化概念中，主要通过以下两种途径来实现：一是对原来僵化呆板的城市空间重新进行精细规划，从而形成混合式的土地利用形式和城市形态；二是打破原有的日常生活周期，使城市生活变得更加富有弹性和活力。在这一概念中较为典型的例子有，在所谓的“停滞的时间带”（dead period，是指下班后到次日上班之前的一段时间）内允许市内的酒吧和俱乐部等场所通宵营业（Griffiths，1998：52）。

三、批判

对区域营销战略的批判主要集中在区域营销的理念性效果、回归性的结果，以及其本身所具有的高度的投机性性质上（Griffiths，1998：53～57）。

（1）理念性效应

实际上，区域市场营销往往被视为人们对区域所被赋予的某种意义和认识的一种预测。由此可以看出，区域市场营销本身包含了相当程度的理念性的内容。从这一观点来看，这种所谓城市所特有的某种意义（非凡的动态性、具有魅力和吸引力的企业环境、高水平生活质量等）的出现也就会同时伴随着城市所特有的另一种意义的消失。换言之，区域营销在对城市形象进行重塑的过程中，不仅对城市所固有的部分身份性特征采取了无视和否认的态度，还导致在营销过程中所生成的具有局限性特征的（投机式的）区域形象和（实际上的）真实的区域形象之间形成了互不相融且对立选择的关系。例如，在对浓厚而强烈的区域特色和城市自豪感进行强调的同时，很难掩盖当地的劳工或工会组织所具有的斗争性和革命式的政治传统等现实状态（Griffiths，1998：53）。

基于此，在对区域营销的理念性或象征性功能进行理解和把握的同时，还必须认识到其本身也是一个充满社会性的复杂的过程，因此其本身也无法对由此而带来的效应进行有效预测或精准判断。由地方政府部门所主导推行的区域营销和区域振兴策略通常都深陷并受制于复杂的协商和斗争的过程（Griffiths，1998：54）。

(2) 回归的结果

除了理念性效应以外，企业式的区域营销战略还会导致出现相当程度的分配性结果。由此，区域营销实施的侧重点由最初对社会经济不平等现象的关注开始向其他领域转移，并在这一过程中不断扮演着推波助澜的作用。从反对干预市场和集体物品供给的角度来看，城市企业主义与主张减少政府职能的新自由主义式的哲学观有着相当程度的一致性。因此，持有上述观点的人认为像旗舰建筑物、各种主要的节庆活动，以及在具有企业性质的营销项目方面所进行的公共消费将进一步助长社会不平等现象发生，并对这类区域营销策略提出深刻的批判（Griffiths，1998：54～55）。

(3) 投机性性质

对区域营销策略进行批判还主要根源于其本身所具有的投机性性质。诸如旗舰式开发和大规模的景观建设等企业式营销项目所进行的大规模投资无异于一场高风险的赌博。除了向吸引投资者和访问者等最具普遍性的手段以外，个别城市在区域市场营销方面所取得的成功大都建立在无数个根本不在其所能控制的范围之内相互作用的基础之上，因此这种成功具有相当程度的偶然性（Griffiths，1998：55～56）。

四、政策的展开过程

自第二次世界大战以后到 20 世纪 90 年代，在西欧等发达国家和地区所经历的城市文化政策的发展过程可被划分成三个不同的时期来进行探讨和分析（Bianchini，1999：3～6）。

1. 重建时期

自 20 世纪 40 年代末到 60 年代末的这段时期，西欧各国在对城市公共政策进行探讨时主要将关注的焦点集中于经济成长、福利规划、物理性重建之上，由此，这一时期的城市文化政策在很大程度上受到了以手段及方法的合理性应用为核心的理念的支配和影响。这一时期城市文化政策执行的目的和逻辑性基础主要源于对刚刚经历过战争恐慌，并由此而对商业性大众文化存在抵触感的民众进行（再）教育和意识培养。相较于以往而言，这一时期的城市文化政策延续了 18 世纪以来一直保持的文化传统性，一方面，在市中心地区依旧保持着传统文化所遗留下来的风格；另一方面对以建筑物为主要象征的一批艺术场馆和机构（如大剧院、博物馆、剧场）等基础性设施进行了新建或扩建，与此同时政府部门还通过提供公共财政资金支持的方式，进一步扩大了对文化艺术领域的介入程度。

在这一时期，政治人物和政策决策者对文化政策的态度处于绝对支配的地位。他们将文化领域界定为物理性生产与经济性活动相互分离或相互对抗的一个领域。因此，文化领域也被认为与其他生活领域或公共政策制定等方面并不存在任何直接的关联性。虽然这一时期的城市文化政策非常注重挖掘和提升文化的人性价值，但从另一角度来看，其却与主张用科学方法来制定和实践城市政策的主流思想相去甚远。

2. 参与时期

自 20 世纪 60 年代后期开始，城市文化政策被视为社会、政治、行政管理、科学技术及地理等众多领域内所发生的各种变化之间相互作用的产物。这一时期，文化政策作为地方政府活动的主要组成部分，其地位得到了明显的抬升和加强。随着劳动和工作时间的减少和可用于居民休闲娱乐活动的可支配收入的不断增加，城市政府用于文化服务方面的财政性支出也开始出现逐步扩大的趋势。

20 世纪 70 年代和 80 年代，随着地方分权化改革的不断深入，地方政治人物得以更加灵活自由地处理本地的各种行政事务，对文化政策的重视程度也随之越来越高，一系列文化政策随之得以逐步展开。这一时期的地方政治人物将以进一步提升和强化以市中心为平台而形成的文化场所的可访问性和各种文化活动的可参与性这一传统的福利目标锁定为最基本的改革对象。在这一时期，大部分的城市文化政策方案都主张文化政策应向社区等邻里层面进行倾斜，并为其提供相应的文化福利，与此同时还应充分发挥市中心地区在促进居民的公共生活、提高城市的社会性和城市认同感等方面所具有的重要作用。新时期的地方政治精英们在对这些方案进行归纳和总结的基础上，通过制定和推行新的城市文化政策，不仅提高了个人和群体组织在城市文化生活方面的自我表现力，还极大地推动了以居民和社区为基础的参与型文化的建设。这一时期的文化政策，一方面更进一步加大了城市公共空间的建设力度，更加注重塑造城市特色和提升城市吸引力；另一方面还积极与城市设计策略（如步行化、交通静化措施，以及改善公共交通条件等）相对接，努力促进了文化政策效应的充分发挥。以艺术庆典及文化动漫等形式出现的节庆活动在促进不同阶层之间共同参与城市文化公共生活方面发挥着重要的作用。

这一时期的城市文化政策的关注点虽然依旧主要放在了社会性和政治性目的之上，但也必须看到政府为促进经济的持续发展也在文化产业开发方面进行了一定程度的尝试和努力。

3. 营销时期

自 20 世纪 80 年代开始，城市文化政策的重心开始由过去以社会和政治层面为主的观点开始向经济发展优先的方向转变。这种转变也可以被视为与传统的重工业相关的分配式服务的衰落为代表的西欧城市经济在面临结构性危机时所做出的一种反应。在这一大的趋势背景之下，城市政治人物和政策制定者们纷纷开始寻求新的城市文化政策的新方向，用以代替20世纪70年代所制定的以个人主义、社区开发、参与、福利主义、邻里疏散及城市空间的民主化等为核心主题的旧政策。

在这一时期，文化政策不仅被看做是促进地方经济向更加多元化方向发展的有力推手，也被视为是对传统工业和服务业部门所产生的失业问题的一种有效的补偿手段。随着区域性文化生活所具有的重要性的日益突显，为了吸引更多的国际资本和专业技术人才，城市营销和国际化策略也逐渐成为城市文化政策的核心要素之一。在制定城市文化政策时，其核心焦点应逐渐转移到"市中心地区"上来，在城市内部，乃至城市之间进行竞争游戏的过程中，市中心地区必将成为反映整个城市和地方经济发展水平的最佳示范（showcases）。

五、政策模型

城市文化政策模型依据不同文化间的主次优先顺序、文化领域内概念的相异性，以及对不同的空间性的强调点的不同，可划分为综合模型、文化产业模型及消费者模型等三类模型（Griffiths，1995：254～255）。

1）综合模型

在这一模型中，文化项目通常与其他政策性措施相结合，在推动提振公共社会生活、打造新的城市特色，以及凝聚和共享城市归属感方面发挥着重要的作用。此外，创造更具包容性和民主性的公共领域、提高人们对城市生活的期待感等为主要目的的相关策略得到广泛的使用。综合模式（integrationalist stategy）在意大利首都罗马（Rome）得到了具体的实践和广泛的应用。

2）文化产业模型

在这一模型中，主要从文化产物的生产和分布的观点出发，重在强调城市文化作为创造财富的主要手段的重要性作用。在这一模型中不仅对高品位艺术（high art）领域在创造社会财富和推动经济发展过程中所显现出的重要作用给予积极的承认，还密切关注和大力支持文化视听产业、出版和时装设计等商业性文化产业的发展。伦敦和悉尼是这一城市政策模型在现实中具体应用的代表性区域。

3）消费者模型

艺术形式作为提升城市形象和提振城市竞争力的一项重要的手段最早起源于美国，但在此之后其却更多地被众多的欧洲城市所采纳并应用于实践中。对于这类城市文化政策，比安基尼（F. Bianchini）将其称为"消费者模型"（consumerist model）。在这一模型中，城市文化政策作为吸引访问客和观光客的一项重要手段在促进艺术消费方面所发挥的重要作用。消费者模型在实践的过程中，一方面，努力加大吸引企业投资的力度，以提高城市居民的生活质量和水平；另一方面，通过物理性的再开发等方式，努力形成混合土地利用和文化专区之间的相互协同效应。

参考文献

권오혁・김흥석，(2000)，《지방문화사업육성방안》，한국지방행정연구원연구보고서 2000—10（제 337 권），(서울：한국지방행정연구원).

서구원・배상승，(2005)，《도시마케팅》，(서울：커뮤니케이션북스)．

오동훈，(2006)，"도시마케팅의 개념정립을 위한 소고，" 국토계획，41；1 (2006. 2)：53～73.

유재윤・진영효・김형국，(2000)，《도시문화산업의 육성방안》，국토연구원 2000—4，(안양：국토연구원)．

코틀러 (P. Kotler：윤훈현 역)，(2003)，《마케팅관리론》，(서울：석정)．

Ashworth，G. and Voogd，H.，(1998)，"Marketing the city，" *Town Planning Review*，59；1：65～79.

Berg，I. and Braun，E.，(1999)，" Urban competitiveness，marketing and need for organising capacity，" *Urban Studies*，36；5～6 (1999)：987～999.

Bianchini，F.，(2002)，" Cultural planning for urban sustainability，" Nyström，L.，(ed.)，*City and Culture* (karlokrona：Swedish Urban Environment Council)，1～16.

Bonner，K.，(2002)，"Understanding placemaking：Economics，politics and everyday life in the culture of cities，" *Canadian Journal of Urban Research*，11；1 (2002)：1～16.

Bramwill. B.，(1998)，"Urban satisfaction and product development in urban tourism，" *Tourism Management*，19；1 (1998)：35～47.

Corcoran，M.，(2002)，"Place attachment and community sentiment in marginalised neighborhoods：a European case study，" *Canadian Journal of Urban Research*，11；1 (2002)：47～67.

Darlow，A.，(1996)，"Cultural policy and urban sustainability：Making a missing link?，" *Planning Practice & Research*，11；3 (aug 1996)：291～301.

Graham，S. and Healey，P.，(1999)，"Relation concepts of space and place：Issues for planning theory and practice，" *European Planning Studies*，7；5 (1999)：623～646.

Griffiths，R.，(1998)，"Making sameness：place marketing and the new urban entrepreneurialism，" Oatley，N.，(ed.)，*Cities，Economic Competition and Urban Policy* (London：Paul Chapman)，41～57.

Hall，T.，(1998)，"Introduction，" Hall，T. and Hubbard，P.，(eds.)，*The Entrepreneurial City* (Chichester：John Wiley & Sons)，27～30.

Healey，P.，(2002)，" On creating the city as a collective resources，" *Urban Studies*，39；10 (2002)：1777～1792.

Hubbard, P. and Hall, T. , (1988), " The entrepreneurial city the 'new urban politics'," Hall, T. and Hubbard, P. , (eds.), *The Entrepreneurial City* (Chichester: John Wiley & Sons), 1～23.

Jessop, B. , (1998), " The narrative of enterprise and the enterprise of native: Place marketing and the city entrepreneurial city," Hall, T. and Hubbard, P. (eds.), *The Entrepreneurial City* (Chichester: John Wiley & Sons), 77～99.

Kotler, P. , (1994), *Marketing Management* (N. J. : Prentice-hall) .

Kotler, P. , Haider, D. , and Rein, I. , (1993), *Marketing Places* (N. Y. : Free Press) .

Montgomery, J. , (1990), "Cities and the art of cultural planning," *Planning Practice & Review*, 5; 3 (winter 1990), 17～24.

Paddison, R. , (1993), "City marketing, image reconstruction and urban regeneration," *Urban Studies*, 30; 2 (1993): 339～350

Painter, J. , (1998), "Entrepreneurs are made, not born: Learning and urban regimes in production of entrepreneurial cities," Hall, T. and Hubbard, P. (eds.), *The Entrepreneurial City* (Chichester: John Wiley & Sons), 259～273.

Santagata, W. , (2002), "Cultural districts, property rights and sustainable economic growth," *International Journal of Urban and Regional Research*, 26; 1 (2002): 9～23.

Scott, A. , (1997), " The cultural economy of cities," 323～339.

——, (2000), " The cultural economy of Paris," *International Journal of Urban and Regional Research*, 24; 3 (Sept 2000): 567～582.

——, (2004), " Cultural products industries and urban economic development," *Urban Affairs Review*, 39; 4 (March 2004): 461～490.

Short, J. and Kim, Y. , (1998), " Urban crises/urban representations: Selling the city in difficult times," Hall, T. and Hubbard, P. , (eds.), *The Entrepreneurial City* (Chichester: John Wiley & Sons), 55～75.

Smyth, H. , (1994), *Marketing the City* (London: E & FN Spon) .

Stein, R. , (1992), *Urban Alternative* (Pittsburgh, PA: Univ. of Pittsburgh Press) .

Storm, E. , (1999), " Let's put on a show!: Performing arts and urban revitalization in Newark, New Jersey," *Journal of Urban Affairs*, 21; 4 (1999): 423～435.

Storm, E. , (2002), "Converting pork into porcelain," *Urban Affairs Review*, 38; 1 (Sept. 2002): 3～21.

Thomley, A. , (1996), "Planning policy and the market," Tewdwr-Jones, (ed.), *British Planning Policy in Transition* (London: UCL Press), 189～204.

Timan, L. , (1995), *Marketing in the new public sector* (London: Pitman) .

Ward, S. , (1998), *Selling Places* (N, Y. : E & FN Spon) .

Wilkinson, S. , (1992), "Towards a new city? a case study of image-improvement initiatives in Newcastle upon Tyne," Healey, P. , et al. , (eds.), *Rebuilding the City* (London: E & FN Spon), 174～211.

第十三章

财政管理

第一节 概　要

一、意义

1. 概要

所谓财政通常被定义为国家（政府）或其他公共团体以满足公共需求为目的，采取一系列必要的手段或措施进行有效管理的一种经济活动或政府经济行为(차병권，1973：11～12；정환용，2006：568)。基于财政的基本概念，我们可以将城市财政看做是城市政府通过收支活动筹集和供给经费和资金，并对其进行有效管理的一整套有序化和可持续发展的经济活动行为，从而达到城市政府实现自身职能、履行本职责任的目的（김안제，1982：174；대한국토·도시계획학회，1987：435)。

随着城市社会经济的迅速发展，城市财政支出需求日益增长的现象也逐渐突显出来。造成财政需求增长的原因主要有以下几个方面：一是相较于民间私营经济而言，城市财政具有较强的公共性、强制性和规划性的特征；二是相较于国家财政而言，城市财政的受制因素更多，且城市政府之间所存在的多样化发展趋向更为明显；三是相较于农村财政而言，城市财政的膨胀率较高，且变化幅度也较大；四是城市政府的各种活动在广度和深度上都呈现出日益扩大的趋势等（김안제，1982：176；대한국토·도시계획학회，1987：435)。

综上所述，财政可以被视为政府管理与规划功能相互整合统一的重要组成部分。之所以将财政规划纳入到城市规划当中，一方面是出于对城市政府在财政问题上所面临的严峻性和复杂化程度日益增大的忧虑；另一方面也是出于对规划职能逐渐被整合并入地方政府管理总体职能之下这一发展趋势的考虑（Snyder，1979：320）。

在对城市财政进行分析时所面临的最根本的问题在于城市财政的目的是什么，以及应由谁来支付（Davey and Devas，1996：189）。

2. 职能

马斯格雷夫（R. Musgrave）曾指出财政应履行资源配置、收入分配和经济稳定等三大职能（대한국토・도시계획학회，1987：435；박수영，2002：472～474）。

首先，财政所具有的资源配置的职能从实质上来看含有对公共产品进行生产供给的意义。公共产品的有效供给不仅可以满足民众对日常生活的需求，还有助于帮助居民实现各种经济活动。政府有必要在依靠市场机制而实现资源配置的基础上，通过市场干预的手段对资源配置进行调整。在这里，所谓政府干预下的资源配置也就意味着政府在公共服务供给方面进行必要的干预和介入。相较于中央政府而言，通过城市政府所进行的公共产品的供给可以在一定程度上反映城市居民的选择倾向，因而能够发挥更大的作用。

其次，在有关收入分配调节方面，财政政策主要通过收入和支出两方面来实现对收入分配的有效调节。从收入方面来看，主要通过针对各种税种灵活运用累进税率等措施对收入分配进行调节；从支出方面来看，主要通过以居民生活保障等为主要目的的转移性支出的方式来实现对收入分配的有效调节。由于与收入再分配相关的政策必须从全国性的层面进行制定和实施，其主要被视为一项应由国财政来履行的主要职能，而城市财政在这一方面所能发挥的作用和显现的效果较为有限。但是，在民生安全等提供救济、救助及社会保障等与市民日常生活息息相关的方面需要城市政府进行经费支出时，城市财政则发挥着相当高程度的效率性作用。因此，从这一观点来看，亦不能忽视城市财政在收入分配方面所具有的职能性作用。

最后，财政所具有的经济稳定职能被视为一项与国民经济相结合的财政政策。经济稳定职能主要是指一方面政府可以通过财政收入对经济衰退或过热等现象进行合理调节；另一方面还可以有效缓解因经济波动而对民众生活而造成的负面性的经济影响。从国民经济的观点来看，这一经济调节职能虽然主要被视为国家财政主导下所具有的一项主要职能，但从另一方面来看，该项职能在城市或区域财政方面的有效履行也有助于国家政策的顺利展开和贯彻落实。

二、财政危机

1. 意义

在今天，世界上许多城市都面临着财政赤字的难题，甚至部分城市几乎处于濒临破产的财政危机状态。

与中央政府不同，城市政府无法维持并承担连年赤字导致的财政负担，长此以往只会造成高昂的财政累计负债。而在现实中，城市根本难以适应由此而引发的经济波动，以及人口和社会性的变化趋势。不仅如此，如果这一财政危机的趋势继续蔓延开来的话，还将对城市周边环境造成破坏性的影响。由此可以看出，脱离城市管理可控范围的社会和经济发展趋势已经并正在对大城市财政的健康发展造成越来越严重的破坏（Judd and Swanstrom，2002：340）。

2. 原因

伴随着经济和社会的持续快速发展，城市政府开始意识到民众对公共产品和公共服务的需求已经超出了政府所提供的供给水平。而与此同时，从另一个角度来看，人们在人口、收入、城市化及其他方面所产生的期待也开始转化为对政府行为活动的一种诉求。在这一背景下，城市政府开始加大了在公共产品和公共服务供给上的深度和广度。从长远发展的角度来看，这种倾向和趋势还将向更为深广的方向持续发展下去。但是在这一过程中，伴随着通货膨胀水平的持续上升，诱发了生产费用和成本居高不下等问题。而与此同时，本应在这一过程中发挥相互作用关系的地方政府的收入结构和生产能力两者之间却并未发生任何变化，这也是引发政府财政支出不断上升的重要原因。此外，地方政府在税收结构，以及地方与中央政府相互关系上存在着偏差性等问题，这都迫使地方政府不得不面临更为严峻的财政危机状况。基于以上这些原因，对财政资源进行合理规划和有效管理已经成为城市政府主要的任务课题之一（Snyder，1979：320～321）。

城市中产阶层和企业向城市郊外地区的迁移，以及随之所带来的市中心地区居高不下的贫困率都是阻碍城市政府实现平衡预算的障碍性因素。城市政府在提供公共服务的过程中，必然会伴随财政支出现象的发生。以韩国为例，在经历了IMF经济危机之后，一方面随着城市政府向失业人群和低收入人群提供具有生活保障性质的公共服务的力度和在重振区域经济方面对基础设施等投资需求的不断扩大，对地方财政的需求也不断增长；另一方面，城市政府本身却面临着财政自立度过低，以及税源缺乏等困境。而与此相反地，市民则试图以最小化的税收负担从城市政府那里换取并获得多样化的服务需求。市民对城市政府在需求和期待上所表现出的两面性特征也正是城市政府在财政不足的情况下所必需攻克的首要课题，以满足市民在公共产品和公共服务方面不断增长的需求。在现实中，这一问题可以通过提高公共服务生产效率水平的方式来加以缓解和解决。

第二节 财政收入与支出

一、财政收入

1. 意义

（1）概念

城市财政收入是指城市政府为履行其职能、实施公共政策和提供公共产品与服务而所筹集的一切货币性收入的总和。其中，以一年为时期基准的财政年度内所取得的货币收入称为年度财政收入。即年度财政收入是指在一个财政年度内流入政府的一切货币性收入的总和。

城市政府的财政来源主要由一般性财政收入（general revenue）和公益性财政收入（utility revenue）两部分构成。一般性财政收入作为一种公共经济性的财政收入，主要是以一般性用途作为使用目的，通过强制性征收手段所取得的一类政府财政收入。公益性财政收入作为一种私营经济性的财政收入，主要是针对特定的项目或事业所取得的一类政府财政收入。

（2）区分

城市政府的财政收入依据收入种类的不同，可对其进行不同的分类。

1）自主性财政收入和转移性财政收入

财政收入及其决策或征收权限隶属于地方政府或中央政府的不同，可分为自主性财政收入和转移性财政收入。城市政府在相关法律法规的范围之内能够自主地通过课税或征收的方式所获取的自主性财政收入主要由地方税[①]和税收以外的其他财政性收入等构成。主要依靠中央政府或上级政府所获取的转移性财政收入主要由中央政府转移支付收入和财政补贴等构成。

在以上所有的财政收入来源中，自主性财政收入所占的比例越大，也就表明该城市政府的财政收入结构的稳定化程度和财政自主性程度越高。财政自主度是指在一般性的年度财政收入中自主性财政收入所占的比例。

2）一般性财政收入和专项性财政收入

财政收入依据使用用途和目的的不同，可分为一般性财政收入和特定性财政收入。一般性财政收入是指，可由地方政府自主决定使用用途和使用目的的一类财政收入。在这一类的地方税中，主要包括普通税、中央政府转移支付收入，以及部分税收以外的其他财政性收入等。专项性财政收入是指，由中央指

---

① 译者注：在城市政府中具体表现为“市政税”。

定专门用途，而无法由地方政府对其使用用途进行自主决定的一类财政收入。特别目的税、部分税收以外的其他财政性收入，以及地方土地出让金等都属于此类财政收入。

3）经常性财政收入和临时性财政收入

财政收入依据持续性和稳定性程度的不同，可分为经常性财政收入和临时性财政收入。经常性财政收入是指，每个财政年度都能连续不断、稳定取得的一类财政收入。地方税和税收以外的其他经常性财政收入均属于此类。临时性财政收入是指，在财政年度内不经常或不很规律地取得的一类财政收入，如专项转移支付收入、追加的拨款或补贴资金、房地产转让收入、捐款、结转余额款项，以及地方公债等。

当经常性财政收入足以满足城市政府所需的各种经常性财政支出需要时，可以反映出该城市政府的财政状况总体处于健康的发展状态；而如果城市政府所需的经常性财政支出需要由临时性财政收入来充当的状况发生时，则反映出该城市政府的财政存在一定的脆弱性，且处于非健康的发展状态。

2. 地方税

(1) 意义

地方税（市政税）作为城市政府各项财政收入中最基本的一项财政性资金的收入来源，是指城市政府为扩充并满足财政支出需要，而通过强制性手段向城市居民征收所取得的一类财政收入。其也是城市政府各项财政收入中最基本的一项财政收入。

地方税作为以法律赋予城市政府的征税权为依据，通过强制性手段所征收的一类税种，由于其注重强调受益人在享有由国家或其他公共利益团体所提供的公共服务的同时，应遵循受益者负担的原则，承担并缴纳相应的税金。因此，其也被视为一项具有受益性性质的税种，亦成为城市政府最为重要的财政政策手段之一（박수영，2002：490）。

地方税在实践和实施的过程中应注意以下五个方面的问题：一是要严格遵循税源分布的普遍性原则，以保证在全国各个地区的顺利实现；二是要确保不受经济波动等因素的干扰，以保证其高度的稳定性特征；三是应强调积极落实依据市民利益大小进行合理分配的收益性原则；四是城市政府在对市政税的征收范围进行划定时，应从所管辖区域内的实际情况出发，充分考虑并尊重自身所具有的区域性特征和区域性原则；五是要努力提高投资的效率性，为地方税的顺利实施创造条件（박수영，2002：490～491）。

(2) 种类

地方税依据征税对象和征税方法的不同，可分为普通税和特别目的税两大类。前者是指并不指定专门用途和特定目的而主要用作一般性财政支出经费所征收的一类税种；后者则指为了达到某一特定的目的，在事先对相关的财政收入指定专门用途，并针对因财政经费支出而从中直接受益的特定对象所征收的一类税种。前者主要包括（车船）使用税、登记税、（车船）使用牌照税、居民税、财产税、汽车税、各种与土地相关的税费等；后者则主要包括城市规划税、公共设施税、营业税、地区开发税等。

地方税的收入来源主要可分为所得、营业、消费和财产四类（이달곤，2005：502～503）。由所得和营业方面所提供的收入来源主要包括所得税、附加价值税、（车船）使用牌照税、营业税等。由消费方面所提供的收入来源主要包括销售税、（车船）使用牌照税、汽油税、酒水税、餐饮税、屠宰税及地区开发税等。由财产方面所提供的收入来源主要包括财产税、登记税、（车船）使用税、汽车税、公共设施税、城市规划税，以及各种与土地相关的税费等。

3. 非税收入

（1）意义

非税收入是指城市政府财政收入中不具备税收性质的一部分财政性资金收入。非税收入主要是由各级地方政府通过运营或提供特定的行政性公共服务而取得的财政性资金，有时也会在进行税收预算或会计核算的过程中产生一定的非税收入。非税收入在征收依据、用途及形态等方面都具有多样化的特征。

有关非税收入的概念从广义、中义、狭义的划分标准来看，其所具有的内涵和意义多少存在一定的差异。广义的非税收入是指除地方税以外的其他所有财政收入的总和。中义的非税收入是指政府每年所进行预算管理的非税预算收入在实际中所能取得的财政性的资金收入。狭义的非税收入则仅指一般政府财政中的经常性收入。这其中主要包括使用费、手续费、财产租赁收入、利息收入，以及针对经营性场所或机构收取的各类费用等。

相对于经常性收入而言，非税收入的产生具有非规律性的特征，在很多情况下有些非税收入甚至是一次性的，因此这类非税收入往往被视为较难以进行规模预测的临时性收入。财产转让收入、补助金使用余额、保证金和预收款，以及其他各类杂项收益均属于此类（조정제，1990：139）。

（2）种类

非税收入主要可划分为以下三大类：①政府针对公共设施的使用或提供公共产品和公共服务方面所征收的直接性收费（direct charge）；②个人或组织为进行某一行为活动而需要从政府方面获取相应的特权或使用权时所需支付的行政审批和证照性收费；③依据财产所具有的特殊的物理性质或需针对其提供特定的服务而征收的特种费（special assessments）等（이달곤，2004：524）。

非税收入这一概念囊括了除税收以外地方政府所取得的所有资金性财政收

入的总和。据此，非税收入的组成结构也具有相当程度的混合性和复杂性的特征。在韩国，非税收入以是否具有持续性和可行性为依据被划分为实质性的非税收入和名目性的非税收入两类。名目性的非税收入作为一项不具有补偿性费用性质的资金性财政收入，主要包括结转余额款项、捐赠款项、资金回笼款项、融资款项，以及其他各类杂项收益等。实质性的非税收入则作为一项由地方政府提供特定的行政管理服务或公营企业服务而取得的资金性财政收入，其必须由服务的利用者或使用者承担并支付相应的货币性费用。实质性的非税收入还可进一步划分为经常性的非税收入（使用费、手续费、财产租赁、纳税补贴等）和事业性的非税收入（供排水设施、地铁等交通工具的使用费用）(이달곤，2004：524)。

所谓使用费，是指针对个人因使用公共设施而从中所获取的便利或利益进行补偿，而所需征收的一项公共费用。手续费是指针对从地方政府的行政职能活动中单独获得相应特殊便利或利益的个人所收取的一项公共费用。使用费和手续费的共同点在于，两者均是以接受或获得相应特殊便利或利益的个人为对象，依据个体补偿原则并通过强制性手段进行费用征收。此外，两者之间也存在着不同点：前者仅针对因使用公共设施而获取的相应服务所产生的代价进行征费；而后者则仅针对随公权力的行使而获取的特殊利益进行费用补偿(조창현，2005：370)。

分担金是指，当部分居民因享有或使用由地方政府所提供的资产或公共设施而从中获取一定的便利或利益时，为了对所产生的费用成本进行补偿或权充，而需向受益者所征收的一项公共费用。负担金是指道级政府在推进或实施某一土木工程建设项目，且所在辖区的市或郡可从中获取一定利益的情况下，依据《地方财政法》的相关规定，在一定的收益限额范围之内的该建设项目所需的部分成本由所在辖区的市或郡级政府承担的一项公共费用（조창현，2005：370）。

(3) 改善方案

非税收入应尽可能地在进行独立核算运营和操作的基础上，确保能够获取到与所提供的服务等价的资金性收入。为此，当排他性原则在某些服务供给方面具有可行性时，应将该服务划为专项财务或转为由公营企业负责运营和管理，更进一步还可对该服务进行委托经营或民营化改革（조정제，1990：140）。

4. 地方债

(1) 意义

地方债是指，地方政府为补充财政收入的短缺或不足的部分，以征税权作为担保，通过向民间私营企业或直接向海外发行债券或债务凭证的方式而形成

的资金性债务（박수영，2002：512）。

在韩国，地方政府当出于以下目的和需要时可发行地方债：①用于具有一定长远利益和持久利益的项目或事业开发时；②用于以偿还其他地方债为目的而需筹集相应资金经费时；③用于投融资或放贷款时；④用于突发性灾害救助和恢复性建设事业时；⑤用于年度财政收入不足时；⑥用于偿还国库债务时等（《地方自治法》第115条；《地方财政法》第7条）。地方债的发行应在国家行政自治部长官所批准的范围之内，由地方政府根据地方议会的议决结果进行发行（《地方自治法，第115条第1项》）。

（2）理论论据

发行地方债的正当性主要在于，可以用借贷的方式购入资本货物，而仅需支付资本货物因消耗折旧而产生的费用。如果遵循这一原则的话，所有的参与者只需支付因自身需要而享用相应的资本货物所产生的费用即可。当当代人通过这一形式使大规模的资本货物成为经常性财政支出的主要来源时，后代人就可以在不支付任何费用的情况下享用相应的资本货物。由此，通过发行地方债来筹措地方公共财政资金的方式，可以在一定程度上反映并促进世代间的均衡发展（조정제，1990：146）。

（3）改善方案

要想进一步激活并对地方债加以灵活运用，就必须将其重心逐渐由一般性的财务管理向专项财务转变，或转为主要由公营企业来负责运营和管理的方向上来。此外，地方债制度的优势和作用在地方层面上的充分显现离不开地方居民的支持和参与。地区居民不仅应在推进各类与自身利益密切相关的公益项目方面起到决定性的作用，还应努力争取将部分公债用以作为公益项目发展的资金保障（조정제，1990：178）。

二、财政支出

1. 意义

年度财政支出是指，城市政府为达到履行其职能、实施公共政策和提供公共产品与服务的目的，而在以一年为时期基准的财政年度内所用于支出的所有公共经费的总和。财政支出也称为预算支出。城市政府的年度财政预算支出对于城市财政而言具有重要的意义，也是其最为关注的一个方面，这主要是基于以下理由的考虑（박수영，2002：517）。

首先，预算支出为我们在几乎所有的公共选择方面排定并给出了相对的主次与优先顺序。

其次，城市政府通过预算支出能够获得可以在一定水平上保障对自身环境产生影响的各种公共服务的有效获取。

再次，预算支出作为地方政府的全部财政开支是国民经济健康发展的重要前提条件，并发挥着相当程度的影响力。

最后，预算支出作为城市政府在年度内所需进行支配的公共性开支，在维持政府部门的正常运转、培育和发展新兴产业、平衡和调节收入分配，以及保障社会安全稳定方面发挥着重要的职能作用。

2. 财政开支的分类

城市财政开支一般可分别以职能和性质为基准进行分类（심정근，1993：196）。在韩国，按政府主要职能活动的不同，可以将城市年度财政支出分为议会费、一般行政费、民防组织运营费、支出制费、社会福利费、产业经济费及公益项目费等。其中，前四项费用支出项目具有维护管理费的性质；后三项费用支出项目具有成长开发费的性质（박수영，1990：459；김안제，1982：222）。

所谓按财政开支性质进行的分类，具体而言主要是指按照年度财政预算的对象和性质的不同所进行的分类。因此，在这一过程中，有必要对预算执行的财政性责任进行明确的划分，以实现财政开支的合理、高效使用（심정근，1993：146）。在韩国，财政开支按照性质的不同可分为人工费、物料费、转移性支出经费、资本支出、融资及投资、补充式财政费用、内部业务交易、预留经费及其他费用等。

3. 财政开支支出的原则

为了促进城市财政的健康发展，就必须在财政运营方面遵守以下几项基本原则（박수영，2002：523～524）。

1）收支平衡的原则

在通过财政收入充分满足财政开支和实现预算方面，应遵守维持年度财政支出与年度财政收入之间的收支平衡的基本原则。为此，需要城市政府在对城市财政进行运营的过程中，通过合理化的执行标准和管理制度，努力做到财政支出要以财政收入为基础和依据，实现财政执行和管理的合理化。

2）财政结构的弹性原则

应在城市管理方面赋予城市政府一定的财政决策自主权，以使其能够更加主动自如地应对城市环境的不断变化而带来的新问题。

3）确保并不断提升行政管理水平的原则

城市政府从自身的实际情况出发，一方面应努力将各自的公共设施和公共服务水平至少保持在国家平均标准之上；另一方面应在保持自身区域特色和满足居民需求的基础上，不断提升行政管理的标准和水平。

4）财政运营的效率化原则

城市政府在财政运营和管理的过程中，应努力提高财政开支的使用效率，在资源成本最小化的基础上履行并实现政府的各项行政管理目标。

5）财政运营的公平性原则

城市政府不仅要在财政运营方面实现与法律的全面性对接，还要努力实现财政运营状况的透明化和公平性管理。

6）财政秩序的合理化原则

由行政管理而产生的财政支出负担应在中央政府、城市政府、城市政府相互之间，以及城市政府与城市居民之间进行合理的分配。

7）保持长期稳定的原则

从长远发展的角度来看，应努力确保并实现财政运营的稳定性和健全性发展。为此，城市政府在对当年所产生的剩余财政资金进行运营和管理时，应将其作为调节性财政资金用以调节和平衡各年度之间的财政状况，或作为偿还性财政资金用以偿还地方债务。

第三节　财政调整制度

一、意义

1. 概念

从城市财政的角度出发，应对财政收入的自主性和财政能力的均等化两方面给予特别的关注和重点强调（심정근，1993：209）。为了进一步强化城市财政的自主性，就必须不断扩充独立性财政收入的来源渠道。不仅如此，还应努力确保并不断敦实较易获取财政收入的各种经济基础。财政能力的均等化是指，地方政府为了缓解并缩小财政差距，一方面应努力通过财政活动维持乃至保障社会正常运转和人民生活必不可缺的各种公共财政支出水平；另一方面应加大对特定的公共项目或公共事业的奖励和优惠力度，以进一步发挥其在财政能力均等化方面的积极效应。与此同时，城市政府还应努力缓解和消除因城市社区间的经济异质性和财政状态的不均衡性而造成的经济福利层面上的差距化问题（박수영，2002：526）。为此，城市政府有必要进一步增强和健全有关财政能力方面的制度性建设。

地方财政调整制度是指，为进一步改进和缩小地方政府之间在财政的不均衡和财力上的差距，由中央政府将国税中的部分税收收入或其他资金性财政收入按照一定的标准拨付并分配给各级地方政府充当财政资金加以使用的一项制

度（조정제，2005：391；심정근，1993：210）。

从中央政府以向地方政府提供补助金的方式而在一定程度上对地方财政的规模与构成进行调整的角度来看，地方财政调整制度也可以被视为中央政府向地方政府提供财政资源补助的一种行为活动。而从中央政府基于保障政府公共服务供给活动顺利实现的目的而向地方政府进行财政转移的角度来看，中央政府用以进行财政调整所提供的补助金也可被称为转移性财政资源。地方政府并不要自身财政筹集能力，而其主要财政资源均依赖于中央政府的角度来看，这类补助金也被称为依赖性财政资源（이만우，2004：510）。

2. 逻辑

地方财政调整制度可分别从区域间的外部性问题、财政能力的不均衡性，以及赋予地方政府的角色委托三个方面进行探讨和分析（이준구，2004：692～694）。

首先，区域与区域之间存在外部性的问题，即在某一区域所施行的公共事业而使其周边区域的居民也从中受益情况的发生。当存在或发生外部性效应时，也就说明了各地方政府在针对某一公共产品使其在某一水平之上进行供给的有关决策方面与现实中整个社会对其的期待水平还存在着一定的距离。要想消除或解决这一外部性问题，有必要通过上级政府针对这一外部效应进行合理补偿和调整的方式对引起这一问题的结构进行矫正。上级政府提供和拨付一定合理水平的财政性补助金或补贴金（grant），将有助于下级地方政府主动选择并达成最为合理的公共产品或服务的供给水平。

中央政府应承担起减少和消除区域间不均衡问题的责任与义务。这一观点和认识主要基于以下两方面的理由：一是区域间在财政能力方面所存在的差距很容易引发地区居民之间在横向上所突显出的公平性问题。即便是具有同等财政能力的个人，生活在财政能力和水平更高地区的个人不仅可以享有低税收的优惠政策，还能与此同时获取到更为优质的公共产品和公共服务。基于此，中央政府有必要也有义务努力减少和消除这一在区域之间所存在的横向公平性问题。二是基于商品平均主义这一理论逻辑的考虑。商品平均主义主张关乎民众生活的必需品等商品应该进行平均分配，且所有民众都能够平等地对其进行消费。据此，地方政府在提供公共服务的过程中，一方面应同时赋予每一个人平等的机会；另一方面还应努力推进并实现地方政府间财政能力的均衡化。

中央政府并不直接参与或负责公共产品或服务的生产或供给，而是通过提供财政性资金的方式委托地方政府来负责进行公共产品和公共服务的生产和供给作业。通过地方财政调节制度，有助于充分发挥中央政府赋予地方政府角色委托的作用。

二、种类

1. 区分

补助金可表现为多种形式。依据条件有无与否可分为有条件补助资金和无条件补助金两类（이준구，2004：695；이만우，2004；512～514）。从中央政府与地方政府共享年度财政收入的立场来看，后者是指在无任何附加条件前提下所提供的补贴资金。由此，在这一形式中，地方政府可根据自身的需要采取任何一种方式对其加以使用。

有条件补助金则意指中央政府在附加一定的特定条件的基础上，向地方政府提供的一类补助资金。附加了一定的条件也就意味着对该项财政性资金的适用范围也做出了专门的规定，因此有条件补助金也被称为专项补助金（categorical grant）。有条件补助金依据拨付形式的不同，可细分为配套补助金（matching grant）和非配套补助金（non-matching grant）等。配套补助金是地方政府在施行某一项目或事业时，由中央政府承担并提供项目所需的一定比例的资金。由此，从地方政府的立场来看，这无疑有助于降低该项公共项目或事业的单位成本费用。非配套补助金是指中央政府在向地方政府拨付一定规模补助金时，同时附加了该项资金仅能用于扩大公共产品和公共服务生产等方面，从而对资金的用途进行了限定。由此一来，地方政府也就无法将这笔款项用于减轻居民税收负担等其他用途之上。有条件补助金除了可以依据拨付方式进行分类以外，还可以依据拨付方式的不同，分为有条件定率补助金和有条件定额补助金等。定率补助金是指，中央政府仅按照所规定的一定比例的相对金额进行补助金拨付，而其余部分则由地方政府自行权充的一种拨付方式。定额补助金是指，由中央政府拨付全额款项的一种拨付方式。

在韩国，地方财政调节制度主要包括由中央政府向地方政府进行财政资金的转移支付或补贴支付，以及由广域地方政府（直辖市、广域市、道）向基层地方政府进行财政资金的转移支付或补贴支付两种类型。前者主要包括地方交付税和国库补助金等；后者主要包括市（直辖市和广域市）、道费补助金，以及财政补偿金和调整补助金等（김흥래，2005：214）。

2. 地方交付税

（1）意义

地方交付税是指，中央政府通过向地方政府提供行政管理运营方面所需的财政性资金这一财政调整方式，以达到促进地方行政管理事业健康发展的目的（《地方交付税法》第1条）。该制度一方面根据不同地方财政的具体情况，将

国家收入中的一部分转移交付给地方财政，以进一步充实和提高地方政府的财政能力；另一方面中央政府也试图通过这一转移交付的方式努力保障和提高地方政府在财政运营和管理上的自主性（김흥래，2005：222；조창현，2005：393）。

交付税的主要目的在于，一方面通过向自主性财政收入不足的地方政府提供财政资金的方式维持其最基本的行政管理和服务水平；另一方面，通过财政的转移交付，努力缩小和消除区域间的财政能力差距。交付税主要是中央政府按照一定的基准和比例，将国内税收中的一部分作为财政资金转移交付给地方政府，其在使用用途和目的方面并没有具体的限制条件，因此可以作为地方政府的一般性财政资金来加以使用。由此可以看出，交付税实质上相当于是无条件补助金的一种形式。此外，交付税的数额并不与地方政府正常的财政收入和支出相挂钩，因此从拨付方式的角度来看，其不同于定率补助金，而相当于是定额补助金的一种形式（이만우，2004：526）。

（2）种类

地方交付税主要可分为普通交付税、特别交付税及单列增额交付税三种（《地方交付税法》第3条、第4条第3项）。

普通交付税是指，为了使地方政府维持一定水平的行政管理职能，保障最基本的财政能力，每年给基本财政收入额未能达到基本财政需求额的地方政府补充交付不足部分的一类财政资金（《地方交付税法》第6条）。

特别交付税是指，为了及时应对并有效解决在基本财政需求额进行预估算的过程中因未能及时掌握或由此而遗漏的区域开发相关的重点项目、突发性灾害及其他区域问题所产生的财政需求，而向地方政府提供的一类财政资金。特别交付税作为普通交付税的一种有效补充形式，其在地方交付税额中约占到1/11的份额。

单列增额交付税是指，出于国家政策的需要而发生地方财政需求时，在法定交付税额以外向特定的地方政府追加交付的一类财政资金。

（3）总额决策方式

有关地方交付税总额的决策方式主要有预算列支方式、定额列支方式及混合方式三种（박수영，2002：530～531；박종화，외，2005：219）。

预算列支方式是指，首先对需要拨付给各地方政府的交付税的额度进行确定和汇总，经中央政府审议批准后对年度交付税的总额规模进行决定并列支为国家预算的一种方式。该方式的优点在于，可以随着国家财政的条件和现实状况进行调整和灵活应对。但与此同时，该方式也存在着在决策过程中需要相关行政部门之间每年进行反复的协商，甚至是相互妥协的缺点。而在这一过程中，无形中增加了政府部门之间相互对立的矛盾和出现其他负面效应的风险。

定额列支方式是指，依据对交付税总额进行事先确定的方式的不同，将其列入国家预算，继而再向各地方政府进行分配的一种方式。定额列支方式可细分为将国税中的部分税目按一定比例计作交付税总额、将国内税收按一定比例计作交付税总额，以及将国家预算中的年度财政支出按一定比例计作交付税总额等三种方式。对定额列支方式持批评态度的人指出，这一方式不仅会引起国家财政僵化的局面，还会严重制约财政运营的弹性发展。但是也必须看到，通过运用该方式不仅可以有效防止在确定交付税总额过程中的随意性和盲目性的发生，还能够有力保障地方财政的安全平稳、有计划地进行运营和管理。

混合方式作为预算列支方式和定额列支方式两者的混合形态，其主要是以一定比例作为基准，通过划定上限和下限的方式依法划定总额的波动幅度和波动范围，并在此范围之内根据预算情况对交付税总额进行确定的一种方式。该方式具有在一定程度上保障交付税制度的稳定性和有效缓解国家预算编程过程中所产生的僵化现象等优势。中央政府依据对实际运营状况的判断，可能会进一步强化其在地方财政支出规划方面的预算控制力和影响力。

在韩国，地方交付税总额的确定主要通过定额列支的方式进行。每一年度的地方交付税的总额在国内税收总额中的比例固定为13.27%。

3. 国库补助金

(1) 意义

国库补助金是指，中央政府通过指定使用用途和目的的方式，转移拨付给地方政府用以充当其在贯彻和执行国家主要政策过程中所需开支的一类财政资金。国库补助金从指定具体用途的角度来看，其也应属于专项性财政资金和有条件补助金的一种。此外，从其与地方政府的财政支出所具有的关联性的角度来看，其也应属于有条件定率补助金的一种（이만우，2004：527）。

(2) 类型

国库补助金主要可依据所承担的财政开支的不同，分为负担金、补助金和交付金等。

负担金是指，地方政府或其行政部门依据相关法律在进行日常行政事务作业的过程中涉及中央政府与地方政府相互之间的利害关系时，由中央政府承担所需的全部或部分行政开支，以达到缓解问题、推进行政业务顺利展开的目的（《地方财政法》第18条第1项）。负担金主要用于生活保障、医疗保护、传染病防治、就业稳定、道路交通维修及灾害恢复性事业等方面（박수영，2002：538）。

补助金是指，当中央政府意识到有必要施行某一国家政策，并由地方政府

负责贯彻和实施时，或中央政府认为有必要从财政上给予地方政府一定支持的情况下，由中央政府在预算范围之内向地方政府提供拨付的一类财政资金（《地方财政法》第20条第1项）。在这里，补助金在前一种情形中也被称为奖励性补助金；在后一种情形中则被称为财政援助性补助金或地方财政补偿金(박수영，2005：252)。

交付金是指，当中央政府出于对谋求民众更大利益和提高财政开支效率性的考量，将本应由中央政府及相关部门直接负责施行的行政业务委托给地方政府负责进行时，其所需的财政开支也应由中央政府予以转移交付的一类财政资金。交付金主要用于全民公投、总统或国会议员选举、外国人居留许可登记及征兵工作等方面。(박수영，2002：538)

(3) 症结

有关国家补助金所存在的问题主要表现在以下几个方面：首先，国库补助金大都以有条件补助金的形式来予以推进和执行，这不仅在一定程度上阻碍了城市政府在财政方面的弹性化运营和管理，也容易导致地方政府对中央政府过度依附问题的产生；其次，将国家事务过多地委托给城市等地方政府也无形中增加了城市政府的负担；最后，国库补助金在运营和管理方面还存在着一定的问题，如在对国库补助比例进行确定时，其划定的客观标准尚有待进一步明确(박종화 외，2005：217)。

三、财政计划

1. 意义

城市财政计划是指，城市政府根据实现其行政职能的需要，针对财政方面所做出的具体的财政资金的预计和规划（국토연구원，1980：537)。财政计划具有综合性、长期性和一般性的特征。在这里，综合性是指财政计划不仅本身具有多种职能，还可针对复杂化的项目展开作业；长期性是指该计划并非是一项短期计划，而是规划期长达5～10年的长期性计划；一般性是指相较于具体且详细的内容而言，其更局限于整体性、概括性和选择性的层面（국토연구원，1980：537～538)。财政计划主要由收入计划和支出计划两方面构成：收入计划主要负责制定与财政资金的筹措方案有关的内容；支出计划则主要负责制定与财政资金分配方案有关的内容。

包括城市财政在内的地方财政计划制度的职能性作用可归纳为切实落实资金来源、确保国家主要政策的实现、制定地方政府的行政和财政指标，以及实现对地方政府进行财政调整四大类（한국지방행정연구원，1987：8～10)。在有关制订财政计划方面，应遵循以下五大普遍性原则（한국지방행정연구원，

1980：538～539)。

第一，财政计划应确保收支平衡。

第二，财政计划应在城市规划和城市行政管理方面努力实现整体上的统一性。

第三，努力构建财政计划体系，从而促进不同计划间的融合统一。

第四，努力构建以提高投资效益为根本目标和方向的财政计划。

第五，随着财政需求的不断扩大，有必要制订扩充指向型的财政计划。

2. 中期地方财政计划

中期地方财政计划是指，为促进和保障区域开发规划的实效性，而对中期年限（5 年左右）内财政运营政策进行制定，并据此对资金动员及分配方向等相关内容进行预计和规划的一项计划预算制度（김동기，2003：295)。该制度首先通过与长期性的城市发展战略和短期性的预算编制相衔接，对财政资金的来源进行预测、排定长期性项目事业的主次和优先顺序，再在此基础上以 1 年为时间单位与财政分配方向相挂钩，试图努力通过规划和执行等手段实现有限财政资金使用效率的最大化目标。

通过施行中期地方财政计划制度，可期望达到以下预期效果（조창현，2005：418～419)。

首先，能为地方政府财政预算编制方面提供更为确切、翔实的依据和标准。这主要是由于如果在预算编制指南完成之前，政府部门首先通过制定有关中期财政计划的试行方案，并在此基础上制定包含财政资金分配等与政策方向有关内容的预算编制指南的话，相关主管单位就能够更加明确地感知和把握相关政策的发展趋向，从而提出更加合理的预算需求。

其次，地方政府负责预算编制的主管部门在对各行政部门所提出的预算需求额度进行核对和审查方面，对于那些在中期财政计划中所涉及的主要政策事项更易于对其依据和标准进行确认和掌握。

再次，中期地方财政计划的形成，有助于减少地方政府预算编制主管部门在预算编制方面的行政业务量。

然后，针对中期财政计划所展开的政策协商过程，有助于主管部门增进对其他行政部门在项目规划和政策制定等方面的理解。

最后，通过与其他各类计划的互联互动，以及强化与作为综合性财政资金政策而形成的中长期投资项目的衔接性，不仅能够摒弃过去以单一年度为主的项目政策，还可以通过对促进以连续多个年度的主要政策项目方案为目的的预算编制基础资料加以灵活运用的方式来达到事先有效预防政策缺失现象的出现。

3. 计划制订过程

(1) 意义

地方政府的首要负责人为有计划地对财政加以运用，在制定完成中期或长期地方财政计划后，应向地方议会进行报告，并向行政自治部长官提交相关计划内容（《地方财政法》第16条第1项）。地方政府的首要负责人在制订相关地方财政计划时，应依据行政自治部长官所规定的计划制定程序对该地区的地方财政计划进行制订，并努力实现与依照相关法令形成的国家规划和区域规划的相关内容进行有效衔接（《地方财政法》第16条第2项）。

中期地方财政计划以规划制定所在年度作为基准年度，以基准年度之前的两个年度作为基本年度，对基准年度之后未来的两个年度的财政发展形势进行预见和计划。

(2) 计划过程

财政计划的制订过程中主要由四个阶段构成（국토연구원，2000：571～572）。第一阶段是基本方向和计划指标的设立阶段，这一阶段中的内容主要在上层计划和其他相关计划以及对居民需求进行分析的基础上进行制定。第二阶段是对计划的条件进行分析和预测的阶段，在这一阶段中主要是对财政资金地需求和供给两个方面进行比较和分析。第三阶段是分部门投资调整阶段，在这一阶段中，一方面要从社会经济的层面出发，对公共投资项目的可行性进行分析；另一方面应根据民意反馈，在可用的财政资金范围内分别对按部门分类和按项目分类进行投资的优先顺序进行确定。第四阶段是综合计划的制订完成阶段，在这一阶段中，首先要拟订好按部门分类的财政收入计划和支出计划，在此基础上通过对财政运营状况进行影响评估从而实现环流过程。通过这一循环过程可对各部门的计划方案进行修改和补充，从而形成最终的综合计划方案。

在制订中期地方财政计划之前，首先要针对该计划进行一系列先期的调查和分析工作。这些工作主要在财政供给和需求两方面同时展开。在财政供给方面，主要通过对过去财政状况的变化趋势进行分析以及对未来的财政条件进行展望等途径，对可进行投资的财政资源进行判断和预测。在财政需求方面，主要通过对中央政府和上层地方政府的相关计划，以及区域发展计划进行分析，从而制订包括有关投资项目的选定、财政资金的分配和调整，以及财政资金不足相关对策等一系列内容在内的中期财政计划。所制订完成的中期财政计划在通过地方财政计划审议委员会的审议和确认后，应向所在辖区的地方议会进行报告和备案（조창현，2005：423）。

第四节　公 营 企 业

一、意义

1. 概念

公营企业是指，国家或地方政府以增进公共福利为目的所经营的具有收益性质的企业（조창현，2000：262）。在韩国，地方公营企业是指由地方政府直接设立并负责经营的一项事业（《地方公营企业法》，第2条第1项）。

在公营企业中，其全部或部分的所有权归国家或地方政府所有。从这一角度上来看，公营企业与民间私营企业有着一定的区别。此外，从通过以收益性为前提的企业经营的模式进行运营和管理的角度来看，其与一般性的政府行政部门也有着一定的区别。由此可以看出，公营企业实质上同时具有公共性和企业性两方面的特征。在这里，所谓公共性是指，通过完成并实现公营企业的各项经营目标和任务，从而有效矫正市场失灵的问题。所谓的企业性主要是指，公营企业与私营企业一样均具有将追求利润最大化作为自身经营和管理目标的企业性质。但必须指出的是，如果公营企业仅将自身的经营和管理目标局限于追求利润最大化之上，那么也就失去了存在的意义和理由。

公营企业在运营和管理的过程中，应将同时实现企业性和公共性作为自身追求的目标。基于此，地方公营企业也将提高企业的经济性和增加公共福利作为自身的经营原则。由此，在有关设立或成立以及经营地方公营企业方面，应明确地将不会妨碍现有的公正、自由的经济秩序、削弱民间私营企业，以及不会破坏环境作为自身发展基本原则和努力的方向（《地方公营企业法》第3条）。

2. 设立的动机

政府设立公营企业的理由较为多样化。这其中主要包括：①私营商品和服务供应不足；②挽救行将倒闭的、关系到公共利益的企业；③基于进一步刺激市场竞争力的考虑；④降低社会成本（如环境的外部性）；⑤出于对主权进行保护的目的而采取的一种方法（Hughes，1998：113～114）。

此外，其他许多学者也对公营企业的设立动机和理由展开了广泛的探讨和深入的研究。美国经济学家弗里德曼（W. Friedmann）以各国的公营企业进行深入研究而得出的结果为依据，将公营企业设立的动机总结归纳为民间私营资本的缺乏、基于对国防及战略层面的考虑、有必要实行垄断供给的领域及政治性原则四大类。美国经济学家彼得森（H. Petersen）则将其划分为实现国家目

标、提高效率性、私营企业在经营和管理上存在的问题，以及政治性和哲学性影响等（유훈，2000：8～15）。

在韩国，公营企业的设立动机和理由主要可分为促进经济发展、有必要实行垄断供给的领域、满足公共需求、充实财政性需求等几个方面（유훈，2000：15～16）。

3. 种类

公营企业依据观点和角度的不同，对其的分类也有所不同。在这里，我们主要分别对以组织形态和事业领域为依据和标准所进行划分的公营企业的种类为中心进行探讨和分析。

（1）按组织形态进行的分类

弗里德曼（W. Friedmann）和汉森（A. Hanson）将公营企业区分为政府部门、股份公司及国营公司三种形式（유훈，2000：18～25）。

在韩国，《企业预算会计法》中所称的“政府企业”，即是以政府部门的形式出现的一类公营企业，其也是最为传统的一种公营企业的组织形式（《地方公营企业法》第1条）。这一形式的公营企业主要是在每年经国会表决通过所确定的预算资金的基础上进行运营和管理，适用于一般行政机关和部门的预算、会计核算以及审计关系的相关法律和法令也均适用于该形式的公营企业，且其所属职员均为政府公务人员。政府企业主要负责经营和管理邮政事业、邮政储蓄事业、粮食管理事业及其他采购事业等（《地方公营企业法》第2条）。以股份公司的形式出现的公营企业也被称为“混合企业”，依据《商法》的有关定义，其是指由国家或地方政府与私营企业或私人等以共同出资的形式所成立的公营企业。政府仅对其所出资占有的份额承担相应的责任。公司的高层管理人员原则上由股东大会选举产生，该形式公营企业中的所属职员并不是政府公务人员。国营公司一般是指，由政府依据相关的专项法律以全额出资的方式所成立的公营公司。由政府所任命的高层管理人员负责日常的经营和管理任务，政府对整个运营和管理过程负有最终的责任。国营公司的所属职员也并不属于政府公务人员，其在人事任用和薪酬管理方面有着自身单独的一套规章制度。

在韩国，地方公营企业主要包括地方直营企业、地方公营公司及地方工业园区等（《地方公营企业法》，第2条第1项）。地方直营企业由地方政府直接设立并负责经营和管理工作，其作为地方政府组织结构的一部分，通过专项财政会计合算进行运营。地方直营企业以公司的形式进行运营，其所属职员则属于地方政府公务人员。地方公营公司是作为法人所设立的一类地方公营企业，在不超过总资本额50％的范围之内，可通过与民间私营企业或个人合作的方式进行融资或筹资。地方工业园区也是由地方政府所设立的一种法人形式，其在运营和管理方面与地方公营公司相类似。

（2）按事业领域进行的分类

公营企业的事业领域依据所在国家的不同，表现出多种不同的形式。罗布森（W. Robson）将其划分为公益事业、金融与保险、多目的的开发事业、现有基础产业、新产业及文化活动等几大类（유훈，2000：27～31）。公营企业在多个不同的事业领域内提供着多样化的产品和服务，其所涉及的事业领域主要有电子通信、电力、天然气供应、供排水等供给设施、铁路、航空、船运、城市公共交通等交通服务、银行及保险公司等金融服务、农产品营销等。

在《地方公营企业法》第2条第1项中所罗列的事业领域主要包括以下几类。

第一，供水事业（小型的供水项目除外）；

第二，工业用水事业；

第三，轨道交通事业（包括城市轨道交通事业）；

第四，汽车运输事业；

第五，地方公路事业（仅限于收费道路项目）；

第六，污水处理事业；

第七，住房事业；

第八，土地开发事业。

除上述所罗列的事业领域以外，地方政府还可依据地方政府自身所制定的相关法律性条例，对符合下列情形的事业领域进行地方公营企业的设立和运营工作：①个人较难于参与经营，且被认定为有助于提振区域经济或促进区域发展的相关事业；②《地方公营企业法》第2条第1项中有所罗列，但未达到具体施行令所规定的相应标准的相关事业；③在各类体育设施项目及观光旅游事业中，其日常支出中50%的份额可由日常收入的资金用以充盈的事业可依据地方政府相关条例的规定设立并运营相应的地方公营企业（《地方公营企业法》第2条第2项）。

二、理论逻辑

1. 论据

里斯（R. Rees）认为，公营企业存在的理由主要有以下四个：矫正市场失灵、改变经济中的支付结构、推动中央集权的长期经济计划、经济性质的转变（有资本主义转变为社会主义）等（Hughes，1998：114～115）。

首先，市场失灵主要是指市场不能满足社会需求。由政府控制（public

hands）这些企业或许是保持单一卖者的成本优势的一种途径，可以防止追逐利益的垄断行为导致资源的低效配置。

其次，改变支付结构（structure of pay-offs）就是要改变特殊个人或群体所获得的利益。获利者（beneficiaries）可能包括雇员、顾客和政府。改变支付结构的一种方法是对公共企业生产的产品价格广泛而普遍地实行交叉补贴（cross-subsidization prevalent）。在农村，消费者可以以低于成本价的优惠价格购买相应的服务，然而其他消费者必须缴纳高于成本的费用才能享受到该项服务。如果乡村服务是私营企业提供的，那么要么是消费者承担不起高昂的费用，要么就是公司觉得成本太高。

再次，中央集权的长期计划（centralized long-term planning）被一些国家用作激励手段。法国政府控制了电力和铁路系统的所有权使得它们所提供的服务已经超出了实际需要。在像澳大利亚或加拿大这样人口密度较低的国家，公营企业从一开始建立就被控制在政府手中，因为私营企业没有能力通过经营获得经济回报。

最后，将资本主义经济转变为社会主义经济在有些国家是重要因素。第二次世界大战后的英国，铁路运输业、钢铁业和煤炭业实现了国有化，政府控制了国民经济的命脉。公营企业已被看做是“软”社会主义，它也许是向正式的社会主义转变的过渡阶段的产物。

2. 民营化

关于公营企业的最基本问题在于政府是否应该介入其中，政府应该在什么样的环境下保留所有权，以及政府应该在什么样的环境下出让所有权（Hughes，1998：115）。

在大多数发达国家和发展中国家，公营企业（public enterprise）在很长一段时间内成为政府公共部门重要的组成部分。然而，随着民营化浪潮的兴起，其规模和重要程度正逐步下降。在20世纪80年代，缩减政府公共部门的规模首先针对的就是公营企业。在西方国家，尽管还存在一些主要的公营企业，但毫无疑问，由政府组织向公众出售产品和服务的观念已度过了它的全盛期（Hughes，1998：109）。

公营企业民营化的理由很多，有预算方面的考虑、管理方面的差异、公营企业的责任问题，以及政府角色的正确定位等（Hughes，1998：116～128）。

(1) 民营化的经济论据

支持民营化的经济论据包括：利用出售公营企业的收入，减少税收；促使企业在市场力量和竞争环境之中活动；缩减政府开支；减少政府对经济利益的索取；等等。持反对意见的论据则包括：这会造成垄断问题；新的私人垄断企业可能会利用其权力抬高价格或减少服务；使消费者蒙受损失（Hughes，1998：116）。

民营化方案有吸引力的方面是其可促进竞争。从理论上来讲，竞争对有效生产和有效价格具有强有力的刺激作用。公营企业一旦处于竞争环境之中，若仍不以顾客的需求为导向，或是提供的产品价格过高，都会失去顾客。与竞争对手较量的任何失败都会很快导致市场份额的大量丢失、经济收入的大量减少。公营企业有效地参与市场竞争也会减少对详细的、指令性的、成本高昂的政府控制和监督机制的需求（Hughes，1998：117）。

如果期望展开竞争，那么应该对不同的民营化方案进行比较。放松管制、对竞争者开放或出售企业都可以引入竞争。但只有当一个企业已经处于竞争环境中时，出售资产才能强化竞争；出售一个垄断性的企业，但又不放松管制，对促进竞争毫无意义。将垄断性的公营企业转换成垄断性的私营企业并不能增强竞争，而且可能产生负面效应，使得将来引入竞争机制变得更加困难。引入竞争的可行方法是放松对行业的管制，而不是出售公营企业（Hughes，1998：117）。

公共供给设施（public utilities）在民营化以后，政府并不能与之完全脱离，其原因主要有以下几个方面（Hughes，1998：119）。

第一，即便民营化以后，其仍然具有重要的政治意义。公共供给设施是服务于每个公民的，其价格的制定和服务的提供是一个政治问题。

第二，政府一开始并没有建立起竞争的框架，使得以后引入竞争更加困难。

第三，尽管建立特殊的行业管制机构看似合理，但缺乏有效竞争意味着在企业和管制者之间存在价格方面的冲突，而且企业潜在的“掠夺性”无法控制。

支持民营化的另一个经济方面的论据是其可减少交叉补贴（cross-subsidies）。也就是说企业通过改变价格，在它的整个功能范围之内用获利行为去取代那些不获利但却被期望的行为（Hughes，1998：120）。

在支持民营化的经济论据中，最有力的论断是竞争的有利影响。如果民营化不能广泛促进竞争，那么它就不可能带来什么好处（Hughes，1998：120）。

（2）管理效率和民营化

民营化的效率观认为，私人管理（private management）在本质上优于公共管理（public management ）。私营组织和公共组织的管理的确面临着不同的运作环境，目标也不一样。从理论上来讲，二者在管理方面具有不同的激励机制。而且，公营企业的运作环境具有很强的政治性，因此对它的管理难度较大。公共服务的条件也许不利于达到最佳。管理主义的观点不仅限于此，它甚至认为公共管理本质上就不够好。私营部门无论从责任上还是管理动因上都经受了实践的考验，而公共部门则没有，因此必然是低效的（Hughes，1998：120～121）。

有关公共部门和私营部门管理效率的高低缺乏系统的论据，比较具有普遍性的只是对一些经验研究和直观案例的一般概括。有一些证据表明，在小规模的工作方面，私营部门比公共部门更有效率。但是，对于大型企业而言，情况则完全不同（Hughes，1998：121）。

（3）理念（意识形态）方面的论据

理念（意识形态）对民营化之争具有特别重要的意义。一方面，那些倡导民营化的人坚持政府的有限角色理论和私营企业具有天然优越性的观点；另一方面，民营化的反对者也同样受到意识形态的影响，他们认为公共企业可以造就程度更高的公平，因此，这一群体中的人极力反对任何形式的民营化（Hughes，1998：122～123）。

（4）控制与责任

任何组织一旦由政府控制，必然存在一个责任问题。在理论上说，所有政府部门都对政治领导负责，最终对人民负责。责任曾经是关于公营企业和法定权威的公共行政研究领域中的主要问题。目前，尽管主要问题当属民营化，但责任性（accountability）问题也必须引起高度的重视（Hughes，1998：123）。

公营企业是拥有一定管理自主权的法定机构。一方面，它不必承担对政府各部门所要求的政治责任；另一方面，它也不用承担对股东的责任。公营企业受到政治因素的影响并经常被要求促进公共利益，而不像私营企业一样仅追求利润的最大化。然而，法定机构一般来说都存在责任问题，在公营企业中则特别强调这一点（Hughes，1998：124～125）。

民营化和责任这两个问题是相互联系的。支持民营化的论据之一就是公共所有权意味着缺乏真正的责任。按照这种观点，被假定在私营部门存在的责任在公共企业的缺失会导致公营企业不为社会所容。在早期公共部门改革过程中，有人曾重新主张对公营企业进行控制，增加工资，并建立确保责任被履行的有效手段。改革的成效是混杂的，不可避免地进一步导致民营化。如果责任不明并且无法改进，民营化的要求就会更加强烈（Hughes，1998：125）。

政府在一定范围内实施控制会产生与公营企业的冲突。公营企业管理者可能比其他公共部门管理者拥有更大的自主性，但他们仍然抱怨受到政府的限制。政府的确拥有对公营企业的所有权，并对它们承担最后的责任。所以政府认为需要建立必要的控制机制。但企业管理者的观点完全不同，他们认为他们的目的就是执行特殊的职能，他们想做的就是履行法定的职责。政府控制不受欢迎，因为它延缓和阻碍了超出任何政府任期的目标的实现。过于严格的控制意味着贻误乃至失去商业机会（Hughes，1998：126～127）。

三、管理

1. 运营

在韩国，地方公营企业的管理者由地方政府的首要负责人进行任命。其中，地方直营企业应从地方政府的公务人员中进行选拔和任命（《地方公营企业法》第7条第2项）；地方公营公司的总经理及地方工业园区的理事长应从推荐委员会所推荐的人选名单中进行选拔和任命（《地方公营企业法》第58条及第76条）。

地方公营企业的组建资金主要由地方政府出资构成。但是，在组建地方公营公司的过程中，出于对公司运营和管理的考虑，在不超过资本总额1/2的范围内可由地方政府以外的组织或个人进行融资或筹资（《地方公营企业法》第53条）。

2. 控制与责任

政府在赋予公营企业经营独立性和自主性的同时，是否还能够对其进行一定程度的干预以确保其始终保持着一定的责任性呢？这一有关效率和控制之间相互协调和兼容的问题，也是公营企业所必须思考的重要问题之一（유훈，2000：450）。也就是说，公营企业在管理上总是会碰到包括责任、管制、社会和产业政策、投资政策及财务控制在内的各种特殊的问题。其中，公营企业的控制与责任更为特殊，它们的设立是为了与直接的政治控制区分开来。对公营企业究竟要控制到什么程度，一直是令政府和公营企业头疼的问题。如果控制过于严厉，公营企业作为独立实体存在的优势就不能发挥；如果控制过于宽松，公营企业不对其所有者承担责任，那么它就没有被政府控制的必要性（Hughes，1998：110）。

参考文献

국토연구원，(1980)，《지역계획 기법 연구》，(안양：국토연구원)．

대한국토·계획학회，(1987)，《도시의 계획과 관리》，(서울：집문당)．

——，(2000)，《도시의 계획과 관리》，(서울：집문당)．

김동기，(2003)，《한국지방재정학》，(서울：법문사)．

김안제·노융희·최상철，(1982)，《도시행정론》，(서울：방송통신대학교출판사)．

김흥래，(2005)，《지방재정의 이론과 실제》，(서울：박영사)．

박수영, (2002), 《도시행정론》, (서울: 박영사).

심정근, (1993), 《도시재정론》, (서울: 법문사).

유훈, (2000), 《공기업론》, (서울: 법문사).

윤성식, (1998), 《공기업론》, (서울: 박영사).

이달곤, (2004), 《지방정부론》, (서울: 박영사).

이만우, (2004), 《신공공경제학》, (서울: 율곡).

조정제, (1990), 《도시경영》, (서울: 법문사).

조창현, (2005), 《지방자치론》, (서울: 박영사).

한국지방행정연구원, (1987), 《지방재정계획제도연구》, 한국지방행정연구원, 연구보고서 제17권, (서울: 지방행정연구원).

Davey, K. and Devas, N. (1996), "Urban government finance," Davey, K., (ed.), *Urban Management: The Challenge of Growth* (Aldershot, Hants: Avebury), 189～259.

Hughes, O., (1998), *Public Management & Administration* (N. Y.: Macmillan Press).

Judd, D. and Swanstrom, T., (2002), *City Politics: Private Power and Public Policy* (N. Y.: Longman).

Snyder, J., (1979), "Fiscal planning and management," Catanese, A. and Snydwe, J., (eds.), *Introduction to Urban Planning* (N. Y.: McGrow-Hill), 320～337.